TUSHUO XIFANG DIWANG

图说西方帝王

魏　新◎编著

中国華僑出版社

图书在版编目（CIP）数据

图说西方帝王／魏新编著．—北京：中国华侨出版社，2013. 9（2021.2重印）

ISBN 978－7－5113－4045－0

Ⅰ.①图…　Ⅱ.①魏…　Ⅲ.①帝王－生平事迹－欧洲－前5世纪～19世纪—图集　Ⅳ.①K835．07－64

中国版本图书馆CIP数据核字（2013）第216703号

图说西方帝王

著　　者／魏　新
责任编辑／凌　嵩
责任校对／李向荣
经　　销／新华书店
开　　本／710×1000毫米　1/16　印张／20　字数／280千字
印　　刷／三河市嵩川印刷有限公司
版　　次／2014年1月第1版　2021年2月第2次印刷
书　　号／ISBN 978－7－5113－4045－0
定　　价／58.00元

中国华侨出版社 北京市朝阳区静安里26号通成达大厦3层　邮编100028
法律顾问：陈鹰律师事务所
编辑部：（010）64443056　64443979
发行部：（010）64443051　传真：64439708
网　址：www. oveaschin. com
E-mail：oveaschin@sina. com

前　言

历史是一盘下不完的棋，帝王则是人类史上的独特当权者：远征东方的亚历山大；穷兵黩武、好大喜功的路易十四；跨越阿尔卑斯山的拿破仑——他们在历史的进程中踏响了属于自己的足音。

历史是一场不落幕的戏，帝王则是过去几千年的最大主角：随着古罗马元老院内的一声巨响，无冕之皇凯撒大帝轰然倒下；莱茵河畔，查理大帝举着长剑马踏文明之地；克里姆林宫内，彼得一世挥舞剪刀，开启了民族改革的新风……拓疆称霸，力挽狂澜，剑指处大国崛起。是明主，是暴君，悠悠岁月亦抹不掉千古帝王名。

本书展示的是曾在世界上或为万人敬仰、或叱咤风云的西方帝王故事，书中除了描述他们的卓著战功、治国才能外，也描述了他们作为一名普通人的悲欢离合、喜怒哀乐。研究他们的是非功过，治乱兴替，在一定意义上关系着国家盛衰、民族兴亡、个人成败，对我们现代人有着极大的借鉴意义。

本书独具特色的选材，深刻精辟的见解，流畅清新的文字，精美而有代表性的图片，引领我们了解西方历史，学习相关知识，同时，带给我们阅读的快乐。

由于时间仓促，加之水平所限，本书缺陷和错漏之处难免，诚望读者给予批评指正。

目 录

列奥尼达

列奥尼达（？～前480年），斯巴达的国王，同时也是一位普通的斯巴达战士。和其他的斯巴达战士一样，他用自己的躯体阻挡薛西斯的波斯大军如洪水般疯狂的进攻，用盾牌抵挡敌人刺来的长矛，用士气证明了斯巴达人的勇敢与坚韧。他是斯巴达精神的代表，他以鲜血捍卫正义，以牺牲换取永世不朽的荣光。

斯巴达人，一个尚武的民族，一个强悍的城邦，他们用血与肉铸造生命，用矛与盾捍卫尊严，用坚韧与勇敢面对苦难，用只有他们自己能理解的行为保卫国家。今天，斯巴达人的坚韧、刚毅与勇敢已经成为勇士与战神的象征，“斯巴达”一词也成为坚韧与献身的同义词。在这群斯巴达人中，有一个被后人永远铭记，他就是古希腊斯巴达国王，古希腊抗击波斯入侵的英雄——列奥尼达。

斯巴达城国王的王位没有世袭之说，只能从成千上万的竞争者中通过努力证明自己的实力和永不言败的精神获得。列奥尼达从小就接受了严酷的地狱式训练，10岁开始被动挨打，随后学会了还击，多年的不间断训练，不但练就了他强壮的铮铮铁骨，同时也使他获得了超强的武艺和强烈的团队合作意识。列奥尼达经历了独身非人的野外生存考验，经历了与野狼对峙终将其杀死的严酷挑战，最终他胜利了，成为了统领斯巴达城邦的国王。

斯巴达人特有的残酷与野蛮造就了真正的战士，列奥尼达从小就经过了这种艰苦的训练最终成为斯巴达的国王，荒原中与野狼的搏斗注定了他将成为宁死不屈的一个英雄。这不仅仅是列奥尼达的经历，许多斯巴达人都受到了同样残酷的训练，所以他们也命中注定将成为像列奥尼达这样的英雄，也命中注定将陪伴着列奥尼达走到生命的终结。

公元前480年，刚刚登上王位不久的波斯王大流士之子薛西斯，为了实现父亲的遗愿，发誓要踏平雅典，征服希腊，他发动了著名的第二次希波战争。参加远征的士兵来自臣服波斯的46个国家，100多个民族，号称有500万之众。波斯大军行进到赫勒斯邦海峡（现在叫达达尼尔海峡），薛西斯下令架桥。这支波斯大军用了整整7天7夜才全部渡过海峡。

当波斯大军入侵希腊，希腊各城邦纷纷向波斯献出“土地和水”，希腊危在旦夕，仅有列奥尼达亲率300名皇家卫戍部队重装士兵，赶赴温泉关阻击奔袭而来的波斯大军。列奥尼达飞蛾扑火自杀式的阻击战是为了给战前的政敌雅典赢得更多的时间，而温泉关是通往雅典的必经之路，虽然只赢得3天时间，后来证明这3天成就了今天的西方历史。

作为这支先遣部队的统帅，斯巴达的列奥尼达国王广受尊敬。列奥尼达率领着自己的部下与波斯人展开了殊死搏斗。敌人来了，他们就用长矛猛刺，长矛折断了就拔出佩剑，佩剑断了就抢过敌人的武器继续战斗。斯巴达的勇士们杀退了敌人的四次进攻，拼死保卫自己的土地。他们用勇气与坚韧实现了斯巴达人古老的誓言：“人墙设防的城市比砖墙设防的城市更难攻破。”但是，他们的人数越来越少，逐渐被压缩到一个小山丘上。杀红了眼的波斯人，将残余的斯巴达人死死围住，在口令声中将标枪雨点般投向他们，直到最后一个斯巴达人倒下。至此，温泉关才最终被攻占了。

斯巴达300壮士走了，他们的历史却留下了，这些勇士用生命和鲜血捍卫尊严与自由。后人为纪念列奥尼达和他手下的勇士，在希腊德摩比勒隘口温泉关战役纪念碑上，镌刻了这样一段铭文：“异乡的过客，请带话给斯巴达人，说我们踏实地履行了诺言，长眠在这里。”

民间思想家摩罗曾这样给300壮士下过定义：英雄是精神的，300壮士以他们的激情，以他们的荣耀创造了温泉关的奇迹，他们绝对是英雄。温泉关之战是与命运和历史的搏斗，在今天看来，这场著名的战役与其说是希波战争中的关键一役，不如说是一场列奥尼达一个人对抗波斯侵略的战争。列奥尼达不是勇士，而是勇士之上的人。

斯巴达人为战斗而生，他们不需要哲学与艺术，他们是天生的战士，他们每天都在进行着无休止的军事训练。可以说，整座斯巴达城邦就像是一台战争机器，同时，这还是一座充满阳刚气质的城邦、一个诞生英雄的城邦。

有人说斯巴达人是野蛮的民族、他们杀人成性，实则不然。每一个斯巴达人都富有一种高贵的斯巴达精神，这种精神的高贵之处就在于凶猛而不野蛮，强悍而不残暴，冷酷而不麻木。每一个斯巴达人都具备一个希腊人的所有优秀品质：智慧、勇敢、节制、正义。更重要的是，他们身上特有一种对荣誉的无限崇尚，正是这种荣誉感孕育了他们的勇敢，使得他们在战场上所向披靡。

列奥尼达正是这种斯巴达精神的体现，当所谓的神谕告诉列奥尼达只能率领 300 人奔赴战场的时候，当所谓的议会还在争论着降与战的时候，列奥尼达和他的勇士们已经上路了，这 300 名勇士早已做好准备去迎接死神的考验。赴死者称不上英雄，绝望而让命运主宰自己的人更不是英雄。于是，我们看到了列奥尼达向所有战士传达的那种胜利的信念，虽然渺茫，但绝不是自欺欺人。为荣誉而战，这便是英雄，即便在最困难的时候，也要完成心中最伟大的宏愿。

这就是斯巴达无上的尚武精神。斯巴达人也靠着这种精神击退了波斯人的入侵，也使斯巴达后来战胜了雅典，更为伟大的希腊文明加入了一股强悍之气。这种精神不仅在列奥尼达身上得到了完美的体现，更表现在亚历山大大帝的身上，更表现在之后的罗马人身上，这些人正是靠着斯巴达精神征服了世界。

腓力二世

公元前 336 年的夏天，在马其顿国旧都伯拉的王宫内，正在举行一场规模宏大的婚礼，新娘是国王腓力二世的女儿克罗巴特拉，新郎是伊比鲁斯的国王，也是新娘的舅舅。婚礼奢华而热闹，一切就绪，只等国王宣布婚礼的开始。只见腓力二世身穿节日的白袍，没有携带武器，喜气洋洋地在一群喜庆的宾客的簇拥下走向礼堂。就在腓力二世经过礼堂入口处时，突然一个士兵打扮的人从人群中冲了出来，拔出短剑向腓力二世的胸前刺去，国王未来得及躲闪，倒在血泊之中。人们被这突发的事件惊呆了，王宫内一片混乱，而凶手则跃上早就准备好的马匹逃跑，因马腿被野藤绊住，凶手从马上摔了下来，很快被追赶上来的人当场杀死。由于没有了口供，马其顿的英雄人物腓力二世的死因也就成了千古之谜。

后来经查证，凶手叫鲍舍尼亚斯，是位年轻的贵族。传说他曾受到贵族阿塔拉斯的侮辱，向国王腓力二世投诉，但由于阿塔拉斯是当时的国舅，因而腓力二世根本没有理会鲍舍尼亚斯，于是愤怒的鲍舍尼亚斯决心刺杀腓力二世。当然这只是事情的表面现象，它有着更深的背景，那就是腓力二世在位时，曾进行了大范围的改革，他的改革措施损害了马其顿氏族贵族的权益，这些贵族遂密谋刺杀了腓力二世。

另一种意见认为，刺杀腓力二世是其离异的妻子奥林匹娅斯的报复行为。奥林匹娅斯出生于公元前 375 年，原是古希腊伊比鲁斯王国的公主，后慕名嫁给了腓力二世，由公主变为王妃，并生下了王子亚历山大。在长期的共同生活中，腓力二世对奥林匹娅斯的许多行为产生了反感。如奥林匹娅斯酷爱伊比鲁斯的原始宗教，常常用蛇来进行她的敬神活动，许多蛇都因此可以自由进入她的书房或卧室，这使腓力二世感到既恐怖又嫌恶。而且腓力二世的部下和马其顿的一些贵族从内心根本看不起这位王妃，认为这种“野蛮边疆”的伊比鲁斯的女人，没有资格母仪天下。当腓力二世宠爱奥林匹娅斯时，这些部下和贵族不敢在腓力二世面前说王妃的坏话，而当腓力二世疏远奥林匹娅斯的时候，种种不满意见就出来了，这些外在的舆论对腓力二世产生了一定影响。腓力二世在公元前 338 年，宣布与奥林匹娅斯离婚，准备另娶阿达拉斯将军的侄女克丽欧佩特拉为妻。这就进一步激化了他们之间的矛盾，使得矛盾公开化。奥林匹娅斯对此怀恨在心，不得不带着亲生儿子亚历山大回到伊比鲁斯，希望得到她弟弟伊比鲁斯国王的支持。

而腓力二世虽然决定与奥林匹娅斯离婚，但是却不想破坏马其顿与伊比鲁斯的关系，竟然提出把他与奥林匹娅斯所生的女儿嫁给伊比鲁斯国王。而伊比鲁斯国王欣然应允了这门婚事。为此，奥林匹娅斯更加恼羞成怒，决心报复腓力二世。

肋力二世

奥林匹娅斯刺杀腓力二世的另外一个原因是为了保护自己的儿子亚历山大。腓力二世自公元前 359 年继承王位，至公元前 336 年遇刺身亡，其在位的二十多年中，几乎都是在战场上度过的。故对其儿子亚历山大的教育，除了请来当时世界上学问一流的亚里士多德作为教师外，自己则很少过问。亚历山大的成长受其母亲的影响很深。失去了腓力二世爱情的奥林匹娅斯，把自己全部的热情，都倾注在亚历山大身上。而且奥林匹娅斯认为自己王妃位置的丢失，使儿子亚历山大王位的继承问题遇到了很大的障碍。所以从种种目的而言，奥林匹娅斯极有可能是这次谋杀活动的幕后策划者。当亚历山大继承王位以后，奥林匹娅斯在凶手鲍舍尼亚斯的尸体上放置了一顶黄金做的冠冕，并且予以厚葬。对杀夫弑君的凶手不但不追究，反而如此给予礼遇，这种违背常理的做法更使一些学者坚持了上述看法。

还有人认为这一暗杀阴谋与亚历山大有直接的关系。亚历山大与他父亲腓力二世之间存在着深刻的矛盾，父子之间时常发生口角。在亚历山大未成年时，他非常嫉妒父亲的战功，成年后对父亲与克丽欧佩特拉的结婚表现得尤为不满。当腓力二世与克丽欧佩特拉举行隆重而又热闹的婚礼时，亚历山大险些与腓力二世短兵相接。事情的经过是这样的：在婚礼上，阿达拉斯将军主动向腓力二世和他的侄女克丽欧佩特拉王后表示祝贺，并故意用话激怒亚历山大，以此来羞辱奥林匹娅斯。他说："希望国王能早日得到一个嫡子。"这句话触痛了腓力二世，因为他早就听到流言说亚历山大不是他的血脉。同样，这句话也激怒了亚历山大，他把手中的酒杯掷向了阿达拉斯，大喊一声："难道我不是合法继承人?"阿达拉斯当即拔剑冲向亚历山大，只是又醉又气，未等靠近亚历山大便一头栽倒在地。亚历山大高声嘲笑道："快来看！这个家伙还想从欧洲跨到亚细亚去哩，可是现在连一张椅子都跨不过去啦!"此事发生后，亚历山大在王位继承上，一直对父亲怀有疑心。后来在一桩与卡利亚王国的联姻问题上，亚历山大的这种怀疑更加深了。卡利亚王国位于当时的小亚细亚西南方，卡利亚王储有意把自己的女儿嫁给腓力二世的儿子，腓力二世答应了这桩婚事。然而，他并没有让长子亚历山大去应婚，而让亚历山大的弟弟去应婚，亚历山大认为父亲的这个做法是对自己的不信任，是一个把王位让给别人的预兆。他私下里对卡利亚王储说自己的弟弟有生理缺陷，不配公主。腓力二世知道此事后，当面训斥了亚历山大，还放逐了亚历山大的几个朋友。此后不久，腓力二世就在女儿的婚礼上遇刺了。所以出于对自己王位继承权的考虑，亚历山大极有可能亲自策划了这场谋杀活动，而且，在亚历山大继承王位以后，他马上宣布这件桩谋杀完全是出自波斯的国际阴谋，是为了阻止马其顿的东征而使出的手段。不过，这种冠冕堂皇的解释却不为人们所接受。

刺杀腓力二世的主谋是谁，尽管人们对此有各种揣测、怀疑，但始终缺乏确凿的证据。近年来，考古学家在希腊北部发现了腓力二世的墓葬，但没有找到与刺杀有关的任何资料，我们只能等待随着大量考古资料的进一步发现，才能揭开这一千古之谜。

亚历山大大帝

亚历山大（公元前356～公元前323年），古代马其顿国王，也是世界历史上最杰出的军事家和政治家。他足智多谋，在担任马其顿国王的短短13年中，以其雄才大略，东征西讨，先是确立了在全希腊的统治地位，后又灭亡了波斯帝国，建立了一个东起印度河，西到希腊，横贯亚非欧三洲的大帝国。他创下了前无古人的辉煌业绩，促进了东西方文化的交流和经济的发展，对人类社会的进程产生了重大的影响。

亚历山大于公元前356年诞生在马其顿首府派拉。降生之日，正值其父腓力二世远离故土攻陷希腊波提狄亚城之时。同时，腓力二世的骁将帕米尼奥与伊利亚人之战告捷，腓力二世的赛马在奥林匹克比赛中获胜。占卜师们预言：此儿降世于马其顿取得三胜同时，他日后必将战无不胜。

为了培养小亚历山大，腓力二世请来了当时人人推崇的大名鼎鼎的博学之士、希腊哲学家亚里士多德。亚历山大从13岁到16岁，一直与亚里士多德在一起。亚里士多德把哲学、政治学、伦理学等方面的学问传授给亚历山大，并教导他建立一个信念：一切外族人、野蛮人生来就是奴隶，尤其是亚细亚的野蛮人。对于一个有野心的未来统治者来说，它起的作用是不言而喻的。亚历山大在这段时间里醉心于《荷马史诗》，对《伊利亚特》中的英雄阿喀琉斯十分崇拜，常常把《伊利亚特》和宝剑一起放在枕头下面。

小时候亚历山大就已经表现出一个君主应有的超凡才华。他曾经在腓力二世出征时接待过波斯使臣。波斯是当时的强国，他小小年纪询问的不是巴比伦的空中花园，而是该国道路的长度、波斯国王的用兵才能和胆略。一位使臣惊叹道："这个孩子将来一定可以成为伟大的君主！"

公元前 4 世纪时，希腊处在城邦统治时期，各城邦之间互相征战。这时的马其顿王国恰好连续经过几代君主的经营，到腓力二世时，正是兵强马壮之时，对希腊虎视眈眈。

公元前 328 年，希腊底比斯和雅典联军与马其顿对垒。腓力二世命令年方 18 岁的亚历山大为副统帅，率军驻扎左翼，迎战底比斯神圣兵团，腓力二世自驻右翼。亚历山大一举击溃神圣兵团。此时，由于雅典人布兵高地，腓力二世失利，被迫后撤，亚历山大正好赶上，父子二人前后夹击，希腊联军惨败。腓力二世趁机召集希腊各城邦代表到科林斯，组成大希腊联盟，即科林斯联盟。腓力二世早有自己的盘算，即征服亚细亚，他想以希腊复仇战争为借口侵略波斯，然而，不知出于什么原因，他没有急于把他的进军计划付诸实施，只是派出帕米尼奥将军率领万众之师夺取了赫勒斯滂的桥头堡。

为了给女儿操办婚事，腓力二世大肆铺张。大典之日，马其顿上下一片欢腾。腓力二世自己也被作为第十三位神祇，抬进了大剧院。正当腓力二世趾高气扬地前进时，一个与他有宿怨的贵族，突然跃出人群，一剑将腓力二世刺死。此时是公元前 336 年。

腓力二世死后，年仅 20 岁的亚历山大继承了王位，亚历山大从他父王手里继承了一个强大的王国，拥有了一支强大的军队。

腓力二世被害后，希腊被征服的城邦认为这是摆脱马其顿帝国控制与奴役的天赐良机，他们纷纷起义暴动，但年轻的亚历山大在短短的两年里就平息了骚动。为了维持庞大的军队以镇压希腊各城邦的反马其顿运动，为了实现自己征服世界的野心，亚历山大把目光投向了领土辽阔、资源丰富、财富滚滚的波斯。

公元前 334 年的春天，亚历山大率领 35000 人的大军和 160 艘战舰，开始了远征东方的行动。行动前，他把自己的所有地产收入、奴隶和牲畜分赠给人。一位大将疑惑地问道："请问陛下，您把财产分光，给自己留下什么?"

"希望。"亚历山大说， "我把希望留给自己，它将给我无穷的财富!"

将士们被亚历山大的雄心所激励，他们决心随他到东方去掠夺更多

的财富。

亚历山大率领部队首先占领了小亚细亚，消灭了那里少量的波斯军队；然后他又挥师北上，向叙利亚进军。在伊苏城，他打败波斯王大流士三世，并俘获他的母亲、妻子和两个女儿。看着大流士豪华的宫殿，亚历山大赞不绝口："这样才像个国王！"

接着，亚历山大向南进军叙利亚和腓尼基，又派手下大将攻占了大马士革，从大流士的军械库里获得大量战利品。他亲自率领部队南下，经过 7 个月的艰苦战斗，攻下了推罗城，把推罗城的 3 万居民变为奴隶。

亚历山大围攻推罗城时，大流士三世派使者求见亚历山大，愿意出巨款赎回他的母亲、妻子和女儿，还要割让半个波斯帝国给亚历山大。亚历山大的一员大将帕曼纽心满意足地说："如果我是亚历山大，我就接受这个条件。"亚历山大则毫不动心，他说："我不是帕曼纽，我是亚历山大。"公元前 332 年，亚历山大切断波斯陆军与海上舰队的联系后，长驱直入，进军埃及，自称是太阳神"阿蒙之子"。他亲自勘查设计，在尼罗河三角洲西部，建立亚历山大城，他要它永存人世，作为他伟大战绩的纪念碑。埃及的法老为亚历山大加上了"法老"的称号。在庆功的宴会上，亚历山大分外兴奋，他说："英雄的伟大就在于不断开拓疆土，不断增加权力，尽情享受美味佳肴和少女美色。"

公元前 331 年，亚历山大率军穿过美索不达米亚北部，在高加米拉平原和波斯进行生死决战。大流士三世败退，后被自己的部下杀死。亚历山大在巴比伦、苏萨、波斯波利斯和埃克巴坦各波斯王宫，掠夺的金银财富达 15 万塔兰特。公元前 330 年，亚历山大彻底击败了大流士的继位人，征服了整个波斯帝国。

印度在当时西方人眼里是神秘的国度，他们以为印度就是印度河流域那一片地方，印度的东边就是大洋。亚历山大知道的也不外乎这些，他一心想打到世界的最东端。征服世界的野心已十分明显。

公元前 327 年，亚历山大率领军队离开中亚，南下侵入印度并来到印度的帕尔萨。亚历山大督促士兵在 4 天的时间里用土块在帕尔萨堆一个小土丘。当亚历山大和 700 名士兵攀上帕尔萨峰顶上时，印度人土崩瓦解，大部分被歼，一些人在慌乱中坠崖丧命。印度藩王塔克西尔斯由于与另一个藩王不合，企图借亚历山大消灭对手。于是塔克西尔斯把亚历山大迎进他们的首都，盛情款待，并臣服于亚历山大。至此，亚历山大的征服之路真可谓畅通无阻，但他的最大仇敌波鲁斯的地盘却依然稳固地矗立在海达斯皮斯河以东100英里处。

6月初，亚历山大的部队到达海达斯皮斯河边。此时，印度半岛的雨季已经来临，河水上涨。身材高大的波鲁斯正虎视眈眈地雄踞在河对岸。波鲁斯拥有200头战象，几百辆战车，很显然，波鲁斯的步兵要比亚历山大强得多。亚历山大的骑兵虽然占有优势。可是战马却害怕大象的气味和吼叫。

亚历山大命令战船在河上来回穿梭游弋。沿岸的士兵分成几部分，在有计划的调动下，一部分士兵将皮革拿到河边开始铺上干草，摆出一副要渡河的样子。波鲁斯果然上当，认为马其顿人要渡河是异想天开，于是撤回大本营。

亚历山大立即行动。他选好一个林木丛生的河峰作为渡河突破口。当波鲁斯的大队人马正在哈兰波尔大营大张旗鼓准备渡河时，亚历山大已率领自己的部分战船，开到河峰，慢慢渡过河去。

亚历山大不肯同波鲁斯硬拼，他调集骑兵先攻其左翼步兵。波鲁斯把他的右翼骑兵调到左翼支援步兵，这正中了亚历山大的计策。大将克依努斯率领半数骑兵向波鲁斯右翼猛击，亚历山大率领其余部众绕到波鲁斯的背后。当波鲁斯正手忙脚乱调动部队时，亚历山大和克依努斯从两侧同时发起了冲锋，攻势凌厉，锐不可当。波鲁斯的驭象手驱象迎战时为时已晚，受伤的大象横冲直撞，并不管是亚历山大的军队还是波鲁斯的军队。亚历山大的步兵将盾牌靠在一起，阻住印军的去路，骑兵轮番冲锋。与此同时，亚历山大的忠诚部将赫斐斯已经在印度河上架好桥，于是河那边的将领克拉特鲁斯也渡过河杀了过来。印兵四处逃窜并遭到无情的屠杀，战斗持续了8个小时，波鲁斯最后投降。

海达斯皮斯战役是亚历山大一生中经历的最激烈的一次战斗。战后，波鲁斯和塔克西尔斯和解。亚历山大恢复了波鲁斯的国王地位。

同时免去了塔克西尔斯的臣属身份，把他们都看成是以马其顿为宗主国的自由联盟的一员。

海达斯皮斯战役后，亚历山大想进一步征服印度的心脏地带，向恒河流域进发。但此时亚历山大的士兵已厌倦了长期的紧张战争，再加上印度的炎热、暴雨和疾病，他们拒绝前进，要求回家。他们纷纷举行集会，发生哗变，印度的土著居民也群起反击。亚历山大在万般无奈的情况下，于公元前 325 年，将大部队撤出印度。

亚历山大的部队分两路撤回。一路在海军将领涅阿霍斯的率领下取海道由伊朗海湾入波斯湾；一路由亚历山大亲自率领，从陆路经卡曼尼亚沙漠而归。公元前 324 年初，两路大军会师在巴比伦境内的奥皮斯城。由于长途跋涉，亚历山大的部队损伤极大，但将近 10 年的亚历山大远征，终于结束了。亚历山大将巴比伦作为首都，建立了一个横跨欧亚非的庞大的帝国。

在远征以前，亚历山大认为希腊民族是世界上独一无二的民族，只有这个民族才真正具有开化的文明，而其他非希腊民族都是野蛮的民族。随着东征，亚历山大逐渐认识到波斯人和希腊人一样具有杰出的智慧和才能，他们也应该受到尊敬。因而，亚历山大的思想观念发生了改变，他认为各民族应该是公平、平等、和睦相处。他因此产生了一个伟大的计划，想让波斯人、希腊人与马其顿人结为友好的同伴。为了促进马其顿人和波斯人、东方人的融合，亚历山大和大夏贵族罗克珊娜结婚，并鼓励马其顿人和东方女子结婚。

在巴比伦，亚历山大还整编一支庞大的军队，将 3 万波斯青年编入马其顿部队。并准备继续进行远征。他计划侵入阿拉伯与波斯帝国北面的土地，还想再次入侵印度，征服罗马以及迦太基和地中海西岸地区。但不幸的是，公元前 323 年 6 月，亚历山大突然患恶性疟疾，从发病到生命结束仅 10 天时间，他匆匆离开了世界。

由于死亡的突然降临，亚历山大未明确他的接班人，从而导致了争夺王权的激烈斗争。在斗争中，他的母亲、妻子与儿女都被反对党杀死。将领们纷纷拥兵自立为王，横跨欧亚非三洲的马其顿王国从此分裂为若干个希腊化的国家。亚历山大庞大的帝国只存在了短短的 13

年就彻底瓦解了。

亚历山大是历史上最富有戏剧性的人物，他的经历和个性一直是其力量的源泉。他的志向是做一名不受时空限制的最伟大的勇士。作为战士，他智勇双全；作为将军，他无与伦比。在11年的征战中，他从未打过一次败仗。亚历山大的东征也促进了东西方文化的交流，开拓了人们的眼界。正因为如此，他才声名久扬。

凯撒

伟人的出生往往与灵异之说相随，但凯撒是个例外，他的出生很平静，这大概是缘于凯撒的出身太高贵了。可以肯定地说，凯撒是百分之百的贵族。凯撒的叔父塞克斯图斯·尤利乌斯于公元前91年晋升到执政官的职位，凯撒的姑母茱莉娅是赫赫有名的做过7次执政官的马略的妻子，凯撒的父亲也在公元前100年前后担任过财政官、大法官等职务，还曾出任过小亚细亚的总督。父亲那边了不起，母亲这边自然也不含糊，凯撒的母亲奥莱莉娅出自权势很大的奥莱利·科塔家族，凯撒的外祖父卢西乌斯·奥莱利乌斯·科塔也曾在公元前119年担任过执政官。

这种家庭出身是凯撒的不幸也是他的大幸。不幸的是，这个家族的荣誉已经无法超越了，只能处于像谁或达到谁的角色，家人也是如此期待，希望凯撒成为下一个叔父塞克斯图斯·尤利乌斯，成为下一个做过7次执政官的姑父马略，抑或是下一个外祖父卢西乌斯·奥莱利乌斯·科塔。年幼的凯撒生活在家族光环下显得无比渺小，这对凯撒来说是不可忍受的，他喊出了：“不做下一个谁，做第一个我！”大幸的是，这样显赫的身世，给了凯撒登上罗马政治舞台的资本，注定了罗马是凯撒的罗马。

我们常说“凯撒是伟大的”，一是其家族，一是个人的能力，再就是

“生逢其时”，确切地说，是时势造就了凯撒。凯撒出生时，罗马共和国正走到历史的十字路口，扩张和阶级压迫带来的内外矛盾日益尖锐。元老院的几百名贵族沉溺于腐朽生活和嗜血爱好之中，终日泡在洗浴中心享受淫乐或到角斗场观看奴隶与奴隶、奴隶与野兽的搏斗，那些作为罗马军团基础兵员的普通人，因生活贫困多不愿服役。在这种情况下，周边的高卢人和日耳曼人乘机起来造反，社会底层的反抗也如火如荼。公元前73年，一个名叫斯巴达克的角斗士振臂一呼，几十万奴隶揭竿而起，罗马大军经过3年才将这批奴隶镇压下去。奴隶主贵族元老们集体议政的共和体制已难以应付内外交困的形势，社会呼唤着强人执政。在这种家庭环境里成长起来的凯撒，想不伟大都难，再加上当过罗马执政官的外祖父、叔父及姑父大将军马略的有意培养，造就了凯撒的博学多才和远大志向。16岁时，凯撒在政治方面已有了自己坚定的主见。

19岁时，凯撒投身军界，经历了10年的戎马生涯。多年的军营生活不仅增长了他的军事才干，而且磨练了他的毅力和吃苦耐劳的精神，这为凯撒后来执掌兵权，施展抱负打下了良好的基础。27岁时，凯撒接替舅舅担任了首席祭司，在斯巴达克暴动时担任了军事保民官，后又任过驻西班牙财务官、罗马市政官、大法官，并且在多次演说中为中下层说话而受到众多选民的拥戴。

凯撒知道，仅仅这些还不足以成为“第一个我”，还不能超越自己的家族，必须做出更大的举动。为此，凯撒为自己创造了一个神圣的家谱：根据神话传说，罗马城的缔造者罗穆卢斯的祖先是特洛伊英雄安喀塞斯与女神阿佛洛狄忒（罗马人的维纳斯）生下的特洛伊王子埃涅阿斯。而埃涅阿斯之子阿斯卡尼又名尤尔，凯撒歪用词源学，硬将其作为自己家族的祖先，并由此断言自己是维纳斯的后裔。

凯撒的做法是为了一个目标，即担当时代的主角，利用一切可以利用的力量，使自己成为一股声势浩大的浪潮推动时代的进步。时机已经成熟，“不做下一个谁，做第一个我”的凯撒知道力挽狂澜实现自己远大目标的时刻到了，于是，他决心搭乘拯救罗马命运的快车，而不是做“下一个谁”。

凯撒知道，“做第一个我”，超越家族的光环，不是靠乞求能得到的，在这个问题上没有可商量的余地，只有战斗，而战斗需要能力更需要勇气，这正是凯撒所具备的。凯撒鄙视懦夫，他曾经说过，“懦夫在未死之前，已饱受死亡的煎熬了”。凯撒明白，要“做第一个我”就需要不断地去征服，直到把所有的困难踩在脚下！

在凯撒事业的起步阶段，外祖父始终如一的支持和有求必应，使凯撒获得了强有力的后盾。然而，任何事都不会一帆风顺，正当凯撒要风得风，要雨得雨之时，时局发生了变故。

公元前 86 年，凯撒的姑父马略在第 7 次当选执政官后不久突然去世，秦纳成为执政官。此时马略的死敌苏拉的势力却在不断壮大，秦纳为了抵抗苏拉，在征兵时却被哗变的士兵杀死。公元前 82 年，苏拉攻占了罗马，对马略和秦纳的势力进行了大清洗。由于和马略的亲缘关系，凯撒陷入危险之中。

在此之前，凯撒曾娶秦纳的女儿科涅莉亚为妻，从而扩大了他在元老院中的影响。苏拉为了削弱凯撒的影响力，要求凯撒同科涅莉亚离婚。凯撒对此选择了拒绝，为此，苏拉没收了凯撒妻子的嫁妆和财产。

后来，在亲友的帮助下，苏拉虽然屈于各种强大压力而宽恕了凯撒，但凯撒认为远离罗马更为妥当，因为凯撒明白：“要想得到权力，那么必须准备战争”。

公元前 81 年，凯撒随马尔库斯·泰尔穆斯前往小亚细亚。到达小亚细亚之后，凯撒便接受了一项使命：前往比蒂利亚寻找船只。原因是卑斯尼亚国王尼科梅德已经答应了向罗马供应船只，却迟迟不肯履约。初出茅庐的凯撒圆满完成了这个任务。也许是完成得太圆满了，凯撒的对手开始传言这位罗马使者不同寻常的魅力，才使得狡猾的国王唯命是从。这给人们留下了凯撒是同性恋的话柄，后来，凯撒的士兵（根据苏厄托尼乌斯的说法）在一次凯旋式中的一句话似乎也印证了这一点：凯撒是“所有女人的男人，所有男人的女人”。

公元前 78 年，苏拉去世，凯撒以为机会来了，回到了阔别数载的罗马。可在此之后的几年间他并没有什么大的作为。为了寻找机遇，公元前 76 年，凯撒再次踏上了前往东方的旅程。途中，他曾被奇里乞

亚海盗劫持。海盗要把所有的人都杀掉，凯撒对海盗们说：“不要杀人，你们把我留下当人质，他们会筹来一笔可观的赎金。”

就这样，海盗们把凯撒作为人质留在船上，把其他人全都放了。被留在船上的凯撒一点儿也不为自己的处境担忧，反而对那些海盗说：“我一旦得到自由，就会马上逮捕你们，并且毫不迟疑地把你们全都杀掉。”海盗们听到后哈哈大笑，以为他疯了。40天过去了，海盗们终于得到了赎金，就把凯撒放了。

凯撒获得自由之后，果然抓住了那些海盗，并且处死了他们。

英勇、顽强，这就是凯撒的性格，这就是勇敢者面对险阻的唯一选择，这也是成为英雄的必经之路。

年轻的凯撒曾历任过财政官、市政官、大祭司、西班牙总督等职务。但这些“低档”的职务显然无法拴住凯撒那颗想飞的心。凯撒在他的不惑之年，毅然放弃了西班牙总督的职位，进入罗马图谋大事。

权衡各方因素，他认为自己应该参加执政官竞选，公元前60年，凯撒班师回到罗马城。就是为了抓住时机，争个高下。凯撒明白，单枪匹马是不会成功的。他要利用克拉苏和庞培这两个当时在罗马举足轻重的人物。庞培和克拉苏二人是在苏拉独裁时期就开始显山露水的高级将领。敏锐的凯撒利用了庞培与克拉苏之间，以及他们两人与元老院之间的矛盾，力促庞培和克拉苏握手言和，并与他们结成了“前三头同盟”，约定罗马的任何一项措施，都不能违背他们之中任何一人的意愿。为了加强联盟的凝聚力，凯撒将自己的女儿尤利娅嫁给了庞培。

凯撒首先争取到庞培的支持。然后，他力促庞培与克拉苏和解，不厌其详地向两人陈述利害：如若两虎相争，只会壮大西塞罗、卡图卢斯、加图之流的声威。而两人携手，同心同德，则无人堪与匹敌。凯撒终于劝得克拉苏和庞培言归于好。他们俩此时都表示支持凯撒。

就这样，凯撒当选为执政官。

在庞培外出征战海盗期间，凯撒把罗马治理得井井有条，但这并没有让凯撒欣喜，因为他眼睁睁看着庞培一次次凯旋，而他还没有一点政治资本。凯撒知道，决不能让自己的这两个支持者因和好而壮大起来，必须利用他们增强自己。凯撒从实际经验中体会到，要掌握政权，必须先有一支武装力量，只有利用武力，才能在政治上有所作为。因此，凯撒在执政官任期届满之后，竭力设法争取到高卢行省去担任行省长官，目的是趁在高卢的机会训练起一支自己的军队，作为政治上的后盾；同时，在高卢大事开拓疆土，掳掠奴隶，还可以为自己在罗马的奴隶主阶级中取得声誉，又可以乘机积聚起一大笔财富来作为今后政治活动的资本。

执政官任期已满，凯撒在公元前 58 年前往高卢，到公元前 49 年年初返回意大利。他在高卢的 9 年中，据普鲁塔克说，曾经屠杀了 100 万人，俘虏了 100 万人。他本人和部下的将领都发了大财，使他能在罗马广施贿赂，甚至一直贿赂到要人们的宠奴身上。他还在平民中举办各种演出，发放大宗金钱，并在罗马许多城镇兴建大量工程，既讨好了包工的人，也讨好了因此获得工作机会的平民。这样一来，他在罗马公民中的声望，渐渐超出“三人同盟”中的其他两人，特别是他借高卢作为练兵场所，训练起一支当时共和国最能征惯战的部队，而且是一支只知有凯撒、不知有国家的部队。

凯撒的女儿对庞培真真假假的爱情已经为他赢得了最初的军队，8 年的征战，凯撒也捞足了政治资本，是和庞培一决高低的时候了。尤利娅去世后，凯撒和庞培的婚姻联盟解体，之后不久，克拉苏又在战争中意外死去，这样，原本稳固的三角关系就失去了一个支点。随着凯撒势力的增长，凯撒和庞培之间的对决已不可避免。

当凯撒在罗马帝国西部打仗的时候，庞培在帝国东部（今土耳其和叙利亚的一部分）也屡建战功。庞培虽然是凯撒的亲密朋友，却十分嫉妒凯撒。凯撒征服的地方越来越多，在士兵中的威信又日益增高，使庞培深感不安。公元前 49 年，庞培怂恿元老院解除凯撒的兵权，命令他立即从高卢返回罗马。凯撒接到命令，知道这是庞培的阴谋。他反复考虑，决定带领军队打回罗马，利用这次机会在罗马建立独裁政权。

凯撒带领军队来到一条叫作卢比孔的小河边，罗马法律规定：任何将军没有接到命令，不得带领军队越过这条小河。否则，就要当作

谋反来治罪。凯撒当机立断，对着部下大声喊道："骰子已经掷下去了！"他跨上战马，跃进溪流，大军紧紧跟随在后，很快就越过了卢比孔河。后来"跨过卢比孔"，就变成了一句谚语，意思是说，谁下定决心要去完成一件事，一干到底，谁就好比"跨过卢比孔"。

庞培没有料到凯撒会这样果断地进军罗马，迎战不及，只得带着2．5万人仓皇逃往希腊。

进入罗马的凯撒，成为罗马的"独裁者"，随后又得到统治整个意大利半岛的权力。在得到统治权的第二年，凯撒率军进攻希腊，讨伐庞培。庞培被打败，逃到了埃及。凯撒也追到埃及。埃及国王为讨好凯撒，派人刺杀了庞培，然后把庞培的首级和戒指献给了凯撒。看着庞培苍白而熟悉的面孔，凯撒流出既感伤又欣慰的泪水。他为昔日的盟友和女婿，今日的敌人举行了正式的葬礼并追杀了谋害庞培的凶手。

这之后，凯撒又率军进入小亚细亚，只用了5天，就平定了庞培部下本都王子的叛乱。他用最简洁的拉丁文字写了捷报送回元老院："到，见，胜"（"veni，vidi，vici"）。这就是历史上著名的"三V文书"。

当凯撒离开罗马前往亚历山大的时候，他收到了历史上最有名的一件礼物：一条东方地毯，22岁的埃及艳后克里奥帕特拉藏身其间。当地毯铺开的时候，里面突然现出一位美色绝伦、艳丽无比的女人，凯撒被眼前这个女人的美色深深吸引了。

虽然后人都称颂克里奥帕特拉为埃及艳后，但以现在的审美观点来看她其实并不能算个美人。有一枚流传下来的古埃及钱币上刻着她的肖像，她的鼻子长而鹰钩，五官很有男子气概。尽管如此，她仍然非常迷人，尤其是声音，极其悦耳动听。她的超凡魅力大部分归功于她的聪明智慧。她会说9种语言，而且是个非常精明的政治家——可能这就是为什么她能令凯撒一见钟情的原因。

男人往往会因为女人而失去理智，一场场事后觉得莫名其妙的风波在当时是那般的水到渠成。凯撒也是男人，更何况他所遇到的女人是自诩太阳神女儿的克里奥帕特拉。的确，越是危险、越具挑战性的事物，男人做起来就越有兴趣。接下来，一切都显得那么顺理成章，埃及托勒密王朝的内讧在凯撒的强大势力干预下得到了稳妥的解决，结果自然是有利于克里奥帕特拉的：凯撒大军击败托勒密王室部队，托勒密十三世葬身于尼罗河，克里奥帕特拉在凯撒的荫庇下，登上了埃及王后的宝座。此后，凯撒彻底陶醉于克里奥帕特拉的软香温玉之中，得意忘形地在埃及待了9个月。这个充满魔力的女人竟然让野心勃勃的凯撒将罗马和野心全部遗忘了。直到罗马境内战火燃起，凯撒才不得不在强大的压力下恋恋不舍地离开了这个心爱的女人。

凯撒班师凯旋回到罗马，全罗马都沉浸在狂欢之中，游行队伍抬着2800多个金冠进入城市，威风凛凛的凯撒高坐在战车上接受人民的欢呼致敬。在凯撒身后是规模庞大的步兵、骑兵和大战的战斗表演。

人民大会和元老院授予凯撒终身荣誉头衔——“大将军”和“祖国之父”。

有些人看出，凯撒的权力越来越大，总有一天会戴上皇冠的。于是，当凯撒的权力和名望达到巅峰时，一种他即将登基称皇帝的说法也在罗马城四处流传。对普通民众来说，谁做皇帝他们不关心，他们最关心的是自身的实惠，因而凯撒做不做皇帝和普通的民众关系不大，关系最大的当属那些最接近皇位的人。凯撒无疑成为那些人的死敌，于是在“维护共和制”的名义下，以凯撒最为器重的义子布鲁图（据说是凯撒的私生子）等人为首的共和派策划了一场刺杀行动。参加刺杀凯撒阴谋的有60多人，起初，他们举棋不定，不知采用哪个刺杀方案比较好：在凯撒召集特里布斯人民举行大会投票时，将其从马尔斯原野上的一座桥上扔下，并在桥下刺死他，抑或是在通往农神庙的圣路或者在剧院入口处向他发起攻击。可是当元老院会议宣布于公元前44年3月15日在庞培议事厅（由庞培建立）举行后，他们便选择在此行动。

在此前的数月中，一直有一些迹象向凯撒暗示他将被杀，而且占卜师斯普林纳明确地提醒他，要他“当心3月15日”。鉴于此，凯撒一直犹豫3月15日是否应待在家里并推迟或取消在元老院会议。但在布鲁图的劝说下，凯撒决定按原计划举行会议。公元前44年3月15日，凯撒只身一人到元老院开会。他没带卫队，他认为那是胆小鬼干的事。途中，他曾收到一张揭发阴谋的纸条，却因为其他事耽搁了，没有马上读这张纸条。他从容地坐在他的黄金宝座上，笑着说：“今天不就是3月15日吗?”一个刺客假装恳求他办某件事，抓住他的紫袍，这是行动的暗号。所有参与刺杀行动的阴谋者一拥而上，刀剑像雨点般落在他的身上。凯撒看到了布鲁图——他的义子，向他扑来，给了他致命的一刀。凯撒用最后的一点力气说了最后一句话：“你也有份吗？我的孩子!”凯撒身上中了23刀，其中3刀是致命的。

凯撒被杀以后，布鲁图说：“我爱凯撒，但我更爱罗马!”可是罗马的平民没有一个人对凯撒之死表示高兴，因为民众关心的是利益，所以当凶手们手提着血淋淋的短剑走出元老院的时候，和他们所预料的欢呼场面相反，看到的只是表情冷漠、充满怀疑目光的人群。民众对凯撒还是有好感的，虽然凯撒当权的日子不多，但是他实行了许多有重大意义的改革：他使罗马外省的自由民取得了公民的资格。他曾经答应取消平民的全部债务，把粮食分给贫苦的人们，还要给普通士兵分配土地。这些虽然没有完全做到，但是，他毕竟减免了1/4的债务，使12万人免费得到了粮食，土地分配也在缓慢地进行……

凯撒死后被按照法令列入众神行列，被尊为“神圣的尤利乌斯”。元老院也决定封闭他被刺杀的那个大厅，并将3月15日定为“弑父日”，元老院永不得在这天集会。

凯撒之死

刺杀凯撒的人，几乎没有谁在他死后活过3年的，所有人都被判有罪，并以不同方式死于非命：一部分人死于海难，一部分人死于屋大维和其他凯撒部将随后发动的战争中，有些用刺杀凯撒的同一把匕首自杀。

屋大维

屋大维，全名盖乌斯·屋大维，古罗马时期杰出的政治家，是古罗马帝国的开创者。公元前30年，屋大维打败了安东尼，获得最后胜利，成为罗马的军事独裁者。屋大维在国家制度上保留着共和的外衣，没有恢复公开的军事独裁制度，称自己为“第一公民”，意即元首。元首政治开始于公元前27年，元老院觉得屋大维有能力镇压奴隶和保卫奴隶主的利益，就赠给他“奥古斯都”的称号，意为神圣、庄严、伟大。在元首制下，元老院实际上受元首的控制，屋大维本人是元首、统帅、终身执政官、首席元老、大祭司长，独揽军事、司法、行政、宗教等大权，实际上是皇帝。所以，屋大维树立的元首制实质上是一种隐蔽的君主制，屋大维统治罗马是罗马帝国的开始。屋大维，堪称古罗马第一人。

公元前63年9月24日，屋大维生于一个罗马骑士家庭。骑士是罗马平民中较富裕的阶层，不是贵族，多从事工商业。屋大维的祖父是磨坊主，也有说是货币兑换商的，当过地方官吏。父亲也叫盖乌斯·屋大维。老屋大维很有钱，是元老院的元老。屋大维的母亲叫阿提娅，是凯撒的姐姐优利娅的女儿。凯撒家族传说是爱神阿芙洛狄特之子埃涅阿斯的后裔。凯撒是屋大维的外舅祖父，很疼爱屋大维。凯撒除和埃及女王克里奥帕特拉非法生有一子外，只有一女，因此早就想把屋大维培养成自己的继承人。正是由于有凯撒这样一位地位显赫的亲戚，有凯撒的关怀和照顾，屋大维后来才有可能登上权力的顶峰。

据说，屋大维身材矮小，自小就体弱多病，面容苍白。但从流传下来的他的塑像和画像看，他四肢匀称，五官端正，双目有神，脸部表情虽平静而又温和，但也不乏帝王的威严。屋大维4岁时，他的生父就去世了。他的母亲改嫁给马尔库斯·腓力普斯。马尔库斯·腓力普斯地位比老屋大维要高，曾担任过执政官。屋大维随母到继父家，由继父抚养。继父很喜欢他，让他接受了很好的教育。12岁时，屋大维的外祖母，也就是凯撒的姐姐，优利娅去世，他在葬礼上致悼词。这是屋大维第一次在公共场合抛头露面，显示了他和凯撒家族的亲密关系。公元前48年，凯撒被推举为终身独裁官，成了集军事、政治、司法、宗教诸权力于一身的无冕之王。这一年屋大维15岁，由于凯撒的关照，被选入大祭司团。大祭司团只有16名成员，是罗马国家宗教的重要教职，对于还是孩子的屋大维来说，这是不同寻常的荣誉，也是他步入罗马上流社会的一个良好的开始。这以后，屋大维就经常陪伴在凯撒左右。凯撒的献牺仪式有屋大维在场，凯撒看戏也有屋大维陪同，凯撒的凯旋式上，屋大维和凯撒同乘一辆战车。屋大维与凯撒的亲密关系，尽人皆知。为了培养屋大维的军事才干，凯撒让他担任自己的骑兵长官，并在公元前45年秋，把他送到伊利里亚的阿波罗尼亚去学习军事。

公元前44年3月15日，凯撒被刺身亡。屋大维的母亲阿提娅立即写了一封短信给正在阿波罗尼亚学习的屋大维。这时屋大维只有18岁，知道这一消息后，屋大维悲愤交加，心灵受到极大的震撼。这不仅因为凯撒对他关怀备至；而且因为凯撒生前已决定把他收为养子。在古罗马，养子的地位是很高的，一般来说，是法定的继承人。凯撒遭人刺杀，对屋大维的打击实在太大了。他决心去罗马为凯撒报仇。

但是，屋大维是凯撒养子的身份并没公开宣布，也没有得到罗马贵族们的承认。因为他们是看不起出身骑士阶层的年仅18岁的屋大维。当时有两条路摆在屋大维面前：一是公开以凯撒继承人的身份，率兵去罗马为凯撒复仇。二是谨慎从事，摸清情况，再采取进一步行动。在屋大维得知凯撒遇刺的当天，就有不少人向屋大维表示支持；马其顿一带的军队也明确表示支持他；他的同学阿格里帕更是建议他率领马其顿各军团向罗马进军。可是采取这种办法是孤注一掷，而且凯撒养子的身份也没明确，名不正言不顺，是十分冒险的。经过深思熟虑；屋大维决定采取后一种办法，这更符合屋大维的性格。

屋大维在和凯撒的一些老部下秘密商议了一番之后，决定只带少数人悄悄地从希腊渡海回意大利。他没有直奔罗马，而是在离布隆迪西不远的小镇卢比伊上岸。他在这里住了7天，收集有关情报，密切注意罗马局势的发展。

对于屋大维来说，从罗马传来的消息，有好的，也有不好的，有令人振奋的，也有令人不安的。好的、令人振奋的是凯撒的遗嘱指定屋大维为继承人，刺杀凯撒的贵族共和派人士在罗马已失势；不好的、令人不安的是凯撒的部将、执政官安东尼已掌握罗马局势，并以凯撒的继承人自居，有排斥屋大维作为凯撒继承人的趋向。

刺杀凯撒是少数主张共和的贵族所为。罗马的平民对凯撒是抱有好感的。元老院迫于罗马平民的情绪，在凯撒被刺杀后，不敢宣布凯撒为暴君，也不敢没收他的财产和废除他的一切法令，只是宣布大赦杀死凯撒的凶手。

安东尼原是凯撒的副手，是当年的执政官。凯撒遇刺时，他侥幸幸免于难。他在主持凯撒的葬礼上，向群众公布了凯撒的遗嘱，遗嘱除指定屋大维为继承人，授予他“凯撒”称号和遗产的3/4外，还有将凯撒在罗马台伯河对岸的私人花园赠给罗马人民，并分给每个罗马公民75块银币，甚至还有把刺杀他的元凶布鲁图列为第二继承人的内容。罗马的民众感激凯撒的慷慨，憎恨布鲁图的忘恩负义，群情激动。安东尼乘机用凯撒的功绩和对罗马人民的关照来激发民众对凯撒的感激怀念，又用凯撒的被刺了23个洞孔的血衣来煽动民众对凶手的仇恨。在安东尼的鼓动下，群众发出了怒吼“为凯撒报仇”，愤怒的民众冲向元老院，冲向那些参与刺杀凯撒者的家庭，吓得他们东躲西藏，纷纷逃出罗马。很快安东尼就控制了局势。同时，为了笼络人心，壮大自己的力量，安东尼又宣布赦免一批刺杀凯撒的阴谋分子，俨然以凯撒的继承人的身份行事。

屋大维

屋大维搞清了罗马的局势和安东尼的所作所为后，认为是去罗马和安东尼较量，维护自己的凯撒养子和继承人地位的时候了。他的母亲阿提娅苦苦相劝，要他不要去罗马冒险。安东尼既是执政官，又是手握重兵的统帅。屋大维这时既无兵又无权，怎能和安东尼抗衡。但年轻的屋大维却以“初生牛犊不怕虎”的气概对母亲说：“我有长矛和盾牌，那就是义父凯撒的名字。”的确，屋大维这时足以自恃的，只有凯撒的名字。凯撒在士兵和公民中有巨大影响，他的名字仍有巨大号召力。为了更好地利用这“长矛和盾牌”，按照凯撒遗嘱的意思，屋大维把自己的名字改为盖乌斯·尤里乌斯·凯撒·屋大维，把凯撒的名字放在自己的名字里，表示自己是尤里乌斯·凯撒家族的人，要继承凯撒留给他的一切。

屋大维带领很多自愿追随他的人来到罗马，找到安东尼，要求安东尼把凯撒的遗产还给他。他告诉安东尼，他要按照义父的遗愿，把金钱散发给平民。他还指责安东尼不为凯撒报仇，包庇杀害凯撒的主要凶手布鲁图。安东尼面对这个瘦削的年轻人的无情指责和合理的要求，先是吃了一惊，然后傲然地以居高临下的口气对屋大维说："假如我允许表决给予凶手们以杀戮暴君的荣誉，那么凯撒就会被宣布为暴君，他就不能有合法的儿子，也不能有财产，他的财产会被没收。全靠我冒着危险同元老院斗争，你才能够享受你目前的显赫地位。你，年轻人，在和长辈说话时，最好为了这些事向我表示感激。除了凯撒的名字，你还想得到什么呢？钱，你的父亲早已使国库空虚了。难道你还要凯撒的权力吗？"

屋大维在这场斗争中，不仅有年轻人的勇气，也不乏政治家的机智权谋。这对于一个 18 岁的青年来说，是十分少见的。首先，他利用元老院和安东尼的矛盾，拜会了元老院贵族的首领西塞罗，取得了西塞罗的好感和同情，使他在元老院得到安东尼不可能得到的信任和期待。

然后他毅然变卖了凯撒的地产，用所得的钱和凯撒养子的身份招募和吸引凯撒过去的部下。很快就组成了一支有 3000 人的装备相当精良的军队，分成两个军团。有了军队，屋大维成了罗马不可忽视的人物。元老院不仅赞同屋大维招募军队，而且还对归附于他的两个马其顿军团支付饷银。元老院的领袖西塞罗在极力攻击安东尼的同时，对屋大维大加颂扬，说他是天神似的青年，把自由的国家看得比什么都珍贵。元老院的目的是要借屋大维的力量对抗安东尼。

公元前 44 年，安东尼不顾元老院的反对，操纵公民大会通过决议，委派他在卸任执政官之后任高卢总督，但安东尼去赴任时，凯撒生前任命的高卢总督迪希默斯·布鲁图由于得到元老院的支持，不肯让出高卢，安东尼就派兵把他包围在穆提那。公元前 43 年 4 月，元老院派两名执政官和屋大维联合出兵，征讨安东尼，解救迪希默斯·布鲁图斯。屋大维和元老院的联军在穆提那附近两次打败安东尼，但两个执政官都战死了。穆提那战役是屋大维取得的第一次战场上的胜利。这时，屋大维要求担任执政官，元老院却要他交出兵权。屋大维当机立断，毅然在7月，回兵罗马，迫使元老院进行特别选举，选举他为这年的执政官，代替死去的执政官。他不仅使自己的凯撒的继嗣权得到正式批准，而且让罗马元老院通过法案，取消大赦，对刺死凯撒的阴谋者报复。这样，年仅19岁的屋大维就靠自己的凯撒的养子身份和过人的机智才能，一跃而成为罗马炙手可热的人物了。

很快屋大维和元老院的合作就破裂了。有人认为这是元老院对屋大维侮慢轻蔑造成的。实际上，他们双方合作的立场和目的本来就是水火不相容的。元老院要恢复它以前左右一切的地位和制度；屋大维则要继承凯撒的事业，要实现凯撒未竟之志。合作只是双方的权宜之计。屋大维一旦羽翼丰满，元老院就成了他打击的目标了。他不会忘记，凯撒是在元老院会堂被刺杀的，凶手是在元老院的包庇下逍遥法外的。屋大维的士兵大都是凯撒的部下，他们也不能容忍屋大维联合元老院同同是凯撒部下的安东尼作战，他们要求屋大维和安东尼和解。重新组合是不可避免的。

公元前43年11月，屋大维撇开元老院，和安东尼以及另外一个手握重兵的、原凯撒的骑兵长官雷必达在意大利北部的波洛尼亚城会晤，屋大维和安东尼握手言和。三人缔结了协定，成立“三头同盟”，为了和历史上的凯撒、庞培和克拉苏的“三头同盟”相区别，历史学者把第一次称为“前三头同盟”，这一次称“后三头同盟”。安东尼认为雷必达是个庸才，屋大维是个乳臭未干的小孩。屋大维则始终把安东尼看成是他前进路上的最大障碍，但他清楚地知道，他的力量还弱，他必须等待时机，迂回前进，必须暂时和安东尼联合。“后三头”不仅在“安定国家的三头政治”的名义下，赤裸裸地夺取了五年的独裁权力，而且在会晤之后，率军占领罗马，解散原来的政府，强迫公民大会作出决议，批准他们的协定。从而使“三头”合法地拥有了处理罗马国家政事的大权。执政官以下的共和国各机构虽仍然存在，但权力却掌握在“三头”手中。除意大利由“三头”共同管理外，“三头”还瓜分了行省。由于东部行省还控制在刺杀凯撒的元凶布鲁图和卡西乌斯手中，“三头”主要是瓜分西部行省，屋大维取得阿非利加、西西里和撒丁诸岛，安东尼取得高卢大部分地区，雷必达取得西班牙和那尔波高卢。

“三头”大权在握，做的第一件事便是进行“公敌宣告”，三人拟定了一份公敌名单，列入名单的有杀害凯撒的凶手，也有“三头”的私人仇敌。凡被列入名单的，都被褫夺了公民权，人人可得而诛之，并凭人头领奖。“三头”还授意人们互相揭发，并鼓励奴隶揭发主人，杀主报官的可获得奖赏并脱离奴籍。“公敌宣告”使罗马成了恐怖世界，贵族共和派遭到致命打击，有 300 名元老和 2000 名骑士被捕杀，他们的财产都被没收。“三头”还将没收来的土地财产分赐给自己的亲信和部属，以换取他们的支持。

“三头”在罗马大杀政敌时，逃到希腊的贵族共和派重要人物、刺杀凯撒的元凶布鲁图和卡西乌斯聚集了一支共有 19 个军团、总人数达 8 万人的庞大军队，准备为挽救失败的命运，作最后一搏。不过，这支军队人数虽多得吓人，却大都是从东部行省招募来的雇佣兵，他们只是为钱而战，素质不高，战斗力差。公元前 42 年，屋大维和安东尼率领了也有 19 个军团的十万余人的大军，越过亚得里亚海，征讨布鲁图和卡西乌斯。10 月，两军在马其顿东部的腓力比城进行了第一次激战。屋大维在右翼，被布鲁图击溃，险些成了俘虏。安东尼在左翼向卡西乌斯猛攻，一战而胜。卡西乌斯溃败时，又误把布鲁图派来报捷的骑兵当成敌方追兵，绝望中自杀了。第一次腓力比战役互有胜负，但布鲁图方折了大将，影响了士气。20 天后，两军又进行了第二次腓力比战役。这一次，屋大维和安东尼合兵一起，包围了布鲁图。布鲁图虽奋勇抵抗，终因兵力悬殊而溃败。布鲁图的残兵，不愿再战，要求他和敌人和解。布鲁图见大势已去，便和卡西乌斯一样，自杀了。布鲁图是贵族共和派中杰出的人物，虽是刺杀凯撒的元凶，安东尼仍称赞他为大丈夫，屋大维命人用隆重的葬礼埋葬他。腓力比战役成了罗马共和制的坟墓，罗马贵族共和派的最后一支武装力量被消灭了。

腓力比战役后，安东尼去了东方，屋大维则回到意大利。屋大维在意大利实行把城市居民的土地分给退伍士兵的政策，同时，又屠杀了一些贵族，引起了意大利有产者的憎恨。安东尼的弟弟，公元前 41 年的执政官鲁乌斯基·安东尼和安东尼的妻子福尔维亚乘机招募军队，到处煽起反屋大维的骚乱。他们的口号是消灭“三头”、恢复共和和保护一切被压迫者。屋大维对骚乱采取严酷的手段，坚决镇压。公元前 41 年末至前 40 年初，鲁乌斯基和福尔维亚被屋大维的亲信阿格里帕包围在佩鲁西亚城中，弹尽粮绝，走投无路，几次突围，均告失败。公元前 40 年 2 月，鲁乌斯基和福尔维亚率部投降。屋大维赦免了他们，收编了他们的军队，并放任部下将士在佩鲁西亚城中随意抢掠。

安东尼对他妻子和兄弟反屋大维的失败并没放在心上，但对屋大维收编高卢的军队、占领土地、扩张势力的行为却耿耿于怀，不能容忍。他急忙从东方返回意大利，和屋大维交涉摊牌。

这时，罗马东边各行省面临帕提亚的严重威胁，西边庞培的儿子塞克斯杜斯·庞培控制了西西里和西部地中海。他有一支由海盗和奴隶参加的强大海军，控制了地中海的商路，并不时向意大利进行海盗式袭击，给罗马的粮食和其他商品的供应造成很大困难。在这种情况下，由于雷必达等人的从中调解，屋大维和安东尼再次言归于好。公元前 40 年 10 月，“三头”在意大利东南角的布隆迪西乌姆港重申前盟，缔结了新的协议，重新三分天下：安东尼统治东方行省，负责对帕提亚的战争；雷必达管辖非洲；屋大维管理西方行省，负责征讨塞克斯杜斯·庞培。为了加强同盟关系，由于安东尼的妻子福尔维亚在希腊去世，经阿格里帕作媒，屋大维把自己守寡的姐姐屋大维亚嫁给安东尼为妻。屋大维在定下这门亲事时对安东尼说：“我把一个姐姐，一个从来没有哪个弟弟这样爱过的姐姐送给你了，让她永远把我们的国土和我们的心结合在一起，永不再行离叛。”安东尼回答说：“从现在起，让兄弟之情主宰我们的爱，支配我们的计划。”美丽而又贤惠的屋大维亚似乎使屋大维和安东尼的合作和结盟牢不可破了，但实际上，情况并没有这样美妙！安东尼热恋着埃及女王克里奥帕特拉，娶屋大维亚完全是出于政治的需要，而不是出于爱情。这场婚姻从一开始就注定将以悲剧收场。

布隆迪西乌姆会议后，塞克斯杜斯·庞培成为屋大维的心头之患，他认为以西西里为基地的海军是无与匹敌的，他是海上的霸主，不满

“三头”统治的人纷纷投靠他。屋大维虽想立即剿灭他，但心有余而力不足，只好采取先退一步，等待时机再前进的策略。公元前 39 年，屋大维、安东尼和雷必达“三头”和塞克斯杜斯·庞培达成协议，承认塞克斯杜斯·庞培为海军的统帅，治理西西里、撒丁尼亚和伯罗奔尼撒，答应归还被没收的他父亲的产业，赦免逃到他那里的遭“三头”通缉的罗马公民，给在塞克斯杜斯·庞培军队中服役的奴隶自由。但塞克斯杜斯·庞培并不满足，还想获得更大的权力。安东尼不让他在伯罗奔尼撒收税，使他又干起了袭击商船的海盗式勾当。“三头”和塞克斯杜斯·庞培之间的和解很快就结束了。

屋大维雕像

但征讨塞克斯杜斯·庞培并不顺利，公元前 38 年，屋大维的海军被塞克斯杜斯·庞培的海军和风暴所摧毁。

公元前 37 年春，“三头”的五年独裁权力到期了。“三头”在塔林

敦缔结了一个新协定，将“三头”权力延长五年，并规定在征讨塞克斯杜斯·庞培和帕提亚的战争中互相支援。

屋大维并没有什么过人的军事指挥才能。他是靠他的部将取得一连串军事胜利的。但他善于审时度势，把握时机。塞克斯杜斯·庞培在公元前38年取得了对屋大维海军的胜利后，并没能巩固和利用战场上的胜利，而屋大维不仅积极备战，还争取到安东尼和雷必达支持他对塞克斯杜斯·庞培的战争。公元前36年，屋大维的助手，天才的战将阿格里帕率领屋大维的舰队，在西西里的瑙洛丘斯湾外彻底击溃了塞克斯杜斯·庞培的舰队，庞培逃到米利都，被安东尼所追杀。雷必达参加了对庞培的战斗，但他想独占西西里岛，而他的军队却前线反戈，倒向屋大维。屋大维乘机剥夺了他的军权，兼并了他所管辖的非洲行省，只让他保留个祭司长的空头衔回到意大利，并被软禁起来。这样，“三头”只剩下两头，“三头同盟”也实际上结束了。

塞克斯杜斯·庞培被击溃，雷必达被逐出政治舞台，在罗马左右政局的大人物就只剩下屋大维和安东尼了，但斗争并没有就此结束，罗马社会需要一个集权的强有力人物一统江山。天无二日，他们是不能并存的，条约、婚姻都无法化解两人的势不两立的敌对态度。两雄争霸，最后只有由武力来决定由谁来统一罗马世界。

屋大维一步一步地巩固自己对罗马西方行省的统治，增强自己的军事实力，提高自己在罗马的威信和地位，特别是战胜了塞克斯杜斯·庞培，扫清了海盗，保障了罗马的粮食供应，给他带来了极大的声誉。和屋大维的成功和深谋远虑形成鲜明的对比，安东尼在东方行省虽也加强了自己的统治，但对帕提亚的战争劳而无功，并沉湎于爱情、逸乐的生活而不能自拔。安东尼是一位很有才能的军事统帅和政治家，但生活放荡、迷恋埃及女王克里奥帕特拉，演出了一幕为美人而丢掉江山的悲喜剧。

克里奥帕特拉是古代埃及有名的美人，一笑倾城，再笑倾国。凯撒就曾拜倒在她的石榴裙下，帮她巩固了王位。安东尼获得主管东方行省的权力后，在小亚细亚的滨海城市塔尔索斯召见克里奥帕特拉，想就她帮助贵族共和派之事严加问罪，谁知一见那打扮得如同爱神维纳斯的美人后，神魂颠倒，问罪之辞早丢到九霄云外，竟随她去了埃及首都亚历山大里亚，过起逐日设宴、寻欢作乐的东方帝王生活来了。安东尼整日沉溺在软玉温香中，哪里还有心思处理政务，东方事务只好完全交给自己的副将去管理。和屋大维亚结婚也没能中止安东尼对克里奥帕特拉的迷恋，新婚过后，安东尼返回东方，又一头扎进克里奥帕特拉的怀抱。

在战场上安东尼也遭到了挫折。公元前 36 年，安东尼对帕提亚的战争失败，损失巨大。公元前 34 年安东尼虽征服了亚美尼亚，俘获了亚美尼亚国王，但他却一反惯例，没有回到罗马，而是在亚历山大里亚举行凯旋式，这严重损伤了罗马人的感情。他和罗马疏远了，似乎成了一位东方的君主。

公元前 32 年，“三头”权限期满，屋大维与安东尼的关系彻底决裂。安东尼应克里奥帕特拉的请求，正式以休书的形式遗弃了其妻屋大维亚，并要把罗马东方行省的部分地区赠送给克里奥帕特拉和她的子女。这引起了罗马人的极大反感。屋大维发誓要为其姐所受的侮辱报仇。他利用安东尼的所作所为，大造舆论，攻击安东尼出卖国家利益。安东尼则扬言，屋大维无权继承凯撒的事业，凯撒与克里奥帕特拉所生的儿子凯撒里昂才是凯撒的嫡嗣、合法的继承人。当忠于安东尼的两位执政官在元老院攻击屋大维时，屋大维带领大批武装随从来到元老院，赶走了大约 300 名拥护安东尼的元老，迫使两名执政官出逃到安东尼那里。屋大维不顾传统习俗，从维斯塔神庙贞女处搞到了存放在那里的安东尼的遗嘱，并公布于众。安东尼在遗嘱中把罗马东方国土赠送给克里奥帕特拉以及她和凯撒、安东尼所生的后代，并要求把他葬在亚历山大里亚。遗嘱一公布，舆论哗然，群情激愤，屋大维利用罗马民众的愤怒情绪，诱使元老院和公民大会作出决议，以侵占罗马财产为由，剥夺了安东尼执政官职务以及其他一切权力，并对克里奥帕特拉宣战。

战争还没开始，屋大维就获得了道义上的胜利。屋大维不是对同胞安东尼，而是对外国人“东方女妖”克里奥帕特拉宣战，反对屋大维就是站在外国人一边反对罗马人，屋大维挟“天子”以令诸侯，打

着元老院和公民大会的旗号，名正言顺，他的军队是堂堂正正的正义之师，是讨伐不义。和克里奥帕特拉联合的安东尼则陷于一个十分尴尬的不利境地。

双方都进行了大规模的动员和精心准备。屋大维筹集了尽可能多的钱，调集了400艘战船、10万步骑兵。安东尼和克里奥帕特拉一起拼凑了500艘战船、步骑兵9万人，集中在希腊西部海岸的诸要塞。双方兵力大致相当，但安东尼麾下的那些罗马士兵大都不愿为克里奥帕特拉作战，军心涣散，士气不振。公元前31年年初，阿格里帕成功地从意大利渡过爱奥尼亚海，占领了希腊海岸具有战略意义的各个据点，切断了安东尼陆军与海上的联系。由于粮草供应发生困难，没经过大的战斗，安东尼的陆军就不战自溃。屋大维到达希腊后，把安东尼和克里奥帕特拉的海军围堵在安布里希阿湾。9月2日，两军在海湾外的阿克兴海角进行决战。屋大维的舰只体积较小，但灵活机动。安东尼的舰只体积大，前面装有搭钩，可以钩结敌船，但比较笨重，转动不灵。战斗一开始，屋大维的舰队就先声夺人，用冲撞和火攻击伤敌舰。安东尼舰队猝不及防，出现混乱。紧要关头，克里奥帕特拉为保存实力，迅即带领她的埃及舰队弃阵而逃，驶回埃及。安东尼见爱人跑了，无心恋战，置正在苦战的舰队于不顾，撤离战场，追随而去。只有1/4的舰队随他们突围出来。剩下的大部分舰队，见指挥官逃走，纷纷倒戈，投降屋大维，战斗很快就结束了。

安东尼和克里奥帕特拉逃回了埃及，但已无力再和屋大维抗衡了。公元前30年夏，屋大维进军埃及，把安东尼和克里奥帕特拉围困在亚历山大里亚。克里奥帕特拉背着安东尼向屋大维通款乞和，请求屋大维格外开恩，保持埃及的半独立地位。安东尼也派人向屋大维提出让他以一个平民身份住在埃及的要求。但两人的请求都被屋大维拒绝了。绝望中，安东尼向屋大维个人挑战，要求屋大维和他进行一场单独的以剑对剑的个人决斗。屋大维胜利在握，当然不屑于逞匹夫之勇，进行什么个人决斗。安东尼无计可施，在部下投降和听到克里奥帕特拉已经死去的讹传后，在8月1日，伏剑自刎了。克里奥帕特拉开始还想偷生，躲进了墓堡，被屋大维部下搜擒。当屋大维来见她时，她想旧戏重演，以美色迷惑屋大维。她把自己打扮成一个忧伤的美女，淡妆素抹，轻纱掩体。屋大维不为所动，为了能把她活着带回罗马，在自己的凯旋式上展出炫耀，屋大维装出非常关心同情她的样子，答应会完全按照她自己的意愿待她，要她放心，不要效法安东尼自杀。但屋大维的表演也没骗过克里奥帕特拉，她在知道屋大维的用心后，在屋大维的严密防卫下，仍设法获得一篮藏有一条其毒无比的小毒蛇的无花果，让毒蛇咬伤自己的手臂，中毒昏迷而死。屋大维把她和安东尼葬在一起，但把她和凯撒所生的儿子凯撒里昂以及她和安东尼的儿子处死。延续了300多年的埃及托勒密王朝随着女王克里奥帕特拉的死最终灭亡了。屋大维名利双收，他把埃及作为一个由自己直接管辖的行省并入罗马，他没收了克里奥帕特拉的全部财产，结果使他比罗马国家还要富裕。

公元前29年，屋大维回到罗马。罗马人民和元老院空前隆重地欢迎他的归来，为他举行了连续3天的正式英雄凯旋式，祝贺他在达尔马提亚、阿克兴和亚历山大里亚取得的一连串胜利。连续3天，罗马倾城出动，万人空巷，争睹屋大维的风采。屋大维站在4匹马拉的战车上，车前走着赤脚烂衫绳捆索绑的俘虏，在庞大的仪仗队的前导和簇拥下，驶过罗马的街道和广场，接受人们的欢呼和瞻仰。这3天不仅是屋大维难忘的日子，也是罗马人民难忘的日子，这不仅是祝贺屋大维的胜利，也是庆贺罗马获得了新的土地和财富。罗马举行凯旋式是习以为常的事，但连续3天的凯旋式则不同凡响。罗马的凯旋式有两种，一种是小凯旋式，得胜的将军进城步行而不能乘战车。屋大维在腓力比打败布鲁图和在西西里打败塞克斯杜斯·庞培之后，都只享受了这种小凯旋式的荣誉。另一种就是屋大维这次所享受的，得胜将军乘4匹马拉的战车进城，并被授予“凯旋将军”的称号。屋大维这一次的凯旋式就是正式凯旋式。这是他第一次获此殊荣，后来屋大维还曾多次进行凯旋式，他自称曾有9个国王或王子在凯旋式上走在他的马车前。

实际上，罗马人民和元老院这次欢迎的已不是一个一般的将军元帅，而是罗马的大权独揽者。屋大维的所有有竞争力的政敌都被一一消灭了。他成了罗马无可争议的唯一统治者，获得了他养父凯撒所曾获得的一切权力。他的威望和地位甚至已超过凯撒。他结束了罗马的长期动荡和内战的局面，统一了地中海世界。按古老传统，当整个罗马帝国在海上和陆上赢得胜利并取得了和平时，要关闭雅努斯神庙的大门。雅努斯是门神，他决定战争与和平问题。罗马广场的雅努斯神庙有两个以侧墙连接的拱门，宣战时，庙门敞开，出征部队要通过这两个拱门。和平时期，庙门紧闭。这个庙门已有 300 年没有关闭了，在为屋大维举行凯旋式时，庙门关闭了，和平来临了，而这和平是和屋大维的名字联结在一起的。

公元前 27 年 1 月 13 日，屋大维在他召集的元老院会议上，发表了长篇演说，演说表露了他的爱国热忱，掩盖了他的野心。他宣布："我将不再领导你们……请从我手中取回自由共和国，请接受军队和被征服的行省并且按你们自己的意愿来治理吧。"

屋大维与埃及艳后

元老院理所当然地一面感激并赞扬屋大维放弃权力的举动；一面又众口一词地拒绝了他的辞呈，并请求他决不要抛弃掉依靠他才终于得救的共和国。

屋大维之所以要演出这还政于民的一幕，是出于他对历史的借鉴和对罗马人民心理的深刻了解。安东尼曾在公共场合连续三次把皇冠戴在凯撒的头上，每次在场的罗马人民都以沉默不语来显示他们的不满，而当凯撒拿下皇冠时，人们却以齐声欢呼来表达他们的赞赏。这清楚反映出长期生活在共和制度下的罗马人民是不愿受帝王统治的。凯撒虽没接受帝王的头衔，但任终身独裁官，终于导致被维护共和制度的贵族共和派所刺杀。养父的遭遇，在屋大维心里留下了深刻的印象。他虽清楚地知道，罗马已离不开凯撒式的独裁者，但公开的帝制又必然会遭到抵制，元老院不会轻易放弃自己的权力和地位，罗马人民也留恋共和制。因此，屋大维投元老院和罗马人民之好，慷慨陈词，把权力交还给元老院和罗马人民，恢复共和制。这既为他赢得了极大的声誉，又可使他的权力合法化。感激涕零的元老院在屋大维发表“恢复共和国，还政于民”的演说后的第四天，公元前 27 年 1 月 16 日，授予屋大维“奥古斯都”的尊号作为回报。屋大维原希望人民尊他为“罗慕路”，也就是罗马的开创者，王政时代的第一任国王。但因罗慕路这一称号有企图王位的嫌疑而打消了这一想法。奥古斯都是一个含有神圣、庄严、伟大等令人尊敬的并有宗教色彩的隐意的词。屋大维乐意地接受了这个既表明他的至高无上的国家领袖地位、又不同于会引起元老院共和分子攻击的独裁或神的称号。这样，在屋大维的名字上又增加了“奥古斯都”一词。在授予屋大维“奥古斯都”尊号的同时，在屋大维的住宅的门柱上装饰了月桂枝叶，大门上钉上象征公民城邦的冠冕，并在元老院会堂安放一面金盾，上面镶刻有“因勇敢、仁慈、公正和虔诚而授予屋大维奥古斯都尊号”等字。屋大维生于 8 月，元老院根据凯撒的前例，把 8 月命名为奥古斯都，又因他和凯撒同尊，8 月的日数就不能少于 7 月，也应是 31 日，这便是为什么公历 7 月和 8 月都是 31 天的由来。

屋大维宣布还政于人民和元老院后，原有的各种政治机器又被开动起来。元老院、公民大会和行政官职的选举制都被保留下来。但这只是表面现象，尽管屋大维已经宣布放弃一切权力，说自己只是一个普通的执政官，甚至要做一普通公民终老林下，但他的近似帝王的权

力并没丢失丝毫。元老院和公民大会不仅没有缩小，甚至把更大的权力还给了他。但他的这种权力是在元老院和人民的请求下接受的。他一再拒绝担任凯撒曾担任的独裁官、终身独裁官，表示他不愿成为独裁者。他接受并乐意称自己为第一公民，也就是国家第一人、元老院第一名元老元首。因此，历史上就把奥古斯都所创立的国家制度称为“元首制”，拉丁文“元首”的汉文音译为“普林斯”，元首制也就是普林斯制。从此，屋大维以奥古斯都作为自己的称呼。

奥古斯都的元首制是逐步建立起来的。早在公元前 29 年，他从东方返回罗马，就获得了最高统帅的称号，军权是他一切权力的基础。军队是奥古斯都政权的主要支柱。作为最高统帅他有任命一切军事长官、征募军队及宣战媾和的权力。在政治方面，从公元前 32 年到公元前 23 年奥古斯都连任执政官，公元前 19 年又获得了终身执政官的荣誉职务，奥古斯都喜欢保民官这一职务，在公元前 36 年战胜塞克斯杜斯·庞培后，就被授予终身保民官的权力，公元前 23 年又被重新加以确认。保民官的职务使奥古斯都有权取消任何其他官员所采取的措施和决定，也使奥古斯都时期的人身成为神圣不可侵犯的，可不受任何批评和诽谤。罗马元老院和公民大会曾三次推举奥古斯都为唯一的、拥有最高权力的法律和道德监护人，实际上是授给他永久独裁权，他以不接受任何违背祖宗传统的权力为由拒绝了，而宁愿以保民官的身份行使这种职权。公元前 22 年，他被“赠予”召开元老院会议和在元老院会议中担任主席的权力。在宗教方面，他是宗教首脑，担任许多宗教职务，包括大祭司长。在行省治理方面，公元前 23 年他获得了统治帝国广袤疆域的总司令权，对帝国的一切行省都有总督权。这样，奥古斯都通过担任这些传统职务，总揽了军事、政治、宗教和行省治理等各方面的一切大权，成为事实上的独裁者，因此，一般都把奥古斯都的元首制作为罗马帝制的开始，共和制的终结。

但是奥古斯都的所有职务又都无不经过元老院的推荐和公民大会的选举。官员的选举和任期仍和共和制时一样。元老院的职能也并没减少，甚至形式上还增加了，譬如，元老院有了自己的高等法院。它的政治影响减弱了，而行政职能却强化了，有时还负责处理元首或公民大会布置的事。不过，奥古斯都时期的元老院已不是过去的元老院，它经过改造和清洗，反对奥古斯都的力量已荡然无存了，人数也由原来的 900 人减少到 600 人，奥古斯都作为主席牢牢地控制着它。公民大会除了在形式上选举事先已内定的高级官职以外，没有任何作用。无论是元老院还是公民大会，都不能做任何奥古斯都不喜欢或不同意的事。它们实际上是奥古斯都元首制的美丽的点缀和面具，掩盖着元首制所具有的帝制的真面目。不过元首制和帝制还是有些不同的，这不仅因为元首制保留了元老院和公民大会，而且因为高级官员的任命在形式上还要经过元老院和公民大会，另外，奥古斯都也和帝王有所不同。奥古斯都的帝王般的权力不是诸如皇帝、独裁官等单一职务，而是靠集于一身的众多职务。大多数职务也是有任期的，虽然可以不断连任。而且从法律上说，因为这些职务是元老院和公民大会授予的，因而也是不能世袭的。奥古斯都和第一公民或元首都是尊称，而不是官职。第一公民这一称号，除表示了他在公民中的优越地位外，还清清楚楚显示他仍不过是公民中的一分子，而不是高居于公民之上的神。

当然，奥古斯都不是只依靠改造了的变了样的旧的机构，他还建立了一些新的机构来协助自己的工作。公元前 27 年他在中央建立了一个元老院执行委员会，成为一个类似内阁式政府委员会的机构。它由元老院的元老组成，包括两个执政官和行政长官、营造官、保民官、监察官各一人，以及用抽签的办法选出的另外 15 名元老。它帮助奥古斯都规划元老院事务。这是一个共和时期从未有过，而又成为元首制的重要特点的机构。

元首制的创立显示了奥古斯都的杰出的政治才能。它既使奥古斯都成功地保留了独裁权力，而又使自己赢得了“共和国的恢复者和自由战士”的声誉。

奥古斯都的众多职务中，最高统帅是最重要、也是奥古斯都最看重的一个。“最高统帅”、“大将军”、“凯旋将军”，在拉丁文中是同一个词，是军队的统帅和总司令。奥古斯都的元首制下的帝国是一个军事帝国，它是靠军队支撑的，奥古斯都虽也说过把军队还给元老院，但实际上，他一刻也没有放松对军队的控制。他如同把“凯撒”和“奥古斯都”放入自己的名字中一样，也把“最高统帅”放入自己的名字中，成为自己名字的一部分。这意味着罗马统帅已经和他合二而一了。离开了最高统帅一职，他就不会是奥古斯都了。

罗马的军队，最早是公民军队，军、民是不分的，17～60 岁的公民都有服兵役的义务，公民出征须自备武装和给养。战后解散，返回家园，重操旧业，军队的中坚是罗马公民中的富裕阶层。后来随着战争的频繁和扩大，改行募兵制，公民兵开始变成被招募的职业兵，这样的军队有了固定的统帅，士兵只知忠诚于统帅，服从统帅、为统帅卖命，而不知国家；统帅也要千方百计为士兵谋利，提高军饷，退役后分给一块土地等。奥古斯都就是靠用自己的钱招募并组织这样一支军队起家的。内战结束了，这样一支由职业军人组成的庞大军队，作为内战的遗产被保存下来，这一方面是国家仍迫切需要这样一支军队来保卫国内外的和平、扩展疆域。另一方面是奥古斯都本人也需要军队维护个人统治，有军队就不能没有奥古斯都这唯一的统帅。军权是不能分割的，军权的分割也就意味着内战的重新开始。因此，奥古斯都虽拒绝独裁官和终身独裁官的头衔，却十分欣赏并终身享有同样是有绝对权威的最高统帅头衔。他自称他曾 21 次获“凯旋将军”称号，可见他对军队统帅职务的重视和对军事胜利之自豪。拉丁文最高统帅这时还没有皇帝的意思，后来它的主要含义却成为皇帝了，这决不是偶然的，最高统帅就是皇帝。

奥古斯都把他的正规部队固定在 28 个军团，15 万人左右，这是一支常备军。奥古斯都认为他只能支付这么多的军队的军饷，而国家也只能给这么多的军队补充新兵。军队驻扎在行省和边防要地，驻扎在西方行省的军团士兵大都是意大利的罗马公民，驻扎在东方行省的，很多是外省人，在被征招入伍时被非正式地授予公民权。各正规军团配备有人数几乎一样的辅助部队，辅助部队的士兵是从行省和附庸国的非罗马公民中征集的，也由罗马军官指挥。奥古斯都还建立了一支驻扎在意大利、专门拱卫罗马、保卫奥古斯都本人及其家族的禁卫军，共 9 个大队，9000 多人。除陆军外，他还建立了一支常备海军，士兵都是罗马下层公民、解放奴隶和外省人。军队中的要职都由元老和骑士担任。奥古斯都的这支包括陆军和海军的正规军团、辅助部队以及禁卫军组成的军队，是一支由罗马公民或准罗马公民组成的服役期限长达16年、20年甚至25年的、训练有素的、有很强战斗力的常备军。他们都要宣誓效忠于奥古斯都，有如奥古斯都的私人武装。奥古斯都晚年不无得意地宣称："向我宣誓效忠的罗马公民士兵约有50万人。"

军队中最重要的将领几乎都是奥古斯都的亲属或亲信，这样既便于控制，也不会危及自己的统治。奥古斯都对军队是非常爱护和优待的，他用各种方法来赢得军队的爱戴和忠诚。不仅薪饷丰厚，不是罗马公民的士兵退役后可以获得罗马公民权，而且，服役期满后的士兵，可回原籍或到殖民地定居，并可获得土地和金钱作为服役的报酬。奥古斯都在自传里列举了他为给士兵分配土地而支付的地产钱的数目和发放退伍金的数目，他还建立了退伍基金来保证退伍金的发放。因此，当兵虽要经受严格的训练，有严格的纪律，要打仗，但由于待遇优厚，在当时成为一个颇具吸引力的职业。奥古斯都的军队是由志愿应征者组成的，兵源不成问题。甚至有些地位较高的人都愿加入行伍，以求飞黄腾达。军队将士对奥古斯都的忠诚也始终如一，在他统治的全部时间里，军队都是安定的，也是忠于职守的。

奥古斯都并不是一个热衷于征伐的人，罗马人民也厌倦了战争，但当时并不是个休养生息的时代，奥古斯都时代的和平是靠强烈的、积极的国事活动来巩固的。只有对外显示罗马强大的军事力量和建立起一条可靠安全的边境线才能保证罗马的和平。奥古斯都的军事行动，虽不如亚历山大和凯撒那样辉煌，但也取得了不少成功，极大地扩展了罗马帝国的疆域。

公元前25年，在南部，奥古斯都委任的埃及总督把罗马帝国的势力延伸至尼罗河第一瀑布，经过一系列的征服，合并了藩属国努比亚。奥古斯都配置了3个军团管辖地中海南岸，两个在埃及，一个在非洲行省。

公元前25年，在东部，奥古斯都吞并了名为加拉提亚的小亚细亚中部的大片土地。公元前20年，曾多次打败罗马军队的帕提亚王朝发生了王位继承的斗争。斗争的双方都向罗马求援，奥古斯都乘机一面派提贝里乌斯率兵出征，施加军事压力，一面利用灵活外交手腕，与帕提亚签订条约，兵不血刃就迫使帕提亚国王交还了过去从克拉苏和安东尼手中夺去的，包括军旗在内的一切战利品和俘虏，承认了罗马帝国对亚美尼亚的保护权力，并送给罗马帝国大量贡品。条约规定幼发拉底河为罗马帝国与帕提亚的疆界。这样一来，既雪了33年前罗马统帅克拉苏在美索不达米亚的卡雷战役中全军覆没之耻，恢复和保证了罗马帝国在东方的荣誉，扩展了疆域，使罗马公民十分满意，同时又极大地提高了奥古斯都本人的威望。

在西部，公元前26年，奥古斯都对西班牙进行征服，遭到西班牙人民的激烈反抗，直到公元前19年才侵占了全部西班牙领土，设立了三个行省，配置了3个军团驻守从直布罗陀到莱茵河口一带。此后，奥古斯都还想吞并不列颠，但没成功。

在北部，奥古斯都在征服了高卢和消灭了住在阿尔卑斯山南坡的萨拉西人之后，在公元前16～前12年，派泰比里乌斯率军越过阿尔卑斯山，进军多瑙河沿岸，先后建立了列提亚、潘诺尼亚、诺里克和麦西亚等行省。到公元前12年，奥古斯都大体上完成了帝国的疆界的扩展，东起幼发拉底河，西滨大西洋，南至撒哈拉大沙漠，北以莱茵河和多瑙河与日耳曼人为界，四境都有天然屏障。但奥古斯都并没满足，他想把北部边境推进到比以莱茵河为边界更有利的易北河。

公元前12年，奥古斯都令养子德鲁苏斯率远征军越过莱茵河进入日耳曼境内。德鲁苏斯战胜了当地的统治者，建立起一系列基地，于公元前9年抵达易北河，不慎坠马受伤，不治去世。奥古斯都又派提贝里乌斯继续征服日耳曼。经过不断的征伐，罗马军队最终占领了从莱茵河到易北河的全部地区，公元前5年，建立了日耳曼行省。被征服地区的人民并没停止过斗争，虽驻有重兵，仍不时发生起义。公元前6年，潘诺尼亚省就爆发了20万人的大起义，提贝里乌斯奉命率兵镇压，经半年才平息了叛乱。而日耳曼人的反抗斗争更给奥古斯都沉重打击。公元9年，被日耳曼部族首领阿尔米尼乌斯引诱，驻守日耳曼行省的罗马统帅瓦鲁斯率3个军团和5个辅助队离开驻地，深入到几乎无法穿行的特乌托布尔格森林中，陷入日耳曼人布置的陷阱，遭到日耳曼人的猝不及防的围攻。经 4 天苦战，瓦鲁斯和所有高级军官不是战死，就是自杀，全军覆没了，无一生还。这一事件震撼了整个罗马。奥古斯都在罗马全城布置了日夜岗哨，延长了各省总督任期，向朱庇特神宣誓，全国处境如能改善，将举行盛大宴会向朱庇特表示敬意。瓦鲁斯军团的灾难使奥古斯都陷入深刻的悲痛中而不能自拔，好几个月不理发不刮胡子，还不时以头撞门呼喊："瓦鲁斯，把军团给我带回来。"奥古斯都要把北部边界建立在易北河的美梦彻底破灭了。虽然，奥古斯都后来曾派提贝里乌斯率军去征讨阿尔米尼乌斯，并大获全胜，但实际上，罗马的势力范围从此以后就一直被限制在莱茵河以南，而且常遭受日耳曼人的侵扰。恩格斯认为"日耳曼人同瓦鲁斯的会战，是历史上最有决定意义的转折点之一。这次会战使日耳曼尼亚永远摆脱罗马而取得了独立"。奥古斯都在晚年停止了军事扩张政策，而且劝告他的继承者也不要进行扩张。

盖乌斯·屋大维

奥古斯都另一足以自豪的不朽尊号是元老院和罗马人民授予的"祖国之父"。公元前 2 年，一个贫民代表团要求尊奉他为"祖国之父"，他拒绝了。随后，当他来到罗马大剧场时，一大群人再次向他请愿。最后在元老会堂，一名元老代表元老院发言："幸福的命运和神灵的恩惠是与你的家庭同在的，为我们城市的幸福康泰而向你祈求，元老院和罗马人民一致热烈希望尊你为‘祖国之父’。”奥古斯都眼含热泪回答说：“在达到我的最高愿望之后，父老们，我还能向永生的神灵乞求什么呢？我唯有诚心保持你们一致加给我的荣誉，直到永远。”同时，在奥古斯都的住宅的前厅、元老院会堂和安放在奥古斯都广场上的战车上都刻上了这一尊号。这是一个古老的尊号，凯撒也曾拥有过。奥古斯都接受这一称号，是因为他认为，这是他的全部努力的顶点和他的政体的最终体现。祖国之父，也就是说他是所有罗马人和意大利人以及各行省人之父。这是把他的身份建立在罗马最古老的传统的基础上的。按古老传统，“一家之父”是最受尊敬的关键人物，而被庇护者的保护人，也常常被说成是被庇护者的父亲。在这种意义上，奥古斯都接受“祖国之父”或“国父”这一称号是遵循公元前 32 年，和安东尼决战前夕，全体意大利人向他发出的誓言，宣誓效忠于他。也就是说，所有罗马公民毫无例外地都是他的被庇护人，而他是他们的保护人。由于他的国家已不是小小的罗马，而是整个意大利，是包括许多行省和殖民地的庞大帝国，因而，他的被庇护者也就扩展到全体意大利人民、扩展到行省和殖民的人民。整个罗马帝国都是由他的被庇护人所组成的，不管是罗马人还是非罗马人。

奥古斯都在追述公元前 32 年宣誓之事时，非常自豪地说：“整个意大利是自愿向我宣誓效忠的，高卢和西班牙诸省、阿非利加、西西里和撒丁等省也都举行效忠宣誓。”全体罗马人民都宣誓效忠奥古斯都，为奥古斯都服务，把他看作是他们的保护人，尊敬他如同尊敬父亲。按照传统，作为保护人，奥古斯都要维护被庇护人、即罗马人的利益，在一切事情上都要成为他们的顾问和朋友。确实，奥古斯都做了不少给罗马人民带来好处、得到罗马人民赞扬的事。他结束了长期不断的内战，使罗马人民开始享受安宁和和平。他扩大了罗马帝国的疆域，把罗马帝国的边境大大向外延伸，从而给罗马帝国带来了巨大的财富，满足了罗马人民渴求胜利的心理需求。他消灭了海盗，保证了地中海航运的畅通和安全。他发给士兵丰厚的薪饷，退役后还让他们得到土地和金钱。他在罗马和意大利举行各种竞技、赛会和表演来娱乐罗马人民，他让不少贵族和骑士都有当官和发财的机会，他甚至不时地给罗马贫穷的公民钱财和免费分发粮食。有权得到奥古斯都赠送钱物的只是那些有公民权的罗马公民。奥古斯都关心和保护的是有公民权的罗马公民的利益。

当时罗马帝国境内的居民大约在7000万到1亿之间，而罗马公民的总数，包括妇女和儿童，只有大约500万到600万。这中间还包括从100万增加到200万的外省的公民。奥古斯都3次进行人口调查，第1次在公元前28年，罗马公民人数是406.3万，第2次在公元前8年，423.3万，20年只增加了不足20万，第3次在公元14年，493.7万，20多年也只增加了70万。3次人口调查不仅说明罗马公民的人数在帝国境内居民中的比例是非常小的，而且说明，罗马公民人数的增加是极为缓慢的。这一方面是许多罗马公民追求享乐，独身主义流行，自然增长率小；另一方面是其他的人除当兵外，要获得罗马公民资格是非常不容易的。罗马公民是一个近似封闭的集团。

奥古斯都的罗马帝国是一个奴隶制国家，人数众多的奴隶是奴隶主的财产，没有任何权利。还有大量的外省居民，也没有罗马公民权。奥古斯都只是罗马公民之父，他们中的贫穷者，可得到奥古斯都的施舍，他们中的有钱者、元老和骑士，则不需要。他们需要奥古斯都作为他们的保护人，是希望奥古斯都保护他们的利益，让他们有飞黄腾达、发财致富的机会，其中很重要的一点是保护他们对奴隶的权利。奥古斯都就是这样做的。

公元前36年，奥古斯都打败了塞克斯杜斯·庞培之后，密令各地驻军清查在内战时加入军队的奴隶，有3万名被清查出的奴隶被送交给其主人惩治，如主人不在，就将奴隶处死。从而赢得了元老贵族和骑士的支持。罗马有一古老惯例，奴隶主在家被奴隶杀死，这家的所有奴隶都要被处死。公元10年，奥古斯都重申了这一规定：凡奴隶杀死主人，与之同处一处或闻声未去援救的所有奴隶均处死刑。可见，奥古斯都是完全站在奴隶主的立场上保护奴隶主的利益的。

在罗马，奴隶主是可以随意借故杀死奴隶的，奥古斯都虽不甚赞同无故杀死奴隶，却十分尊重奴隶主的这一权利。有一次，奥古斯都到一

个骑士大奴隶主家作客，席间，一个奴隶不小心打碎了一只水晶高脚杯，主人就令人将这个奴隶扔进池中喂鳗鱼，这个奴隶向奥古斯都求救。奥古斯都发了慈悲，劝主人饶了他，主人不听。奥古斯都并没因主人不给自己面子而生气，也没强迫主人，而是自己也打碎一只同样的杯子，这样就使主人不便因奴隶做了与奥古斯都同样的事而处死他。这件事虽说明奥古斯都不赞成主人随意处死奴隶，但也证明奥古斯都是多么尊重奴隶主的权益，是否处死奴隶，最终由他的主人决定。

共和国晚期，由于奴隶的不断反抗和斗争，不少奴隶获得释放。奥古斯都军中也有不少释放奴隶，甚至有的被释放的奴隶自己成了奴隶主。奥古斯都不能容忍奴隶的大量被释放，对释放奴隶作了严格的限制。他通过立法规定：拥有 3～10 个奴隶，最多可释放 1/2；拥有 10～30 个奴隶，最多可释放 1/3；拥有 30～100 个奴隶，最多可释放 1/4；拥有 100～500 个奴隶，最多可释放 1/5；拥有的奴隶超过 500，释放也不得超过 100。只有两个奴隶，主人有权全部释放。他还规定：主人在世时释放奴隶，主人年龄要在 20 岁以上，奴隶年龄要在 30 岁以上。奥古斯都这样做，与其说是限制奴隶主的权利，还不如说是维护奴隶制度。

奥古斯都对忠诚于他的贵族和骑士十分恩宠，给予他们各种升官或发财的机会。他在自传中宣称，公元前 36 年宣誓效忠他的 700 名元老，后来有 83 人担任过执政官，有大约 170 人担任了祭司。奥古斯都给予他们种种荣誉和特权，当然前提是他们要忠诚于他，并按他的意志办事。对骑士也给予种种优待，换取他们的忠诚。当时，元老必须出身贵族，而且有一定财产资格限制。内战使许多骑士的财产减少了，奥古斯都放宽了对骑士财产资格的限制，规定只要本人和父母曾经拥有骑士标准的财产就可以了，而不管他现在有多少财产。他从争取民心、安定民心出发，虽也处罚过一些声名狼藉的骑士，却仍从骑士阶层中提拔官员。骑士不仅能担任执政官、军团将校、行省长官、禁卫军长官等高级官吏，如奥古斯都任命的第一位埃及总督伽鲁斯就是骑士，而且，在保民官等元老等级的候选人不足时，骑士可以补充。受到恩宠的骑士当然对奥古斯都感恩戴德，唯命是从了。奥古斯都这种大量从骑士中任官的做法，使大商人、包税商和高利贷者都可成为帝国官吏，同时，由于骑士并不集中在罗马而是分布在帝国各地，从而使奥古斯都统治的社会基础空前扩大。

奥古斯都最使人赞颂的是他结束内战，消灭海盗，给罗马带来了所谓的奥古斯都和平。这不仅是厌倦了长期内战的罗马人民所渴求的，而且，这种和平对于元老和骑士来说，是十分了不起的。它意味着有产者的胜利，意味着在奥古斯都的政治体系中占有一席之地，并分享其利的商人和大大小小的官吏的胜利。由于和平，无论在意大利还是在外省城市都是一片蒸蒸日上的繁荣景象。

奥古斯都获得的赞誉是空前的。有一次，他在意大利西海岸的坎帕尼亚港外巡游，当他乘坐的航船超越了一条刚从亚历山大里亚来的商船时，商船上的人见奥古斯都在邻船上，所有的船员和乘客都穿上白制服、戴上花冠，齐聚甲板上，烧起香火，向奥古斯都敬礼，并大声呼喊，他们的生命、自由和财富都归功于他。罗马骑士们一致自愿主动为他祝寿，总是持续 2 天，各行各业的人每年都举行为他祝福的仪式，每年 1 月 1 日，他们总要带一份新年贺礼到卡尔托尔向他奉献，而奥古斯都则用这些献礼钱购买贵重的神像，竖立在罗马各城区。当奥古斯都从行省回来时，人们不仅以祈祷祝福来迎接他，而且以歌咏赞颂他。有些人在遗嘱中要求继承人向奥古斯都奉献牺牲，对奥古斯都拯救他们表示感恩；有些意大利城市把奥古斯都第一次到该城市巡访的那天作为一年之始；许多行省除建造许多殿堂和祭坛外，还在每一个城市举行 5 年一度的崇敬奥古斯都的赛会。当然，这仅仅是那些不足 600 万的，大都住在城市里的罗马公民而言，奴隶仍是奴隶，甚至农业劳动者也甚少得益于罗马和平，他们的负担并没减轻，生活也没什么改善。

罗马的宗教活动无所不在，罗马城林立着各种神庙和祭坛，有古老的源于希腊的罗马诸神，也有被征服地区和国家所信奉的各种神。宗教活动是罗马人民最重要的活动。但由于长期内战，罗马境内的许多宗教活动的场所，庙宇、祭坛等，不是遭到破坏，就是年久失修。担任众多祭司职务，包括大祭司长的奥古斯都，把宗教作为他统治的重要支柱，一方面大力提倡恢复罗马古老的宗教崇拜；一方面不惜花费巨大财力修复或重建各种神庙和祭坛。这既是他宗教感情的驱使的结果，也是赢得罗马人民爱戴的不可取代的手段。仅在公元前 28 年，他就在罗马城修复了 82 座神庙。该修的神庙没一座被忽略。他先后还新建了许多神庙，其中有名的有，公元前 31 年开始修建的，帕拉丁山上的阿波罗神庙及其柱廊。阿波罗是太阳神、战神，奥古斯都公开宣称阿波罗是他的保护神，也有人说他就是阿波罗神的化身，他还为纪念这位大神而创立了百年大祭和各种演出比赛。还有神圣朱理亚神庙，复仇者马尔神庙，卢佩卡尔神龛，卡皮托尔山上的朱庇特神庙，奎里努斯神庙，阿芬丁山上的米涅娃、天后朱诺和朱比特诸神庙，位于神圣大道起点的教育神拉瑞斯神庙，维利亚山头的灶神培那戴斯神庙，以及帕拉丁山上的青年神庙和大母神庙，等等。他不仅自己出钱修建，还鼓励他的部属和其他有钱人出钱修神庙。

身着埃及法老服饰的屋大维

奥古斯都不只是热心修庙，还不时向神庙赠送礼物，他一次就向卡皮托尔山上的朱庇特神庙赠送了 13000 磅黄金和宝石珍珠等，价值 5000 万塞斯特斯。他甚至下令把在罗马为他树立的 80 座白银塑像全部熔化掉，并把由此而得到的钱财用来向阿波罗神庙奉献礼品。这些宗教建筑外形壮观雄伟，装饰相当豪华美丽。它们的建立不仅改变了罗马的面貌，也激发了罗马人民的宗教感情和活跃了罗马人民的宗教生活，使罗马成为一个宗教中心。

奥古斯都大兴土木，在他私人地产上用大理石建造的奥古斯都广场。这是罗马最为宏伟的建筑之一，广场周围环绕着柱廊和神庙，是罗马人民的重要集会场所；还有元老院会堂和与之相连的卡尔齐迪大殿；始建于凯撒而由奥古斯都完成的朱理亚广场、卡斯托尔神庙、萨图恩神庙的大会堂，等等。另外，还有一些剧场和竞技场，如弗拉米尼竞技场的屋大维亚柱廊、大竞技场的观礼台、庞贝剧场等。竞技场和剧场是罗马公民娱乐的地方，娱乐活动是和平环境下罗马公民生活中不可缺少的，不仅元老贵族和骑士热衷于竞技场和剧场所提供的角斗、戏剧、军事竞技、体育比赛和其他各种表演，罗马的近 20 万靠国家救济的平民也迷恋这些娱乐。奥古斯都在剧场和竞技场举办了许多赛会、竞技、角斗甚至海战表演。在他简短的自传里，他不厌其烦地列举了他兴办的这类娱乐活动。他把它们作为他毕生的功绩来写，可见他对这些活动的重视，也可反映出罗马公民是非常喜爱这些活动的。他经常举办角斗表演，这是罗马人民所热衷的古老的残酷娱乐。角斗士都是经过专门训练的奴隶，观看的有上层贵族、骑士，也有下层平民。角斗士厮杀时，观众狂呼乱叫，一旦某个角斗士受伤倒下，无力角斗，他的生死就由观众决定，观众高兴满意，就可饶他一命，不满意，武器就会戳入他的心脏。奥古斯都曾驱使一万多人参加这种血腥的角斗表演。除角斗外，他还举办各种比赛，他曾 3 次从世界各地聘请运动员进行体育表演。赛会不断，不少赛会是宗教性的，如公元前 17 年举行的百年节，这是奥古斯都作为 15 人祭司团团长而举办的新时代大庆赛会，是罗马人民庆祝新世纪开始的节日，是祀奉神祇的活动，要连续不断地进行三天三夜。又如公元前 2 年，奥古斯都在罗马历史上第一次举办了马尔神赛会。马尔神是战神，是罗马最重要的也是最受尊敬的神祇之一，罗马历的第一个月就是献给他的，称马尔契。马尔神赛会是军事竞赛。公元前 2 年以后，每年都举行。他还多次举办猎兽表演，把竞技场、圆形剧场变成猎兽场。在他举办这种表演中，总共猎杀了 3500 头从非洲运来的野兽。奥古斯都还别出心裁地在罗马的台伯河对岸举办了一次海战表演。为此，专门挖了一个长 1800 尺、宽 1200 尺的水域，

动用了30艘三列桨或二列桨的尖头船和许多小船，不算桨手，参加表演的战士就有3000名，规模相当大。

奥古斯都性格内向，生活严谨，并不是一个热衷游乐的人，他如此频繁地举办各种赛会和表演，除了出于他本人对宗教的虔诚因素外，更是他取悦罗马人民、笼络人心，提高自己的威望、巩固统治的一种手段。当然，也满足了罗马人民的精神生活的需要。

奥古斯都为保证罗马的供水，修复了因年久失修而损坏的引水管道，还把一条新的水源引入一条被称为马尔齐亚的水道，使这条水道的水量增加了1倍。他还建立了一支专门管水队伍，设立并任命水利总监负责分配供水，没有奥古斯都的批准，不准向任何私人供水，供水成了奥古斯都的恩赐。当时，罗马的用水量是很大的，罗马人除看竞技外，上澡堂也是一大嗜好，奥古斯都和阿格里帕都修建了一些宏大的公共浴池，浴池也是罗马的重要公共设置和颇具特色的建筑。

奥古斯都经多年大兴土木，罗马的面貌焕然一新、广厦如云、大殿密布。正如奥古斯都自己所说："我接受了一座砖瓦之城，却留下了一座大理石之城。"

在奥古斯都的治理下，罗马的交通也发生了质的变化。奥古斯都以罗马为中心，大修驰道以通达各省，形成了延伸到全意大利和各行省的综合道路网。这些道路的分布，设计、建筑和排水，都认真考虑了当地的材料和条件，既系统又灵活。"条条大路通罗马"，四通八达的驰道成了罗马经济和组织的最重要的方式。在以后的千百年中，在近代的铁路和公路未铺设以前，罗马的驰道一直是南欧陆上交通的主要干线。海上的交通也因为奥古斯都消灭了海盗和建立了一支常备海军而变得安全可靠、方便迅速。

奥古斯都在罗马还建立一支由3个大队组成的罗马城市警察队伍和一支防火队来保障罗马日常生活的安全。

奥古斯都不仅在物质上重修罗马，而且也力图在精神方面重修罗马。当时的罗马，古朴敦厚的民风已荡然无存，人们醉生梦死，奢侈成风，家庭观念越来越淡薄。不少人终身不娶，而离婚和通奸也成了司空见惯之事。因此奥古斯都极力倡导恢复罗马的道德传统，倡导爱国、虔诚、忠贞、俭朴。他恢复了一些古代的习俗和宗教仪式，制定一系列法规：限制用于宴会和节日活动的开支，限制离婚，严惩第三者，向独身男子征税，奖励孩子多的家庭，惩戒放荡行为。他对一些官吏的贪污腐化和横征暴敛严加惩处，他自己更是身体力行，不仅自己生活简朴，要求严格，力图为罗马树立一个恢复古代美德的榜样，而且对子女的出格行为也决不姑息。他唯一的女儿和外孙女都因行为放荡而被他放逐。

奥古斯都在这方面的一系列措施，效果虽不如大兴土木那样显著，但也为他赢得了古代道德标准修复者的美誉。

奥古斯都统治下的罗马，不仅政治上、经济上达到了空前的昌盛和繁荣，在文学上也是一个黄金时代，以致后来，“奥古斯都时代”就成了“黄金时代”的同义词。奥古斯都本人并没有他养父凯撒那样的文采，也没留下什么令人称誉的富有文学色彩的文字。他留下的文字都给人一种公文式的干巴巴的味道。但他却喜好结交文人，甚至与文人为友，在他周围聚集了罗马一些享有世界声誉的伟大作家。

奥古斯都亲近文人的中介是他的最亲密的，与阿格里帕并列的顾问梅塞纳斯。梅塞纳斯出身骑士，十分富有，是奥古斯都政治和外交方面的得力助手。他热心于赞助有名的文人，许多诗人和作家都投入他的门下。奥古斯都正是通过梅塞纳斯结识了维吉尔、贺拉西等诗人。

维吉尔是罗马最伟大的诗人，出身农家，对农村和农民怀有深厚的感情。后三头当政时，他父亲的家产被没收。公元前 37 年，他完成第一部作品《田园诗》，就以奇特风格在罗马文学界引起一片惊叹。除描述他理想的田园世界、抒发个人的感情外，《田园诗》还反映出这样一种普遍的信念：救世主将出现，并将把世界从长期苦难中解救出来。他虽没在诗中提名，但显然是把拯救世界的责任归之于奥古斯都。《田园诗》的发表使维吉尔声誉鹊起，并因此结识了梅纳塞斯，又通过梅纳塞斯的引荐，受知于奥古斯都，得到许多赏赐。他随后写的 4 首较长的《农事诗》就是献给梅纳塞斯的。《农事诗》赞美乡村生活，体现了维吉尔对罗马化的意大利的热爱，这种热爱是时代的特征，是奥古斯都和平的核心，奥古斯都也因此在诗中受到赞扬。维吉尔的最重要著作是历时 11 年（公元前 30 年～公元前 19 年）写成的英雄史诗《埃涅阿斯记》，它描述罗马的建立者埃涅阿斯历经磨难，通过不断的胜利而取得和平，并成为一个道德的真正楷模的经历。这与奥古斯都结束内战、实现和平，并努力唤起罗马人民的自豪感，要求罗马人民重视自己的古老宗教和传统的道德观念是一致的。它反映了维吉尔的、也是奥古斯都的理想：罗马有责任征服世界并在各民族中传播文明和法治。对奥古斯都给长期受战争磨难的罗马带来和平，维吉尔是深怀感激之情的。

1632 年出版的英文版《变形记》的卷首插图

公元前 19 年，奥古斯都在希腊巡游时，碰到了维吉尔，奥古斯都劝他陪同自己返回意大利。但在维吉尔随同奥古斯都渡过亚得里亚海，回到布隆迪西时，竟一病不起去世了。当时，《埃涅阿斯记》还没来得及完稿，而维吉尔病逝前，曾让他的遗嘱执行人在他去世后把诗稿全部烧掉。但他死后，奥古斯都下令不要考虑他的遗嘱，完全按原稿出版《埃涅阿斯记》，从而保存了这部不朽之作。

贺拉西是奥古斯都时期的另一位杰出诗人，也是最为奥古斯都器重的诗人之一。他的父亲是一个释放奴隶，当过拍卖官的助手。贺拉西在公元前 42 年腓力比战争中，是屋大维的敌手布鲁图方面的军官。战争结束后，他父亲的农庄和维吉尔的一样，被没收了。贺拉西几无容身之地，后在罗马结识了维吉尔和梅塞纳斯，并得到奥古斯都的赏识，梅塞纳斯赠送给他一所舒适的庄园。奥古斯都请他任自己的私人秘书，他以健康不佳为由拒绝了，但奥古斯都仍多方对他加以照顾。当然，贺拉西对奥古斯都对他的关怀照顾和奥古斯都所带来的和平是心怀感激的，他不时发表一些歌功颂德或奉命之诗作，因此，被人称为宫廷诗人。公元前 17 年，他曾奉命为奥古斯都恢复世代竞赛创作颂歌《世代竞赛者》。他赞美罗马光荣伟大，歌颂奥古斯都丰功伟绩之作，为奥古斯都和他的事业起了很好的宣传作用，提高了奥古斯都的威望。不过，贺拉西自己仍保持着温和而又独特的个性。他与奥古斯都的友谊一直保持到公元前 8 年去世时，他的重要作品《歌集》对西方文学产生了极大的影响。

奥古斯都时代另一位伟大诗人奥维德，却没有维吉尔和贺拉西那么幸运。他最有名的作品《变形记》是一部由各种神话、民间传说和轶事组成的宏大的天方夜谭。奥德维的作品虽也偶尔提及奥古斯都的光荣，却并没大多迎合奥古斯都之所好。在公元前 8 年，他被奥古斯都放逐到黑海西岸的托米城，直到公元 17 年死在那里。

奥古斯都文人圈子里还有一位伟大的史学家李维。他没参与任何政务活动，而是在奥古斯都供养下，专心从事《罗马史》的写作。耗费了 40 年的时间，才完成了这一部通史性质的史学巨著。他是西方通史体类史学著作的首创者，他的书不仅文字优美，而且洋溢着爱国主义情感。由于奥古斯都认为自己不是一个独裁者，而是古代共和制的方式和习惯的恢复者，所以，他支持李维自由地探索过去的光荣传统和美好时光。李维对罗马的传统英雄和他们行为的生动而又富于感情的描述，是符合奥古斯都愿望的，因为这些英雄中，最受人尊敬的就是奥古斯都。在历

史学家李维心中，奥古斯都是他的朋友。

奥古斯都虽贵为天下第一人，但生活俭朴，他信奉斯多葛哲学，追求理智和道德的生活，提倡恢复古老的道德传统。他不屑于和贵族那样锦衣玉食，甚至不拿国家俸禄。他穿的是自家妇女纺织的衣服，住的是帕拉丁宫殿里的一间狭小的房间。这并不完全是做给人看的，即使离开了众人的视线，孤身独处，他也仍过着哲人般的简单生活，而毫无帝王式的奢侈豪华。

奥古斯都是个政治家，他为人严谨，从不随便说话。他在公开场合发表的演说都是事先经过精心准备的，即兴演说是没有的。他把这种习惯也带到家庭生活中来了，他和自己的妻子也不随便说话，有事不得不说时，都要事先写好稿子，然后照稿宣读。

奥古斯都结了三次婚。

公元前 43 年，年仅 20 岁的屋大维和安东尼的妻子富尔维亚与前夫所生的女儿克历狄亚订婚。目的完全是为了强化他和安东尼的关系，结果第二年就解除了婚约。公元前 40 年，在梅塞纳斯的撮合下，屋大维和庞培妻子的姑母斯克里波尼亚结婚，目的是为了和当时拥有强大军事力量的赛克斯杜斯·庞培搞好关系。屋大维是斯克里波尼亚的第三任丈夫，斯克里波尼亚为他生了一个女儿优利亚。这段婚姻只维持了两年，斯克里波尼亚就被屋大维休弃了。

屋大维第三次结婚，看上的却是个有夫之妇，名叫利维亚·德鲁西拉，是个大美人。她的丈夫叫提比里乌斯·克劳狄乌斯·尼禄，也是罗马的名门望族。公元前 38 年屋大维强迫她与丈夫离婚嫁给自己。利维亚与屋大维结婚时，腹中还怀有前夫之子，也就是后来的奥古斯都的养子德鲁苏斯。利维亚是个权力欲望极强而又善于玩弄手腕的女人，她常参与政事，为丈夫出谋划策。在奥古斯都晚年年老多病，体力不支时，利维亚任性使权，把奥古斯都管得服服帖帖。她和奥古斯都没有孩子，她让自己与前夫生的两个儿子都做了奥古斯都的养子。她的儿子提贝里乌斯成了奥古斯都的继承人，有人怀疑，奥古斯都病情恶化、突然去世都是利维亚暗中捣鬼所致。

奥古斯都只有一个女儿优利亚。公元前 25 年，年仅 14 岁，奥古斯都就让她嫁给了她的表哥，屋大维亚的儿子马塞卢斯。但只过了两年，马塞卢斯年纪轻轻就死了。奥古斯都又把还只有 16 岁就守寡在家的女儿嫁给了自己最亲密的助手、原来的同学阿格里帕。阿格里帕和奥古斯都同岁，现在成了他的女婿了。优利亚和阿格里帕生了 5 个孩子——3 男 2 女。奥古斯都对这些外孙非常疼爱。公元前 12 年，阿格里帕去世后，奥古斯都又强迫女儿嫁给利维亚与前夫之子提贝里乌斯。这是一次违背两人意愿的悲剧性结合。提贝里乌斯已有娇妻，奥古斯都强迫他和妻子离婚，娶他本人不愿娶的优利亚，优利亚也不愿嫁给他。两人婚后，感情仍格格不入。优利亚变得行为放荡，提贝里乌斯无可奈何，公元 6 年，干脆一个人跑到罗得岛上过隐居生活去了。奥古斯都对女儿的行为忍无可忍，公元前 2 年，把她流放了。优利亚的同名女儿也有母风，后来也被奥古斯都流放了。

奥古斯都无子，选谁当继承人就成了长期困惑他的一个困难问题。奥古斯都开始选定的继承人可能是他的外甥马塞卢斯，不仅把唯一的女儿嫁给他，而且委以重任，提拔他担任祭司和高级营造官，带他一同出征西班牙。马塞卢斯虽名声不错，又非常得宠，却天年不遂，公元前 23 年，年仅 19 岁就去世了。奥古斯都非常悲痛，安葬时，亲自宣读悼词。维吉尔的史诗《埃涅阿斯记》中也有一段专门颂扬他。

奥古斯都选定的第二个继承人选可能是阿格里帕。公元前 23 年，他不考虑年龄的悬殊，让自己刚死了丈夫的女儿嫁给了他，阿格里帕战功卓著，并多年担任奥古斯都的助手，曾不止一次任执政官。公元前 18 年，奥古斯都甚至让他分享自己的保民官的权力。可惜，老天不遂人愿，公元前 12 年，阿格里帕又染病去世。奥古斯都又一次参加自己选中的可能的继承人的葬礼并致悼词。

奥古斯都在选择继承人的问题上犹豫不决，长时间下不了决心。有时，有两个甚至更多的人选，他宁可等待，而不急着在他们中确定一个。奥古斯都把利维亚和前夫的儿子提贝里乌斯和德鲁苏斯都收为养子，但并不想确定他们中的哪一个做继承人。公元前 17 年，阿格里帕还未去世，他就把阿格里帕和优利亚的两个儿子盖乌斯和卢基乌斯过继为自己的孩子，这等于把他们纳入他的继承人人选中。他们当时一个 3 岁，一个只 1 岁，都特别受奥古斯都宠爱。奥古斯都可能是想在他们两人中择一的。在他们年满 15 岁时，就都被元老院指定为当选执政官，也就是候补执政官，并成为贵族青年的领袖。另外两个继承人的有力竞争者是提贝里乌斯和德鲁苏斯兄弟，他们比奥古斯都的两个外孙年长得多，而且早入政界，军功显赫，又有母亲利维亚这座靠山。特别是提贝里乌斯，阿格里帕去世后，优利亚嫁给了他。所以他和盖乌斯、卢基乌斯虽都是奥古斯都的养子，都叫奥古斯都父亲，但他其实又是盖乌斯、卢基乌斯的继父。公元前 9 年他的兄弟德鲁苏斯在前线去世。公元前 6 年，他被提升分享他的养父奥古斯都保民官的权力，但正在他的事业如日中天时，他却戏剧性地放弃一切职务，离开罗马，退隐到了罗得岛。提贝里乌斯这样做的原因，有人认为是由于盖乌斯的妒忌造成的。如果奥古斯都有意要确立盖乌斯为继承人，那就必须除掉提贝里乌斯这个最大的竞争者。也许提贝里乌斯见情况对自己不利，就只好退隐了。提贝里乌斯在罗得岛一待就是 8 年。提贝里乌斯名为退隐，实际上，也许就是种放逐。但是令人不解的是，盖乌斯和卢基乌斯不久就相继死去了（公元前 4 年和公元前 2 年）。他们的死亡有可能是提贝里乌斯的母亲利维亚暗下的毒手。

这样一来，奥古斯都的养子就只剩下退隐在罗得岛的提贝里乌斯一人了。在利维亚的要求下，年老的奥古斯都别无选择，只好召回提贝里乌斯，重新委以重任。利维亚为了扫清她儿子接班的障碍，竟借故把奥古斯都仅剩的一个外孙波司图姆斯也放逐到地中海的普拉纳西亚岛上。公元 13 年，奥古斯都可能知道自己来日不多了，便把遗嘱存放到罗马的维斯塔神庙里。同时，又不顾年迈有病，瞒着利维亚，只带几个心腹乘船到普拉纳西亚岛，看望在那里的外孙阿格里帕·波司图姆斯。爷孙俩一见面，便抱头痛哭一场。这件事，奥古斯都虽严密封锁消息，但还是被利维亚知道了。从普拉纳西亚岛返回到罗马南边的诺拉时，奥古斯都的病情急剧恶化了，有人怀疑是利维亚搞的鬼，因为她担心奥古斯都改立继承人。刚刚到达伊里利库姆的提贝里乌斯也被他母亲的一封急信召回了意大利。

公元 14 年 8 月，奥古斯都走完了他 77 年的生命历程，在诺拉去世。他的遗嘱被从维斯塔神庙的贞女手中取出，遗嘱包括对他一生的概述、他的遗产的安排和政治遗言。他的财产按照遗嘱，除一部分馈赠给罗马人民外，余下的2/3给提贝里乌斯，1/3给利维亚。他的地位和权力，从法律上说，是无法继承的，因为构成他的地位的各种权力与职务，随着他的死亡而不存在了。其他的人只能从元老院和罗马人民那里得到这些权力与职务。不过，奥古斯都最后实际上不仅选择提贝里乌斯做他的财产的继承人，也选择他做他的政治继承人，让他继承他的带共和色彩的帝政。提贝里乌斯在奥古斯都死前就已经和奥古斯都共同执政，担任保民官在内的许多重要职务，拥有“一人之下，万人之上”的非常广泛的政治权力。但奥古斯都死后，提贝里乌斯也和当年奥古斯都一样，要把权力交还给元老院。而元老院也同当年对奥古斯都一样，把奥古斯都曾拥有的各种权力和称号又都授给他。提贝里乌斯成了继奥古斯都之后的第二位元首。

奥古斯都死了，他创立的元首制帝国延续下来了，他奠定的和平和秩序也没因他的死而瓦解。他的“旧瓶装新酒”的做法，也就是以共和国之名行帝政之实的做法是成功的，对后世的影响也是巨大的，作为一个伟大的政治家，他是不朽的。

梭伦

梭伦是古雅典执政官、政治改革家和诗人。

梭伦出生于雅典一个没落贵族家庭。早年经商，足迹遍及希腊诸城邦，并曾到过小亚细亚等地，熟悉各地的社会制度和风土人情。由于同情工商业奴隶主和平民，在中下层民众中有较高威望。公元前600年左右，30岁的梭伦被任命为军事指挥官，夺回被墨加拉占领多年的萨拉米斯岛，声望大增。公元前594年，他当选为执政官，在政治、经济、法律等领域进行了大刀阔斧的改革。他后来离开雅典，在埃及、

塞浦路斯等地游历十余年之久。晚年退隐于家中，专门从事研究和著述。公元前 560 年去世，他的遗体被焚化，骨灰撒在萨拉米斯岛上。梭伦一生创作了许多诗篇，表达自己的价值取向，如“有不少富而可鄙的人，反之，也有不少诚实而贫苦的人。就我个人来说，我从来不想舍善行而取财富。财富可以数易其手，而善行却能永垂不朽。”他因此被人称为“雅典第一个诗人”。

梭伦改革有着深刻的社会背景。当时，奴隶制虽然已经在雅典形成，但许多氏族制度依然残留着。氏族贵族是国家的统治阶级，他们利用自己的世袭权力，把持着国家权力中枢“战神山议事会”，并通过这个机构操纵了立法、行政、司法等大权，而广大农民、手工业者和商人则被剥夺了政治权利。工商业奴隶主阶层虽然拥有大量财富，但不能参与国家决策与管理。氏族贵族占有全国最肥沃的土地，在他们的残酷剥削下，许多农民只能靠一小块“份地”艰难度日。由于食不果腹，农民经常被迫以自己的“份地”为抵押，向贵族借债。贵族在“份地”上竖起一块碑石，如果农民不能按时还债，就得把“份地”折价卖给贵族，自己则沦为“六一农”，即他们必须把收成的六分之五上交给贵族，自己只能留有六分之一。如果“份地”折价后仍不足以偿债，农民只得将自己的子女卖到雅典外邦为奴隶。在这种情况下，土地越来越集中到少数贵族手里，“上无片瓦，下无立锥之地”的破产农民正在酝酿武装起义。梭伦对下层人民的悲惨生活极为同情，他在一首诗中写道：“灾祸降临到了每个家庭，院门无法把它阻挡，越过高高的围墙，在房间的一角翩翔。”极度紧张的阶级关系，使他忧心忡忡。因此，公元前 594 年，他被选为执政官以后，立即着手对雅典社会进行全方位的改革。

在政治方面，梭伦改革致力于限制贵族的权力，让更多的人参与分享国家管理权力。梭伦按财产的多少把全体雅典公民分为四个等级：每年可从自己田产中收入 500 麦斗（1 麦斗约合 52 公斤）谷物或油、酒的公民，属第一等级，被称为“富农”；第二等级收入 300 麦斗，被称为“骑士”；第三等级收入 200 麦斗，被称为“兵士”；第四等级是收入不足 200 麦斗的平民，被称为“雇工”。梭伦规定，不同等级的人享有不同的权利。第一、二等级的公民可以担任包括执政官在内的最高官职；第三等级只能担任低级官职；第四等级不能担任任何官职。不同的等级在军队中充当不同的兵种。第一、二等级的公民充当骑兵；第三等级充当重装步兵；第四等级充当普通步兵。每个公民都有服兵役的义务。梭伦恢复了公民大会，使之成为最高权力机关，决定战争、媾和、选举等国家大事，规定各等级的公民都有权参加公民大会。为了限制由贵族控制的“战神山议事会”，梭伦还设立了400人会议作为公民大会的常设机构，由雅典的4个部落各选100人组成，负责准备和审理公民大会的提案，分割了“战神山议事会”的部分权力。

在司法制度方面，梭伦设立了陪审法庭，规定凡雅典公民都可被选为陪审员并参与审理案件。

梭伦

在经济方面，梭伦改革致力于解决“六一农”问题。为此，他颁布了著名的“解负令”。根据这个法令，农民的债务一律取消，所有债契一律作废；由于欠债而卖身为奴隶的农民必须被释放，被抵押掉的“份地”归还原主；因欠债而被卖到外邦的雅典公民，由雅典城邦出钱赎回；自“解负令”生效之日起，永远禁止以自由民人身作债务抵押的行为。为了解决日益严重的土地兼并问题，梭伦颁布法律，对个人占有土地的最高额度予以明确规定。这样，广大平民摆脱了沦为奴隶的命运，他们的土地所有权也在一定程度上得到了保障，既有利于农业发展，也有助于缓和阶级矛盾，保持稳定的社会秩序。与此同时，梭伦还实行了其他的一些有利于农业生产发展的措施，如种植树木、开凿水井等。鉴于工商业在雅典国民经济中的重要地位，梭伦实行了有利于工商业发展的措施。他规定，手工业者必须世代传习技艺，如果父亲在儿子年轻时没有教会他一门手艺，那么儿子将来有权拒绝赡养父亲。他还奖励有技术的外邦手工业者移居雅典，并且给予他们雅典公民权。他鼓励扩大对外贸易，发展橄榄油输出，但对关系到国计民生的谷物则规定禁止出口。为了便于贸易，他对雅典的币制进行了改革，以优卑亚制代替了埃基那制。经济改革的结果，使雅典农业生产保持稳定，谷物基本上自给自足；雅典的手工业蓬勃发展，其产品在爱琴海一带颇具竞争力；雅典商人足迹远播，雅典城邦的名气也远近闻名。

梭伦改革的许多措施是通过立法的形式确定下来的，其内容相当全面细致。改革后的新法律规定，任何公民都有权为了自己或受害者的利益，对任何人提出控告。这条法令体现出一些“法律面前人人平等”的意味，它对雅典人的影响深刻且长远。梭伦的表弟、僭主庇西特拉图执政时，有一次被控犯了杀人罪，这位不可一世的统治者竟然按时到法庭受审。这件事说明梭伦的立法已经深深植根于雅典的国家与社会生活中。改革之前，雅典实行的刑法以严酷著称，偷窃水果之类的东西，就有可能被判处死刑。改革之后的新法律则规定，死刑只适用于杀人犯。此外，新法律还规定，禁止买卖婚姻；禁止婚丧节庆中挥霍无度，等等。梭伦把法律条文刻在木板上或石板上，镶在可以转动的长方形框子里，竖立在市场附近的国事厅里，让人民知道法律的内容，遵照法律规定行事。

梭伦改革一度缓解了雅典的社会危机，但是，由于它触动了氏族贵族的利益，引起他们的强烈不满；同时，下层人民也因改革没能从根本上改变他们的境遇而大失所望，雅典政坛面临着新的动荡。在这种山雨欲来的政治背景下，梭伦以出国考察为借口，离开了雅典。

梭伦的改革顺应了历史潮流。虽然从历史发展的结果来看，梭伦改革似乎并没有使雅典城邦变得多么强大，但它赋予雅典的民主精神却流传下来，并对欧洲近代民主制度的确立起了潜移默化的作用。

提贝里乌斯

古往今来，多少人对权力孜孜以求。有人成功了，穿金戴银，成为千古风流人物；有人却失败了，甚至付出了毁身灭家的代价。不过，罗马帝国皇帝提贝里乌斯（前 42～37）却甘愿过隐居生活达 11 年之久，直到死在卡普里岛。

提贝里乌斯是罗马帝国的创建者屋大维的养子。他的父亲是高级教士和地方行政长官，母亲是美丽的利维亚·德鲁西拉。9 岁丧父，开始生活在屋大维身边。公元前 27 年他 20 岁时，曾经跟随屋大维到高卢视察前线阵地。22 岁时，他初次指挥战役，夺回几十年前在安息丢掉的几个罗马军团的旗帜，因而声名大振。他要求全权指挥另外一次战役，因此屋大维派他去平定亚得里亚海东岸潘诺尼亚省的叛乱。他不仅以克敌制胜出名，而且以体恤士卒著称，因而深孚众望，得到人民的爱戴。公元前 8 年，他出任执政官，这是罗马的最高职务之一。公元 4 年，他成为罗马帝国的第二号人物，踌躇满志，大权在握。公元 14 年，屋大维去世后，他继承帝位。令人不可思议的是，公元 27 年他离开罗马，前去视察意大利南部的若干地区，中途折至卡普里岛，虽然

只想逗留一时，但是再也没有返回罗马。这也成为长期以来史学界难以解开的谜团。

有人认为，提贝里乌斯之所以离开罗马，隐居他乡，是因为看透了官场的你争我夺，对权力已经没有了任何兴趣。自从丧父后，提贝里乌斯就和弟弟德鲁苏斯与母亲利维亚一起开始生活在屋大维的身边。屋大维非常喜欢德鲁苏斯，把他领过来抚养，并且愿意将财产和权力传给他。不幸的是，德鲁苏斯夭折，使屋大维痛苦不已。于是屋大维又把希望寄托在自己的两个外孙盖乌斯和卢基乌斯身上。他对他们极其钟爱，让他们享受特别的教育，还不到法定年龄就让他们担任官职。提贝里乌斯虽然有才能，受到屋大维的重视，但是并没有得到他的钟爱。为了达到成为帝国领导者的愿望，提贝里乌斯被迫与已经怀孕的太太离婚，娶了屋大维的女儿、盖乌斯和卢基乌斯的母亲优利亚为妻。他尽量去做个好丈夫，但是优利亚还是背着他开始了婚外恋爱。提贝里乌斯为了维护优利亚和他自己的名誉，没有采取任何行动，隐忍地背负着妻子与别人私通的耻辱。即使这样，屋大维还是准备将帝国交给自己的两个外孙子，于是提贝里乌斯失望地离开了罗马，到罗得岛过上了离群索居的生活。屋大维勃然大怒，宣称没有他的允许，提贝里乌斯不得返回罗马。天不遂人愿，屋大维钟爱的两个外孙盖乌斯和卢基乌斯却先后于公元 2 年和 4 年死亡，他变得孤立无援，又没有继承人，加以德意志和高卢等地又发生反叛，不得不召回提贝里乌斯，收他为义子，共同摄政，并立即派他前去镇压叛乱。提贝里乌斯不负众望，经过 5 年的艰苦战争，终于平定了叛乱。但是当他即位成为罗马帝国的元首时，已经是五十有五，成了一个大梦初醒的人，权力对于他已经轻若浮云了，这是他能够隐居在外达 11 年之久的最根本的原因。

有人认为，提贝里乌斯离开罗马，隐居卡普里岛，是为了躲避他那位果敢的母亲利维亚。利维亚是一个具有庄重之美的女人，个性坚强，但是特别体贴。屋大维的许多重要措施都预先与她研究，尊重她的意见如同尊重贤明的友人的意见一样。换一句话，利维亚以另外一种方式操纵着国政。提贝里乌斯即位后，利维亚认为是她的操纵为他清除了登基的道路，她还要让他了解，叫他掌权只是作为她的代表。在提贝里乌斯当政的前几年，官方文书均由利维亚和提贝里乌斯共同签署。但是她对与提贝里乌斯平等共理国家感到不满，希望比提贝里乌斯地位高一等，要像唯一的统治者一样总管一切。提贝里乌斯长期容忍，直到屋大维死后 15 年时，他才终于为自己另外建筑了一座宫殿，使他母亲利维亚毫无异议地占有了屋大维所建的旧宫。与这样的母亲同在屋檐下，他感到心力俱疲，他要永远地摆脱她，到那世外桃源享受一番。

提贝里乌斯

也有人认为，提贝里乌斯离开罗马，隐居卡普里岛，是由于他为政残暴，积怨太深。文献记载，提贝里乌斯冷酷无情，这种性格在少年时代就有所显露。他的修辞学老师提奥多鲁斯第一个对他这种性情有所洞察，在责骂他时，这位老师常称他为“掺和着血的污泥”。称帝以后，这种性格变得更加明显。一次，出殡的行列走过，一个小丑大声地疾呼要死者转告屋大维：他在遗嘱中留给人民的财产还没有支付。提贝里乌斯听了，让人把小丑拖到面前。吩咐手下给他应得的，并把他处死，让他可以亲自去告诉屋大维，说他全数收到了。他还做了许多别的残酷无情的事情，表面上是为了整肃和改良公共道德，实际上只是为了满足他的天性需求。有些人甚至用诗歌的形式痛斥了他当时

的罪恶，当老百姓听到他的死讯时，他们兴高采烈，有的人奔走欢呼："把提贝里乌斯丢进台伯河！"还有的人则向神祇祈祷，让提贝里乌斯下地狱。

不过，撇开他出走的原因不谈，他在罗马帝国发展过程中还是作出了自己的贡献。他的法令和政策基本上是稳健而富有远见的。他不想进行大规模的新的征服，从来不毫无道理地调动各行省的军队或者更换总督，并制止挥霍浪费国家财富的现象。

尼禄

公元 64 年 7 月 18 日，对繁荣的罗马帝国来说是一个灾难的日子。这天傍晚，在罗马城内圆形竞技场附近，突然发生了一场大火，并酿成了可怕的大火灾。由于当时罗马城正刮着大风，火借着风势迅速蔓延。无情的大火整整烧了 9 天，全城 14 个区仅保存下了 4 个，其中有 3 个区竟被烧成焦土，片瓦无存，其余各区也只剩下残垣断壁。无数的生命被大火吞噬，成千上万的财产化为灰烬，宏伟壮丽的宫殿、神庙和公共建筑物成为灰烬。谁是这场大火的纵火者呢？学者们对此有不同的看法。

第一个被怀疑的竟是当时罗马帝国的皇帝尼禄。尼禄是罗马历史上的一个臭名昭著的皇帝，他风流绝伦、弑父杀母、滥杀无辜的行为成为历史学家多次提及的话题，而作为帝国的皇帝，他为什么要烧掉罗马城呢？这颇让人们费解。但从大火发生时尼禄的表现，使他确实难以摆脱唆使亲信纵火的嫌疑。传说当有人在一般性谈话中说道："我死后，愿大地一片火海。"尼禄曾打断这个人的话说："不，在我还活着的时候，我就会使大地变成一片火海。"他果然做到了。据罗马的史学家分析，尼禄不喜欢罗马城旧的建筑和那些曲折狭窄的旧街道，他想用一把火烧掉这些旧建筑，按照自己的意图来建造罗马城。而且尼禄还贪图"金屋"附近的一些仓库地盘，他曾命人先用攻城器械撞毁这些用石头做成的仓库，然后再付之一炬。据说当罗马城变成一片火海时，尼禄坐视不救，竟怡然自得地登上玛塞纳斯塔楼，在七弦琴的伴奏下，一边观赏着火海的绚丽景象，一边还情绪激昂地朗诵着有关特洛伊城毁灭的诗篇。大火过后，尼禄乘机在废墟上营造自己的“黄金之屋”。在这座“金屋”里，不仅有宫廷建筑中司空见惯的金堆石砌，而且有林苑、田园、水榭和浴场等。宫殿内外装饰华贵、设备齐全。尼禄很满意这座“金屋”，称为“这才是人应住的地方”。此外，为了从这场火灾中捞好处，尼禄还宣布由公家负责运走尸体和垃圾，借机搜罗豪富家的财产。罗马的一些史籍还记载，几位前任的执政官在他们自己的庄园上，曾发现尼禄的侍从拿着麻屑和火把，但却根本不敢捉拿他们，而当大火蔓延罗马城时，更有人对那些拼命救火的人发出威胁，还有一些人公然到处投火把。而这些在大火中行为怪异的人，很有可能就是尼禄的亲信。另外，尼禄在火灾后对纵火嫌疑犯的处理，也使更多的人把怀疑的矛头指向他。火灾发生后，整个罗马城人义愤填膺，尼禄为了平息民众中的不满情绪，曾下令逮捕纵火嫌疑犯。据罗马史学家记载，这些人都是因为作恶多端而受到憎恶的一群人。对这些所谓的“罪犯”，尼禄实行了最为残忍的刑罚。尼禄的残忍暴行，非但不能使人信服，反而把更多的纵火疑点集中在了他一个人身上。

然而，是否是尼禄烧毁了罗马城，历来都有不同的看法。认为尼禄是纵火者的学者认为，残忍的尼禄把欣赏大火中的罗马，认为是他创造的一个伟大的艺术品。持否定观点的学者认为这和事实是不符的，因为自称为艺术家的尼禄不应在满月的日子里（7 月 18 日）欣赏大火，因为在明亮的月光下，他的“艺术作品”肯定达不到最佳的效果。罗马城的火灾只能是一个偶发事件，不能因为尼禄是一个品行很差的皇帝，就认为他有焚毁罗马的动机。

那么，罗马城的火灾到底因何而起，是天灾还是人祸？仍然是个悬案，也许它将成为一个永远解不开的谜。

公元 37 年，在罗马行省高卢的首府——鲁恩的总督府里，传来一个喜人的消息：总督德鲁素斯的“傻儿子”克劳狄喜得贵子，这就是罗马历史上有名的皇帝尼禄。此时的克劳狄已 47 岁，喜悦的心情可想而知，母亲阿格丽品娜野心勃勃，儿子的出生使她看到了飞黄腾达的希望。时隔 4 年，已经 50 岁的克劳狄戏剧般地登上了皇帝的宝座，4 岁的儿子成为皇子，阿格丽品娜也成为皇后，伴随着全家荣华富贵的同时，悲剧也开始在这个家庭中酝酿了。

首先是皇帝克劳狄的死亡。老年的克劳狄在体力和智力等方面明显减退，据说即使正在主持召开重要的会议，克劳狄也常常打瞌睡，人们称他为“蠢王”。而随着尼禄的渐渐成人，皇后阿格丽品娜把全部的希望寄托在了儿子尼禄身上，为了让尼禄能早日当上皇帝，阿格丽品娜以关心克劳狄身体健康为名，一方面将其调离皇宫，请他到环境幽雅的海上岛屿去疗养。另一方面，开始策划拥立尼禄当皇帝。阿格丽品娜经常以照看克劳狄为理由，来到克劳狄疗养的岛屿上，不许闲杂人员接近，就连皇帝的贴身侍卫也不准靠前。公元 54 年，在一个万籁俱寂的夜晚，阿格丽品娜反复劝说克劳狄，服下了由她亲自调制的“特效药”，64 岁的可怜的克劳狄几乎一句“感激”的话也没来得及对妻子说，就撒手归天了。克劳狄的死因一直是历史上的谜，当时 17 岁的尼禄即使不是克劳狄之死的祸首，那至少也是一名同谋者，对此他并不掩饰。据说，克劳狄是吃了一种放有毒药的蘑菇死的，后来尼禄总是对蘑菇赞不绝口，称蘑菇为“神的食物”。尼禄在言论和行为上，对已故的克劳狄也进行了攻击和辱骂，时而指责克劳狄愚不可及，时而揭露他残酷无情。他蔑视克劳狄的许多赦令和法规，把它们说成是一个疯子和庸人的作品。

谋杀克劳狄，把自己的儿子尼禄送上王位，是阿格丽品娜一生最得意的杰作，她以为从此以后罗马就是自己的天下，她尽可以享受到权势带给她的快乐和满足，但阿格丽品娜万万没有想到，她交给儿子权力的同时，也把残忍教给了他，而她自己最终也死在这种残忍之下。阿格丽品娜企图用自己的意志来控制尼禄，她严格控制和监视尼禄的言行，甚至连他的婚姻她也要一手操办，这一切都激起了尼禄对她的反感。起初，尼禄以假装退位和隐居来威胁母亲，并设法使人们对她产生憎恨。然后，尼禄下令剥夺了她所有的荣誉和权力，撤走了她的士兵和卫队，并将她赶出皇宫。就这样，尼禄还不解恨，绞尽脑汁来折磨母亲，他指使人向官方告阿格丽品娜的状，在阿格丽品娜退居乡里时，他又差人由陆路和海路经过她家门口，对她进行辱骂和嘲笑。阿格丽品娜没有想到自己的一切努力竟换来如此的待遇，她扬言要用暴力对付尼禄，尼禄最后终于决定要杀死母亲。

尼禄雕像

他曾三次企图毒杀阿格丽品娜，但阿格丽品娜事先有所防备，都没有达到目的。后来，他又在她的卧室装上天花板，以便深夜用机器松动天花板，让天花板砸死母亲，但由于同谋者的泄露，计划也破灭了。最后，尼禄假装要与母亲和解，他给母亲写了一封情真意切的信，让母亲来罗马皇宫。当阿格丽品娜乘着自己的快艇来到皇宫时，尼禄向母亲表达了悔恨的心情，与母亲谈了很长时间。这中间，尼禄命人把母亲的快艇毁坏，又在自己的一条大船上做了手脚。当母亲要离开时，尼禄把自己的大船送给母亲。阿格丽品娜在贴身奴仆阿格尔姆斯的护送下，踏上船返回居住地，船行半途时果然出了问题，多亏阿格丽品娜会游泳，这才脱离了危险。自母亲走后，尼禄一直都等待着成功的消息，不料等来了奴仆阿格尔姆斯带来的母亲还活着的报告。此时的尼禄已无计可施，于是命人将一把匕首偷偷地藏在阿格尔姆斯的身旁，然后下令把这个奴仆抓起来，说他是阿格丽品娜派来谋杀皇帝的刺客，并下令处死他的母亲，同时向全国人宣称，阿格丽品娜是因刺杀行动暴露而逃离皇宫的。

尼禄在生活中的反复无常就像一个演员，他自己也常以“天才演员”和“杰出艺术家”的身份自居。尼禄喜好音乐和戏剧，他 20 岁就开始登台演出，有时用七弦琴弹奏自己创作的音乐，有时朗诵自己写的诗篇，有时登台演戏担任主角或丑角。人送绰号“丑角元首”。尼禄还首开先例，把真正的杀戮和处死的场面搬上舞台。他不满于罗马的观众，认为只有希腊人才具有真正的欣赏水平，他为了到希腊寻觅知音，竟然放弃政务而不顾，只身到希腊去举行公开演出，一去就是 15 个月。公元 68 年，正在希腊演出的尼禄，得知帝国各地发生叛乱，朝廷有变，盖尔巴已被拥立为新元首的消息后，仓皇回到罗马。然而近卫军和左右亲信已经叛离了他，元老院已宣布他是“人民公敌”，并判决他“应该像奴隶一样，被缚在柱子上用鞭子抽打而死”。尼禄见大势已去，慌忙之中逃到罗马郊外的一个小茅屋中躲起来。谁知，罗马追兵已到，万般无奈的尼禄一面哀叹：“一位多么伟大的艺术家要死了呵！”一面拔出刀子自杀了，就这样，这位 30 岁的皇帝用杀过无数生命的双手结束了自己的生命。

奥托

罗马皇帝奥托拥有一个古老而尊贵的家族，可以追溯到伊特鲁里亚人的皇室，其发源地是在费伦提乌姆城。他的祖父马尔库斯·萨尔维乌斯·奥托的父亲是一位罗马骑士，母亲则地位卑微，甚至可能不是一位自由民。马尔库斯·萨尔维乌斯·奥托由于从小在利维亚家被带大，仅凭借她的影响力，青年时便在元老院中获得了一席之地，后来他一直没有高过大法官的职位。奥托的父亲卢修斯·奥托的母亲属于显赫家族，拥有许多有势力的亲戚。但实际上，人们一般都认为卢修斯·奥托是提比略的私生子：提比略对他表现出罕见的亲切，而且两人的相貌有许多相似之处。卢修斯无论是在罗马担任行政长官，还是在执行特殊的军事任务的时候，都以其异常严格地恪守纪律而闻名遐迩。一些士兵由自己的指挥官领导着加入了卡米路斯的叛乱，尽管这些士兵已经表示出悔意，并杀掉了那些领导他们的指挥官，卢修斯仍旧在伊利里库姆自己的指挥部前面将这些士兵处死——但事实上，他清楚地知道，克劳迪亚帝王已经因为这些人杀掉了那些指挥官而将他们的职位晋升，以示奖励。卢修斯·奥托的这一举措本来是有可能增加自己的声望的，但是却明显让他在宫廷中失宠，直到不久后在他的策划下，通过严刑逼供一组奴隶，而揭开了一次试图夺取帝王性命的阴谋，这种局面才改变。之后，元老院给了他一项特殊的荣誉：在宫中建起他的雕像。而据说克劳迪亚在提升他为贵族阶级的一员时，颂扬他说："他的这种耿耿忠心，我几乎不敢奢望在我的子孙当中再现。"他的有贵族血统的妻子阿尔比娅·特兰提娅为他生了两个儿子：长子叫卢修斯·提提阿努斯，次子的名字随其祖父，叫马尔库斯·奥托；另外他们还有一个女儿，在还没有到谈婚论嫁的年龄时就被许配给日耳曼尼库斯的儿子德鲁苏斯了。

奥托于公元 32 年 4 月 25 日出生，当时的执政官是阿伦提乌斯·卡米路斯和多密提乌斯·阿西诺巴包斯。他早年野性十足，招致其父亲多次痛打。据说他有一个习惯，就是在夜晚徘徊于城市街头，抓住那些在他面前路过的酒醉之人或那些伤残之人，将他们裹在一个毯子里抛掷。他的父亲死后，他假意对当时宫廷中的一个富有影响力的释放女奴表现出自己的激情，尽管她已经垂垂老矣，行将就木。在她的帮助之下，他慢慢地成了尼禄最重视的人——这一现象看起来是出于偶然，但实际上是出于必然，因为他与尼禄根本上就是一丘之貉，也有相当多的人认为，他们之间的关系必然是超乎寻常的。无论如何，奥托开始变得有势力：一个受他保护的前执政官被发现犯有敲诈勒索的罪行，他收取了其大量的贿赂之后，就毫不犹豫地将其重新领回到元老院中——他预料到众位元老必然会宽恕此人，便提前向他们表示谢意。

作为尼禄的密友，他几乎染指了尼禄所有的计划与秘密，在尼禄选定了日子要谋杀自己母亲的那一天，是他通过邀请这母子二人共赴一次极度奢华的晚宴来转移别人的注意力的。尼禄把一个叫博佩雅·萨拜娜的女人从她丈夫身边夺来做自己的情人，但是却要求奥托做她

奥托

的保护人，让奥托与她举行了婚礼仪式。然而，奥托对博佩雅的感情却绝对不仅仅限于欣赏，他还对她怀有热切的激情，以至于他甚至不能容忍尼禄做他的情敌；我们完全有理由相信这样一个故事：他拒绝让尼禄的信使前来带走博佩雅，后来甚至还冷落了尼禄本人，将其拒之门外，以至于尼禄不得不时而威胁他，时而又恳求他归还自己的美人，并要求收回他对博佩雅·萨拜娜的保护。惧怕流言蜚语本身就让尼禄对奥托毫无办法，最后尼禄只能解除了他们之间的婚姻并将奥托放逐到路西塔尼亚做总督。因此当时流行着一首讽刺诗：

“‘奥托被放逐?’

‘是，也可说不是。因为，我们并不这样表述它。’

‘我们能问一下是什么原因吗？’

‘因为他们指控他犯了通奸罪。’

‘但是他们能证明这件事吗？’

‘能，也不能。因为，他通奸的对象正是他的妻子。’”

奥托做了总督后，节制而收敛，管理了路西塔尼亚有10年之久。

然而，奥托抓住了最早的报复尼禄的机会：他一听到盖尔巴起义的消息，就立即加入其中；当时的政治局势非常不稳定，以至于他开始考虑自己是否有获得君权的机会。一位叫塞琉古斯的占星家鼓励了他，并且曾预言奥托会在尼禄死后继续活着，后来更是意想不到地接着断言说他很快也会成为一名帝王。在此之后，奥托就不再错过任何机会去讨好所有人或者是表现出对他们的好感。比如，有一次当他宴请盖尔巴时，他给当班的禁卫军步兵大队每人一枚金币，并尽其所能地去做任何事情，以各种方式让所有士兵得到他的恩惠。有一次，奥托的一个朋友与其邻居因为一块土地拥有权而发生争执，并让他做他们的仲裁人，他就把这片有争议的土地买下来送给了自己的朋友。自此之后，罗马的所有人都不再怀疑，认为他就是那个穿上皇家紫袍的最合适人选，而且人们公开表示，也只有他才配得上继承帝国王位。

盖尔巴收派索为养子，这对奥托是一个沉重的打击，因为当时他正日日夜夜地希望自己能够获得这一好运。怨恨及不断聚积的巨额债务促使他最终转向起义。奥托直言不讳地承认，他能够继续生存的机会就只在于当上皇帝。他还说道：“与其在广场上死在我的追债人手里，还不如在战场上死在我的敌人手里。”一位皇家奴隶为了做一名管家，给了他10000枚金币，这便成了支撑他起义的第一笔资金。第一步，他向自己的5个卫兵透露了要起义的意图，之后，这5个人又各自联络了其他两个人；他支付给他们每人100枚金币，并承诺还会给每人50枚。这15个人招募了一些助手，但不是很多，因为奥托相信，他一举起反戈的旗帜，很快就会得到众人的支持。

他的第一个计划就是在派索被收养之后，立即占领禁卫军营房，并趁盖尔巴在宫中吃饭之际将其抓获。但是他放弃了这个计划，因为

当天值班的卫兵队伍恰巧是在盖乌斯被暗杀时当班的队伍，而尼禄将自己的生命交付给命运的那一天也正值他们当班；他不愿意让他们的忠诚之名誉受到进一步的打击。不祥的征兆和塞琉古斯的警告又使他们进一步拖延了计划，然而最终还是到了他们约定好的那一天。当他进入宫中去问候盖尔巴（盖尔巴还像以往一样拥抱了他）并参加其献祭仪式的时候，他早已把自己的谋反同盟者布置在了中心广场中靠近萨杜恩神庙附近的镀金里程碑那里。在祭司讲完了牺牲所表现出来的征兆之后，一个获释奴前来报告说："建筑师来了。"这是一个暗号，因此奥托就向皇帝告退，说他已经安排好了去看一所待卖的房子，之后就从宫殿的后门溜走，匆忙地赶往了集合点。另一种说法是说，当时他是以受了风寒为由抽身离开的，并让皇帝的随从人员替他说一声，以免任何人察觉到他的行踪。不管怎样，他急匆匆地赶往营地。当他停下来系鞋带的时候，他的同伴一拥而上，将他抬起来，放到肩膀上，高声欢呼他为皇帝。街上的民众立即踊跃地加入到了他们这支队伍中，就像那些提前宣誓已经加入的同谋者一样。在人们的欢呼声中和剑光的映射下，奥托被簇拥着到达了指挥部。之后他派遣事务官去谋杀盖尔巴和派索，没有做任何承诺，只向军队宣告，他会欢迎他们赋予他的任何权力，而不会要求其他的权力。

傍晚时分，奥托对元老院发表了一个简短的演讲，宣称自己是在街上被拉过来的，并且是被迫接受皇权的，但是他承诺要尊重全民的意志。之后他向宫殿挺进，在那儿，他受到了在场的人过分热烈的祝贺和逢迎，甚至当人们称呼他为尼禄的时候，他也没有表示抗议。事实上，他允许人们把尼禄的被禁的半身像和雕像重新放回原位，并恢复了尼禄的行省财务长官和获释奴原有的职位，而这些人曾经被盖尔巴遣散；他在统治期间颁布的第一个法令就是为完成金屋的修建而拨款 50 万金币。

据说奥托当晚做了噩梦，在梦中，他被盖尔巴的鬼魂萦绕。当他尖叫着喊救命的时候，仆人们冲到房间中，发现他正躺在卧室的地板上。在此之后，他便尽自己最大的努力去安抚盖尔巴的灵魂。但是第二天，当他在进行占卜的时候，飓风突然袭来，让他重重地摔了一跤，于是他不断地咕哝道："吹奏长笛一直不是我所擅长的事情（指干力所不及之事）。"

与此同时，日耳曼的军队向维特里乌斯宣誓效忠。奥托听说此事后，劝告元老院派遣一个代表团，前去督促他们保持安静和平，因为帝王已经被指定了。但是他也给维特里乌斯写了一封私人信件，希望维特里乌斯成为自己的岳父，并与自己分享帝国。然而维特里乌斯已经派出将军带领军队向罗马进发了，很明显，战争已经无可避免。之后有一天晚上，奥托得到了禁卫军对他的赤胆忠心的铁的证据，以至于几乎引发了一次对元老们的屠杀：一支水军特遣队收到命令，要从禁卫军营帐取回一些武器，把它们装入船舱。傍晚，当这些人执行命令的时候，禁卫军开始怀疑元老院内部有背叛的动向。在没有任何人指挥的情况下，他们直接冲入皇宫，要求处死每一个元老。他们赶走或刺杀了那些试图阻止他们的高级指挥官之后，闯到宴会厅，浑身沾满血，大叫着"皇帝在哪儿?"一看到奥托依然安然无恙，他们就立即平静了下来。

奥托以极大的热情投入战役——事实上非常匆忙，这让他对一些征兆没有给以充分的重视：当时圣盾（战神马尔斯的神盾）还没有归还回来，这从传统意义上来讲是一个糟糕的迹象；而也正是在这一天，赛比利女神（众神之母）的朝拜者开始了每年一度的哀号与悲悼祭礼。除此之外，其他大多数征兆也都是不利的：进献给迪斯父（冥王）的牺牲的肠子外表看起来都非常健康——在这种情况下最不应该是这个样子；奥托的出发时间由于台伯河泛滥而被推后；他还发现在第 20 个里程碑处，道路被坍塌的建筑物所阻挡。

维特里乌斯的军队出发时供给严重不足，而且几乎没有足够的空间进行操练，因此没有人怀疑奥托当时应该采取的策略是延缓开战。然而，他匆忙之下把自己的赌注押在速战速决上，这有可能是因为他当时很紧张，并且希望能够在维特里乌斯本人到来之前结束战争，也或许是因为他不能够压制士兵们要立即投入战斗的情绪。但是到了战争真正开始的时候，他却躲在布里克塞路姆，不敢迎战。尽管他的军队也赢得了一些较小战役的胜利，比如说在阿尔卑斯、布雷森莎，还有在一个叫"卡斯特"的地方的战役，但是他们最终在贝特里亚库姆附近受到误导而遭遇

了致命的一击：其实，一直以来，两军都在进行会谈，而奥托军队的出发点是达成和平协议，并已经对敌人表示出友善之情，但是这时他们发现，自己在毫无准备的情况下陷入了战斗之中。

奥托立即决定自杀。与其说他认为自己的士兵士气受挫，无法获得胜利，不如说是他的良心阻止他继续去为了赢得统治权而拿其他人的生命与国家的财产去冒险。时刻准备着进行反击的援军已经从达尔马提亚、巴诺尼亚和美西亚出发；他的那支受挫的军队也绝对没有溃不成军，失去面对进一步的危险的能力。实际上，他们正焦急地希望挽回自己的名誉，甚至在没有援军帮助的情况下，他们也跃跃欲试。

在为自杀做好了最后的准备之后，奥托听到了外面的骚动声，这时有人前来告诉他，那些从营帐离去的人被当成背叛者逮捕并且关押了起来。他禁止自己的指挥官给任何人施加惩罚，说道："让我们给生命再延长一个晚上吧！"之后就上床了，但是却让自己的房门虚掩着，直到很晚，任何人想进来与他谈话都可以。他喝了一杯冷水之后，试了试两把匕首的锋利程度，把其中一把放到枕头下面，关上门，沉沉睡去。他在凌晨醒来，只一下就将匕首插入自己的左胸下部。他的随从听到呻吟声之后冲了进来。最初他不知道应该隐藏还是暴露自己的伤口，显然，这是一处致命的伤口，他最终气绝身亡了。按照他之前的要求，他们立即埋葬了他。他已经 37 岁了，掌权 95 天后离开人世。

无论从外表上还是其行为表现上看，奥托都不像是一个非常勇敢的人。他中等身材、罗圈腿、八字脚，但是却像女人一样对自己的容貌倍加讲究：他的整个身体都脱过毛，实际上他秃头，但头顶扣着的假发非常妥帖而合适，所以没有人会怀疑那是假发。他几乎每天都要刮胡须，从幼年时代起他就用一种胡须湿润膏来阻止其生长。他习惯于公开地参加伊希斯女神的仪式，穿着这种仪式礼节所认可的亚麻罩衣。

考虑到他的这些习惯，可以认为，由奥托的死所引起的巨大骚动在很大程度上要归因于他临死之前的所作所为，这与他平日的所作所为有强烈的反差。在场的士兵们都亲吻着他的双手和脚，痛哭不已，称赞他是他们见过的最勇敢的人，也是他们可以想象出来的最好的皇帝，后来他们甚至在他的火葬柴堆旁自杀。当时还广为流传的故事是：那些没有在场的人得到他已经自杀身亡的消息之后，为了发泄自己的悲愤之情，选择了互相将对方杀死的做法。那些平日里非常嫉恨奥托的人在得知他死了的消息之后也对他有了许多赞赏之词。人们甚至还普遍认为，他之所以要杀掉盖尔巴，与其说是自己想成为皇帝，还不如说是想重新恢复共和国政体及赋予人民自由。

普布利乌斯·哈德良

普布利乌斯·哈德良（公元 76～公元 138 年），罗马帝国安东尼王朝第 3 个皇帝。

哈德良于公元 76 年出生于西班牙的伊达里卡。他的父亲是图拉真的表兄，曾任执政官。哈德良的父亲去世后，他被托付给两个人照管，其中之一就是图拉真。

公元 99 年，图拉真担任执政官，哈德良陪同他来到罗马，次年和图拉真的外甥女维比娅·萨比娜结婚，以后他便步步晋升。公元 105 年，哈德良晋升为平民保民官，并且打破惯例，于第二年又被破例晋升为掌管兵权的执政官，主管叙利亚行省。公元 117 年 8 月 9 日，图拉真正式收哈德良为养子，并把他作为自己的继承人。11 日，图拉真病死在小亚细亚。消息一传开，叙利亚军团立即宣布哈德良为元首。

哈德良在执政期间认识到罗马帝国外强中干的本质，因此放弃了图拉真时期的对外扩张，转攻为守，使罗马帝国的边界上出现了相对稳定的局面，这有利于帝国经济的恢复和繁荣。在内政方面，他的基本方针是加强皇帝个人权力，完善官僚机构，整顿经济，同时努力缓和各方面的主要矛盾。为此，他采取了一系列重要措施，免去意大利和行省居民在最近 15 年所欠国家的大量税款，扩大贫困儿童抚养费的发放和实行其他慈善措施。

在哈德良当政时期，元首顾问会议最后形成。元首顾问会议早在奥古斯都时代就已存在，原来由执政官和元老等 20 人左右组成，负责拟定草案。在奥古斯都继承者的时代，元首顾问会议逐渐成了固定的组织，职权范围也日益扩大。哈德良上台后把元首顾问会议变成为一个官僚机构，并给它的成员发放薪金，这样就自然使元首顾问会议失去了独立性质，变为仰承皇帝意志的工具。

哈德良非常注意各行省的情况。许多行省的城市在他统治时期取得了自治市的权力。哈德良鼓励行省城市进行建设，修筑神庙、剧场、公共浴室，举办各种娱乐活动。在他的支持下，庇西特拉图当政时期即已开始筹建但几百年间一直未能完成的奥林波斯的宙斯神庙终于建成。此外，他还慷慨地资助一些城市，不但使旧城市得到扩大，而且还出现了一批新的城市。在罗马，哈德良也大兴土木，重修了万神殿，修建了维纳斯女神庙。

为了视察帝国边防，监督和检查各行省的管理情况，同时也为了游山玩水，满足自己对于一切珍贵之物的好奇心，哈德良经常出外巡视，到处游历。他登过埃特纳火山，游过尼罗河，足迹几乎走遍了帝国全境。在他当政的 21 年中，有一半以上的时间是在意大利之外度过的。他在边境各地注意修筑防御工事，著名的不列颠的“哈德良城墙”，就是其中之一。

哈德良崇拜希腊文化，爱好音乐、绘画、雕塑和数学，对于写作诗文也有一定的造诣，与当时著名的文士常来常往。著名的传记作家斯维托尼乌斯当过他的私人秘书。高卢著名演说家法沃尼努斯曾经也是哈德良的朋友。

哈德良一生最后的两年半时光是在意大利度过的。他住在提布尔的豪华别墅里，在那里他收集了各种珍奇物品。哈德良没有亲生儿子，而过继的儿子也在他生前死了。公元 138 年在他病重之时，宣布安东尼为他的继承人。不久，他死于巴伊埃海滨胜地，终年 62 岁。死后，安东尼便登上了帝位。

哈德良之所以仕途顺利，很快升到罗马最高官阶，并最终担任罗马帝国皇帝，一方面是因为他受到了图拉真的器重与赏识，另一方面也与他自己的努力分不开。登上帝位后，哈德良实行了一系列有利于巩固帝国的改革措施，从而稳固了统治，延长了帝国的生命。

马可·奥勒留

马可·奥勒留也许是西方历史上唯一一位哲学家皇帝，他是一个比他的帝国更加完美的人。作为罗马帝国“五贤帝时代”的最后一个皇帝，他的一生历经坎坷，在位的二十年的时间里，昔日辉煌的罗马帝国逐步走向衰败，当时战乱不断、灾难频繁，马可·奥勒留一生的大部分时间都是在军营中度过的。昔日辉煌的罗马帝国如一位染病的老人渐临风烛残年，经济、政治状况日渐衰落，致使罗马人口锐减，民不聊生。大厦将倾，任他奥勒留有千般本事，夙兴夜寐地工作，也无法阻挡古罗马帝国的颓势，只能眼睁睁看着古罗马每况愈下，也许正是常年征战的经历使他以斯多葛派哲学的眼光开始思索生命，拷问自己的灵魂，与自己对话。

马可·奥勒留之所以被人们铭记于心，不在于他的赫赫战功，也不在于他的励精图治，而在于他用希腊文写成了著名的《沉思录》。这是一位有着强烈道德感的统治者的“内心独白”，同时它也被认为是西方历史上最为感人的伟大作品。

著名哲学家罗素曾这样评价奥勒留：“马可·奥勒留是一个悲怆的人。在一系列必须加以抗拒的欲望里，他感到其中最具有吸引力的就是想要引退去过一种宁静的乡村生活的那种愿望，但是实现这种愿望的机会始终没有来临。”《沉思录》的中文译者何怀宏也曾说过，马可·奥勒留“有一种理智上诚实，但又随时准备聆听一种来自上方的感召的精神；一种在各种极端中保持平衡和恪守中道的精神；一种温和待人和坚定地因应万事万物的精神；一种超越和淡泊于权名功利的精神……或者更总括性地说，一种履行自己职责、磨练自身德性的精

神，一种按照本性自然而然地生活的精神，在现代世界里绝没有失去意义，甚至仍然是现代人最需要珍视的精神价值”。

马可·奥勒留敢于揭示和面对命运中的坎坷，其勇气和高贵精神令人肃然起敬。他深深地体察到了生命之路的坎坷，并且没有避而远之，而是直截了当地承认命运的存在，丝毫也不回避，强调面对多舛的命运要勇于承受，即便这种承受不一定令人快乐。奥勒留的哲学正是勇敢地面对命运去寻找宁静，这种勇敢和倔强，正“像峙立于不断拍打的巨浪之前的礁石，它岿然不动，驯服着它周围海浪的狂暴”。

公元121年，古罗马一个卓越的罗马帝王哲学家来到了世上，他就是马可·奥勒留。奥勒留出生后不久，他的父亲便去世了，母亲也在他较小时候去世，是祖父、姑父相继抚养了他。

奥勒留的童年很幸福，亲戚们都十分宠爱他。他没有上公共学校，而是受教于家庭教师。这些老师都是当时有名的哲学家、文学家、修辞学家、画家、法学家，所以，马可·奥勒留接受了当时最好的教育。养父安敦尼努斯·庇乌斯为他树立了榜样，他也在《沉思录》中记录下了这位杰出的人物、明智的统治者的各项美德。和大多数的罗马青年一样，马可·奥勒留也尝试写诗，并且研究修辞学。希罗德·阿提库斯和弗龙托是他的老师。奥勒留和弗龙托之间的许多书信都保留了下来，这些信件显示出奥勒留受到了老师的很大影响，也表现了老师对于这位勤奋刻苦的学生的巨大希望。

马可·奥勒留从小坦率、真诚，得到了哈德良皇帝的喜爱。当时，古罗马帝国的帝位常常并不是按血统，而是由选定的继承人来接替的。18岁时，马可·奥勒留获得了凯撒的称号，这个称号只是封给皇帝助手和继承人的。马可·奥勒留接受了成为皇帝的各种训练，包括骑战马、军事科学、指挥技艺。这时他开始协助安敦尼努斯·庇乌斯治理国家。其后，马可·奥勒留三度担任执政官。在罗马帝国，执政官统率军队指挥作战。执政官一共有两位，互相牵制，任期一年。从孩提时代开始，马可·奥勒留就注定要成为罗马帝国的最高统治者。他坦然接受了如此安排的命运，并为此付出了巨大的努力。

安敦尼努斯·庇乌斯皇帝于公元161年去世，元老院要求奥勒留独自执掌朝政，但是奥勒留要安敦尼努斯·庇乌斯的另一个养子韦鲁斯做他的副手。于是罗马首次有了两位皇帝。韦鲁斯是一个懒散知足的人，并不适于这一个位置。但是奥勒留容忍他，据说韦鲁斯也察觉到了这一点，因此对奥勒留的品格也敬重有加。一位道德高尚的皇帝和他的懒散的同伴相处得倒也相安无事，而且他们的联系还因为奥勒留把女儿露西拉嫁给了韦鲁斯而更加紧密了。

奥勒留所遇到的第一件麻烦事就是与安息人的战争，韦鲁斯负责指挥这场战争，但是他无所作为，罗马人在亚美尼亚、幼发拉底河还有底格里斯河所取得的胜利完全是他手下的将军们的功劳。这次与安息人的战争最终于公元 165 年结束，奥勒留与韦鲁斯于 166 年在东部为这次的胜利举行了凯旋仪式。接下来的一场瘟疫夺走了罗马和意大利的许多人命，还蔓延到了欧洲西部。

意大利北部还受到居住在阿尔卑斯山脉另一侧“野蛮人”的威胁，正像日耳曼人在三百年前那样，这些“野蛮人”也试图攻入意大利。奥勒留的一生除了短暂的闲暇几乎全部用在了驱逐这些入侵者上。公元 169 年韦鲁斯突然去世，于是奥勒留独自一人执掌朝政。在与日耳曼人的战争中，奥勒留曾经在位于多瑙河畔的卡尔图姆要塞住了三年，这期间他将马科曼尼人完全赶出了潘诺尼亚，并且在他们撤退到多瑙河时几乎将他们全部歼灭。直到公元 174 年，奥勒留皇帝取得了决定性的重大胜利。

公元 175 年，勇猛善战的将军阿维狄乌斯·卡西乌斯率领一支军队在亚洲反叛，自立为奥古斯都。后来他被他自己的将军所暗杀，结果叛乱至此而平息。奥勒留以仁慈之心对待卡西乌斯的家庭以及追随者，他给元老院写信建议对这些人宽大处理。奥勒留在听到卡西乌斯反叛的消息即向东出发，之前他曾经于 174 年返回罗马，旋即又回去继续与日耳曼人作战。

马可·奥勒留在位的 20 年中，基本上都是在军营中度过的。此时的罗马帝国逐渐走向衰败，除了外敌入侵、战乱不断，内部将领趁机叛乱之外，各种自然灾害频繁发生。洪水、地震、凯旋的罗马军队带回的瘟疫，这些天灾人祸不但无情地吞噬了无数罗马人的生命，加深了贫困，动摇了人民的信心，而且耗竭了国库的储存，使国家出现了严重的财政危机，经济日益衰落，又给外敌入侵提供了条件。

尽管马可·奥勒留不遗余力、废寝忘食地工作，设法进行了一系列政治和社会改革，比如废除了一些野蛮的法律条文，减轻了部分税收等，但这也不能阻止古罗马帝国的颓势。在他统治的大部分时间里，尤其是后 10 年，他很少待在罗马，而是在帝国的边疆或行省的军营里度过。为了保卫国家，他身先士卒，冲在平定战乱的军队前列。捷报频传，罗马人欢欣鼓舞，可是他们可敬的皇帝却筋疲力尽，在一次获胜的战役中感染了传染病。

公元 180 年 3 月 17 日，马可·奥勒留因病去世。继承马可·奥勒留皇位的是他的儿子康茂德。遗憾的是，康茂德忘记了父亲的重托，忘记了自己的职责，成天沉溺于享乐之中，常常参加角斗士的表演，后被政变的叛军杀死。统治罗马仅 12 年的康茂德之死宣告了盛世的终止，罗马帝国的和平与安宁从此结束，开始了一个充满内战和混乱的时代。

君士坦丁大帝

君士坦丁一世（大帝）（280～337），罗马皇帝。他是世界历史上第一位信仰基督教的皇帝，曾在 313 年颁布米兰诏书，承认基督教为合法且自由的宗教。并于 330 年将罗马帝国的首都从罗马迁到拜占庭，将该地改名为君士坦丁堡。此外，他的一系列改革措施，为欧洲从奴隶社会向封建社会的过渡起到了重要作用，他被称为西方的“千古一帝”。

公元 280 年，君士坦丁出生于今塞尔维亚的尼什。他来自世家大族，但据说是他父亲君士坦乌斯和旅店女仆的私生子。当时正值戴克里先推行四帝共治制，君士坦乌斯成为西部帝国皇帝马克西米连的副手，年轻的君士坦丁很快便成长为帝国上层建筑的重要人物，他曾到戴克里先军中服役，并在对埃及和波斯的战争中靠自己的勇敢和才干升任高级军官。305年，戴克里先和马克西米连同时退位，君士坦乌斯成为西部帝国的皇帝，君士坦丁回到他的身边，随父转战不列颠等地。306年，君士坦乌斯病逝，君士坦丁在军队拥立下继位为西部帝国的皇帝。但是，帝国的部分将领不服，于是内战爆发。经过6年的征战，公元312年，君士坦丁在米尔维亚桥战役中，据说在基督的佑护下击败了挑战者马克森提，统一了西部帝国。

与此同时李锡尼也控制了东部帝国的政权，形成了两帝并立的局面。两人在初期曾密切合作，包括在313年共同颁布了《米兰敕令》等。但统一帝国的野心终于使他们水火不容，323年，君士坦丁进犯并击溃李锡尼，重新统一了罗马帝国。

君士坦丁是一个矛盾的综合体，他拥有强健的体魄和旺盛的精力，但据说内心极其虚弱和怯懦，不得不用珠光宝气来掩饰自己，实际上是一个轻度人格分裂者。他颇具仁爱之心，但曾毒死过他能干的亲生儿子。他曾经施行过仁政，给贫困人口以救助，但很快就变本加厉地成为贫苦人的压迫者。他颁布法令，规定奴隶主有权鞭打奴隶至死，对奴隶逃亡者加重处罚。更重要的是，他严禁隶农逃亡，规定隶农及其后代必须固着在主人的土地上，对逃亡的隶农应戴上镣铐解归原主。这就开启了中世纪农奴制的先声。此外，他还将手工业者进一步固着在他们所属的公会里。他规定造币、面包、屠宰等行业为终身和世袭行业，这对中世纪的城市行会制度也有很大影响。

君士坦丁统一罗马帝国之后，致力于加强皇帝本人的独裁权力。他废除了四帝共治制，分封他的子侄统治各地；废除了近卫军，改用皇帝直接控制的宫廷亲卫队来代替它，并降低边疆驻军的实力；同时进一步神化皇帝本人。自屋大维时代开始不断强化和神化的皇权，到了君士坦丁时代，终于达到了它的顶峰。

尽管随着罗马帝国疆域扩大，拜占庭位置显得日益重要，但是在君士坦丁之前的罗马帝国时代，它却一直未受到应有的重视。君士坦丁重建并扩建了拜占庭，330年宣布迁都拜占庭命名为君士坦丁堡，从

此，这个城市开始了它辉煌的千年历史，君士坦丁的名字与这个城市融为一体，直到 1453 年。

因为上述种种举措，君士坦丁已足以排进世界历史上有影响的帝王之列。但还有一个更为深远的变化，使得人类文明几千年的发展都打上了他的烙印，那就是基督教。

罗马帝国前期的信仰是综合了古希腊和古罗马众多神祇的多神教，罗马人基本上处于信仰自由的境况。在此之中，笃信一神论的基督教显得特别另类。早期的基督教主要在贫苦人之中传播，信徒之间平等互助，患难相恤。由于他们有明显的反抗意识，不与统治阶级合作，不服兵役，不敬罗马旧神，因此多次遭到罗马统治者的迫害。

早在尼禄时代，年轻的基督教就遭到历史上第一次迫害，此后在 3 世纪中期狄修斯（249～251 年）瓦列利亚努斯（253～260 年）时代，又一次遭到残暴迫害。到了戴克里先（284～305 年）时代，自称罗马旧神朱庇特之子的皇帝自然视基督教为异端，基督教又一次遭到了厄运。在此之间，也有一些皇帝对基督教采取宽容的态度，基督教在公元 1～3 世纪中仍呈迅速发展之势，到 3 世纪已有教徒 600 多万人，罗马境内已有教堂 1800 多个。

随着基督教的发展，教徒的成分也发生了变化，许多大地主、富有工商业者和官吏，甚至皇族也加入了基督教，基督教的仪式逐渐变得复杂，教义也更趋向于顺从统治阶级，而统治阶级也开始了解基督教。这就是君士坦丁时代到来之前基督教的状况。

君士坦丁从何时开始信仰基督教还是个谜，但可以肯定的是，他早年并不信基督。也许是他长年征战所见的血流遍野的疆场，逐渐使他产生了“罪愆”观念，并从精神上投向当时看来充满仁爱思想的基督教会的怀抱，也许是他母亲和妻子对他产生的潜移默化，因为她们都是虔诚的教徒。而流行最广的说法，则是君士坦丁在十字架的启示下赢得了米尔维亚桥战役的胜利，并从此皈依了基督教。

313 年，君士坦丁和东部皇帝李锡尼联合颁布了《米兰敕令》，给予基督教以合法地位，并归还了以前所没收的基督教堂和财产。这是基督教发展历程中的重大转折。君士坦丁从未将基督教定为国教，但他的政策明显是鼓励该教的发展。他颁布法令赐予基督教以诸多特权，如教会有权接受遗产和捐赠，教会神职人员豁免赋税和徭役等，在他统治时期，信奉基督教成了晋升国家高级职位的一个捷径。他本人还建造了多座知名教堂，如耶路撒冷圣墓教堂等。经君士坦丁时代之后，基督教的地位已不可动摇，终于在392年成为罗马帝国的国教，开始了在西方文化史上唯我独尊的时代。

君士坦丁对基督教的贡献还不只于此。当时基督教已分裂成几大派系，为帮助教会统一教义和组织，君士坦丁于323年在尼西亚召集了主教大会，这是基督教历史上第一次宗教大集结。大会通过了《尼西亚信条》，坚持了正统教会的三位一体说为正统。

337年，君士坦丁临终前接受了洗礼，以一个基督徒的身份升向他梦想中的天国。

查士丁尼

西罗马帝国灭亡后，东罗马帝国由于其自身具有的特点，不仅得以暂时保持了奴隶制，延缓了向封建社会的转变，而且在经济发展、阶级关系、政治制度以及文化生活等方面，都有自己的个性。拜占庭帝国皇帝查士丁尼为了巩固帝国的统治，并在恢复罗马奴隶制和重建罗马帝国方面，采取了一系列措施。

查士丁尼在他的舅父查士丁（518～527年在位）之后成为东罗马皇帝。他即位以前就已担任禁卫军最高长官等高级官职，是东罗马宫廷中强有力的人物。

分裂以后的罗马帝国虽然实际上是由两个皇帝统治下的两个国家，其中西罗马皇帝已成为日耳曼蛮族将领的傀儡，但在当时人心目中，在名义上、观念上只有一个罗马帝国。法令和官方文件有时由东、西罗马两位皇帝共同署名，通令也常常由东西部全体最高行政长官共同发布。476 年西罗马灭亡，东罗马皇帝更俨然以旧罗马帝国的继承人自命，如查士丁尼便是。查士丁尼复辟旧罗马帝国的政治理想又带有狂热的宗教色彩，极富进攻性。原来的罗马帝国西部地区，6 世纪时多在日耳曼蛮族统治之下，用查士丁尼的话来说，“哥特人以暴力夺得了我们的意大利，却至今不把它交还”。查士丁尼立志荡平异端，重建政治上、宗教上双重统一的罗马帝国。

查士丁尼皇帝和廷臣

当时的政治形势和条件使得查士丁尼可能进行对西部的征服战争，并且能够一时取胜。

查士丁尼的前任皇帝阿那斯塔希（491～518 年在位）厉行节约，统治时国库充裕。查士丁尼即位之初，帝国的财政状况虽因查士丁尼的挥霍而有所恶化，但仍不致窘迫。可是，为了适应大规模对外扩张的需要，查士丁尼不惜委任酷吏，施行苛政，横征暴敛。主管财政的最高行政长官是卡帕多西亚的约翰（531～541 年在职），他竟有“既不惧怕上帝又不顾惜世人”的名声，当时人咒骂他对百姓家中每只瓶罐都不放过。查士丁尼为增加收入实行专卖制度，国家掌握获利丰厚的丝绸专卖权。还增收一种附加的土地税，一年得金币达 3000 磅之巨。查士丁尼在财政税收上采用竭泽而渔的办法，主要是为了保证他放手进行西部战争。

528年，查士丁尼下令编纂帝国法典，结果产生了著名的《民法大全》（计有《查士丁尼法典》、《法理汇要》、《法学总纲》、《法令新编》四部分）。这部法典，字里行间充斥着对昔日罗马帝国光景的追念和赞颂，又基本因循罗马旧法，以至于近代法学家批评它具有过多的理论和脱离实际的倾向。这部法典的另一突出特点是明确肯定皇帝的专制权力：皇帝是唯一的立法者、唯一有权解释法律的人，皇帝“至高无上，至圣至明”。罗马帝国的专制君权在查士丁尼时期发展到了一个新阶段。他进行内政改革，赋予行省长官以军事和行政全权，大大加强了中央对地方的控制和盘剥；元老院和城市“吉莫”（带有自治性质的市民组织）在政治生活中的影响都下降了。中央集权和专制君权在政治上保证了查士丁尼贯彻他的政治主张，实际上促成了他为实现所怀抱的过时的政治理想而一意孤行，最后造成灾难性的后果。

东罗马在东方和西方所面临的形势是不同的。对查士丁尼复辟计划最大的威胁来自兴起于帝国东面的萨珊波斯。532年，查士丁尼同波斯新王科斯洛兹订立“永久和约”，东罗马以支付代守帝国边境费用的名义给波斯1.1万磅黄金。这一和约的签订确定了查士丁尼东方政策的基本原则，即对波斯以防御为主，以便尽可能保证西部征服战争所需的兵力。在西部地区，查士丁尼意欲进攻汪达尔王国、东哥特王国。日耳曼蛮族上层统治者背弃昔日的军事民主传统，成为新兴的封建主阶级，同本族群众龃龉日多，并加紧侵占当地罗马人的地产。蛮族王国的统治不甚稳固，也给查士丁尼以可乘之机。尤其是各蛮族王国的统治者谈不上对查士丁尼的复辟活动有清醒的认识，他们本族的文化十分落后，因而受罗马旧制影响很深，在名分上还处处不敢僭越东罗马皇帝，多以为“罗马皇帝就是人间上帝，对之忤逆之人必犯深重罪孽！”在东罗马的严重威胁面前，各蛮族国家不能联合起来，反而互相掣肘，以致为东罗马各个击破。

533年，东罗马军队进攻北非的汪达尔王国，揭开了长达20年的西部征服战争的序幕。439年，汪达尔人在该萨利克率领下由西班牙跨海攻入北非，占领迦太基城，建立汪达尔王国。476年，该萨利克同东罗马订立和约，此后多年双方相安无事。但信奉阿利乌斯派的汪达尔人在国内

对罗马人压迫较重，对当地的罗马元老也严厉镇压，元老或被囚入狱中，或沦为奴隶，他们的土地亦多被没收。于是北非的教会人士和元老纷纷逃亡君士坦丁堡，恳请查士丁尼收复帝国“失地”，驱逐蛮族和异端。汪达尔新王希尔得利克（系罗马皇帝瓦伦丁尼亚的外孙）同东罗马亲善，停止了对罗马人的迫害。查士丁尼与之私交甚好，曾劝说他臣服于东罗马。530年，不满国王亲罗马政策的汪达尔贵族在盖利麦领导下废黜希尔得利克，拥立盖利麦为王。东罗马向盖利麦发出最后通牒，要他把希尔得利克安全送到君士坦丁堡，被盖利麦严辞拒绝。查士丁尼认为征服北非的时机已到，匆匆与波斯媾和，开始积极准备对汪达尔人发动战争。

在查士丁尼看来，这场战争只不过是收回罗马对北非统治权的行动。他宣称，慷慨的上帝不仅还给我们阿非利加各省，还要让我们洗雪汪达尔人攻占罗马城所带来的耻辱。东罗马众大臣都激烈反对开战，卡帕多西亚的约翰向查士丁尼力陈远征北非的危险和困难。当时汪达尔人的军队虽较该萨利克时代战斗力有很大下降，训练与战术也稍逊于东罗马军队，但仍不失为一支劲旅，骑兵有三四万之众，海军称雄于地中海西部，远比东罗马可用于北非的兵力强大。查士丁尼对大臣的劝阻置若罔闻，从东部前线召回大将贝利撒留，授予他指挥北非战事的全权。

533年6月，贝利撒留和他的部下乘船从君士坦丁堡出发前往北非。虽然临行前大主教为他们的胜利作了祈祷，但士兵和送行的人都认为此去凶多吉少。贝利撒留麾下只有1.6万人马，其中只有5000骑兵，这大概是东罗马能从东部前线调出的最大兵力了。贝利撒留因为害怕受到汪达尔海军的攻击，在航行途中多次停船靠岸。9月份才抵达北非海岸。为避开汪达尔海军，东罗马军队在迦太基城以南约240公里处登陆。盖利麦在此之前一直没有认真备战，并且把舰队主力和5000人马派往撒岛去镇压叛乱。听到东罗马入侵的消息，盖利麦立即下令处死希尔得利克，率兵迎击东罗马军队。9月13日，双方激战于突尼斯城附近的阿得齐姆。战争中，汪达尔人先占上风，可惜盖利麦因兄弟战死悲痛不已，放弃了对部队的指挥，汪达尔人一时大乱，贝利撒留趁机收集散兵，反攻得胜。盖利麦率残部向西退到努米底亚，贝利撒留则北上直取迦太基城，9 月 15 日攻下该城。12 月，东罗马军队又在迦太基城附近击败前来反攻的汪达尔人。盖利麦只身逃往努米底亚，投靠柏柏尔人，后来在困顿绝望之中要求东罗马人送给他一把七弦琴以弹奏亡国之恨，一块海绵以揩抹亡国之泪，不久他投降贝利撒留。534 年汪达尔王国被灭亡。

查士丁尼在征服汪达尔王国后立即着手全盘复辟罗马旧制。所有汪达尔人都被褫夺公职，汪达尔战俘成为东罗马官兵的奴隶，他们的妻女也被强占。但汪达尔人 100 多年统治的影响决非凭借一纸行政命令便可以消除的，查士丁尼宣布罗马元老被剥夺的地产一律归还给他们的后代，可是年代久远，地产往往已易手多人，归还原主的法令很难实行。534 年以后，同汪达尔女子结婚的东罗马士兵拒绝把汪达尔人原先占取的土地交还皇室和原主，多次发动兵变；柏柏尔人也多次来攻。一直到 548 年，东罗马在北非的统治才相对稳定下来。

在征服汪达尔人不久，查士丁尼开始发动对东哥特人的战争。

东哥特国王狄奥多利克（493～526 年在位）一度与东罗马和意大利的罗马元老维持比较友好的关系，到他晚年，情况有所变化。东哥特贵族凭借武力和特权侵占罗马元老的地产，同罗马人的矛盾日益尖锐。狄奥多利克死后，其外孙阿特拉里克成为国王，实权则掌握在他母亲阿拉马松塔手里。阿拉马松塔自幼受罗马教育，服装打扮也学罗马妇女，佩耳环头饰。她代表亲罗马的一派东哥特贵族，这些人主要是原来狄奥多利克周围的宫廷近臣，但此时他们的势力已有所削弱。受罗马文化影响较小的东哥特军事贵族，日益强烈地要求对东罗马和意大利的罗马元老采取更强硬的政策，他们轻慢阿拉马松塔，不让她用罗马文化教育年轻的国王，而让国王同东哥特武士一起习武练兵。534 年，阿特拉里克酗酒而死，阿拉马松塔地位不稳。以前她就曾经同查士丁尼暗中联系，这时便派密使赴君士坦丁堡，表示要把意大利交还东罗马。为巩固自己的地位，她又立表兄弟狄奥达特为国王，企图以他的名义继续掌握实权。哪知狄奥达特翻云覆雨，反把阿拉马松塔囚禁，后又把她处死。查士丁尼以此为借口向东哥特兴师问罪。

征服意大利是查士丁尼复辟活动最重要的一部分，东罗马使节曾威胁狄奥达特说，皇帝此次不达目的，决不休战！狄奥达特向东罗马提出的求和条件几近投降，查士丁尼还是轻蔑地加以拒绝，挑起了历时近 20 年的“哥特战争”。

535 年 9 月，东罗马军队占领了达尔马提亚，12 月，贝利撒留统率 8000 人登陆西西里岛，当地的东哥特军队未经认真抵抗就投降了。翌年 6 月，贝利撒留攻人意大利本土，包围那不勒斯城。意大利的罗马人这时多倾向于东罗马，但除少数元老贵族外，一般人对这次战争并无很高热情，他们所关心的是如何避免或减少战争对自己的祸害。那不勒斯居民一度与攻城的东罗马军队激战，意大利罗马人对东罗马入侵进行了有组织的抵抗。

狄奥达特幼习希腊哲学，处世奸诈多变，却无统帅之才，面对敌人的进攻惊慌失措，甚至与东罗马密议投降。那不勒斯失陷后，东哥特人废黜并处死狄奥达特。536 年 11 月推举战士出身的维提却斯为王。为了同东哥特人中已渐流行的王位世袭传统相妥协，维提却斯娶阿拉马松塔之女马他松塔为王后。然后率领东哥特主力离开罗马，北上集中到拉温那，以便对付与东罗马结盟来攻的法兰克人，并防止罗马城居民从内部作乱。维提却斯北上之举是一条下策，他不仅错误地以主力去对付次要的敌人（法兰克人此时已答应同东哥特人媾和），而且因为强迫罗马城居民宣誓效忠东哥特，并将一大批罗马元老作人质押解到拉温那，激化了同罗马人的矛盾。维提却斯代表了东哥特军事贵族的利益，他们抗敌坚决，但是文化落后，缺乏战略眼光，看不到意大利罗马人同东罗马的矛盾，不善于利用自狄奥多利克时代以来东哥特人与意大利罗马人千丝万缕的联系，致使东哥特人在意大利陷入了孤军作战的窘境。536 年 12 月，贝利撒留进军罗马，罗马教皇和居民献城投降。人数不多的东哥特守军不战而走。

537 年 2 月至 538 年 3 月，维提却斯率军围攻罗马。当时东哥特军队号称 15 万，其中又多数是骑兵。贝利撒留对东哥特人来攻事先有所准备，贮存粮草，修整城墙。东哥特人拙于射箭，东罗马士兵却善于使用强弓硬弩，给攻城者极大杀伤。饥饿和伤亡曾使罗马居民十分恐慌，维提却斯下令处死充当人质的罗马元老，丧失了劝诱罗马居民投降的机会，实际上是巩固了贝利撒留的后方。东哥特人屯兵城下，久攻不克，粮草、士气都发生了问题，又有恶疫来袭，不得已同贝利撒留休战 3 个月。这以后，东罗马援兵到来，又风传马他松塔打算叛变，出嫁东罗马某将领。维提却斯只好匆匆撤离罗马一带。围攻罗马的失利大伤东哥特的元气，但维提却斯依然拼力统率部下苦战两年。540 年，贝利撒留占领东哥特王国都城拉温那，维提却斯被俘，东哥特人退居波河以北地区。

维提却斯曾遣使游说波斯王科斯洛兹，请他趁查士丁尼移兵意大利的时机进攻东罗马，波斯打算扩张领土，索取重金，同时又害怕东罗马在西部战争中取胜而增大实力，遂于 540 年破坏和约，入侵东罗马统治下的叙利亚、亚美尼亚、伊比利亚，直抵黑海沿岸。查士丁尼一味求和，545 年以 5000 磅黄金为代价同波斯订立为期 5 年的休战协定，仍以精锐投入意大利对东哥特作战。

东罗马在意大利稍稍站稳脚跟就开始压迫当地的罗马人。其时，贝利撒留已奉召返回君士坦丁堡，查士丁尼派遣“财政专使”亚历山大到拉温那。财政专使是查士丁尼新设的官职，专门负责新征服地区的税收事务，担任该官职的人以其所得的 1/12 作为自己的俸禄，因此搜刮甚为酷烈。经历战乱的意大利本来已是残破不堪，亚历山大却大力在此推行以苛重著称的东罗马税制，激起各方不满，一时大失人心。这种形势为东哥特新国王托提拉（541～552 年在位）所利用，他率军南下，节节胜利，543 年收复那不勒斯，545 年底重新包围罗马城。东罗马在意大利的统治处在危机之中。

查士丁尼因在意大利连遭挫折而大为沮丧，但仍顽固拒绝同东哥特媾和，在缓和了同波斯的紧张关系后，便委任太监那西斯为指挥意大利战事的统帅。招募了 3 至 4 万新军增援在意大利的东罗马军队。552 年，东罗马大败东哥特于意大利中部的塔地那，托提拉阵亡。554 年，那西斯又消灭了东哥特人的残余势力，并驱逐法兰克人到阿尔卑斯山以北，从而实现了查士丁尼征服意大利的梦想。

同一年，西班牙的西哥特王国发生内战，阿那塔其推翻国王阿吉拉，自立为王。他请求查士丁尼派兵来支援他，结果东罗马军队借机占领了

西班牙东南部的许多城市，这是查士丁尼为恢复旧罗马帝国大一统局面而向西扩张的极限。

复辟旧罗马帝国是查士丁尼一生怀抱的政治理想，是他三十多年政治活动的主要内容。结果是汪达尔王国和东哥特王国被剿灭，北非和意大利被征服。查士丁尼个人，可谓才能出众；查士丁尼一生作为，可谓轰轰烈烈。可惜，他的理想、他的活动都背离历史前进的方向，他的事业也就不可能真正成功。他非但没有重建成旧罗马帝国，反而把东罗马推到了崩溃的边缘。

西部战争耗去了东罗马大量的财力、兵力。阿那斯塔希留下的黄金有 32 万磅之多，查士丁尼将之挥霍殆尽。由于开支浩大，查士丁尼加紧对人民的盘剥，所设新税竟达 18 种之多。纵使如此，到查士丁尼晚期，东罗马的国家财政仍不免破产。为保证西部战争的进行，查士丁尼在 545 年与波斯议和后，大量裁减东部驻军，并长期拖欠他们的薪饷，这实际上是放松了对东罗马本土的防守。562 年，东罗马被迫以屈辱条件同波斯订立《五十年和约》，每年“补贴”波斯黄金 3 万索里达。当东罗马军队在北非和意大利不断征战和庆祝胜利时，斯拉夫人联合保加尔人不断入侵巴尔干半岛，抵达亚得里亚海、科林斯湾、爱琴海沿岸，威胁到东罗马的心脏地区。在东部的退让并没有在西部得到补偿，东罗马对北非、意大利的统治也不稳固。在北非，柏柏尔人不断袭击东罗马军队。在意大利，东罗马的重税盘剥激起人民的强烈不满，东罗马的希腊文化传统与意大利拉丁文化传统的差异又促使反东罗马的情绪高涨，查士丁尼不得不给当地的居民一定的自治权利。国力衰弱的东罗马此时已无力派重兵守卫新征服地区，568 年，伦巴德人攻入意大利北部，后又南下，东罗马在意大利只剩下几个设防城市及其周围的狭小地区。这时，东罗马本土则受到波斯人和斯拉夫人越来越严重的威胁。

晚年的查士丁尼体弱力衰，沉溺于神学之中，无心亦无力理事，东罗马国敝民穷，内外不安。查士丁尼的倒行逆施引起人民的怨恨，当时的民间盛传他是“魔鬼”和“无头怪物”的化身。565 年，查士丁尼在举国上下一片咒骂声中死去，留给他的继承者的并不是他曾致力去复辟的、大一统的罗马帝国，而是一个风雨飘摇、危机四伏的国家。

查理大帝

查理曼（公元742～814年），法兰克王国加洛林王朝第二个国王，查理帝国的创始人。出身于法兰克的名门望族。祖父查理·马特是墨洛温王朝大权实握的宫相，以打败阿拉伯人的进攻和进行采邑改革而闻名遐迩。父亲“矮子丕平”于公元751年与教皇相勾结，废黜了墨洛温王朝的末代国君，取而代之，开创了加洛林王朝，成为加洛林王朝的第一代国王。作为王子，查理从小就经常跟在父亲身边，出入宫廷，巡行全国，或骑马打猎，或从军作战，受到政治上和军事上的锻炼。

公元768年，矮子丕平因水肿病去世。查理成了加洛林王朝的第二代君王。

查理生活的时代，正是西欧封建化过程急剧进行之际。随着封建制的确立和发展，封建贵族迫切要求向外扩张，掠夺土地和财富。因此，查理即位后，继续奉行他父亲的征服政策，开始了大规模的连年征战。据说，他曾经亲自参加了30次远征，后世流传的歌谣中把他形容成为一个神话般的人物。

778年，查理率大军顺利地翻越高耸挺拔的比利牛斯山脉，南侵西班牙。当时，那里是哥尔多瓦王国，它是从北非来的阿拉伯人建立的。

双方经过激烈交战后，哥尔多瓦的军队遭到重创，但查理的大军也损失惨重。最后哥尔多瓦国王提议讲和，查理军中一些将官也主张和解撤军。鉴于形势并不十分有利，查理最终派盖内隆前去同哥尔多瓦人议和。

23年后，查理又一次越过比利牛斯山远征西班牙，最终吞并了山

南的广大地域，并任命他的一个儿子为该地总督。

查理一生发动侵略战争时间最长的一次，是对北方萨克森人的征服。他以传播基督教为借口，从 772 年起，先后发动 8 次进攻，时间长达 33 年，最终征服了萨克森人，使之成为法兰克王国的臣民。

在几十年的征战之后，查理的王国已经扩大到了相当于今天的法国、瑞士、荷兰、比利时、奥地利以及德国、意大利的大部分地区，成为当时西欧空前强大的国家。随着版图的日益扩大，查理再也不满足于只是国王的称号了。

机会又一次眷顾了查理。799 年，罗马教皇利奥三世因为同当地贵族发生矛盾，引起贵族叛乱。教皇只身一人逃出罗马，向查理求救。刚到查理王宫的时候，王宫的那些贵族威胁说要挖掉教皇的眼睛，割去他的舌头，这可把教皇吓得胆战心惊。正在教皇走投无路之时，查理站了出来，他斥责了贵族们的无礼，保护了教皇的人身安全。教皇为此感激涕零。800 年，查理率兵进入意大利，平定了叛乱，恢复了教皇的职位，成为教皇的大恩人。教皇时时刻刻想着如何报答查理。当他得知查理有加冕称帝的意图时，就赶紧热心地张罗起来。

800 年圣诞节，刚下过一场大雪的罗马显得格外寒冷。教皇利奥三世特意选择这个最重要的宗教节日为法兰克王国国王查理加冕。当查理来到大堂圣像前，紧挨着祭坛上座边缘跪下祈祷时，教皇利奥三世将一顶金光灿烂的皇冠戴到了他的头上。教皇高声宣布："上帝为查理皇帝加冕！这位伟大的、给世界带来和平的罗马人的皇帝，万寿无疆、永远胜利。"接着，罗马的贵族们开始高声赞颂那历史性的诗文："奥古斯都·查理！承上帝之命戴上金冠！天佑我罗马人的皇帝，赐予他和平、胜利！"教堂内欢声雷动，欢呼查理成为古罗马帝国的继承人和基督教世界的保护者。

从此，"法兰克王国"变成了"查理帝国"；"查理国王"变成了"查理曼"，"曼"就是大帝的意思。

查理的业绩和才能不仅限于军事征服，他在行政、司法、军事制度，以及经济生产管理等方面都有杰出的建树。特别在文化教育方面，成就尤为突出，创造了辉煌的加洛林文化，为中世纪文明的发展奠定了基础，并起到了承先启后、继往开来的作用。

公元 8 世纪时，古代希腊、罗马的文化传统随着许多城市的没落，早已遭到破坏。罗马时代的公私藏书，从五六世纪以后就逐渐消失。因此，查理帝国的臣民几乎都是文盲，就是查理大帝本人以及宫廷里的许多显贵大臣，也大都目不识丁。查理感到没有文化知识，就不能很好地管理国家，于是他就在宫廷中办起了学校，以培养人才。这便是中世纪西欧学校的起源。他还从欧洲各地广泛招聘知名学者，到宫廷传授学问、知识，其中最著名的人是来自英格兰的阿尔昆。

在宫廷学校里，查理大帝特意挑选了三种人家的子弟就学，即名门巨第、中等之家和寒门小户出身的子弟。每过一段时间，查理便把学生们召集起来，亲自检查他们的作业。结果发现，出身中等和寒门的子弟学习较好，而出身高贵之家的子弟学习却十分的差。检查完毕，他便亲切鼓励学习好的学生、批评斥责学习差的学生。他时常把学得最好的穷孩子提拔上来，授以较高职位，表现了“不拘一格降人才”的精神。

查理不仅致力于提倡文化教育，督促学习，为帝国培养有用人才，他还身体力行，率先扫盲，勤奋学习。他礼贤下士，自称是阿尔昆的门徒，从他那里学会了修辞学、辩论术和天文学。经过刻苦攻读，他掌握了古德语、古法语和拉丁文，并精通希腊文。他还发布敕令，督促教会和修道院兴办学校，传授知识文化，搜求、抄写古典著作和早期基督教的著作，使之得以保存和流传。查理的这些成就，被西方史学家赞誉为“加洛林文艺复兴”。在查理大帝统治的 46 年中，法兰克的文化教育与过去几个世纪相比有了显著的发展。

查理大帝的晚年，却一度沉迷于觥筹交错、歌舞淫乐之中。在私人生活上，他是一个感情脆弱、性格怪僻的人。他先后娶有四个妻子、五个妾。她们为他生了三个儿子和许多女儿。三个儿子有两个先他而亡，查理为此哀痛欲绝。这大出人们所料，没想到这个平素心肠坚如铁石的人，会哭得如此伤心。查理的许多女儿长得都很美丽，深得父亲钟爱。查理每天同她们一起用餐，出外狩猎时也带着她们。但是，查理从不肯把她们嫁出去，既不许配给本族人，也不许配给外国人，他到死都一直把她们留在家里，他说他不能离开她们。这使人们感到异常诧异，也招来种种议论。不绝于耳的流言蜚语，使查理的英名蒙上了一层阴影。

813～814 年冬天，西欧的天气极为寒冷。但是查理皇帝却坚持要外出打猎，谁劝也不听。结果在狩猎时感染风寒，回来后发起了高烧，肺部和胸膜发炎。医生对此束手无策，不敢下药。814 年 2 月，查理大帝在首都阿亨宫中逝世，时年 72 岁。

查理大帝

克洛维

神圣罗马帝国在几经辉煌之后步入没落，到了公元 4～5 世纪，日耳曼人逐步强盛起来，他们之中的西哥特人、勃艮第人、法兰克人等部族陆续入侵高卢，分别占据了高卢南部、东南部和北部。

458 年，墨洛温死了之后，接替他的是他的儿子奇尔德里克一世。他在任的时候，继续加强法兰克人的军事力量，联合罗马人击败西哥特人对高卢的进攻。这时候的法兰克人还是从属于西罗马帝国的。然而这时候的西罗马帝国已经是风中残烛了，法兰克人的机遇也快要来了。

克洛维

466 年这一年，对于整个西欧来说都是值得纪念的一年，因为法兰克王后在这一年为英勇的法兰克王，也为整个西欧诞下了一个健康的男婴，国王为他取名——克洛维。

克洛维长得十分聪颖可爱，大大的眼睛配着浓密的睫毛，脸盘圆得像苹果一样，一头卷发长长地披在肩后，颇有小狮子的气势。

父亲经常带克洛维南征北战，不断地传授军事知识，克洛维也对打仗充满了兴趣，总是围着父亲问这问那，父子两个经常交谈到深夜。

在这个过程中，英俊健壮的克洛维，获得了成为一个国王必不可少的勇气和智慧。西罗马帝国于 476 年寿终正寝。五年后的 481 年，奇尔德里克一世也走到了他人生的尽头，他将法兰克人的希望交给他的儿子——15 岁的克洛维。

克洛维是个有雄才大略的人物，加冕伊始就向他的将领们发誓要征服整个高卢。而他的当务之急是树立自己的权威。

关于这个过程，有个著名的“苏瓦松花瓶”的故事。

在一次战争中，克洛维的军队抢走了兰斯教堂里的一个珍贵的广口瓶。主教派人去见克洛维请求归还。可是按照当时的规矩，所有的战利品必须由每位参战者抽签分配。于是克洛维回答说：“等到在苏瓦松分配战利品时，如果我抽签抽中那只瓶子的话，一定奉还。”

分配战利品时，当克洛维提出想要那只瓶子时，一位心怀不满的武士忽然举起战斧，一下子把瓶子砍得粉碎，并大声说：“除了你抽中的那份东西外，休想再要那个瓶子。”

克洛维无奈，只好将瓶子的碎片交给了主教派来的人。

第二年 3 月，克洛维检阅军队时，来到那个砍碎瓶子的武士面前，忽然大声指责他的武器保管不当。说完，不等对方分辩，他已举起战斧劈进武士的头颅。尸体倒下，鲜血弥漫在检阅场上。

就这样，旧氏族的传统被他一斧破除，而开创一个新时代所需要的权威，也在鲜血中被树立起来。

当时，在高卢北方的土地上，克洛维还有一个强劲的对手，就是罗马帝国在高卢的最后一任总督西格里乌斯。西格里乌斯掌管着一支强大的罗马军队。

一山不容二虎，两相对垒5年之后，克洛维于486年率领手下将士攻打西格里乌斯，并于苏瓦松一役中，全歼西格里乌斯的主力。西格里乌斯南逃土鲁斯，结果被西哥特人套上镣铐送交给克洛维。

克洛维将这个一度在战争中嘲笑他是个小毛孩的对手推上了断头台，从此独占整个北高卢。这一年被认为是法兰克王国的开国之日。

尽管克洛维在戎马生涯之中遇到了不少年轻美貌的女子，但她们都不能让克洛维倾心，这让克洛维也常生孤独之感。冥冥之中，一切自有安排。克洛维在一次偶然的机会中认识了勃艮第公主——克洛蒂尔。

克洛蒂尔举手投足间透着脱俗、清纯，洁净的脸上闪烁着一双无比清澈的眼睛，让克洛维过目不忘，克洛蒂尔言语间略带一丝忧郁，更深深地吸引了克洛维。

这位伟大的法兰克王顷刻间坠入爱河，陷入了对克洛蒂尔深深的思恋之中。为了得到克洛蒂尔，克洛维派手下贵族前往勃艮第公国求婚。

克洛维的求婚让勃艮第国王陷入深深的恐惧之中，因为他当年谋杀了克洛蒂尔的父母而篡夺了王位，如果克洛蒂尔嫁给这位法兰克王，恐怕她日后来复仇，而如果不答应这门亲事，又恐克洛维兴师前来。

一番权衡之后，克洛蒂尔被送到了法兰克的王宫。克洛维以最隆重的典礼迎接他的王后。

在婚后的生活中，克洛维的体贴细致、温存大度温暖了克洛蒂尔的心，她从最初只是对克洛维有好感慢慢地转变为植根心中永不磨灭的爱，对于克洛蒂尔来说，克洛维就是她生活的轴心。

在这对爱侣婚后的第3年，即496年，阿勒曼人跨过莱茵河前来进犯，克洛维急忙调兵遣将前去迎战。由于作战仓促，准备不足，克洛维此次出师不利。两军在今天德国的科隆附近发生拉锯战，克洛维遭到前所未有的惨败，身陷重围。

让克洛维感到不可思议的是，阿勒曼军中莫名其妙地突然发生内乱，士兵们还杀死了自己的国王，全部向克洛维投降。

而此时的罗马教廷，也因为罗马帝国的衰落，急于寻找新的力量支点。在这种特定的历史条件下，克洛维与教皇结成同盟，获得教会的支持。在对西哥特的战争中，克洛维曾经对部下说："这些人占据着一部分高卢土地，使我深感厌烦。那么，让我们向那里前进，凭着上帝的帮助，把这块地方拿过来置于我们的管辖之下。"

500年，克洛维降服了勃艮第公国，将今法国东南部的罗纳河流域地区变成自己的私产。7年后，他进攻今法国西南部地区的西哥特王国，势如破竹，将曾经不可一世的哥特人赶到比利牛斯山以南。从此，比利牛斯山成了一道几乎永恒的国界。

为此，他获得了巨大荣誉，还被东罗马帝国皇帝授予了荣誉执政官称号。诏书下达，克洛维回到都尔，穿上紫袍，披上披肩，头戴王冠，不久正式定都巴黎。

到克洛维临终前，他已经勾勒出一个法兰克王国的大体版图，除普罗旺斯之外的整个高卢地区都在他的掌握之中，他因此也被称为"法兰克大帝"。

克洛维开创了法国历史上的第一个王朝，历史上把这个王朝以其祖父墨洛温的名字来命名，称作"墨洛温王朝"（481～751年），被视为法国、德国和意大利的始祖。而我们故事的主人翁——克洛维和克洛蒂尔在相伴相知中幸福地走完了人生。

阿尔弗雷德国王

阿尔弗雷德（849～901年），英国国王。他在位时，为反抗丹麦人的入侵、保卫国家而进行了艰苦的斗争，为挽救英格兰的衰落作出了杰出的贡献。他因其文治武功而成为英国历史上一个伟大人物，并被后世所传颂。

公元8世纪，诺曼人（北欧人）开始侵扰英国。诺曼人在英国历史上不加分别地被称为丹麦人，因为入侵英国的北欧人大多来自丹麦。

诺曼人的侵扰绵延300年之久，所以抵抗丹麦人入侵也成了萨克逊英国国王的任务。阿尔弗雷德的祖父埃格伯特，亦即统一英格兰的第一位国王，在835年曾击败了丹麦人和威尔士人的联合进攻。但是，到了865年，丹麦人又组织了一支“大军”由根兹伦率领大举入侵不列颠，并溯泰晤士河而上，直抵西萨克逊王国的心脏——可以俯视白马溪谷的高地。西萨克逊王国拼死抵抗，才把丹麦人从阿什当击退。在这千钧一发之际，国王伊塞尔雷德暴卒，于是，反击敌人新攻势的艰巨任务便留给了他年仅22岁的弟弟阿尔弗雷德。

871年，阿尔弗雷德继位。他的首要任务就是保卫国土不受侵犯。为了打败丹麦军，阿尔弗雷德一次次亲临战阵，身先士卒。功夫不负有心人，阿尔弗雷德最终彻底打败丹麦军，并迫使丹麦军首脑在萨默塞特签订《韦德摩和约》。和约规定，将英格兰划分为两半，以从伦敦沿有名的瓦特林大路到切斯特为界，界限之北命名为“丹麦法实施区”，界限之南为阿尔弗雷德的王国，包括威塞克斯、苏塞克斯、肯特和西部麦西亚；伦敦属西撒克逊王国。

《韦德摩和约》签订后，丹麦人依然对西撒克逊虎视眈眈，于是阿尔弗雷德又派遣他的女婿伊塞尔雷德把守边界，提防丹麦人犯境。为了防止丹麦人从海上入侵，他还下令赶造战舰。在阿尔弗雷德的儿子继位时，西撒克逊王国已拥有一支100艘船的舰队，足以控制英吉利海峡。从此以后，无论是从陆上还是海上来的入侵者都被阿尔弗雷德所粉碎。886年，阿尔弗雷德与丹麦人缔结了新的和约。依此和约，西撒克逊王国的边界推进到根兹伦王国境内，并且夺取了半个东撒克逊王国的旧地。从这时起，阿尔弗雷德军威大振，人心归附，于是他便开始国内的恢复和建设。

890年，他从“伊尼法律”和“奥发法律”中择其适合本国国情的条文，编成了一套新的法典。依此法典，教会与国家共同执掌法律：郡长与主教不仅并肩作战，保护国家利益，而且在法庭上可并肩而坐，审判罪犯；在“百人集会”和“郡集会”上，贵族和自由民一律平等。从此，部落时代的旧习惯：不同阶层的人由不同的法律处理，就一去不复返了。

阿尔弗雷德也非常重视发展学术文化。他设立贵族子弟学校，聘请有知识的教士前来任教。他还亲自把一些著作从拉丁文译成古英语。此外，他还亲自参与编纂了《盎格鲁·撒克逊编年史》。这是用盎格鲁·撒克逊语言写的第一部历史著作，它记载了每一年的重大事件，是后代历史学家研究那个时代的必读之书。

晚年的阿尔弗雷德热衷于联络一切可以联络的国家，在利益共同的基础上结成同盟，以对付北欧海盗的袭击。901 年，阿尔弗雷德溘然长逝。

阿尔弗雷德是英国历史上一位著名的国王。他为后世所敬仰，一方面是因为他成功地抵御了外敌的入侵，保卫了英格兰的独立；另一方面更在于他能够在和平时期重视科学教育，为英格兰以后文化事业的发展奠定了坚实的基础。

西蒙大帝

西蒙一世，保加利亚皇帝（893 年～927 年在位），鲍里斯一世的儿子，在他放荡的哥哥弗拉基米尔的短期干涉统治（889～893）后，893 年他继承了父亲的王位。

说到西蒙一世，还必须从他的父亲鲍里斯大公（852～888 年在位）说起。鲍里斯时代，保加利亚已经成为巴尔干半岛上一大强权、拜占庭帝国的劲敌，向塞尔维亚、克罗地亚等地扩展自己的领土。但它在思想信仰上仍是一片混乱。鲍里斯决心用代表当时最先进文化的基督教分支希腊正教来统一自己国民的思想。他邀请了著名的西里耳、美多德兄弟的几大门徒到保加利亚避难并传教，但因此引起了国内部分顽固贵族的不满。鲍里斯推行希腊正教的决心从未动摇，他在位时期就镇压了几次打着恢复旧有信仰旗号的大贵族叛乱，甚至在他退位之后，他还从修道院中复出再次镇压了贵族的叛乱。说起西里耳、美多德兄弟，还有另一大贡献。他们经过多年努力，为斯拉夫语言创立了一套字母，即“西里耳字母”，使斯拉夫民族第一次拥有了自己的文字，并将许多重要典籍都翻译成斯拉夫文。但他们及其门徒在摩拉维亚遭到当局的迫害，其门徒在鲍里斯的邀请下纷纷到保加利亚避难，在为保加利亚传播希腊正教的同时，也使保加利亚成为斯拉夫文字和文化的传播中心。鲍里斯时代是宗教文化新旧势力激烈斗争的时代。到西蒙一世继位之后，继续执行其父厚待西里耳兄弟及其门徒、推广希腊正教、推广斯拉夫文字文化的政策，并以自己空前的威望为此做后盾。这对保加利亚乃至整个斯拉夫地区的文化发展影响至为深远。

保加尔人原为中亚突厥部落的一支，在 4～5 世纪的世界民族大迁徙中来到了东欧，最后在美丽的巴尔干半岛找到了他们的乐土。

从公元 7 世纪开始，保加尔人开始了建立独立国家的奋斗历程，他们的主要对手是拜占庭帝国。在此过程中，保加尔人同周边的斯拉夫人建立了同盟，并逐渐融合为一体。保加尔人过上了定居生活，接受了斯拉夫生活习惯、文化习俗，并采用了斯拉夫语，实际上已经是一个斯拉夫化的民族。经过长期奋斗，公元 681 年，保加尔人终于迫使拜占庭帝国承认他们是独立的国家，这就是第一保加利亚王国。

这个国家延续了 300 多年，到西蒙一世时代达到了它的全盛阶段。作为东欧最早建国的民族，这个国家的长期延续对东欧地区的民族、语言、宗教、文化各方面产生了巨大的影响，同时，通过与拜占庭帝国的长期交流和对抗，保加利亚成为了影响世界的制衡力量之一。

893 年，西蒙继承了保加利亚大公之位。第二年便挑起了与拜占庭的战争，并打赢了他登上王座后的第一仗。好大喜功的拜占庭皇帝利奥六世不依不饶，同保加利亚北面的马札尔人结盟，企图从南北夹攻保加利亚，但被西蒙击破，利奥六世不得不于 897 年求和，俯首向西蒙纳贡。

这是西蒙的“拜占庭攻势”的第一阶段，主要目的在于争夺贸易权和势力范围。912 年，随着利奥六世驾崩，拜占庭内部因皇位继承问题发生纷争，西蒙的“拜占庭攻势”有了更明确的目标——夺取这个世界上最耀眼的宝座。

利奥六世死后，他的弟弟亚历山大夺了侄儿君士坦丁的继承权，但不到一年也随其兄到上帝那里报到去了。年仅7岁的君士坦丁七世继位，由大主教尼古拉斯摄政。西蒙趁拜占庭主少国疑的良机，自称为罗马人皇帝（当时拜占庭的正式国号仍是东罗马帝国），并进军君士坦丁堡。拜占庭内部慌乱之下，分成两派，以摄政王尼古拉斯为首的一派主张妥协，许诺由君士坦丁七世娶西蒙之女为皇后，两国联姻结盟以换取西蒙退兵。但拜占庭内部的强硬派十分不满，他们发动宫廷政变，推出太后佐娅摄政，收回了对西蒙的许诺。西蒙大怒，再次对拜占庭宣战，处在巅峰时期的西蒙充分发挥了他的军事天才，进攻连连得手，夺取了马其顿、帖撒利和阿尔巴尼亚等地，并在917年著名的阿黑洛河战役中重创拜占庭军队，深入到拜占庭腹地，使君士坦丁堡一夕数惊。拜占庭又祭出了他们惯用的“以夷制夷”的绝招，策动佩彻涅格人从后方攻击保加利亚，使西蒙腹背受敌，这场战争演变成了持久战。

919年，拜占庭内部发生政变，海军司令罗曼将太后佐娅送进修道院，并进而将女儿嫁给小皇帝，自封为共治皇帝。罗曼是更坚决的抵抗者。西蒙在919～924年先后4次进逼君士坦丁堡，君士坦丁堡这座中世纪最牢固的堡垒曾使得无数英雄功亏一篑，在西蒙的雄师之前继续保持了不破的金身。924年，西蒙和罗曼签订了和约。第二年，西蒙在自己的领土上自封为“罗马人和保加利亚人的皇帝”，罗曼表面上提出抗议，实际上默许了这位皇帝的存在。924年，保加利亚还灭亡了与拜占庭结盟的塞尔维亚。

除了战争之外，西蒙耗费了毕生精力的另一件事是营建新都普雷斯拉夫，从西蒙即位的那一年始，耗费了28年的时间。

这是一座集希腊风格和斯拉夫风格于一体的都市，时人形容说“当你抵达外城时，必瞠目而不知所至，若入城门……必怀疑进入梦境。”

西蒙大帝文化上的成就，使保加利亚成为当时斯拉夫文字和文化的中心。他扶植了一个“普雷斯拉夫学派”，在他授意下，学者们编辑了三大卷读物，第一卷为拜占庭作家作品的翻译，第二卷为教义，第三卷为法典。

西蒙在书中被描述为“皇上嗜书如命，为遍求天下新著勤劳如蜂，更广招天下才俊著书立说”的学者型帝王。

巴西尔二世

巴西尔二世（公元 958 年～1025 年），拜占庭皇帝（公元 963 年～1025 年在位）罗曼努斯二世之子。被称为“保加利亚人杀手”。他在位期间，拜占庭国力达到了查士丁尼一世之后 5 个世纪以来的极盛。但由于其后继者的普遍低能，其成果相继失去。

巴西尔二世是拜占庭帝国马其顿王朝的一位非常重要的君主。王朝创始人巴西尔原为阿摩里亚王朝皇帝迈克尔三世（公元 842 年～867 年在位）的宠臣，867 年杀迈克尔三世而篡位称王，为巴西尔一世。因其祖居马其顿，所以称为马其顿王朝。王朝重组了中世纪世界政治格局，使基督教文明的火种在诸蛮族的围攻下仍然生生不息。在它的影响下，东欧各蛮族逐渐建国并走上了文明化的道路。

8 世纪的“捣毁圣像运动”及军区制的加强使拜占庭帝国的军事力量有所提升。9 世纪之后，拜占庭帝国在东部战场上逐渐占了上风，但阿拉伯帝国仍是一大长期的威胁。与此同时，拜占庭帝国北方的诸“蛮族”，包括保加利亚人、马扎尔人、南部斯拉夫人、罗斯人等发展迅速。特别是保加利亚人，在 7 世纪后期已经建立了国家，9 世纪初克鲁姆大公时代开始成为拜占庭的劲敌，西蒙大帝时代更是迫使拜占庭俯首纳贡，甚至几乎夺取了拜占庭的皇座。面对诸“蛮族”的威胁，拜占庭帝国也有它的优势。基督教是它的武器之一，常常能起到化敌为友的作用。而“借蛮打蛮”也是拜占庭帝国惯用的伎俩，利用金钱或其他诱饵，拉拢其他“蛮族”去打击威胁更大的“蛮族”，拜占庭帝国也因此获得了狡诈多变的名声。

巴西尔一世在军事和外交上都取得了成功，为他的后继者打下了良

好的基础。但到了他儿子利奥六世时代，碰上了第一保加利亚王国的全盛时代，在西蒙大帝的鞭下蒙受了不少耻辱，到君士坦丁七世和罗曼努斯二世时代，帝国的大权逐渐落入军事贵族手中。拜占庭帝国急切地渴望出现一位贤良的新君。

958 年，巴西尔二世出生。在他 5 岁时，其父罗曼努斯二世驾崩，他继位为皇帝，由母后菲芳娜摄政。但随后掌握了帝国军事大权的尼斯福鲁斯·福卡斯同菲芳娜结婚，以继父的身份与年幼的巴西尔兄弟成为共治皇帝。称号尼斯福鲁斯二世。尼斯福鲁斯·福卡斯是小亚细亚军事贵族的代表人物，颇有军事才能。他从阿拉伯人手里夺回了克里特岛、塞浦路斯等地，并利用罗斯人给予宿敌保加利亚人以毁灭性打击。但这位杰出统帅在 967 年死于残酷的宫廷阴谋。凶手约翰·齐米斯基斯米接过他的皇位，成为巴西尔的第二位“共治者”，称号约翰一世。

976 年，约翰·齐米斯基斯米去世，年已 18 岁的巴西尔二世决心自己独揽大权。但已推出过多位皇帝的小亚细亚军事贵族不甘寂寞，又推出了他们的新领袖斯克里尔。斯克里尔在齐米斯基斯米死后立即宣布自己为共治皇帝。于是，一场内战不可避免，巴西尔二世派遣帝都行政长官宦官巴西尔·勒卡平去平乱。勒卡平是罗曼努斯一世（巴西尔二世的曾祖父）的私生子，为人诡计多端又有才能，但他在军事上的平庸使斯克里尔气焰更加嚣张。巴西尔二世不得不起用另一位小亚细亚封建贵族瓦尔达·佛卡，最终平定了斯克里尔的叛乱，这场叛乱持续了三年。

但瓦尔达·佛卡也非善类。由于巴西尔二世采用了一系列加强中央集权的政策来压制势力过大的小亚细亚贵族，触怒了小亚细亚贵族，于是瓦尔达·佛卡利用这些不满，又拉起了自己的大旗。987 年，他自称皇帝，很快控制了整个小亚细亚，巴西尔二世一度只剩下了君士坦丁堡。这是巴西尔一生中最危难的关头，但人的潜能也只有在这样的关头才能充分发挥出来。他充分利用了占有首都和正统地位这两个优势，利用君士坦丁堡充裕的资金资源，把罗斯瓦良格亲兵队作为他的主力军，经过两年奋战，平定了这场叛乱。

988年巴西尔二世成功地和基辅大公弗拉基米尔一世·斯维亚托斯拉维奇结成联盟，罗斯军队成为拜占庭军队的雇佣军。

“不容许自己的臣民势力过大，不使任何一个显要的军事长官拥有巨大的财富，随意用各种捐税来压制他们，使他们把自己的全部时间都用来料理私事，而无暇他顾。不相信任何人，只使少数人知道自己的计划。”一位拜占庭作家这样描述巴西尔二世的政策。

巴西尔5岁继位，18岁亲政，31岁才平定所有敌对势力，真正独揽大权。虽然生于深宫之中，长于妇人之手，但经过数次宫廷夺权和平定叛乱的考验，他已经熬成一个成熟老练的君主了。

经过两次叛乱，昔日严重威胁君权的小亚细亚军事贵族受到严重打击，但巴西尔对于贵族势力仍然心有余悸。另一方面，当时大贵族都愿意将资金投入到更有利可图的土地经营事业上，土地兼并活动越演越烈，作为国家军队和税收基石的自耕农军士的经济情况日益恶化，服徭役和交税赋的自由农民数量不断减少。巴西尔清醒地看到这一点，他执政后政策的一个重点就是遏制豪强。996年，他严令大封建主必须将侵占的村社农民土地悉数归还。1001年颁布“代缴法”，规定“富强者”必须在缴纳赋税方面为“贫弱者”负责，如果“贫弱者”无力缴付，则由“富强者”代缴。这意味着教俗大地主将不得不为他们农奴的赋税负责，这样既保证了国家的赋税收入，又打击了贪得无厌的大地主们。虽然此法令遭到大封建主们的强烈反对，但巴西尔二世在位时期仍坚持将其贯彻下去。

但总的来说，巴西尔二世的努力并未能阻止拜占庭帝国富者越富，贫者越贫的趋势。一般来说，一个社会在没有受到干预的情况下，会自发地发生贫富分化，通常只有王朝初期的强势帝王有能力扭转这种趋势，而王朝中期帝王的努力往往难以收到相应的效果。

在解决了国内的敌人之后，巴西尔二世将注意力转向西亚，阿拉伯人一直在那里对拜占庭的亚洲领土进行渗透。自从早期哈里发帝国对拜占庭本土的大规模侵略被击退后，双方一直进行着拉锯战。尼斯福鲁斯二世和约翰一世在位时期采取强硬政策，从那里夺取了部分领土。但亚洲的叛乱和随之而来的长期内战使拜占庭在东方的地位被削

弱，这些地方得而复失。995 年，巴西尔二世集结了一支四万人的军队前往亚洲作战。他在叙利亚获得几次胜利，进而占领奥龙特斯河河谷。巴西尔二世甚至推进到了更靠南的地方（霍姆斯和美索不达米亚），只是由于兵力不足才使他没有尝试收复耶路撒冷。他的胜利使拜占庭帝国在叙利亚地区的统治得以恢复。自从阿拉伯人兴起以来拜占庭就丧失了古代罗马帝国在叙利亚的领土，希拉克略以后的诸拜占庭皇帝没有一个能统治这些地方。由于巴西尔二世的功业，这些地区重新并入拜占庭达 75 年之久。

新千年到来后，巴西尔开始了他征服保加利亚沙皇萨缪尔的军事行动。1002 年，保加利亚达到了其极盛时期，通过一系列的征服，萨缪尔将保加利亚的疆域扩张到了北至多瑙河，南达希腊北部，东抵亚得里亚海，西至黑海的广大区域。而所有的领土都是 300 年来从拜占庭夺走的。巴西尔决心夺回这些领土，在此后的十几年中拜占庭军和保加利亚军队在巴尔干长期交战。1014 年 7 月 29 日，巴西尔将保加利亚主力逼至爱琴海北岸的萨洛尼卡附近，迫使保加利亚军队与其决战。拜军获得决定性的胜利，俘虏了 14000 名保军，巴西尔命令将 99%的战俘刺瞎，而令剩下的 1%战俘把他们带回家，以恐吓保加利亚人，由此巴西尔赢得了“保加利亚人杀手”的名声。保加利亚沙皇萨缪尔见此惨状，心脏病发作而去世。1018 年，巴西尔大举入侵保加利亚，保加利亚第一王国就此灭国。拜占庭兼并了保加利亚的所有领土达 168 年之久，并使达尔马提亚的塞尔维亚王国臣服。而与此同时，1016 年，巴西尔和基辅罗斯联合，击败了卡赞王国对克里米亚半岛的进攻，成功保卫了拜占庭在克里米亚半岛南部的领土。

巴西尔胜利回军后，转向了东方，他几次出征高加索附近的地区，占领了格鲁吉亚的一部分，将亚美尼亚王国的一部分纳入帝国版图，另一部分作为拜占庭的附庸继续存在。此外巴西尔还收复了意大利南部被诺曼人征服的大部分领土。

在巴西尔二世的统治下，拜占庭帝国再度进入黄金时期。它在军事、商业和政治方面的实力都达到了顶峰，拥有强大的陆军和海军，贸易兴旺，学术和艺术发达，宗教的影响扩及斯拉夫人国家。在拜占庭人心目中，他们的帝国不仅是地球上最大的帝国，也是唯一的帝国。

1025年巴西尔出兵准备征服欧亚最后一块拜占庭的传统领地西西里，但不幸在途中因感冒逝世。巴西尔留下的帝国，恢复了拜占庭除了埃及和西西里以外的所有传统领土。他一生和他的军队同起同居，被称为“军队之父”。死后，他没有葬在拜占庭传统的皇家陵地，而要求葬在他的骑兵训练营地。他堪称是为了拜占庭奋斗终生的军人。在他去世之前，邻近各国都畏惧于拜占庭帝国的军事力量而不敢轻举妄动。

巴西尔二世留下了一个充实的国库，里面有数以万计的金币。帝国的疆域东起亚美尼亚，北到多瑙河，西至亚得里亚海，南至幼发拉底河和美索不达米亚。自从查士丁尼一世以后，这个帝国的国威从来没有如此时之盛者，但是也和查士丁尼留下来的帝国一样，成功的因素已经耗尽。巴西尔二世曾经担心两方面的危险，一是外敌的进攻，二是内部敌人侵蚀帝国的国力。在随后的50年里，他的这两个噩梦都变成了现实。

巴西尔二世从未结婚，也没有孩子。在他死后，其弟君士坦丁八世继位，成了唯一的皇帝。君士坦丁当时已年迈垂暮，巴西尔二世在位期间从贵族手上夺得的控制权很快便失去。君士坦丁终日在酒席宴会和大竞技场的娱乐中消磨时光，将国家大事交给官僚贵族，很快便将巴西尔二世辛苦积下的帝国财产挥霍一空。自此，拜占庭帝国在一系列平庸的君主统治下逐渐走向衰落。

威廉一世

威廉一世（征服王威廉公爵）（1028年9月～1087年9月9日），诺曼底公爵（1035年～1087年），英格兰国王（1066年～1087年在位）。

1035年，诺曼底公爵罗贝尔一世在去耶路撒冷朝圣的归途中去世。由于他没有结婚生子女，因此唯一的私生子威廉被立为诺曼底公爵。英格兰第一位诺曼人国王。生于1028年，8岁时继承父亲的公爵位，15岁时被册封骑士，开始在领地执政。1046年至1055年间多次平息贵族的叛乱。1054～1060年间反对国王亨利与安久的马特的同盟。1063年征服曼恩。1066年向英格兰开战并于同年9月引兵渡海，首先攻占了佩文西和哈斯丁斯镇。10月，击败了英格兰国王哈罗德的抵抗。圣诞节，威廉在威斯敏斯特大教堂加冕为英格兰国王。为了确保边疆的安定，威廉于1072年入侵苏格兰，1081年入侵威尔士，并在边境设立特殊的居民地。他一生的最后15年多住在诺曼底，任命老友兰弗朗克为坎特伯雷大主教，把英格兰朝政交给主教掌管，有5年或7年时间，他根本未到英格兰一次。1087年，死于诺曼底。

征服者威廉为人严厉、残忍，而且精力旺盛。有两个因素对威廉的性格及他对历史的影响起了不容忽视的作用。其一是他的私生子身份。他是他的父亲，绰号为“魔鬼”的罗伯特和被他拐来的农家姑娘阿莱特生下的儿子，但却是唯一的儿子。罗伯特费劲说服了诺曼底贵族，才确立了威廉的继承权。1035年，8岁的威廉继承爵位，他的私生子身份使他经受了比其他人更多的嘲讽、歧视和挑战，他的三个监护人和老师先后被人杀害。这就铸就了日后威廉冷酷、多疑的性格。

另一个因素则是诺曼底的传统。诺曼底公国是法国国王在无奈之下封给入侵的诺曼人的产物，于841年建立。公国实行集权统治，有一支相对固定的军事力量，和相对固定的财政收入，还有着诺曼人固有的尚武和善于航海的传统。这些因素，帮助了威廉的征服，并影响了他日后在英国建立的一系列制度。

年轻的威廉一世已经初步显示出他的才智。他先是在法王的支持下于瓦莱杜尼战役大败公国内部的反对派，巩固了自己的地位，然后利用南部曼恩伯国和布列塔尼公国的内部矛盾，吞并了它们。这时，威廉开始将他的野心投向隔海相望的英格兰。

当时，英格兰国王忏悔者爱德华（1042～1066年在位）是威廉的表兄弟，没有子嗣，据说在1051年威廉访英时曾答应让威廉继承他的王位。而忏悔者爱德华的内弟、另一个王位的有力竞争者哈罗德被困在诺曼底公国时，也曾承认过威廉对英格兰王位的继承权。但当1066年，忏悔者爱德华去世时，在爱德华举荐下，英格兰贤人会议却选举了哈罗德为国王。威廉闻讯怒不可遏，遂决心发动他的征服战。

当威廉准备好了渡海作战的人员物资之后，万事俱备，只欠西南风，却一直盼不到，耽搁了四十多天。后来的历史证明，正是这四十多天的等待，改变了力量的对比，使胜负天平偏向威廉一方。

当时另一个英格兰王位的挑战者——卡纽特大帝的后代、挪威国王哈拉尔三世率先在英格兰北部登陆，正在南部沿海守候威廉的哈罗德，被迫挥师北上迎战。当9月28日，盼到西南风的威廉大军在英格兰南部登陆之时，遇到的是刚刚击败了挪威国王，疲惫不堪且减员严重的哈罗德军队。10月14日著名的黑斯廷斯战役，哈罗德及两个弟弟均战死疆场，威廉大获全胜。威廉随即率军直逼伦敦，于是年圣诞节加冕为英格兰国王，开始了诺曼王朝的统治（1066～1135年）。

作为一个外来政权，威廉在初期遭到英格兰人的坚决抵抗。威廉在残酷镇压了各地反抗的同时，也铲除了各地的地方力量。威廉下令没收英格兰贵族的地产，将其七分之一留给自己，其他的分封给随他来的诺曼贵族，并仿照诺曼底公国的制度改组了英格兰的中央行政机构和司法机构，同时抵制罗马教皇的压力，顽强地保留了对英格兰各主教的任命权。英格兰形成了当时西欧国家中最为强大的王权。

威廉对英格兰内政方面影响最大的举措是他临终前两年所完成的两件事。一是1086年的“索尔兹伯里盟誓”，威廉要求各级封建主都必须向他本人行臣服礼，确立了“我的附庸的附庸还是我的附庸”的原则；另一个则是《末日审判书》，为掌握全国的土地、财产和收入状况，为征收赋税提供依据，确保王室收入，他派人到全国各地清查。由于他派出的调查员个个如凶神恶煞，调查内容又极细致，使被调查者如履薄冰，好像在接受上帝使者的末日审判一样，所以调查结果被称为《末日审判书》，其正式名称应是《土地赋税调查书》或《温彻斯特书》。这种大规模的“刮户运动”，在中世纪的欧洲是极为罕见的。

1087年，由于与法王腓力一世的领土纠纷，威廉加入到与法国的战

斗之中，并攻占了巴黎附近的要塞芒特。眼看胜利在即，英雄一世的威廉却意外坠马而死，否则，他对历史的影响还会更大。但此战揭开了英法百年战争的序幕。

征服者威廉的征服，对历史影响最大的是，使英国自罗马帝国时代以来再次被卷入了欧洲中心地区的复杂关系中（此前征服英国的，不过是文明程度比英国还落后的诺曼人），由于英王在法国拥有领地，英法两国王室成为一对剪不断，理还乱的冤家，此后数百年中两国的交流和碰撞成了西欧政治生活的主题之一。这次征服改变了英格兰的历史进程，甚至连英语都发生了改变，大量新的词汇加入到英语中。他将许多新事物带入了这个孤岛，如陪审制度，后来英国法律自成体系，就是以此发端的。

威廉一世将诺曼底传统的集权统治和军事立国带入了英国，是英国历史上一大转折。在此之前，英国一直是被入侵，被征服的对象，而从他开始，英国转守为攻，以后的战争主要只在别人的国土上进行，尽管此两项传统在英国以后的发展中逐渐淡化了。

英格兰几百年间一直遭受北欧的诺曼人攻击和骚扰，但最终征服这个岛国的却是来自对岸法兰西的诺曼人。诺曼征服看似一个偶然的历史事件，实际上它的发生是当时历史趋势发展的结果，那就是，大不列颠岛正在难以避免地和欧洲大陆发生越来越紧密的联系，并且最终只能完全融入欧洲的政治体系之中。

威廉征服英国，使英格兰文化同法国文化发生了紧密的联系（今天，这是一件十分自然的事，但在威廉之前的几百年间，英格兰文化大多只同北欧文化接触）。其结果是，英法文化混为一体，如果没有威廉，这种变化不会发生。不仅如此，威廉还将当时先进的封建主义带入英国，使英国政府成为了当时欧洲最强大和最有效率的政府。而且，这种政府被后继者所拥护。由于有政府指挥的军事力量，英国再也没有受到过外族入侵。相反，它不断进行海外扩张活动，这使英国比其他欧洲国家拥有更多的海外殖民地。

威廉不是一个土生土长的英国人，但他却是所有英国君主中最重要的一个。尽管我们不能把英国后来的发展全部归功于威廉一世，但威廉政府是英国后来发展的间接动因。因此，从长期来看，威廉的影响是巨大的。

康拉德二世

1024 年，神圣罗马帝国皇帝亨利二世无嗣而终，士瓦本的康拉德当选为国王，并于当年 9 月 8 日在美因茨加冕，建立了萨利安王朝，称康拉德二世（1024～1039 年在位）。

康拉德二世是奥托一世的女婿——“红公爵”康拉德的曾孙，施佩耶尔公爵亨利的儿子。按母系来看他与萨克森王朝有亲属关系。康拉德二世由沃尔姆斯主教抚养长大，他个性积极向上，有卓越的军事天才。

1026 年春，康拉德二世首次进军意大利扫平叛乱分子。经过一年时间的作战，意大利王国和德意志南方的诸侯相继被征服。

1027 年复活节那一天，康拉德二世在圣彼得大教堂被加冕为皇帝。

和诸位德意志先王一样，康拉德二世十分尊敬查理大帝，据说“康拉德的马鞍上挂的是查理大帝的马镫”。康拉德二世所属的萨利安家族也是法兰克老牌贵族，萨利安王朝继承大统意味着在失去帝国近 200 年之后，法兰克人又登上了德意志皇帝的宝座。像查理大帝那样，康拉德二世也控制着教会。他按照奥托大帝的做法，任命修道院长和主教为帝国官员。

在国内，康拉德二世成功地维持了一个相对和平的环境。康拉德二世继续施行抑制德意志诸侯的政策。他采取奥托大帝的做法，在与诸侯的斗争中争取小贵族的支持，帮助他们不被大封建主所兼并。他利用担任国家职务的神职人员来约束大贵族的胡作非为。康拉德二世对小贵族中的骑士阶层尤其偏爱，这些低级骑士是他军事力量的主要来源。低级骑士们迫切地希望把自己服役的领地变成可以继承的世袭领地，以免被

封建领主随意剥夺。在这场贵族与低级骑士的斗争中，虽然势力强大的米兰大主教阿里伯特站在贵族们一边，但低级骑士们依靠自己的军事优势，在伦巴第境内的康波马洛之战中获得胜利。

为了分化、拉拢各地诸侯，康拉德二世在1037年5月28日颁布了《领地诏令》，规定所有从封建领主处取得的封地，不论占地多少，均享有继承权，避免大领主肆意兼并小领主的领地。新法令最初仅适用于意大利，但很快便推广到了德意志地区。新国王的这些积极措施获得了小诸侯的支持，从而加强了王权。在小贵族和骑士的大力支持下，公爵们的叛乱逐一被康拉德二世镇压，国王的权威也得以一直保持。

《领地诏令》对低级贵族这个介于封建领主与农民之间的新阶级的形成，具有重要推动意义。在意大利，这个新阶级主要是由低级骑士构成；而在德意志，则还包括家臣（侍从，又称王室封臣），这些家臣虽非自由身份，但通过购置土地，事实上也跻身于低级贵族之列。在皇权的支持者之中，这些家臣是最坚定的一支。

家臣最早并不是出现在王室，而是在教会。历代皇帝、国王和大诸侯都会分封、捐献给教会大量的土地。因为自由的骑士会通过婚姻继承关系而把土地带走，所以这些教会封建主在进一步分封土地时宁可将其分封给非自由身份的人，即奴仆来换取相应的封建义务，并称呼他们为家臣。家臣比普通封臣易于控制，因为他们使用受封土地时受到种种限制，例如，当义务期限过了之后，领主在理论上便可以将封出的土地收回。家臣的职责是帮助主人经营庄园，管理城堡，核对账目，组织生产活动；在城市中的家臣则负责管理市政，推动城市建设等。由此，家臣逐渐取得了与其他仆役明显不同的地位。

德意志的世俗领主们不久也效法教会，使用家臣。在法国和英国，一个国王可以依靠其封臣去履行军事和行政的职务。但是在德意志，由于各大公国与王权没有固定的分封关系，独立性较强，萨利安家族的国王们越来越倾向于任用奴仆去充任行政和军事官员。为了达到这一目的，国王在王室的领地上也实行了教会的做法，从而促进了一个王室家臣阶层的形成。

王室家臣最早是作为王室和贵族的财产管理人而出现的。从法律地位上来看，王室家臣与墨洛温王朝时期的宫相基本相同，他们同属非自由人，同样都是王室的仆从。不同的是，宫相权势极大，而后来的王室家臣，却从来没能拥有类似“矮子”丕平或查理·马特的地位。同封建等级关系中的普通封臣一样，王室家臣可以从自己的领主手中获得分封的土地和获得较高的荣誉。但是，他们在法律地位上却始终是非自由人，没有自由人可享有的许多法定权力，如自主婚姻等。

康拉德二世是最早把王室家臣作为一个等级加以恩宠，并把他们组织成一个行政管理班子的德意志皇帝。不过，王室家臣真正在帝国的政治中开始扮演举足轻重的角色还是在亨利四世统治的时期。

重用家臣的情况，并非西方才有。在没有实行封建领主制度的中国，皇帝偶尔也会重用出身卑贱的奴仆，使其凌驾于科举产生的官员之上。但有一点要注意，中国的皇帝集天、地、君、亲、师于一身，天下所有的人，包括他的家臣和所有文官、武将，都是他的奴仆。而在德意志，皇帝与诸侯之间不是法定的主人和奴仆的关系。德意志王室家臣的重要性要远远高于中国。

通过联姻，康拉德二世和德意志、意大利贵族建立了密切的联盟。

康拉德二世在加冕称帝一年后，即1028年，就获得了对伦巴第的继承权，这是他即位后外交上的一大成就。他不仅安排家族其他成员的政治婚姻，还让儿子亨利与英格兰——丹麦国王克努特大帝的女儿贡希尔德结婚，以免帝国遭到这位诺曼大王的侵扰。通过联姻，康拉德二世兼并了一些自由公国，扩大了皇室的财产，巩固了王权。

由于在德国和意大利的连年征战，加上皇家内部骚乱不断，康拉德二世的宝剑始终不能安然入鞘。勃艮第国王鲁道夫三世曾选中亨利二世为自己的继承人，作为亨利二世的继任者，康拉德二世当然要求得到勃艮第王位的继承权。虽然鲁道夫三世并不喜欢康拉德二世，但慑于皇帝的权势，还是被迫接受了这一要求。

鲁道夫三世虽然是勃艮第的国王，但他实际所控制的地方却只有日内瓦附近自己的王室领地而已，王国的大部分领土都处于自己的侄子香比尼公爵奥多二世的控制之下。1032年9月鲁道夫三世去世后，奥多二世看康拉德二世的全部精力都集中在镇压萨克森的叛乱上，趁机宜称自己有权继承王位。

康拉德二世当然不会善罢甘休。1033 年 2 月，他在阿德尔海德皇后建造的一座教堂举行了加冕典礼。阿德尔海德不仅是奥托大帝的皇后，也是勃艮第先王鲁道夫二世的女儿。在这座教堂举行加冕礼表明了康拉德二世誓与勃艮第诸侯决战到底的决心。不久，康拉德二世又想尽办法与法国国王和米兰大主教结成盟友，使勃艮第王国处于自己势力的包围之中。两年之后，即 1034 年时，康拉德皇帝大举进攻勃艮第，占领其部分土地，压服了所有反对者，成为这片土地的主人。这个王国的面积相当大，它北起吕克瑟和巴塞尔，向南一直延伸到马赛和尼斯，几乎包括了今天法国东南部的大部分领土，瑞士西部，以及弗朗什孔泰和多菲内两块法国主要的封建领地。不过它并不包括较小的勃艮第公国（由法国卡佩王室的一个分支统治）。康拉德二世后来把勃艮第王国传给了自己的儿子亨利（即后来的亨利三世）作为采邑。为了让勃艮第的贵族们臣服，历任皇帝均需要花费很大的精力，但出于战略上的考虑，这绝对是值得的，因为勃艮第是德意志连接意大利的唯一西部通道。因此，该王国对于日耳曼人在意大利的利益，具有极其重要的价值。

和大多数前任皇帝一样，康拉德二世对进军罗马怀着浓厚的兴趣。为了重树德意志在意大利北部的权威，康拉德二世发动了对意大利王国的进攻。当时米兰大主教阿里伯特和意大利大贵族结成联盟，对抗由各城市中小贵族组成的骑士联盟。皇帝站在骑士联盟一边，宣布大主教阿里伯特一派有罪。就在康拉德二世远征意大利期间，他的老对手、香比尼公爵奥多二世向帝国的政治中心亚琛皇宫发动了进攻。闻讯的康拉德二世只好草草结束征战，放弃对米兰的围困。阿里伯特将这次撤退理解为康拉德二世已经彻底从意大利战败，因此与奥多二世勾结，企图让奥多二世担任意大利国王和神圣罗马帝国皇帝。奥多二世对此当然是欣然接受，并迅速赶往意大利企图与康拉德二世一决雌雄。不过，当地以戈兹罗一世公爵为首的贵族们仍然忠于皇帝（这显然是由于康拉德二世曾支持骑士联盟的缘故）。1037 年 11 月 15 日，意大利亲康拉德二世的一方和奥多二世的支持者在巴勒杜克进行了一场极其惨烈的会战，奥多二世的军队几乎是全军覆没，本人也战死沙场。由于与奥多二世勾结的阴谋被揭露出来，阿里伯特大主教也被支持康拉德二世的教皇本笃九世逐出教门。在击垮奥多—阿里伯特的联盟后，康拉德二世不仅巩固了帝国在勃艮第的统治，也巩固了自己在意大利的权威。

康拉德二世在位期间，还与威胁帝国东部边境的波兰民族交战达 5 年之久。1028 年，康拉德二世趁波兰国内发生动乱之机，从波兰国王梅什科二世手中夺取了上卢日策。1032 年时，康拉德二世又集中力量，迫使波兰人退出奥得河流域。1035 年，康拉德二世夺得波希米亚王位。

1039 年，康拉德二世病逝于乌德勒支（在今天的荷兰），年仅 49 岁，在位 15 年。回顾康拉德二世一生的功绩，他最大的贡献莫过于明确了德意志王国的存在。

1025 年，康拉德二世在康斯坦茨接见来自帕维亚的代表，当德意志国王亨利二世去世时，帕维亚的一座王家城堡被夷为平地。这些代表前来请求康拉德二世的原谅，康拉德二世的回答是：

当国王去世时，王国仍然存在，就像舵手倒下的时候，船依旧在那里存在一样。

康拉德二世清楚地界定了王国与国王的区别，虽然在诸王子之间平分王国的传统被废弃时，国家作为一个超越国王个人的概念即已形成，但清晰地阐明这一原则的第一人当数康拉德二世。康拉德二世因此获得了类似于奥托大帝、亨利二世一样的威名，受到后人的尊敬。

腓特烈一世

腓特烈一世（约 1122 年～1190 年 6 月 10 日），绰号红胡子，巴巴罗萨。霍亨斯陶芬王朝的德意志国王（1152 年～1190 年在位）和神圣罗马帝国皇帝（1155 年加冕）。他也是德意志的士瓦本公爵（称腓特烈三世，

1147 年起）和意大利国王（1154 年～1186 年）。他的父亲是士瓦本公爵腓特烈二世，母亲是巴伐利亚的朱迪丝（属韦尔夫家族）。按亲属关系，他是皇帝康拉德三世的侄子。

腓特烈·冯·斯陶芬能成为士瓦本公爵实属偶然。在神圣罗马帝国皇帝亨利四世与教皇和诸侯的斗争中，出身于韦尔夫家族的士瓦本公爵鲁道夫·冯·莱茵费尔登因为坚决反对皇帝并被拥立为敌对国王而遭亨利四世斩断手臂之刑，领地也被剥夺。亨利四世转而将士瓦本公国封给腓特烈。

腓特烈一世像所有有才干的皇帝一样，试图在德意志境内驾驭桀骜不驯的诸侯。他在 1158 年颁布采邑法令，要求所有接受采邑者为皇帝服兵役。他的另一个重大举措是把大的诸侯领地分割成多块，因此在 1156 年将奥地利从巴伐利亚公国分出来，使之成为独立公国。腓特烈一世企图把王室直辖的领地连成一片，并仰赖家臣进行统治。

腓特烈一世对意大利的强烈兴趣使意大利事务成为他生命中最主要的部分。为了征服伦巴第诸城市，使这些富饶的地区成为帝国的税收来源，腓特烈一世长期执行侵略意大利的政策。他对意大利进行过 6 次军事入侵：

第一次：1154 年，意大利教皇尤金三世给腓特烈一世发来了一封求助信，原来当时罗马爆发了一次起义，老百姓们在一个名叫阿诺德的教士的带领下造反，起义者宣称要废除教皇领地，并让教皇过普通人的生活。腓特烈一世没有放弃机会，出兵意大利，迅速镇压了起义，并召集了意大利各城邦代表召开了隆卡利亚会议，重申了腓特烈一世对意大利拥有绝对的统治权，从官员的任命到赋税的征收都只能由皇帝决定。

第二次：1158 年，由于腓特烈一世纵容士兵在意大利的大肆抢掠，意大利北部城邦被彻底激怒了，他们组成了以米兰为首的城邦集团与腓特烈一世决一死战。腓特烈一世却以强大的军事暴力压倒了起义者，城邦同盟被迫投降。

第三次：1160 年，腓特烈一世再次入侵意大利，原因是新任的罗马教皇亚历山大三世无法容忍专横的红胡子，他宣布将腓特烈一世革除教籍并支持城邦同盟的斗争。腓特烈一世于是出兵。经过两年的战斗，米兰被攻陷了，米兰代表穿麻布衣、赤脚出城投降。然而腓特烈一世却不留情面地将米兰居民赶出城，并在城市中心广场挖沟，使其寸草不生，还允许将俘虏的头割下来当球踢，来侮辱米兰的民众。

第四次：1169 年，腓特烈一世的屠城暴行激怒了意大利民众，威尼斯、维罗纳等意大利城邦组成了新的“伦巴第同盟”，并迅速得到了教皇的支持。腓特烈一世再次出兵，一开始势如破竹，攻破罗马，教皇亚历山大三世出逃。而后来战争陷入僵局，腓特烈一世的军队受到了意大利人民的英勇反抗，且军队里瘟疫流行，数以千计的骁勇老兵毙命。此时，腓特烈一世只好丢下军队，化装成农夫逃回德意志。

第五次：1174 年，由于上次的奇耻大辱，腓特烈一世重整旗鼓出军。一开始“伦巴第同盟”还想和谈，腓特烈一世却拒绝了。由于“伦巴第同盟”城市的增加（22 个）及同盟战士的经验增强，在米兰附近的决战中，腓特烈一世的军队失败了，腓特烈一世本人也身负重伤，只好投降。此后的 1177 年，腓特烈一世与亚历山大三世签订了《威尼斯和约》，腓特烈一世同意归还教产，同时不再插手教皇国内部事务。后来的 1183 年，腓特烈一世与“伦巴第同盟”签订了《康斯坦茨和约》，废除了隆卡利亚会议的一切决议，但允许腓特烈一世在名义上保留人事任免权，并规定“伦巴第同盟”在皇帝出巡时要做好接待工作。

第六次：1186 年，腓特烈一世发动对意大利的最后一次远征，仍然以失败告终。

在第一次远征意大利之后，腓特烈一世本想由尤金三世为他加冕，不想尤金三世又刚刚忧愤去世。新上任的教皇哈德良四世十分固执呆板，在给腓特烈一世加冕时不断挑剔腓特烈一世的行为举止，最后还要求腓特烈一世按照惯例为教皇牵马、扶镫。腓特烈一世爆发了，加冕庆典一下子变成了屠宰场，近千名教士倒在了军队的屠刀之下，但腓特烈一世还是获得了“神圣罗马帝国”的皇帝称号（具有讽刺意义的是，腓特烈一世在第五次远征意大利失败后却为了表示“悔改”，还虔诚地跪在教皇亚历山大三世的脚下亲吻教皇的脚）。

虽然腓特烈一世和他的帝国威名赫赫，但在业已形成诸侯割据的

德意志，他的中央集权政策仍然受到强有力的挑战。他的主要敌人和竞争对手是萨克森公爵狮子亨利，亨利并在1156年兼领了巴伐利亚。1174年，由于狮子亨利拒绝参加对意大利的军事行动，腓特烈一世向亨利进攻并将之打败。亨利的大部分土地都被剥夺，只保住了不伦瑞克和吕讷堡。但腓特烈一世并未将狮子亨利被没收的领地划入王室领地，而是将它们分给了其他公爵。从此这就在德意志成为一种惯例，即被没收的公爵领地只能短期为皇帝所拥有。

1189年，腓特烈一世在与教皇和解后，与狮心王理查一世和腓力二世·奥古斯都一起领导了第三次十字军东征。然而，他毕竟未能到达圣地。67岁高龄的他在小亚细亚的萨列法河中意外溺死。

约翰王

约翰王（1167年～1216年），英格兰国王（1199年～1216年在位），外号“无地王约翰”。曾试图在理查一世被囚禁于德国（1193年～1194年）的期间夺取王位，但后来理查宽恕了他并指定他为继承人，从而剥夺了约翰的长兄杰弗利之子亚瑟的权利。亚瑟的继承权要求受到法国国王腓力普二世的支持。

约翰是亨利二世和阿基坦的埃莉诺第四个儿子，由于疆土大部分被分配给其兄，自己几乎没有获得什么因此又被称为“无地王”。亨利二世本来是想改变这种情况，但却招致一个或几个儿子的叛变。1184年理查德拒绝交出阿奎丹，使得两兄弟之间爆发武装冲突，很显然，约翰不是理查德的对手。亨利二世又让约翰去治理爱尔兰，最后还是失败。在老国王奄奄一息的时候约翰也背叛了他，让亨利二世无比绝望和失望。十字军东征的时候狮心王理查德为了安抚这个弟弟而赐给他大量的土地和财产，但是他并不知足，仍然试图推翻理查一世或者给他制造各种麻烦。约翰还与法王小狐狸腓力二世共谋不轨。理查德被奥地利的利奥波德五世囚禁他就与菲利普里应外合地进行叛乱，还试图让奥地利把理查德卖给他们。理查德回到英格兰后并没有责怪约翰，而只是像对待偶尔犯了错的孩子一样。在理查德的庇护下，约翰也不敢造次，表现得比较乖。1199 年理查德临终前指定约翰为其继承人（理查德没有孩子）。英格兰与诺曼底的贵族们支持约翰结婚，但是在安茹、曼恩和都兰等地却支持约翰的外甥、布列塔尼的君主——亚瑟。

1200 年约翰驱逐了亚瑟，自已成为全部安茹领土的君主，为了将帝国南北的领土连成一片他取消了与格罗斯特的伊莎贝拉的婚约，而与昂古莱姆的伊莎贝拉结婚，但是昂古莱姆的伊莎贝拉与卢西格南德休原有婚约，休因为丢了新娘而提出抗议。休无法从情敌约翰那里得到什么说法就转而求助于法王腓力普。腓力普因为约翰不搭理就宣布没收约翰在大陆上的所有领土。

约翰对法王的做法予以反击，他俘虏了亚瑟和一些叛乱的首领，而亚瑟也在约翰的监狱中消失了，亚瑟失踪的消息在安茹和诺曼底传开，约翰在大陆面临着众叛亲离。1205 年约翰在大陆的最后几个城堡陷落。在这些军事上失败后，约翰获得了“软剑”的外号。

约翰在以后的很多年中，他一直停留在英格兰做准备，在这期间他加强了对国内各地的统治，大幅度地增加税收以准备收复失地。但是造成国内经济开始动荡，物价飞涨。

1205 年对坎特伯雷主教的有争议的选举导致了约翰与中世纪最强大的教皇英诺森三世的冲突。教皇对英格兰和威尔士发布了一条禁令：教堂的全部礼拜活动被停止了六年，对此约翰的反击是没收教会的财产，1209 年约翰被逐出教门。后来贵族和法王腓力普进攻英国的威胁使得约翰以将英格兰作为教皇的采邑为代价而获得教皇的同情和支持。因为一个被革除教籍的国王是特别容易受到叛乱和入侵的攻击。

为了收复失地，1214 年约翰和他的资助者神圣罗马皇帝奥托四世进攻法王腓力普，但是结果却是 1215 年的布汶战役失败。失败的消息传来后国内开始叛乱。判乱分子占领伦敦，强迫约翰实施和平。1215

年6月约翰在伦尼米德和叛乱领袖举行的会议上，约翰同意在一个文件上提出的条件，这个文件就是后来的“大宪章”。约翰本意是无法接受这些条件的，他只是把同意大宪章作为赢得时间的一个手段。认识到不可能从约翰手中得到任何东西的情况下，叛乱分子选举法王腓力普的儿子路易作为自己的国王。1216年5月路易入侵在没有抵抗的情况下进入伦敦。10月约翰去世后，他的儿子亨利三世继承的国家在一次内战中被分裂为两部分。

很少有国王像约翰那样密切关注行政管理和日常法庭事务，但是在那个年代这些事情是微不足道的。约翰对别人多疑，别人对他也多疑。不管他做多大的努力，他都缺乏其兄理查德那样能够打胜仗的本领。他在历史上臭名昭著，成为英国历史上有数的几位坏国王之一。但后来有一段时间，翻案风大盛，把他描绘成勤勉勇敢但时运不济的英主。男爵们一会儿被表现为民主宪政的先驱，一会儿又被表现为自私自利的小人。还有人说大宪章最初并没什么大不了，重要的是后来的历史。

腓特烈二世

腓特烈二世的头上冠冕无数：德意志国王、“神圣罗马帝国”皇帝、西西里国王，耶路撒冷国王、意大利国王和勃艮第国王。有人曾经评价他是“欧洲第一流的人才”，他的坎坷一生确实也充满了传奇色彩。

腓特烈二世的祖父是有“红胡子”之称的腓特烈一世，这位野心勃勃的皇帝一直把意大利当成自己的禁脔。为了早日把意大利变成自家的后花园，他除了军事上大打出手外，还使出了政治联姻的招数——为自己的儿子，即后来的亨利六世，迎娶了西西里王国的女继承人、34岁的康斯坦丝（这位女士就是腓特烈二世的亲生母亲）。腓特烈一世没有看到这桩政治婚姻带来的红利，就淹死在了东方的河里。1194 年 12 月 26 日，已经贵为王后的康斯坦丝在前往西西里岛的路上生下了腓特烈二世。皇子的诞生应该是一件喜庆的大事，德意志和西西里的子民们都应该为这个小生命的出生而欢呼雀跃。可迎接这个小生命的却是无休止的谣言，有人说孩子是某个卑贱的屠夫的孩子，所谓的王子出生不过是个乞丐换王子的闹剧。面对着种种非议，王后只得向附近镇上的妇女们展示自己滴着乳汁的胸脯，以维护自己和孩子的声誉。

由于父母的保护，还在襁褓中的小腓特烈并没有因为这场风波失去王位继承权。1196 年 12 月，刚满两周岁的腓特烈被选举为德意志国王，史称“腓特烈二世”。不久，亨利六世感染了疟疾，抛下了妻子和儿子，撒手人寰。一年以后，年仅 44 岁的康斯坦丝王太后也走到了生命的尽头。这位王太后临终前最放心不下的就是咿呀学语的儿子，她把小腓特烈托付给了教皇英诺森三世，希望儿子能在教皇的庇护下快乐成长起来。因为腓特烈二世是在教皇的监护下长大成人，所以人们称他为“神父哺育的国王”。

尽管幼年的腓特烈二世聪明可爱，但他的祖父毕竟曾经是教皇的死敌，他的家族和教廷斗争了几十年，这都注定了教皇不会尽心尽力地抚养这个可怜的孤儿。此时的腓特烈二世缺少宽厚的父爱和慈祥的母爱，他没有玩伴，没有知识渊博的老师，就这样孤独地在西西里王国冷漠的巴勒莫王宫中度过了自己的童年时光。这个孩子的头上虽然戴着人人羡慕的皇冠，但他却是一个名副其实的孤家寡人。由于教皇大人的冷落，这个可怜的国王吃饭都成问题，有时只能靠那些心存王室的达官贵人的接济，才能填饱肚子。不过这种生活也造就了腓特烈二世独特的性格，一方面他平易近人，可以和卖面包的大婶聊天，可以向马车夫们请教问题；另一方面他很有主见。腓特烈二世不像那些生活在高墙之中的国王四体不勤、五谷不分；他见多识广，了解下层人民的生活，这些经历都为他日后恢复祖辈的荣光打下了基础。

在腓特烈二世 15 岁的时候，一向对他不闻不问的英诺森三世亲自为腓特烈选定了一位新娘。这位新娘是一个比腓特烈二世大 10 多岁的

寡妇，但她是阿拉贡的公主。很明显，这又是一桩冷酷的政治婚姻。新娘带来了绝对丰厚的嫁妆，甚至还包括一支装备精良的部队。正是在这支武装力量的支持下，腓特烈二世开始削弱贵族领主和教会的势力，建造城堡，建立强大的海军，西西里王国的国力也蒸蒸日上。

或许这位新娘真的是腓特烈二世的“幸运女神”，就在腓特烈二世在西西里王国大展宏图的时候，德意志王国也传来了好消息。亨利六世去世后，德意志另一个豪门望族——韦尔夫家族趁势而起，他们推举的奥托四世打败了亨利六世的弟弟、腓特烈二世的叔叔非利浦，从霍亨斯陶芬家族手中夺走了王位。可奥托四世上台不久，就开始和教皇英诺森三世争夺权力，英诺森三世转而支持腓特烈二世。雄心万丈的腓特烈二世不顾妻子的反对，毅然带领着一支部队回到了德意志。当时德意志人民仍在怀念勇武的“红胡子”，他们把这份忠诚全部献给了腓特烈二世，希望他能再现昔日的荣光。1211 年，腓特烈二世在法兰克福被选举为德意志国王。1214 年，腓特烈二世和他的盟友法国在布汶战役中彻底击溃了奥托四世的军队。6 年后，腓特烈二世加冕为神圣罗马帝国皇帝。

腓特烈二世登基称帝后不久，就和教皇发生了矛盾。这时在位的教皇格利高里九世是一个性格倔强，行事果断的人。格利高里九世觉得腓特烈二世在教廷的支持下捞足了好处，是该为教廷出力的时候了。他命令腓特烈二世率军参加十字军东征，腓特烈二世非常顺从地率军出征，可半路上军中爆发了可怕的瘟疫，腓特烈二世只得下令撤军。这一行为彻底激怒了格利高里九世，他觉得瘟疫不过是个借口，野心勃勃的腓特烈二世试图挑战自己的权威才是事实。格利高里九世越想越生气，宣布革除腓特烈二世的教籍。无端受难的皇帝觉得自己冤枉，决定再度率领大军出征。

腓特烈二世一路上没有进行大规模的战斗，而是反复地谈判、沟通、收买，甚至还使用了政治婚姻这种“家传法宝”。他和耶路撒冷王国的女继承人伊莎贝拉结婚，还从埃及苏丹手中获得了耶路撒冷及其附近地区。1225 年，腓特烈二世加冕成为耶路撒冷国王。这下腓特烈二世可谓不虚此行，抱得美人归的同时还将王冠戴在了自己的头上。可他的行为在教皇眼中却是大逆不道，格利高里九世以此为借口，派

腓特烈二世

军队进攻西西里王国。这时的腓特烈二世已经不再是巴勒莫王宫中那个无依无靠的孤儿，他有着一支效忠于他的强大军队和一大批支持他的普通百姓。得到消息后，腓特烈二世迅速回到西西里，一举击溃了教皇的军队。格利高里九世被迫解除了对腓特烈二世的惩罚，双方停战议和。

教皇与皇帝第一轮较量是皇帝胜出，为了洗雪战败的耻辱，教皇和曾经挫败过“红胡子”的“伦巴第同盟”结成联盟，共同对付腓特

烈二世这个“红胡子的后代”。1237 年，信奉先下手为强的腓特烈二世率军攻入意大利，把伦巴第同盟军打得落花流水，夺取了撒丁岛，将西西里的中央集权体制“嫁接”到了占领区。格利高里九世再次宣布革除腓特烈二世的教籍，腓特烈二世一不做二不休，率军围攻罗马。不久，腓特烈二世的死敌、教皇格利高里九世在愤懑中离开了人世。

格利高里九世去世后，他的继任者英诺森四世迫于腓特烈的强势地位，逃到了法国的里昂暂避风头。新任教皇开始借助法国的势力恢复教廷的地位，还号召各国君主联合起来对付腓特烈二世。腓特烈二世在战场上称雄，在外交和论战中同样咄咄逼人，他以牙还牙，给欧洲各君主发去了公开信，在信中声讨教皇对世俗的统治，这也引发了一次神学的大论战。

1250 年 12 月，与教皇的斗争正进行得如火如荼的时候，皇帝却在打猎活动中病倒。12 月 13 日，腓特烈二世在弗奥伦蒂诺城堡中离开了这个世界，享年 56 岁。按照他生前的遗嘱，腓特烈二世被安葬在巴勒莫大教堂的地下室，那是他父母安息的地方，他生前没有得到父母的宠爱，也许死后他能得到些许的宽慰。在中世纪的欧洲，腓特烈二世算得上一位影响深远的人物，他的大力打击让教皇的权威一降再降，他的全力扶持让德意志诸侯的势力愈加膨胀，他对文学艺术的热爱让意大利的文化气氛愈加浓厚，他的传奇人生至今仍在吟游诗人的词句中迸发出光辉。

罗伯特·布鲁斯

罗伯特·布鲁斯（1274 年 7 月 14 日～1329 年 6 月 7 日）是苏格兰历史中重要的国王，他曾经领导苏格兰人打败英格兰人，取得民族独立。

罗伯特·布鲁斯出生于苏格兰贵族世家，远祖来自挪威。1292 年苏格兰王位继承权之争中，他的家族为重大竞选者但在竞争中失败，于是与英国国王爱德华一世结盟反对出自约翰家族的新国王，并于 1296 年向英国国王宣誓效忠。

1297 年，一度接受英国国王的苏格兰爆发独立运动，罗伯特·布鲁斯接到紧急信件要求其支持爱德华一世的军队，但他借机发动叛乱。他个人组织的叛乱稍后被镇压，其女儿也被胁迫送入英国为人质，但同年稍后，苏格兰人取得了斯特林桥战斗的大胜，罗伯特于是再次开始活跃。

1298 年爱德华在福尔柯克会战中击败苏格兰叛乱首领威廉·华莱士，华莱士从护国公退位，罗伯特成为两位继任者之一。但另一位继任者也正是当初苏格兰王位竞争者约翰家族的后代，两者因此无法合作，1299 年，罗伯特正式退任护国公，后再次转向爱德华。

1305 年华莱士被捕并被处决，苏格兰人独立运动暂时结束。但罗伯特作为拥有继承苏格兰王位资格的贵族，仍无法与另一位苏格兰大贵族约翰家族的后人同事，约翰家族在苏格兰贵族间有广大的关系，同样拥有王位继承权，并被认为更坚定地反对英国人的统治。1306 年，两人在一个教堂中爆发冲突，罗伯特杀了对方，并于不久后自主加冕国王（因为在教堂中的罪行而被革除教籍）。但在爱德华一世的镇压下，他领导的独立运动并不成功，在会战失败后，一度逃离苏格兰本土前往小岛躲避。

1307 年 7 月，爱德华一世病逝，由无能的爱德华二世继位，罗伯特利用这个机会于次年 2 月重返苏格兰再次领导独立运动，开始连续不断在游击战中取得胜利，夺取英国人的哨所甚至城堡。1309 年 3 月罗伯特第一次组织召开了自己的国会。1310 年苏格兰教士阶层决定承认其为苏格兰国王，1313 年罗伯特也派下属道格拉斯进入英国北部攻击对方本土，但直到 8 年后的 1314 年，罗伯特都始终避免和英国人在开阔地正面会战。

1314 年，苏格兰人和英国人在班诺克本进行会战并取得决定性胜利，此战成为了苏格兰独立运动的重大转折点，此后双方虽然仍有交手，但基本上胜利已倾向于苏格兰人一边。

1320年，教皇开始承认罗伯特的地位，并收回了革除教籍的命令，1328年，爱德华二世的继承者爱德华三世与布鲁斯签订协定，承认苏格兰国独立。

1329年，罗伯特病逝，被苏格兰人尊敬地称为民族英雄。

广为人知的“蜘蛛结网故事”，在一个版本中的主角就是罗伯特·布鲁斯。由于其一生经历颠簸，在最初加冕国王并抵抗爱德华一世的过程中又遭遇惨败而不得不出海躲避，有传闻即说当时他看到一蜘蛛在风雨中结网，虽屡屡失败而不放弃，最后终于成功，于是大受鼓舞而决心东山再起。

罗伯特被称为“勇敢的心”，据闻因为其晚年因深感自己曾为了家族利益而反复无常，排斥异己又利用盟友，十是决心对西班牙发动十字军远征以洗脱罪孽。但他本人已病重无法随军远征，即嘱咐忠诚的部卜道格拉斯领导队伍，并要求将自己的心脏在死后保存在盒子中而同行。其死后道格拉斯忠实地履行了职责，在西班牙，一次遭遇异教徒袭击时，他将盒子掷向对方高喊“勇敢的心，请指引我们!”（一说为留在怀中并对其自言自语），然后率领队伍打败了对手带着盒子返回。“勇敢的心”典故即由此而来。

历史上的罗伯特·布鲁斯是苏格兰真正意义上的民族英雄，苏格兰在英王爱德华一世时代面对的是被同化和吞并的命运，正是罗伯特·布鲁斯领导苏格兰人不断与英格兰进行着小规模的冲突，并在班诺克本之战中取得了关键性的胜利。事实上历史上真实的“勇敢的心”指的并不是威廉姆·华莱士，而是后来的苏格兰国王罗伯特·布鲁斯!

玛格丽特一世

玛格丽特一世（1353～1412），丹麦、瑞典和挪威女王。她是丹麦国王瓦尔德玛四世的女儿，父死后继承丹麦王位；她同时又是挪威国王哈康六世的妻子，夫死后成为挪威女王。1389 年，玛格丽特帮助瑞典人推翻了阿尔布雷希特·梅克伦堡的统治，被瑞典贵族推选为瑞典女王。同年，瑞典、丹麦和挪威贵族在卡尔马城召开会议，成立卡尔马同盟，玛格丽特被公认为瑞典、挪威和丹麦女王。该同盟中，丹麦占领导地位。1396 年，玛格丽特将王位让给弟弟埃里克，但她的统治权一直保留到 1412 年她去世。

玛格丽特一世毕生致力于统一北欧各国；先后成为丹麦、挪威、瑞典国王，并组建包含三国的卡尔马联盟；在所有斯堪的纳维亚国家的历史上，玛格丽特一世均起着中心作用。她是中世纪最重要的人物之一，同时也是世界史上最伟大的妇女之一。

玛格丽特一世女王原本是丹麦国王瓦尔德玛四世（1340～1376 在位）的女儿。她生于 1353 年。出生后，由罗斯基勒教堂的大主教为她洗礼，并起名为玛格丽特。她是家里最小的一个孩子，曾有过 5 个哥哥和姐姐，但最后只有她和哥哥克里斯托夫，以及姐姐英厄堡 3 人活了下来。她的哥哥克里斯托夫被立为王储，姐姐英厄堡嫁给了德意志北部的梅克伦堡公爵，而玛格丽特则嫁给了挪威的哈康王子。哈康王子的父亲玛格努斯七世既是挪威国王，又是瑞典国王。因而玛格丽特成为挪威和瑞典的王妃。后来，她生了一个儿子——奥拉夫王子。

玛格丽特是个年轻美貌、绝顶聪明的女子。而且，一向胸怀大志、雄心勃勃。1375 年，丹麦国王瓦尔德玛四世逝世。由于瓦尔德玛国王生前在同梅克伦堡公爵阿尔布莱克特的战争中打了败仗，而被迫在签订的和约中承诺将王位传给阿尔布莱克特公爵和国王的长女英厄堡所生的儿子，其他任何人均无权成为丹麦国王。但是，21 岁的玛格丽特凭着她的机敏才智，运用各种手腕，包括承诺她自己不当君主、并用土地来换取权力，买通了丹麦的贵族阶层，将本应登上王位的她姐姐的儿子排斥在外，把自己的儿子奥拉夫王子推上了丹麦国王的宝座。奥拉夫继位时年仅 6 岁。由于奥拉夫年幼，故由其母亲玛格丽特摄政。1380 年，她的丈夫挪威国王哈康六世去世，奥拉夫又继承了挪威国王王位。

1380 年标志着丹麦—挪威共主邦联的开始。这个共主邦联一直维持

到 1814 年的《基尔条约》才结束。后来挪威作家亨利·易卜生回顾这段历史，将它称为是挪威历史上的“400 年黑夜”。同时挪威的远洋领地格陵兰、冰岛和法罗群岛也于此时成为丹麦的领地。其中格陵兰岛和法罗群岛至今仍属于丹麦。

就这样，玛格丽特成了丹麦、挪威两国实际的统治者。她还一心想占领瑞典，企图把丹、挪、瑞组成一个统一的国家。为了维护已经到手的统治权，玛格丽特再未嫁人。她把全部心思放在培养儿子身上，希望她的儿子成为一个统治整个斯堪的纳维亚的国王。然而，到了 1387 年，她年仅 17 岁的儿子奥拉夫国王突然夭折，这对玛格丽特来说是个沉重的打击，这不仅使她统一斯堪的纳维亚三国的计划受挫甚至有可能成为泡影，而且连她自己能否在丹、挪两国继续统治下去都成了问题。因为她只是代儿摄政的“无冕女王”。不过，出于丹麦人的反德意识，丹麦有权势的宗教界和政界领袖们，为了不使丹麦的王权落入有德国血统的阿尔布莱克特（玛格丽特的姐姐英厄堡同梅克伦堡公爵所生的儿子）的手中，他们在奥拉夫国王去世后不久，就推举玛格丽特为丹麦的“全权统治者和监护人”。从那时起，玛格丽特虽无女王的正式头衔，但已成为实际上的丹麦女王。

1388 年，挪威也推举玛格丽特为“名正言顺的统治者”，并决定她具有终身统治权。

玛格丽特得到丹麦、挪威的统治权后，重新把目光转向瑞典。一个月后，1388 年 3 月，瑞典帝国议会也选举玛格丽特为女王。当时的瑞典国王是阿尔布莱克特，但是阿尔布莱克特与瑞典议会之间的矛盾重重。在瑞典有势力的贵族的支持下，玛格丽特向阿尔布莱克特开战。她用了 7 年的时间，与阿尔布莱克特争夺斯德哥尔摩，最终于 1395 年打败并活捉了阿尔布莱克特和他的儿子。后来，她又以释放阿尔布莱克特父子作为条件，换得了对瑞典的统治权，玛格丽特又被拥戴为瑞典国王。至此，丹、挪、瑞三国联盟事实上已经形成。玛格丽特成了三国的女王。

为使三国联盟永远保持下去，玛格丽特开始考虑她的继承人问题。她看到，在她的家族中能够继承王位的人是她姐姐英厄堡的外孙。他出生在波美拉尼亚山，父亲是波美拉尼亚公爵。玛格丽特便将他收养过来，把他原有的斯拉夫名字改掉，称他为艾立克。玛格丽特潜心培养艾立克，并努力说服丹、挪、瑞三国的国务委员会推选艾立克为她的继承人，她带着艾立克一道巡游斯堪的纳维亚三国，宣布他为王。1397年，丹麦、挪威、瑞典三国代表在瑞典东南部的沿海城市卡尔马聚会，正式建立“卡尔马联盟”，三国代表宣布效忠于玛格丽特，拥立年仅16岁的艾立克为三国联盟的君主，并为他加冕。原挪威属地格陵兰岛和法罗群岛转归丹麦管辖。在此期间，丹麦为打破汉萨同盟对波罗的海贸易支配，继续对外扩张，经过长期战争吞并了德意志的石勒苏益格和荷尔斯泰因。

玛格丽特一直努力加强帝国对石勒苏益格公国的控制。因此，1411年10月，她与艾立克一起赴弗伦斯堡来争取当地商人对他们的支持。她在弗伦斯堡突然感染鼠疫，10月28日，她逝世在港口的一条船上。

这样一来，当时30岁的艾立克成为了北欧帝国的国王。除北欧三国外，他的领土还包括石勒苏益格、荷尔斯泰因、格陵兰、冰岛、法罗群岛和色得兰群岛。他继续实施玛格丽特的政策，但于1439年被废黜。

玛格丽特一世女王一手创立的“卡尔马联盟”从1397年起一直持续到1523年，历时126年。而她所建立的丹、挪联盟从1380年她的丈夫哈康国王去世时起，一直维持到1814年被英国分裂为止，历时434年，将近4个半世纪。由此可见，玛格丽特女王是丹麦历史上一位杰出的君主。上述情况表明，玛格丽特真正当女王的时间仅仅10年（1387～1397），而更多的时间是处于摄政地位。而且，她虽掌握实际统治权，但从未正式举行过加冕仪式，故人们称她为“无冕女王”。

她的遗体由艾立克移葬在罗斯基勒市的大教堂里，与其他国王的灵柩放在一起。但是，玛格丽特用的是特制的石棺。石棺上雕刻着躺着的玛格丽特女王全身石像，供人瞻仰至今。在玛格丽特女王之前，大部分丹麦国王都有一个绰号，如：高姆“老王”、哈拉尔“蓝牙王”、斯凡“八字胡子王”、马格努斯“善良王”、瓦尔德玛“胜利王”，等等，不胜枚举。这些绰号都是国王的性格和特点的补充，多为褒义。

但是，人们未给玛格丽特女王起绰号，也许因为她是丹麦的第一位女王，不宜有绰号；也许是出于对她的特别尊重，而未起绰号，究竟是什么原因，不得而知。在丹麦历史中，对她的事迹记载不多。她被称为斯堪的纳维亚历史中卓越的、谜一样的人物。她以“玛格丽特女王”的名字载入丹麦史册。她的父亲瓦尔德玛四世是最后一位有绰号的国王，他的绰号是“阿道戴”，意思是“又是这种日子”。对于这个绰号有两种截然相反的解释。一种认为国王是个严厉强悍、冷酷无情的人，为了达到目的，他可以不择手段，在他统治期间，日子与过去没有两样：战争连年、税收苛重、国运不臻、民生多艰。因而他在丹麦没有受到爱戴，有人甚至把他称为“恶人”。另一种认为国王精力旺盛，勤奋工作，从不优柔寡断。他使丹麦重新得到自由、统一和重建，因为有了他丹麦更强大、更加富裕了，丹麦“有其全盛时代”。两种说法，孰对孰错？难以评说。但不管怎样，瓦尔德玛是最值得注意的丹麦国王之一。

玛格丽特一世女王以后，古代所熟悉的、对国王亲密的称呼形式亦随之宣告结束。

若昂大帝

若昂大帝（1357～1433 年），葡萄牙国王（1385～1433 年在位），是葡萄牙阿维什王朝的建立者，被称为“若昂大帝”。他在位时期，葡萄牙确立了向海上发展的国策，并为大航海时代的到来吹响了前奏。若昂一世从诞生到登上葡萄牙的王位，是一系列浪漫而又血腥的故事。

其父佩德罗 1357 年继位，虽然仅仅在位 10 年，但也为葡萄牙百姓带来了安宁的生活，同时也为 1385 年葡萄牙与英国结盟，并在中世纪成为牢牢控制东方贸易的殖民大帝国打下了基础。葡萄牙的子民们亲切地称呼他为“公正者”，并且津津乐道于他那段充满血腥味道的爱情故事。

他在任内最大的成就，就是完善了王国的法律体系，最大限度地保障了民众的利益，而且秉公断事，不偏不倚，因此获得了“公正者”的称号。葡萄牙的老百姓们十分的爱戴他，都说“佩德罗当国王的这十年好光景是葡萄牙从来没有过的”。在15世纪编年史学家费尔南·洛佩斯的笔下，这位“公正者”甚至在夜晚用火把将城市照得如同白昼一般，和兴高采烈的人民一起快乐地跳舞。

佩德罗还是一位痴情的王子。当老国王阿方索四世为佩德罗安排了一位储妃的时候，佩德罗心里充满了厌恶。这位储妃来自一个卡斯蒂利亚的贵族家庭，据说美貌非凡，但不知为什么佩德罗对这位小姐并无好感，以强硬的态度拒绝了这桩婚事。老国王以王位的继承权来要挟佩德罗。

婚礼举行的当天，佩德罗还在处理国事，他只是随便换了一身衣服便赶来了。迎亲的不隆重，嫁亲的却大摆排场，卡斯蒂利亚小姐身后跟随着长长的陪同人员，有贵妇，有小姐，个个盛装打扮，其中有一位美艳绝伦的茵内斯·德·卡斯特罗小姐，当她翩翩拜倒向佩德罗行礼的时候，那纯净温婉的容颜瞬间就击中了这位葡萄牙王子的心，他知道这才是他寻找一生的爱人，而幸运的是在他有生之年就已经遇见了。

然而家庭的压力使佩德罗不得不与储妃完婚，但是私下里他仍然经常和茵内斯幽会，后来他将茵内斯安置在科英布拉，两个人共同生活了几年，并且有了四个孩子，其中就有后来的若昂大帝。

佩德罗心想这样也就足够了。但不幸还是悄悄来临了，当卡斯蒂利亚储妃为佩德罗产下一子之后，便郁郁而终，储妃的死让老国王暴怒，他认为所有的不幸都是茵内斯带来的，于是老国王利用王子不在科英布拉的时机处死了儿子的情人。

佩德罗闻讯后万分悲痛，于是率领叛军包围了波尔图，准备为自己的爱人讨回公道。这场战争打得异常惨烈，死伤无数。

就在城门马上要被攻破的时候，佩德罗发现城门下已经尸首遍地，而这些人都是他的子民。他无力地滑下了马背，与父亲重新和解。佩德罗还发了既往不咎的誓言，但是他最终还是无法忘怀茵内斯，也无法原谅他的父亲。

1357 年，佩德罗终于登上了王位，他做的第一件事就是复仇！他要求卡斯蒂利亚将躲藏的参与杀死茵内斯·德·卡斯特罗的凶手遣返葡萄牙，其中有两个人被抓到，还有一个跑回了法国。悲愤万分的王子将这两位贵族活活剜了心，并追封茵内斯为王后。至今，里斯本仍有“泪泉”、“泪馆”等证物在纪念这段千古爱情绝唱。

年幼的若昂从小深得父亲喜爱，6 岁就被封为阿维什骑士团的首领，接受了系统的宗教和军事教育，但私生了的身份妨碍了他对王位的渴望。1367 年，佩德罗一世驾崩，若昂的异母兄斐迪南一世继承王位。1383 年，斐迪南去世，没有儿子，由他的女儿贝娅特丽丝继位，他的王后莱奥诺尔摄政。

由于斐迪南一世在位时穷兵黩武，不得人心，莱奥诺尔摄政时仍是他的政策的延续。另一方面，女王贝娅特丽丝当时已经与卡斯特（西班牙的前身之一）国王结婚，她的继位严重危及了葡萄牙国家的主权独立。结果在一些贵族鼓动下，葡萄牙人民发动了 1383 年起义。若昂乘此时机，在青年将领阿尔瓦雷斯和阿维什骑士团的支持下，成为起义的领导人物。

莱奥诺尔被推翻，逃回她的母国卡斯特。若昂一世夺了侄女的王位，1385 年由议会推举为葡萄牙国王。并在同年的阿尔茹巴罗塔一战中大败入侵的卡斯特军队，捍卫了国家的独立，也巩固了自己的王位。由于他是阿维什骑士团的首领，他建立的朝代被命名为阿维什王朝（按西方的观念，私生子继位就意味着改朝换代了）。

这一事件被称为 1383～1385 年革命，是葡萄牙历史上具有决定意义的转折。旧贵族垄断高官的局面被打破，一批出身较低但有丰富经验的法律学家和官僚团结在新国王的周围，给葡萄牙的政治带来了一股清新的风。但是，作为一个地处欧洲西南一隅的弱小国家，葡萄牙没有向大陆发展的实力和空间，挺进大洋是它的唯一出路。在巩固了王位之后，若昂就把眼光投向了辽阔的海洋。

葡萄牙可谓大航海时代的急先锋，而若昂一世和他的儿子“航海家亨利”又是其中的先锋力量。1415 年，若昂一世和亨利王子亲自率领一支由 19000 名陆军、1700 名海军和 200 艘战舰组成的庞大军队，攻占了非洲西北角的重要城市休达（今塞卜泰），此事件被认为是葡萄牙海上扩张政策的正式起点。

在若昂一世的支持和鼓励下，亨利王子创办了航海学校，网罗了欧洲各国的航海人才（以意大利最多），为葡萄牙培养了大批熟练的航海者，并修建海港，改进海船，将航海探险事业坚决进行下去。

在当时简陋的海船上，勇敢的水手们承载着民族的期望，以自己的生命为赌注，一次次地向未知的“魔鬼之海”驶去。1420 年，葡萄牙人发现（对欧洲人而言，是“发现”）了马德拉群岛，1431 年，发现了亚速尔群岛，成为大西洋航行的重要补给基地。1433 年若昂去世之时，葡萄牙航诲事业正在步入繁荣期，已见到了海权时代的曙光。他的后继者继续努力，于是有了 1488 年迪亚士到达好望角，1498 年达·迦马到达印度等一系列壮举。

若昂一世对历史的影响，还在于他加强了国王的权力，正如葡萄牙史学家萨拉依瓦所说：“在若昂一世那个时期，国王的意志就是国家的最大权力，没有任何东西能够限制它。”而他在 1386 年与英国订立的《温莎条约》，确立了英葡同盟，并维系数百年之久，成为世界史上罕见的长期有效的国家同盟。

伊凡大帝

伊凡三世是俄罗斯历史上发挥过重要影响的著名大公之一。他在位期间初步建立了统一的俄罗斯国家和中央集权制度，彻底摆脱了蒙古人两个多世纪对俄罗斯人的统治，使俄罗斯一跃成为东欧的强国。

由于这些杰出功绩，他被俄罗斯人尊为“伊凡大帝”。

伊凡三世生于1440年1月22日，是莫斯科公国大公瓦西里二世的长子。他22岁时继承父亲的大公称号，开始了对这个公国长达43年之久的统治。雄心勃勃的伊凡三世即位后，首先兼并了弱小的罗斯托夫公国和雅罗斯拉夫里公国。1471年7月，他大举出兵并在舍朗河战役中完全击垮了诺夫哥罗德公国的军队，1478年完全并吞了这个国家。1485年以后，伊凡三世又先后占领和兼并了特维尔公国、普斯科夫公国及里亚赞公国，他还从劲敌立陶宛手中收复了斯摩棱斯克。这样，分裂达3个多世纪之久的俄罗斯公国，基本上重新统一在莫斯科公国的版图之内。

伊凡三世

在位初期，伊凡三世形式上仍然臣服于蒙古人。当时，莫斯科公国处在金帐汗国统治者阿合马的势力控制之下，伊凡三世一方面通过纳贡消除其戒心，另一方面积极扩张自己的实力。随着国势日强，他在1470年前后完全停止纳贡，公开打出了独立的旗号。1472年，阿合马出兵进攻莫斯科，企图恢复藩属关系。伊凡三世严阵以待，迫使阿合马无功而返。1480年，阿合马利用伊凡三世的弟兄们发动叛乱之机，联合波兰国王兼立陶宛大公卡西米尔四世再次发动对莫斯科公国的进攻。伊凡三世的军队接连失利。所幸另一个蒙古人政权克里米亚汗国在此时进攻波兰南部，使波兰和立陶宛军队不能如约前来夹击莫斯科公国，战局才出现转机。由于天气转寒，粮草告罄，阿合马不得已撤退回国，在途经伏尔加河下游时被当地人所杀。从此，俄罗斯人终于获得了渴望已久的独立。

在基本统一俄罗斯并摆脱了蒙古人统治以后，伊凡三世致力于中央集权国家的建设。他进行行政机构的改革，削弱大贵族干预朝政的权力，依靠中小贵族管理国家；他建立起一支由自己直接控制的国家军队，改变了过去单纯依靠领主家兵的状况，增强了国家的军事实力；他设立国家税务机构，取消了大贵族的征税特权；他对酿酒等行业实行国家垄断经营；他还统一货币，垄断了铸币权。这些措施增加了国库收入，使国家的经济实力有了可观的提高。他又大兴土木，在莫斯科营造宏伟壮丽的克里姆林宫建筑群，这些建筑形象地向欧洲和全世界显示了莫斯科公国的崛起。

伊凡三世以拜占庭帝国的继承人自居。他把罗马和拜占庭皇室的双头鹰徽记作为自己国家的国徽，暴露了其图谋称霸世界的野心。但是在本国，他还是深明韬晦之道的。德皇腓特烈三世为示讨好，曾建议他改称国王。但他只同意称自己为“俄罗斯大公”。

1505年10月27日，伊凡三世病逝，享年65岁。

伊莎贝拉一世

1451年前后，麦哲伦、达·芬奇、哥伦布接连出世。然而此时在伊比利亚半岛中部，卡斯蒂利亚王国的宫廷里，人人却在等待着另一个人的出世。卡斯蒂利亚王后，来自葡萄牙的伊莎贝拉公主就要分娩了。

她是卡斯蒂利亚国王的第二任妻子，国王前任的妻子在将她的独子恩利克成功地养大之后就悄然死去了。而这个恩利克王子也继承了他父王的软弱和无能，在这位葡萄牙公主到来之前，整个卡斯蒂利亚王国的表现也像胡安二世和他的儿子恩利克那样软弱和无能，整个王国的大权分散在大大小小的贵族手中，而国王的权力此时也被一个叫德·卢纳的首相牢牢地掌握在手中。国王并非是一个完全的傀儡，而是他对这个首相过于倚重和相信，他自己并没心思去管理这个国家，结果很显然，首相逐渐变得专横跋扈，无法无天，大肆敛财，甚至根本不把国王放在眼里。

胡安二世对这一切都无所谓，甚至对首相昭然若揭的不敬也视而不见。但恩利克王子却对权力有着强烈的欲望，他非常不愿意这种状况持续下去。恩利克尽管雄心勃勃，却缺乏应有的果断，他与首相的矛盾已经不可化解，而他却只知道对立，不知道如何解决问题。

这种情况直到他的父亲娶了第二个妻子之后才发生了改变，这位伊莎贝拉拥有王室成员特有的气质和勇气，更重要的是，她具有很高的智慧。

伊莎贝拉的出现给这个孱弱的王国带来了一些年轻的气息，她是葡萄牙王室的一个公主，身上带有葡萄牙统一之后产生的霸气，尽管初来乍到，但她迅速就确立了该怎样建立一个有效的政治联盟，她和王子很快结成了同盟，此时他们有着明显的共同利益：维护王室的权益。这是一个推翻首相的联盟。

仅仅一年，首相的权力就被这个联盟给削夺大半。而软弱无能的国王既没有对即将出世的这个孩子感到喜悦，也没有对这场王室与权臣的斗争采取任何措施，他甚至表现得如同一个胆战心惊的孩子，对这场政治争夺战感到恐慌，他不知道自己将被推挤到什么位置，他完全像个失去甲壳的软体动物一样，虚弱地躺着，等待着自然的死亡或者是被杀。

随着一阵清亮的啼哭，一个女婴降世了，伊莎贝拉生了一个漂亮的小女孩，她被用母亲的名字命名，同样也是叫伊莎贝拉。于是，卡斯蒂利亚王国的伊莎贝拉王后生了伊莎贝拉公主的喜讯马上传遍了卡斯蒂利亚高原，但这个时候，王国的人民显然还仅仅认为这不过是那个无能的王室又增添了一个无关紧要的小公主而已，所有的人都认为，这不过是个长大后只会远嫁他方的女孩，不会跟卡斯蒂利亚王国有多大的关系，因为卡斯蒂利亚的王位肯定是由恩利克王子继承的。此时人们更感兴趣的还是那位葡萄牙王后。

从生完孩子的疲倦中恢复过来的伊莎贝拉王后恢复了她无畏的精神，着手恢复王权。当王室的权力焦点重新出现后，王国的贵族们也自然开始分裂，王后和恩利克王子正在积聚力量。

在伊莎贝拉公主快两岁的时候，她母亲和恩利克王子终于成功地发动了一场政变，德·卢纳以贪污的罪名被判了死刑。然而德·卢纳的死却给了胡安二世很大的震动，他对德·卢纳的死感到了一种兔死狐悲，当权力失去平衡的时候，他这个本来就没有多少分量的筹码立刻变得多余。于是可怜的卡斯蒂利亚国王卧床不起，而这一次他没等多久就死去了。此时他美丽的伊莎贝拉王后给他生的王子阿丰索才刚满 8 个月。年幼的伊莎贝拉公主也不知道她优裕的公主日子就在她糊涂的父王死后就到头了，她从此开始了不幸的童年。

恩利克不久后即位，称为恩利克四世，正式执掌这个伊比利亚半岛上最大的国家。在帝位尚未巩固的时候，他一如既往地对伊莎贝拉王太后恭敬有加，对他不满 3 岁的伊莎贝拉妹妹和刚 1 岁的阿丰索弟弟还算疼爱，但不久后他就装厌好人了，尤其对这个受人爱戴的王太后更加不满，因为她现在对权力依然表现得非常热衷，这显然是一个危险的信号。在联手对付德·卢纳时这位王太后已经表现得相当杰出，恩利克的担心并非毫无道理，也许这位王太后会取代他，也许这位王太后会想办法把王位传给他的弟弟阿丰索，而恩利克相信，这位王太后如果有这样的意图，那么就是一个远比德·卢纳危险的人物。

当伊莎贝拉公主3岁的时候，恩利克四世下令，将王太后和她的儿女三人驱逐出了王宫，他们被送到了一个叫阿雷瓦洛的村子。也许在有些人看来，他犯了一个严重的错误，他应该杀了王太后三人，而不仅仅是驱逐。

伊莎贝拉

恩利克此时表现的果断倒是颇令伊莎贝拉王太后感到意外，然而她此时却毫无办法，她现在根本不具备反击的基础，她显然没有意识到恩利克会将她驱逐出王宫。

这个叫阿雷瓦洛的地方，是卡斯蒂利亚高地上贫瘠的小村子，她们突然从王国的巅峰位置跌落到王国的底层，现在他们和平民毫无二致，一样的贫困、一样的困惑、一样的前途渺茫。年幼的公主从此开始了她苦难的童年，她对王宫甚至还没有多少印象。

平民的生活对王太后来说无疑是艰难的。他们此时如此贫困，伊莎贝拉王太后甚至经常能体会到饥饿的滋味，尽管伊莎贝拉王太后在宫廷政治中表现得出类拔萃，但显然她不知该如何度过生活苦难。很快，这位不幸的王太后就用一种最好的办法来躲避了这种失落——她精神失常了。

以后的日子，生活的重担就落在了年幼的伊莎贝拉身上，她一面得照顾更加年幼的弟弟，一面还得照顾精神失常的母亲。慢慢地，伊莎贝拉就从苦难的生活中找到了支点，她开始信仰上帝，相信全能的上帝只是在考验她，不久就会除去她身上的枷锁，还给她自由与高贵，她成为了一个虔诚的教徒。在漫漫凄苦的童年，上帝给了她生活的勇气，让她在困顿的环境中也能健康快乐地成长，没有像她母亲那样怨天尤人，而是坚强地、乐观地生活了下去。

母亲的精神失常对伊莎贝拉来说，也带来了幸运的一面，当王太后发疯的消息传到了王宫后，恩利克四世觉得他的威胁解除了。而此时他不再认为伊莎贝拉公主和阿丰索王子会像他们的母亲一样，能构成新的威胁。这个公主对王国的用处还很大，因为他只有这么一个妹妹，他需要她进行政治联姻。所以他派了萨拉曼卡大学的优秀教师，去阿雷瓦洛教导伊莎贝拉。

这位叫安娜的女教师是个善良、知识丰富、思维敏捷的人。她的到来给伊莎贝拉带来了很多的乐趣，也让伊莎贝拉看到了生活的希望。

尽管生活给了她诸多的不幸，但伊莎贝拉公主坚强地走了过来。10 年的时间，她并没有被压倒，而是健康乐观地长大了，12 岁就长成了一个亭亭玉立的漂亮姑娘，而且还是一个聪明、机智、坚强、乐观的漂亮姑娘。

恩利克四世并没有比他父亲高明多少，贵族还是一天天横行，不受国王管束。他们掌握铸币征税等大权，甚至比国王还富裕，但他们还不满足，还想进一步扩大势力。而国王也拿他们毫无办法，只有缩着头，夹着尾巴做人。1463 年夏，王宫里突然传出一阵婴儿的啼哭，王后生了一个女儿胡安娜的消息，立刻传遍整个王国。原来恩利克四世一直没有儿女，他的第一个王后就是因为他“不能共寝”才跟他离婚的。他的第二个王后，来自葡萄牙的年轻美丽的公主进入王宫以后，恩利克对她也没表现出什么兴趣，但就这样几年之后，王后却突然生下了一个女儿，这就成为了一个轰动整个王国的事件。

这个事件给反对国王，想要进一步扩大势力的贵族找到了借口。他们联合起来，对恩利克四世提出了不信任案，要求国王辞职，让被赶走的小王子阿丰索做新国王。对这个要求恩利克当然不可能接受，他一方面向外界宣称胡安娜是他的亲生女儿，一面向另外的贵族求救。于是又有一部分贵族联合了起来，支持国王和胡安娜公主，两派的斗争一触即发。

生活在阿雷瓦洛的伊莎贝拉并没有听到传言，仍然在一边学习一边困苦地生活着。突然有一天，他们姐弟就被接到了一个贵族的城堡里，重新过起了奢侈生活。而卡斯蒂利亚王国也出现了两个国王，王位争夺战爆发了。

年幼的伊莎贝拉此时已经能渐渐明白贵族的用心，知道虽然他们把自己和弟弟接了出来，但却是为了扩大他们自己的利益，损害的是王国的利益。她不愿做损害祖国利益的事，更不愿看到两个兄弟手足相残——当然，她已经继承了母亲对政治的敏感，也受到了良好的宫廷教育，年幼的伊莎贝拉公主此时采取了一个聪明的办法。她和弟弟尽管得到了一些贵族的支持，但国王不但实力雄厚，而且得到了葡萄牙的支持，阿丰索难以取胜。因此，伊莎贝拉公主主动到恩利克的王宫充当了人质，而且声明谴责她的弟弟，不该背叛国王。

令人厌烦的内战持续了整整 3 年，伊莎贝拉也在恩利克的王宫里被软禁了 3 年。3 年后，她深谙政治，也许她应该感谢这段王宫的囚徒岁月，她的政治能力得到了一个适当的环境，内心的权力欲望很好地得到激发。

终于，伊莎贝拉得到了一个机会，她果断地逃了出去，一路千辛万苦，经过三天三夜的跋涉，终于到了她弟弟的城堡，回到了弟弟身边。时隔 3 年，她已经是个 15 岁的成熟姑娘了，而她的弟弟 13 岁的阿丰索也成熟了许多。

然而世事难料，她姐弟重逢不久，1467 年初她的弟弟就因为急症去世了。事实上，阿丰索的死颇为令人怀疑，一直以来总有人认为他实际上是死于毒杀。这个打击让伊莎贝拉感到震惊，她疯疯癫癫的母亲早已去世，现在她的弟弟也突然死去，这立刻让她感到恐慌，作为政治核心之一的阿丰索意外死亡，必然会导致政治势力失去平衡。

而此时卡斯蒂利亚王国的内战并没有因为阿丰索的死而结束，贵族们还在拼抢着。原来拥立阿丰索的一方认为没了国王有些师出无名，于是不久后，他们找到了在修道院里清修的伊莎贝拉，想让她做卡斯蒂利亚王国的女王。这时的伊莎贝拉终于如愿以偿，但她认识到自己此时仍然不具备击败恩利克的实力，因此，远比实际年龄成熟得多的伊莎贝拉公主对贵族们说："在我王兄恩利克国王在位期间，我们所有人都没有权利夺取他的王位，他的王位是先王胡安二世传给他的，是上天赐予的权力。自从你们拥立了两位国王以后，我们的国家就充满了灾难，战争频频，大家可知道这些死去的人都是我们的兄弟啊，我相信这是上天对我们拥立二主的惩罚，上天决不承认一个国家有两个国王。所以，在我王兄在位期间我不会，我也不允许任何人去抢夺他的权力，我将尽力辅佐我的王兄。”

恩利克听到了这个消息顿解愁眉，伊莎贝拉的态度让他又是惊奇又是喜悦。他也知道妹妹是承认了他，但并不承认他的女儿。实际上，他们达成了一个协议，伊莎贝拉不再向恩利克发起挑战，但恩利克也不得将王位传给他的儿女。恩利克尽管拥有优势，但也无法取得完全的胜利，这也许是一个良好的折中建议。他接受了，因为这样至少暂时解除了他的危机。

他恢复了对妹妹的友好态度。接着他下了特赦令，赦免了阿丰索及拥立他的贵族的一切罪名，又同国民议会代表协商，共同承认了伊莎贝拉为卡斯蒂利亚王国的王位继承人。

一场持续了4年的内战结束了，叛乱的贵族看到师出无名，并且形势不利没有再战的必要，就缴械投降了。然而战胜一方的贵族向国王要求给予更多的自治权得到应允，失利的一方为了公平也向国王要求更多自治权，竟也得到应允。而伊莎贝拉也名正言顺地进住王宫了，这是一个在阿雷瓦洛的时候难以想象的机会，而且还是以王位继承人的身份回来的。恩利克对她也恭敬有加，他向来就和他父亲一样软弱，贵族的反叛曾经让他一度不知所措。

重回王宫的伊莎贝拉，对这个不大的宫廷既熟悉又陌生，被软禁在王宫那三年，她是一刻不停地想着怎么离开，现在则是在想着怎么留下来。

伊莎贝拉回到王宫的那年冬天，天气很好，王宫四周的森林里仍然是树木繁茂。伊莎贝拉也已经16岁了，“苗条的身材，发亮的金发，玉样润白的肌肤，青绿的眸子快活地闪动，眉清目秀鼻梁高耸”，一个不错的公主，而且富有——她现在拥有巨额财富。

在伊莎贝拉小时候，她的母亲伊莎贝拉王后就曾想过要把她嫁给

阿拉贡的王子，比她还小一岁的斐迪南王子。现在，恩利克正在打算用她来和强大的葡萄牙联姻，以求获得更加巩固的地位。但恩利克一向是优柔寡断的人，他有时似乎觉得法国更合适，因为法国远比葡萄牙更为强大。然而，就在他左思右想的时候，伊莎贝拉公主却另有打算。

这位倔强的小公主的梦想是自己主宰命运，而不是像欧洲绝大多数公主那样仅仅是一个用来进行政治联姻的工具。于是年底的时候，她派了她的亲信教士到各国去了解她哥哥提起的那些人的情况，自己则在王宫里焦急地等待。不久，教士带回了消息，法国的居也纳公爵是个懦弱无能担当不了什么大事的人，而葡萄牙国王则已经是个年过四旬的人，虽然是个有抱负的君主，但年纪确实过于大了，容貌也不敢恭维，而阿拉贡的斐迪南王子却是个“极像样的年轻人”，长得伟岸英俊，精神饱满，是个大胆心细很有抱负的青年，“一眼望去就知道他无论想做什么都可以愉快胜任的”。得到了这个信息，伊莎贝拉自然知道该选谁了，她派出去的都是老实可靠的教士，自然不会说谎，连过多的吹捧也不会，他们既然这样说斐迪南王子，那证明斐迪南王子一定是个很不错的青年。伊莎贝拉只根据教士们的介绍就对斐迪南王子产生了很大的好感，她甚至觉得自己已经有些爱上这个斐迪南王子了。

然而就在她想着怎么向王兄提起这件事的时候，恩利克已经派人来请她了。原来恩利克已经决定将伊莎贝拉嫁给四十来岁的葡萄牙国王阿丰索五世了，因为这次葡萄牙已经派来了使节。伊莎贝拉做梦也没想到恩利克没跟她说一句，就定下了她的婚事。在会见使节的时候，她一直在想怎么办，自己可不能嫁给一个糟老头子。使节仿佛对她很满意，不住地点头，轮到她说话的时候，她突然想到一件事，就说：“大家可曾想到一点，我母亲也是葡萄牙王室的，而且与现在葡萄牙国王有很深的血缘关系，而教会是不允许近亲结婚的。”“我可以派专使去罗马，请教皇特许这门亲事。”恩利克无所谓地说。

这让伊莎贝拉吃了一惊，而且无言以对。恩利克对这门亲事看得很重，他不会仅仅因为令人厌烦的教规而影响政治。

这立即让伊莎贝拉感到不安，她现在明白，要么去葡萄牙当王妃，要么把赌注押在那位斐迪南王子身上。现在恩利克的专使已经在向罗马进发，她必须要在这段时间里决定自己的命运——现在只有靠他了，虽然他们并不认识。她写了一封信，派两名使者马上去阿拉贡，将自己的信面呈给斐迪南王子。她信中写到了对王子的敬仰和倾心，又说了她现在遇到的麻烦，说愿意与王子马上成亲。

斐迪南王子接到信后，很爽快地答应了这门亲事——斐迪南同样也是一个敢作敢为的人，他早已听到过议论，伊莎贝拉公主的美貌众所周知，而且善良和贤能，于是马上签署了这份婚约，并让使者给公主带去了一条价值4万金币的项链。他自己也给公主写了一封信，诉说了自己对她的倾慕，又向公主解释说由于父王失明，母亲病重，国家正处于混乱中，希望能让他将混乱清除后再来迎娶公主。

伊莎贝拉公主收到斐迪南的项链和信后，可谓又欣喜又担忧，她明白，恩利克绝对不会允许她私订终身，现在她只能期盼斐迪南能先一步到来。

然而恩利克的特使还是走在了斐迪南的前面，伊莎贝拉公主于是果断地决定：逃出去！这已经是伊莎贝拉公主第二次逃出王宫了。很幸运，她顺利地逃到她曾经待过的修道院，找到了那里的大主教。在大主教的帮助下找到了一支愿意支持她的军队，于是在主教的陪同和军队的护送下，她来到了离王宫很远的一个叫奥卡尼亚的城市。而这一路也让公主要与阿拉贡的斐迪南王子联姻的消息传遍了全国，他们的婚事得到了全国人民的支持。

然而伊莎贝拉知道国王如果率大兵来镇压，护送她的这支小型军队是不堪一击的。此时，伊莎贝拉公主表现得已经完全像是一个统帅、一个帝王——她派人秘密前往阿拉贡，请斐迪南王子务必马上化装潜来奥卡尼亚，他们得马上举行婚礼，这样她就可以名正言顺地前往阿拉贡王国。

斐迪南王子得到紧急通报以后，立即将这个消息告诉了他父亲，这时候他的王国已经平定了混乱，而他父亲为了他体面地结婚，已经把西西里给了他，他现在是西西里国王了。他父亲听了他的描述，就说："你现在已经是国王了，有些事你还是自己拿主意吧。"于是斐迪南和两个仆从化装成骡夫，混进了一个前往卡斯蒂利亚的商队里，经过十来天的跋涉，他们混进了卡斯蒂利亚王国。

终于，他们到了奥卡尼亚。此时是 1469 年的 10 月份，伊莎贝拉 18 岁，斐迪南仅 17 岁，两人就在没有长辈在场的情况下，举行了隆重的婚礼。婚礼也是当地百姓组织的，参加的人很多，很热闹，就如同两个农民的儿女的婚嫁，但这对伊莎贝拉来说，却是一次命运的转折。婚礼后，百姓们又狂欢了 2 天，之后这对新人开始了他们愉快的蜜月之旅。

阿拉贡王国在利比亚半岛的东南部，包括一个很大的呈三角形的阿拉贡平原，这是整个利比亚半岛上最大的平原，也是唯一称得上平原的一块土地。

伊莎贝拉在这里度过了一个相当不错的蜜月。她能猜想出此时恩利克的心情如何。

恩利克国王无奈地大发雷霆，他不得不向葡萄牙作出解释。一怒之下的恩利克作为报复，随即宣布取消伊莎贝拉的王位继承权，改立他的女儿胡安娜为王位继承人。他的王后是葡萄牙国王阿丰索五世的表妹，胡安娜就是阿丰索的外甥女了。这个决定立即得到了葡萄牙的支持，当年他立伊莎贝拉为王位继承人的时候，葡萄牙国王就以威胁的口吻数次发信劝阻。这是一个重大的政治事件，恩利克却如此草率地作出了决定，显然，一场战争不可避免了。

听到这个消息的时候，伊莎贝拉已经回到了卡斯蒂利亚，暂住在一个支持她的省份里。她觉得恩利克的决定太草率了，怎么可以把王位传给一个身份可疑的人呢？于是她向恩利克和议会递交了自己的反对书，声称自己并没有犯任何错，国王和议会没有权力剥夺她的继承人身份，而且一再强调了自己愿意继续忠于国王。但恩利克已经不会再容忍伊莎贝拉，伊莎贝拉几次三番地递交反对书，国王那边却没有任何反应。

强硬的伊莎贝拉随后向外宣称自己仍然是王位的法定继承人，自己决不放弃继承王位的权利。

显然，这就是战争宣言。

恩利克也立刻通报全国王室和议会，不承认伊莎贝拉的王位继承人身份，并开始聚集兵力，发布诏书讨伐伊莎贝拉。听到这个消息，卡斯蒂利亚国内爆发了更大的暴乱，很大一部分身份显赫的人物公开宣称支持伊莎贝拉公主，一些大贵族也宣称支持伊莎贝拉继承王位。恩利克尽管预料到会有反对的声音，但没想到民众的反应这么激烈，此时他的犹豫不决又占了上风，他没有真正发动战争。但实际上，伊莎贝拉与胡安娜之间的战争已经开始了。

这是一段战前的力量积蓄，伊莎贝拉必须在这段时间里充分获得支持，否则她的命运就将再次交到别人手中。

伊莎贝拉开始学习管理国家，她让她颇有治国经验的丈夫陪着她到支持她的省份四处巡视，有时也陪着丈夫到他的封地巡视。

1474 年 12 月，他们夫妻俩巡视到了卡斯蒂利亚的塞哥维亚城，那是一个山间城堡，坐落在群山间的一小块平坡上。这个城堡不大，却是卡斯蒂利亚很有威望的一座城市，因为这里是卡斯蒂利亚王室财产所在地。他们到这里不久，斐迪南就接到消息：阿拉贡国内发生叛乱，他于是马不停蹄地赶了回去，平定叛乱，拯救他年迈的父亲。就在伊莎贝拉在塞哥维亚逗留期间，12 月 12 日，卡斯蒂利亚王国的恩利克四世突然去世了。消息很快传到了塞哥维亚，伊莎贝拉一边等候丈夫，一边焦虑地考虑着她要不要立即宣布即位。而塞哥维亚的居民似乎比她更急，消息传到的第二天就有很多人站在她的居所外面请愿了，他们高呼让公主加冕的请求。一连几天，请愿的人越来越多，终于伊莎贝拉应热心民众的要求，在塞哥维亚大教堂里加冕成

为了卡斯蒂利亚王国的女王——伊莎贝拉一世。加冕仪式很简单，王冠是王室库藏里的，没有很多的宝石镶嵌在上面，朴素而大方，现场也没有其他的王室成员，只有当地的几个贵族和神职人员。然而当主教将王冠戴在她头上，拉她起来的时候，她却表现出了一种帝王的威仪，她的演说也很简短："从此以后，我将以改善国民生活为我的神圣天职。"

加冕后的第二天，身穿洁白丧服的伊莎贝拉一世就出现在塞哥维亚民众面前，第一次以女王的身份对她的国民进行了检阅。很快，女王加冕的消息传遍了卡斯蒂利亚全国，国民在热烈欢呼的同时，也表示拥戴年轻的女王，全国大部分的城市和村庄都表示承认伊莎贝拉为卡斯蒂利亚女王。得到国民支持的女王很快也在议会里寻到了支持者，国民议会也承认了伊莎贝拉一世的地位。

然而与此同时，前国王正式宣布的王位继承人胡安娜也在部分葡萄牙贵族支持下，宣布为卡斯蒂利亚女王，并宣称伊莎贝拉是无耻的篡位者，是个贪婪的阴谋家。而不管怎么说，这位原本合法的继承人现在并没有得到国民和议会的支持和承认，而且成了一小撮的反叛势力。伊莎贝拉知道她的所谓侄女也宣布为女王的消息，就立即对外宣布，希望胡安娜等反叛势力尽早归顺，她不会追究任何人的责任，胡安娜依然是卡斯蒂利亚的公主，那些反叛的贵族依然享有他们本来的权利。而胡安娜当然不可能轻易地放弃，他们虽然势力单薄，但她相信她才是合法的继承人，合法的女王，为了达到目的，她不惜发动战争。她写信给她的舅舅，葡萄牙国王阿丰索五世，请求他发兵支持。而此时阿丰索刚刚取得了对摩洛哥战争的胜利，意气风发踌躇满志，对外甥女的请求毫不犹豫地答应了。他本来就觊觎着卡斯蒂利亚肥沃的土地，丰饶的资源，但为了出师有名就向他外甥女提议，他们两个如果联姻的话，他就是卡斯蒂利亚国王了，就可以名正言顺地出师卡斯蒂利亚了。此时他已是40多岁，而他的外甥女才12岁，但为了能得到卡斯蒂利亚，胡安娜也欣然同意了她舅舅的求婚，这种在我们看来荒唐可笑的婚姻就这样产生了。于是阿丰索五世立即出师卡斯蒂利亚，开始了争夺王位的战争。

就在伊莎贝拉加冕为卡斯蒂利亚女王的时候，她的丈夫斐迪南正在阿拉贡平定叛乱，当他听说这个消息的时候，他明白应该立即支援伊莎贝拉，但现在情况却有些微妙——因为就在他们结婚的时候，伊莎贝拉曾许诺说过，以后如果她做了卡斯蒂利亚女王，斐迪南也将成为卡斯蒂利亚国王——他们的婚姻实际上也是一桩政治婚姻，只不过显得完美得多。他们曾达成一个协议：当伊莎贝拉成为女王后，斐迪南也可以成为国王，但实际的统治权应该是伊莎贝拉的，没有她的同意，斐迪南无权任免官员和神职人员。此时斐迪南的臣僚和教会明显也知道他们的约定，却仍然展开了激烈的讨论，最终他们大部分人都认为，伊莎贝拉一世应该把权力交给斐迪南，自己做一个贤妻良母式的女王。但斐迪南似乎并不愿意违背诺言。当伊莎贝拉加冕后不久就回到阿拉贡，此时她已经对他的犹豫和臣僚的议论耳闻目睹。但很快，这对夫妻弥补了裂痕，他们并没有受到这场争论的影响，伊莎贝拉与斐迪南仍然按照当初的约定继续生活。

伊莎贝拉加冕为卡斯蒂利亚女王

不久，葡萄牙入侵的消息传到阿拉贡，伊莎贝拉马上辞别了斐迪南赶赴国内，斐迪南也表示马上带兵前去支援。伊莎贝拉一回到国内就调遣了卡斯蒂利亚军队向西北进军，阻挡葡萄牙和卡斯蒂利亚叛军的南下。

阿丰索五世是个老谋深算又富有战争经验的人，伊莎贝拉的卡斯蒂利亚军队相对阿丰索五世时总是处于下风，节节败退。不久，当斐迪南带领阿拉贡士兵赶到后，情况就大为改观。他作为卡斯蒂利亚的国王，自然担当起了战场的总指挥，由于他也多次平定国内的叛乱，所以也称得上足智多谋，颇具指挥才干。形势也因此逐渐好转，渐渐与葡萄牙战成平手，稳住了阵脚。到了战争的后期，由于伊莎贝拉和斐迪南的卡斯蒂利亚军队一直能得到充足的补给，士气高涨，斐迪南领导的卡斯蒂利亚军队取得了诸多胜利。

1476 年 3 月，斐迪南与阿丰索在托罗附近会战。这场战役于黎明时分爆发，尽管他们此前进行了漫长的争斗，但只用了半天时间，斐迪南就歼灭了阿丰索的主力。傍晚的时候，葡萄牙王子若奥率领援军赶到，双方又进入了僵持状态。这对葡萄牙来说颇为不利，他们的补给相当艰难，而斐迪南则能源源不断地得到来自阿拉贡和卡斯蒂利亚的物资。

这一役彻底让胡安娜及支持她的贵族感到绝望了，他们向伊莎贝拉提出了求和，伊莎贝拉答应了她的请求，只要葡萄牙一退兵她们就议和。然而当胡安娜向阿丰索提出让他退兵的时候，阿丰索却一口回绝了，战场上的失败让他恼羞成怒，他让若奥王子回国理政，自己则再率大军继续与伊莎贝拉作战。伊莎贝拉则充分发挥了她的组织才能，积极筹备军需，并亲自上前线慰问士兵，士兵也被她的无畏精神所感动，士气高涨，誓死保卫女王和国王。而斐迪南则充分发挥他的指挥才能，运筹帷幄，身先士卒率领士兵奋勇杀敌，冲锋陷阵。到了 1479 年的时候，战争结局已经很清晰了，但阿丰索仍然不死心，终于在最后一次战役中一败涂地，损失惨重。他无可奈何，只好带着他的外甥女兼未婚妻灰溜溜地回到葡萄牙，于是卡斯蒂利亚王位继承战争也就宣告结束。

这场战争立即让伊莎贝拉树立起了威信，她女王的地位获得了巩固。斐迪南的表现也得到了卡斯蒂利亚国民的认可，大家对这个新国王也推崇有加，卡斯蒂利亚国民从来没有像现在这样对自己的未来充满了希望。

就在葡萄牙退兵的时候，斐迪南接到消息，他父亲病重，很快这位阿拉贡的老国王带着虔诚的心陪伴上帝去了。斐迪南成了阿拉贡的国王。伊莎贝拉则留在卡斯蒂利亚处理政务，斐迪南回到阿拉贡继位，这对鸳鸯不得不暂时分离。

不久，斐迪南就对外宣称伊莎贝拉也是阿拉贡的共同统治者，卡斯蒂利亚与阿拉贡合并成为了一个由他和伊莎贝拉共同统治的国家，这个国家也就是西班牙的雏形。实际上，他们已经开始为完成一个伟大梦想开始努力，那就是伊比利亚半岛上多年的愿望：统一西班牙。但实际上这个统一的王国还是由两人分开管理，拥有不同的社会结构和传统的两个国家。而此后伊莎贝拉事实上一直与斐迪南共谋划策，正是由于这个原因，卡斯蒂利亚和阿拉贡进行了很多相同的改革，两国的相似性也在逐渐增加，这也为以后的西班牙统一奠定了基础。

伊莎贝拉一世对国内形势并不满意，她觉得这十来年发生的种种变故都是由于国内贵族势力过大，横行跋扈造成的。她要巩固自己的统治，就必须加强王权，加强中央集权，也就是说，要削减贵族的权势。不过这样做很有可能会引发叛乱，贵族的武装势力不容小觑，而且引发战争势必会生灵涂炭，但如果不削减贵族势力，自己今后的改革也就无法开展下去了。在这左右为难的时候，她又想到了斐迪南，最终在斐迪南的支持下，她团结市民、教会、小封建主，共同对抗大贵族。斐迪南也派遣了很大一部分军力进驻卡斯蒂利亚，极大地威慑了封建贵族们，于是伊莎贝拉开始逐个地清除大封建主的城堡，并没收了他们侵吞王室的土地，剥夺了他们铸币和征税的特权。也是由于斐迪南军队的威慑作用，贵族们反抗得很小。

伊莎贝拉希望能建立一支忠于女王的强大军队，但是议会是不会同意在和平时期维持太大的常备军的。伊莎贝拉遂以将对外用兵为由征得了议会的同意，建立了一支常备军，另外，伊莎贝拉又壮大了国内的警察队伍以减少犯罪，而后她又将市长委任权收归国王所有，设立了神圣兄弟会武装控制市政生活，使议会形同虚设——这可以大大减少议会对君主的牵制。经过这么多的改革，卡斯蒂利亚的王权达到了一个从未有过的集中，贵族势力完全被伊莎贝拉压制下去了，中央集权得到了前所未有的加强。

而伊莎贝拉也并没有违背她加冕时所说的话，她将以改善国民生活作为自己的神圣职责，她也深深地相信，上帝创设了国王就是为了让他们能尽心尽力地去服务国民，去想办法让国民生活得更好。于是她作为卡斯蒂利亚的女王就有责任爱护她的国民，建设她的国家，让她的国民生活得更安全、更幸福、更快乐。作为女王，她也像她刚结婚那时一样，四处巡游，致力于解决当地的问题，并寻找当地有用的政策，以便能推广到更多的地方去。她也不拘吃住，经常栖身于当地的修道院，和修女们共同食宿，一门心思地工作，“在女王工作的屋子里，常常是将近黎明时分还闪烁着灯光。”她为了提高国民生活质量，经常废寝忘食地工作，她的 5 个孩子出生在全国的不同地方，就是因为她在怀孕期间也不休息，仍然成年地东奔西跑，甚至还因此多次流产。

终于在伊莎贝拉不倦的努力工作下，卡斯蒂利亚逐渐从一个荒芜破败的封建割据国家变成了一个强大而富饶的集权王国。

在伊莎贝拉时代，还有一件事是至今令人纪念的，那就是这位女王作了一次成功的赌博：她资助了哥伦布的远航。

正是欧洲大航海兴起的年代，欧洲航海经过数百年的积累，已经完全具备了远洋航海能力，而科学技术的发展也能让船只在茫茫大海上得到有效的方位辨认、气候适应和洋流利用等。当时“地球是圆的”这个说法正在逐渐被人接受，但一直以来还没有人进行过真正的航海验证。按照这种说法，从西班牙出发不一定非要绕过非洲的好望角向东航行，而是应该一直向西航行也能到达传说中盛产丝绸、香料和黄金的中国和印度。哥伦布就是这种说法的痴迷者，他也是一个对航海有浓厚兴趣的人。

哥伦布一般被认为是意大利人，1451 年生于热那亚，与伊莎贝拉同岁。他最初希望能得到葡萄牙的支持，因为那时葡萄牙是世界第一海洋大国，在海洋上它远比西班牙要强大得多。但这个可怜的人在葡萄牙被认为是一个近似疯狂的骗子，葡萄牙国王拒绝了他的所有请求。

不得已，哥伦布只好来到西班牙碰碰运气。斐迪南国王和伊莎贝拉女王一起接见了他，但斐迪南和许多贵族一样，认为他不过是个骗子，并且对他说的航海计划嗤之以鼻，认为那不过是天方夜谭。况且，对阿拉贡来说，地中海远比大西洋重要，即使哥伦布成功了，对阿拉贡也几乎没有什么益处。斐迪南很快就抛弃了哥伦布的所有说法。

但伊莎贝拉却对眼前这个人产生了兴趣，尤其他说到地球是圆的这个说法时，而且，伊莎贝拉凭着一种女人的直觉相信，眼前这个意大利人并没有说谎，也许他的说法是错误的，但显然，在伊莎贝拉看来，他不是在行骗，而是真的希望进行一次远航。伊莎贝拉毕竟是一位富有长远眼光的政治家，她已经看到葡萄牙正在寻找通过非洲好望角通向东方的航线，而西班牙的航海业正在向葡萄牙发起挑战，如果哥伦布能够成功，必然会为西班牙带来无尽的利益。

但此时，伊莎贝拉的王国正在向格拉纳达发起战争，她此时既没有精力也没有足够的财力来支持哥伦布。因此，哥伦布只好在西班牙居住下来。

哥伦布为此在西班牙整整等待了6年。492年，哥伦布终于得到了一个犯错的机会——直到他死去，他一直以为他发现的大陆是印度。

伊莎贝拉女王于1504年去世。当她结束了传奇的一生时，她为这个世界留下了四个女儿和一个儿子。但她的儿子胡安不幸在1479年死去，她的女儿胡安娜后来成为维也纳哈布斯堡的美男子菲利普一世的妻子。他是哈布斯堡的继承人，也是勃艮第王国的王位继承人，这是伊莎贝拉缔结的最成功、最宏大的一桩政治婚姻。后来胡安娜的儿子、伊莎贝拉的外孙、查尔斯五世继承了欧洲历史上最大帝国之一的帝位——神圣罗马皇帝，神圣罗马帝国是当时欧洲势力最庞大的帝国，帝国疆域包括现在的西班牙、德国、荷兰、比利时、奥地利、瑞士、意大利的大部分，部分法国、捷克斯洛伐克、波兰、匈牙利和南斯拉夫，当然，还有欧洲以外大片的殖民地。

伊莎贝拉是西班牙的缔造者，如果没有伊莎贝拉的话，西班牙的统一没人知道会在什么时候完成，甚至会不会有今天的西班牙还未可知。伊莎贝拉对哥伦布的赌注也让她得到了为时500年的纪念，而也正是这次远航，开创了西班牙的殖民盛世。

亨利七世

亨利七世（1457～1509年）是英国都铎王朝的开创者。

西方学者传统上把1485年都铎王朝的建立作为近代英国的开端，这有一定的道理。但是，不可忽视的是，约克王朝的爱德华四世（1461～1483年在位）于1471年取得巴尼特之战的胜利后，英格兰实际上已进入一个政治上相对稳定的时代。这样，爱德华四世的一些政策，已经为都铎王朝奠定了基础。

爱德华四世的成功首先在于使王室的财政获得了一定独立性。在兰开斯特王朝，君主们把土地赐给宠臣，内乱外战又影响了贸易和关税收入，王室于是财政空虚而不得不受制于议会。爱德华四世逐步改变了这种状况。他通过没收或转让把兰开斯特公爵领地变为王室领地。他即位4年后，就说服议会授予君主终身享用关税的权利，当时的“关税”包括对羊毛、皮革和呢布的出口税，以及对一般商品征收的“磅税”和“吨税”。这样，自15世纪起，关税成为君主财政收入的主要基础；爱德华还新创一种称为“自由捐赠”的筹款办法，即国王个人通过向教俗贵族、伦敦市长和富有的市民游说，获得的临时性的捐款；爱德华四世自己也参与商务活动，他通过代理人将上等羊毛、呢布、锡等商品输往意大利和希腊以获取巨利。这样，爱德华四世可以“靠国王自己的收入生活”。当然，减少对外征战也是爱德华四世获得财政独立的一个关键因素。在15世纪末，尽管迫于普遍压力，爱德华四世不敢贸然放弃英格兰对法国王位和领土的要求，但他灵活地与布列塔尼、勃艮第和苏格兰的统治者结盟，并改变了英王卷入法国事务的传统做法。在爱德华四世统治期间，虽然有对法国的短暂征讨，但他很快就与法王路易十一签订皮基尼条约，允许法王以大量金钱买断了战争：路易十一向爱德华四世支付一笔 75000 金克郎的赔款和每年 50000 金克郎的终身年金。爱德华很快成为极其富有和财政独立的君主。

亨利七世

爱德华在稳定国内秩序方面主要是求助于中等阶层。同时，经过百余年的外战内争，英国的中等阶层也渴望有一个强大的王权以消除动乱和不安，他们对于爱德华在位 22 年间仅召开 6 次议会并不惊奇。爱德华还吸收骑士、法官、律师等平民参加与大贵族抗衡的御前会议。结果，在爱德华的时代，由于国际上的和平和国内的低税收，英格兰的商业资本主义得到了迅速发展。由于他善于利用王权处理好君主与议会及各社会阶层的关系，所以，当时尽管大贵族拥兵自重的现象并未彻底消除，但英格兰已开始走向政治稳定，为都铎王朝的兴盛打下了良好的基础。

爱德华四世于 40 岁去世，其长子继位为爱德华五世（1483 年 4 月～1483 年 6 月在位）。爱德华四世的兄弟，30 岁的摄政王格洛斯特公爵与母后伍德维尔家族的相互倾轧，公爵逮捕了伍德维尔派的领袖，把爱德华五世及其弟弟监禁在伦敦塔里，篡夺了王位，是为理查德三世（1483～1485 年在位）。理查德三世的篡位使王朝战争复起，1485 年 10 月，出生于威尔士的贵族，里士满伯爵埃德蒙·都铎之子亨利·都铎，从法兰西跨过海峡，进军伦敦，在博思沃斯战役中击毙理查德三世，同年即位为亨利七世（1485～1509 年在位），开始了都铎王朝的统治。

亨利·都铎继位的理由不够有力（他从母亲那里继承了一点兰开斯特家族的血统），但他是 15 世纪几个篡位的君主中最幸运的：理查德三世已战死疆场，其妻子和独子先他而逝，理查德三世的血统世系因此断绝。亨利还获得爱德华四世的王后伍德维尔家族的支持，同时，玫瑰战争使英格兰的贵族锐减，并使英格兰社会各阶层对战争深恶痛绝。更为重要的是，亨利七世作为兰开斯特家族的代理人，在博思沃斯战役之后立即派人去约克迎来了爱德华四世的女儿伊丽莎白公主，两人于 1486 年完婚，当年就生了阿瑟王子，后来又生了玛格丽特、亨利和玛丽。这桩美满婚姻使兰开斯特和约克这两个交战多年的家族联合起来了。这样，随着都铎王朝的开始，红白玫瑰战争彻底结束。此前 30 年间断断续续的王朝战争已损害了君主在人们心目中的形象，所以，重要的是恢复英国王室的威望。为此，亨利七世继续爱德华四世开始的王权重建工作，而且，亨利七世比爱德华四世更具有献身精神，他生活简朴，吃苦耐劳，在理财和谋求社会稳定方面也更有韬略。

亨利七世在位的 24 年中，其内政外交措施都与巩固王权和消灭王位觊觎者相关，他尤其注意在恢复君权的过程中防止约克派的阴谋。1486 年 3 月，亨利七世前往约克郡巡视，镇压了由约克派贵族洛弗尔勋爵、林肯伯爵和勃艮第女伯爵玛格丽特联合捧出，并得到爱尔兰贵族支持而在都柏林僭称爱德华五世的假沃里克伯爵（爱德华四世的亲侄子真沃里克伯爵，作为约克家族唯一的直系男性继承人，已被亨利七世囚禁在伦敦塔）。1492～1496 年，亨利又击败了由约克派捧出，并得到爱德华四世的妹妹勃艮第女伯爵玛格丽特，以及神圣罗马帝国皇帝即玛格丽特的女婿马克西米连一世、法王查理八世和苏格兰王詹姆士四世共同支持，假称爱德华四世次子理查德的沃贝克（真的理查德早已被其篡权的叔父理查德三世杀死于伦敦塔）。

亨利七世对上述两个觊觎王位者的斗争能够取得胜利，一方面是由于英国人渴望和平，另一方面是由于英格兰人憎恨由爱尔兰人、勃艮第人和西欧大国的君主们强加给他们的“国王”。所以，无论是在击败假沃里克还是击败假理查德的战斗中，英格兰各地的民军都起了重要作用。另外，在亨利七世取得王位时，法国、尼德兰和苏格兰的统治者相对衰弱，他们尽管反复给王位觊觎者以支持，但无论哪个外国统治者都无力发动战争以讨伐亨利七世。那时，法王路易十一死于1481年，继位的查理八世年仅13岁，尼德兰的统治者也未成年，1488年苏格兰贵族则谋杀了国王詹姆士三世，留下了未成年的詹姆士四世。当然，除了这些客观原因外，亨利七世本人也很能干，尤其善于施展外交手段，利用儿女的婚姻来巩固都铎王朝在西欧国家中的地位，这也是一个很重要的原因。

为了巩固王权，亨利七世既要考虑英格兰贵族敌视法国的传统心理，又要给英格兰商人提供在西班牙经商的便利，再加上他有戒于法王吞并布列坦尼公国的可能性，便于1489年第一次施展婚姻外交，让年仅3岁的阿瑟王子与西班牙公主凯塞琳订婚，使英商获得了在西班牙经商的优惠条件，两国还约定共同对法作战。阿瑟王子与凯塞琳公主的婚礼到1501年才举行，5个月后王子就过世了。为了维持英格兰与西班牙的联盟，亨利七世让阿瑟的弟弟亨利继娶寡嫂凯塞琳。尽管是10多年后才能践约的事，但这种婚姻外交使都铎王朝在1489年就得到大陆强国西班牙的认可。

1491年，法王查理八世通过与布列坦尼女公爵结婚而吞并了布列坦尼公国。亨利七世经议会批准，在西班牙王国未履行和约的情况下独自带兵渡过海峡，包围了法国的布洛涅城。刚刚完成统一大业的法王不想与英王开战，精明的亨利七世也因国内尚存觊觎王位者而无心恋战，两个国王立即达成《埃塔普尔条约》。根据条约，英国终止了对法国王位和领土的要求，保证彼此不支持对方的敌人，允许两王国臣

民平等通商，法王替英王偿付对布列坦尼的债务，并在未来15年中每年付给亨利七世5000英镑的年金。这样，亨利七世像爱德华四世一样，选择了有利可图的和平而不是破坏性的战争。

当然，亨利七世这样做的一个原因是，15世纪末西欧的国际政治发生了很大变化。逐步统一的法兰西在人口数量和财富占有方面都是英格兰的3倍。埃塔普尔条约签订后，亨利七世很快在1502年又与苏格兰签订永久和平条约，并在第二年把长女玛格丽特嫁给苏格兰国王詹姆士四世。这样，亨利七世提高了都铎王朝在欧洲强国中的威望，制约了苏格兰与法国的传统联盟关系。此后，他还通过与西班牙、尼德兰、丹麦和佛罗伦萨订立商约而促进了英格兰的对外贸易。

亨利七世清楚地知道，14～15世纪王权的衰落并不是君主制度本身的问题，而是缺乏强大的国王，以及君主们在财政问题上对议会的依赖性。所以，从一开始，亨利七世就努力使国王管理议会而不是议会管理国王。当然，他没有也不可能改变议会的成分和职能，他能做到的只是尽可能地增加王室的财政收入。首先，靠继承权亨利七世获得了兰开斯特公爵、约克公爵和里士满伯爵的领地，结果，仅王室领地的年收入就从10000英镑上升到40000英镑；其次，都铎王朝初期海外贸易扩大，也使国王终身享用的关税从年收入32000英镑上升到42000英镑；另外还有王室法庭收缴的罚金和亨利七世作为最高领主的其他封建特权所带来的收入，以及他个人经商的收益和出租王家舰队的获利等等。总之，亨利七世的总收入从1485～1490年的平均每年52000英镑，上升到1504～1509年间年平均142000英镑。由于善于开源节流，他很少要求议会给予补助金。结果，亨利七世在位的24年中只召开过7次议会。

为了恢复王权，从亨利七世开始，都铎王朝的历代统治者就重视依靠中等阶层。他们在任命、提拔和奖赏政府官员时，主要依据个人的能力和忠诚程度，而不管其出身和政治背景如何。他们把官职任命看作进行政治控制和加强王权的武器。亨利七世依靠的不是议会，而是星室法庭和枢密院。星室法庭设置在威斯敏斯特宫内一间屋顶上挂满星状金枝灯的大厅，这是国王讨论内政外交和武装防卫问题的地方，也是审判犯人，尤其是审讯叛乱罪犯的法庭。

亨利七世用以恢复社会秩序的另一个重要工具是治安法官。这是一种不领薪金、工作量很大、由地方绅士自愿担任的管理地方司法和治安工作的职务。爱德华三世曾于1327年和1360年两次颁布法令，规定各郡要派一个领主及3至4个富有而懂法律的人负责维持治安，他们有权逮捕罪犯和受理控告，并按王国法律和习俗参与审判郡内危害治安的犯人。亨利七世于1495年颁布法令，进一步授权治安法官可以在无陪审团的情况下审讯参加叛乱和违法拥兵的人。此后，亨利七世又规定，治安法官由国王大法官直接任命，并对国王大法官负责，这样就加强了王室政府对治安法官的控制。同时，亨利七世还颁布了取缔大贵族雇用家臣私兵和拥有私人武装的法令。在使用大棒政策对付英国贵族的同时，亨利七世又安之以胡萝卜。他有一个很大而活跃的枢密院，并常常用是否让贵族参加枢密院的办法来排除异己，或者拉拢和安抚向他靠拢的大贵族。这样，亨利七世和他从中等阶层中选出的大臣共同制服了贵族，有效地控制了他们。在亨利七世的儿子继位之时，英国不仅开始繁荣，而且成为欧洲秩序最好的王国之一。

亨利八世

在16世纪欧洲的宗教改革运动中，有一位人物不容忽视，他就是当时主导英国宗教改革的英国国王亨利八世。虽然亨利八世对整个欧洲宗教改革的贡献不能与马丁·路德和约翰·加尔文相提并论，但对于历史来说，这却是一场巨大的变革。

亨利八世是英格兰都铎王朝第二任国王（1509～1547年在位），曾因撰文批驳马丁·路德的宗教改革，而被教皇利奥十世授予“忠诚卫士”的荣誉称号，他与罗马教廷决裂而成为宗教改革家完全出于偶然。

一般人谈到亨利八世都知道他是一位强权、残暴，而且风流成性的君主，而他的六次婚姻也使得他成为结婚次数最多的君主之一。

1509年，18岁的亨利八世在父亲死后登上了英格兰的王位，不久，就与寡嫂，西班牙公主凯塞琳结婚，凯塞琳为他生下一个女儿——玛丽公主。虽然他们曾经非常恩爱，但由于凯塞琳始终不能为亨利八世生下一个男性继承人，而当时的英国历史上尚无女人执政的先例，亨利八世便对凯塞琳失去了兴趣。虽然离婚颇费了一番周折，亨利八世最终还是如愿以偿——与凯塞琳的侍女安妮·波琳结婚。当安妮怀孕后，亨利八世一心认为会生儿子，结果安妮生下了女儿伊丽莎白，使得亨利八世颇为懊丧，并渐渐对安妮失去了好感。后来，在亨利八世的示意下，托马斯·克伦威尔捏造了安妮·波琳与包括亲哥哥在内的男人们通奸并企图谋杀国王的罪名，将她送上了断头台。

亨利八世

随后亨利八世又与安妮的侍女简·西摩结婚。一年半以后，简·西摩为亨利八世生下王子爱德华。由于得了产褥热，令亨利八世至死不忘的这位第三任王后过早地离开了人世。

为了加强与欧洲大陆强国的联合，亨利八世在托马斯·克伦威尔的推荐下，迎娶了德国的公主安妮，但由于安妮的相貌过于普通，风流成性的亨利八世对她没有多大兴趣，不久就离了婚。同时，由于给国王安排了一场不愉快的婚姻，一直忠心耿耿的托马斯·克伦威尔也被送上了断头台。就在同一天，亨利八世与他的第五任王后，小他 30 岁的侍女凯瑟琳·霍华德结婚。年轻漂亮的凯瑟琳·霍华德并非一个安分守己的王后，在婚后不断传出绯闻，从而激怒了亨利八世，亨利八世最后的报复就是将她与她的情夫们一律处死，除此之外，其他知情的人士也未得幸免。

此时，五十多岁的亨利八世已无心在感情上纠缠了。随后不久，他与最后一位妻子凯瑟琳·帕尔结婚，度过了一段平淡的感情生活后，于 1547 年死去。亨利八世死后，他唯一的儿子爱德华继位，就是英国历史上的爱德华六世。

1529 年，亨利八世因为一场未能顺利实现的离婚而毅然与罗马教廷决裂，导演了一场英国的宗教改革运动。

由于第一任妻子凯塞琳始终未能生育男性的王位继承人，而此前的英国历史上又没有女人继承王位的先例，亨利八世便急于要和她离婚，以便能够尽快迎娶年轻漂亮的安妮·波琳。

按照当时的传统，任何人离婚都必须征得教会许可，即使国王也不例外。当离婚诉讼提交给罗马教廷时，教皇克莱门七世慑于凯塞琳的侄子、神圣罗马帝国皇帝查理五世的威势，对亨利八世的离婚请求束之高阁。性格暴躁的亨利八世被教皇的这一答复激怒了，再加上他求子心切，一怒之下便采取了一系列措施，与罗马教廷决裂。

1529 年，亨利八世免除了执政 20 年的首席大臣、约克大主教、大法官沃尔西的职务，这是亨利八世与罗马教廷决裂的一个重要信号。接着，他又召集议会开始讨论宗教改革问题。两年后，在改革派的策动下，议会通过了一系列法案，规定教会所征收的税，一律停止上缴罗马教会，改为上缴英国国王。

1533 年 5 月，新任坎特伯雷大主教托马斯·克兰默宣布亨利八世与凯塞琳的婚姻无效，同年6月，安妮·波琳被加冕为王后。气急败坏的罗马教廷开除了亨利八世的教籍作为报复，而亨利八世则针锋相对地于1534年促使英格兰议会通过了《至尊法》，规定英国国王为英格兰教会至高无上的首脑，并宣布与罗马教皇断绝一切来往。从此之后，一个在教义上沿袭天主教，但却完全独立于天主教之外的“英国国教”诞生了。

从1536年起，亨利八世实行了一系列新教化的改革，同时，亨利八世还宣布废除修道院制度，没收修道院土地归王室。

虽然亨利八世在宗教方面作出了一些改革，但在神学上，基本上只是以自己来替代教皇的职位而已，与大家所期盼的改革相去甚远。对于普通信众来说，这只是一场骗局，他们的宗教负担仍然很重。

当然，亨利八世的宗教改革也具有一定的积极影响。他废除了修道院制度，并将修道院的土地和财产收归王室所有，带来巨大财富，从而为英国走向强国奠定了经济基础。同时，在托马斯·克伦威尔的改革下，政府效率大大提高，经济也得到迅速发展。凭借这一基础，英国在伊丽莎白一世时代便开始走向辉煌。

同时，通过宗教改革，亨利八世不但摆脱了教皇对英国的直接干预，也通过制定一系列制度，削弱了教会对王室的干预及影响，强化了专制权力，使得英格兰的王权达到了自1215年《大宪章》以来的最高点。因此，他的改革在很大程度上是由“世俗的经济政治利益决定的，实际上是一场加强王权的社会变革”。

亨利八世的宗教改革使人们开始敢于挑战权威，抒发和表达自己的观点。这次宗教改革也为英国进一步发展奠定了基础，为英国走上强国之路扫清了思想障碍。

自1066年诺曼征服以后，撒克逊人和诺曼人经过数百年的融合，英吉利民族国家形成了，随后，英国国内的民族意识日益增长，他们希望摆脱罗马教廷对英国国内宗教和政治事务的过度干预，而亨利八世的宗教改革正是对这一要求的成功表达和实施，他与罗马天主教会的决裂标志着近代英国民族国家开始形成。

弗朗索瓦一世

弗朗索瓦一世（1494—1547），又译作法兰西斯一世，即位前通常称昂古莱姆的弗朗索瓦，继位后人称骑士国王，在意大利战争中最后败给了神圣罗马帝国皇帝查理五世。曾一度被俘，后来他背叛诺言，还和异教徒结盟，最终勉强保住了本土。在法国国内，他被视为开明的君主，多情的男子和文艺的庇护者，是法国历史上最著名也最受爱戴的国王之一（1515 年—1547 年在位）。

弗朗索瓦一世风度翩翩、英俊潇洒，既有骑士的温柔浪漫，也有骑士的桀骜不驯。与其他国王更为不同的是，他对文艺有着极其浓厚的兴趣。他不惜花重金收购名师大作，并邀请大师级艺术家前来巴黎，奠定了日后巴黎成为“艺术之都”的基础。也正是在他的倡导下，文艺复兴之花在法国热烈绽放。

查理七世顺利收回了除加莱之外所有英王室在法国的领地，然而各地的贵族仍然保持政治上的独立。其后，他的继承人路易十一挫败了封邑主们联合起来对抗王室的贵族同盟，陆续收回了领土。之后，查理八世通过联姻合并了布列塔尼。至此，法国领土基本统一，近代法国版图轮廓初步形成。

查理八世于 1498 年意外身亡，他的堂兄奥尔良公爵继承了王位，即路易十二。刚刚即位，路易十二便对西班牙统治下的那不勒斯发动进攻，很快占领了那不勒斯和米兰公国。1511 年，教皇国、西班牙、瑞士、威尼斯和英国等结成反法神圣同盟，大举进攻法国。路易十二不得不把已经吞进嘴里的米兰吐出来，割让给神圣罗马帝国，还将纳瓦尔王国割让了给西班牙，并向英国赔款。

1515 年，路易十二郁郁而终。由于没有男性继承人，王位被瓦路亚家族的旁系子孙弗朗索瓦继承，称弗朗索瓦一世。

弗朗索瓦一世身材魁梧，英俊洒脱，气质高贵；生性浪漫而多情，喜欢追逐女性；讲究精致和奢华，热衷打猎和巡游。这种浪漫多情、爱好冒险的天性使他成为一个大家公认的“骑士式国王”。

弗朗索瓦一世如骑士一样浪漫多情，也如骑士一样骁勇好战，即位后不久，就重新发起对意大利的战事。曾经得而复失的米兰是他远征的第一个对象。米兰公爵惊恐之下和瑞士联手抵抗法军的入侵。1515 年 9 月，双方爆发马里尼昂大战，法军打败了联军，再度征服了米兰。翌年，法国与瑞士签订了《万年和约》，规定法国能够在瑞士境内自由招募雇佣军。

即位短短两年，弗朗索瓦一世便取得了重大胜利，法国人民欢呼不已，将他视为绝世英豪。他自然也是踌躇满志，洋洋自得，甚至打起了神圣罗马帝国皇帝宝座的主意。神圣罗马帝国皇帝基本上没有实权，只是一种荣誉，与其他国家王位世袭制不同，它是选举式的。1519 年，弗朗索瓦一世参加竞选，他的主要对手是西班牙国王查理五世。这两个人年轻时是情敌，在爱情角逐中弗朗索瓦一世获得了胜利，但是在这场政治角斗中，他却输给了成功运用金钱炮弹的查理。查理五世可能是欧洲历史上头衔最多的皇帝，他从父母双方那里继承了多个国家，获得无数个称号，成为了一个庞大帝国的皇帝。这些领土恰好把法国包围起来，弗朗索瓦一世深感威胁。

弗朗索瓦一世没有忍耐太长时间。不久，为了争夺西班牙在意大利的领地，他就与查理五世开战了。战前，弗朗索瓦一世曾努力争取英王亨利八世的支持，然而亨利八世最终还是选择加入查理五世的阵营。

1521 年，弗朗索瓦一世和查理五世展开了鏖战。但他出师不利，一开始便栽了个大跟头，丢失了米兰。1525 年，弗朗索瓦一世在帕维亚战役中遭到惨败，本人也被查理五世俘虏。为了重获自由，他被迫签订了《马德里条约》，条约规定，法王放弃勃艮第公国和王室在意大利的领地。

佛朗索瓦一世

弗朗索瓦一世回国后，为了报仇雪恨，便动员了一切能够动员的力量。1526年，他与教皇克莱门七世缔结科尼亚同盟对抗查理五世，此后又与奥斯曼土耳其苏丹苏莱曼一世结盟。这是一个大胆的举措，因为法国人一直将土耳其人视为“异教徒”，但此时利益显然胜过了宗教信仰。查理五世也不甘示弱，与亨利八世联盟共同对抗法国。弗朗索瓦一世与查理五世之间的战争时断时续，直到他1547年去世也没有结束。

弗朗索瓦一世称不上一位伟大的军事家，在政治、经济方面作为也不大，却被公认是法国第一位文艺复兴式的君主。他出身旁系，当时谁也没有想到他会成为国王。因为他不是被作为一位王子养育的，从而有了接受自由思想的机会。

弗朗索瓦自幼便培养了对文艺的兴趣。身为国王，他渴望占领意大利；作为文艺的爱好者，他对意大利有一种莫名的热爱。征服米兰后，兴致勃勃的弗朗索瓦参观了这座艺术之都，美轮美奂的建筑和精妙绝伦的惊世画作令他叹为观止。回国后，弗朗索瓦对此念念不忘，于是派人至意大利购买达·芬奇、罗索、提香、拉斐尔的名画，并将米开朗基罗的一些雕塑运回法国。他甚至曾有过一个疯狂但最终未能实现的念头，那就是把达·芬奇的壁画《最后的晚餐》也运回。

除此之外，弗朗索瓦一世还将众多艺术家邀至法国，达·芬奇便是其中最著名的一位。达·芬奇抵达法国之后，弗朗索瓦给予他极高的礼遇，将他安置在城堡里，并不时去聆听这位智慧老人的教导。然而年事已高的达·芬奇不久就与世长辞了，据说他是在闻讯赶来的弗朗索瓦的怀中咽下了最后一口气。

弗朗索瓦对建筑有浓厚的兴趣，他常常带着自己的设计草图，向达·芬奇请教。他下令改建、修筑的尚博尔城堡、卢浮宫和枫丹白露宫是他留给后人的建筑杰作。而枫丹白露宫的建筑设计更是开创了一个艺术流派。

1530 年左右，弗朗索瓦一世决定将巴黎市郊的行苑扩建为一座富丽堂皇的宫殿，即枫丹白露宫。意大利两位大师级的画家罗索和普里马蒂乔接受了王宫内部的装饰工作，参与设计的还有法国画家古尚、卡隆和雕塑家古戎等人。他们竭力将枫丹白露作为一个平台，打造出了艺术史上的天堂。因其风格独特，所以被视为一种艺术流派，即枫丹白露派。

枫丹白露派在造型上注重线条流畅，追求细腻完美，优雅贵气。在宫殿的庭园和室内装饰方面，他们受样式主义风格的影响，使用人像柱或粗琢的石料墙、泥灰雕塑作点缀。王宫内部的壁画堪称一绝，其中的代表作有《埃丝特蕾姐妹》、《猎神钬安娜》等等，画中的女性高贵美丽，极富明暗感，人体的肉感细腻迷人。

弗朗索瓦一世还积极鼓励文学发展。1530 年，他建立了法兰西学院，聘请专才研究希腊语、拉丁语和希伯来语，并任命法国人文主义者纪尧姆·巴德为首席作家。正是在他的倡导之下，法语得到了统一和发展。

弗朗索瓦一世在位期间，法国文学得到了极大的发展，涌现出许多伟大的作家，其中最值得一提的是拉伯雷。拉伯雷（1495～1553），出生于法国中部的一个律师家庭，文艺复兴时期法国最杰出的人文主义作家之一。他博闻强识，在医学、天文、地理、数学、哲学、神学、音乐、植物、建筑等领域均有相当造诣。他对世界文学史最突出的贡献是创作了《巨人传》。

这部长篇小说取材于法国民间传说故事，主要描述了卡冈都亚和庞大固埃两代巨人的生活史。卡冈都亚一生下来便会说话，身材高大，食量惊人，拥有超乎寻常的力量。可是在神学家的教导下，他蠢笨如牛，直到接受了人文主义教育，才变得思想广阔，成为体魄和心智上的“巨人”。在这部小说中，拉伯雷使用幽默夸张的手法讴歌“人”的巨大力量，嘲讽死板腐朽的教会和懒惰愚蠢的贵族，批判统治阶级的残暴冷酷，并表现出了期盼个人自由、个性解放的人文主义思想。

弗朗索瓦一世是一位独特的君主，在他的血管里，既流淌着国王好战的血液，也有着对人文思想的向往，他热爱征服和醇酒美人，也对艺术充满兴趣，是他揭开了法国辉煌文化史的序幕。

伊丽莎白女王

英国历史上都铎王朝历时118年。如果算上简·格雷，前5位君主走完了73个年头，而伊丽莎白一人就统治英国达45年。在这45年中，女王政绩卓著、王朝鼎盛、国家走向繁荣，这三者相得益彰，以至于女王和她那个时代在英国历史上熠熠生辉——女王和英格兰人共同缔造了伊丽莎白时代。

面对玛丽女王留下的国内分裂，国外战争危机的局面，伊丽莎白首先以安定国内为主。她出席伦敦市为女王举行的第一次招待会时，就提出“和睦”的口号。她的加冕庆典的主题是“团结”，她的王位装饰着红白两色玫瑰，下面写着：“约克家族与兰开斯特家族联合在一起，就像亨利七世与爱德华四世之女的婚姻结束了内乱一样，他们的孙女伊丽莎白将为保持英国的永久和睦而努力。”然而，在1559年，和睦的最大障碍仍然是宗教问题，伊丽莎白把自己的宗教信仰隐匿起来，以至于历史学家很难对此作出判断。女王考虑到国家的统一，她必须面对宗教改革的问题。

伊丽莎白采用首席枢密威廉·塞西尔的折中办法。她召开议会，经过长期辩论后终于在1559年通过了《至尊法》和《信仰划一法》。第一个法令确认伊丽莎白为英国教会的至尊统治者，第二个法令要求每个教区都使用新修改的克莱默大主教《公祷书》。这个解决办法在上院遭到了主教教士和贵族的反对，伊丽莎白则依靠下院解决了问题。1563年教士会议又通过《39条教规》，它实际上是爱德华六世颁布的《42条教规》的修订本，其中对最激进的规定做了修改。伊丽莎白在宗教问题上采取了和解的手段，由此保证了国内的安定。

英格兰的玛丽女王

玛丽女王留下的另一个问题是对法战争。伊丽莎白上台后迅速与法国和西班牙签订和约，使英格兰从战争中摆脱出来，同时这也意味着两国承认了伊丽莎白女王的地位。1559～1560年，苏格兰领袖约翰·诺克斯从日内瓦回到苏格兰，引发了苏格兰大规模的起义，伊丽莎白不失时机地给予援助，借改革派力量逐步把欧洲大陆势力逐出了苏格兰。1560年，随着亲法的吉斯·玛丽去世，法国、苏格兰和英格兰签订了《爱丁堡条约》，规定英格兰和法国均从爱丁堡撤军，苏格兰由贵族议会统治。《爱丁堡条约》保障了英格兰的后门安全无恙，开启了苏格兰和英格兰一个世纪的和平。

但苏格兰问题并未解决，由于吉斯·玛丽去世，詹姆士和吉斯·玛丽的独生女玛丽·斯图亚特从法国返回故土苏格兰，成为苏格兰王位的继承人。但她在一个不合时宜的时候登上了王位。同时，由于她是英格兰国王亨利七世的重外孙女，因此她对英格兰王位也有继承权，这就是把她放在与伊丽莎白女王对立的位置上。她登上苏格兰王位后就要求修改《爱丁堡条约》，以承认她是伊丽莎白的合法继承人。伊丽莎白拒绝这样做，由此便开始了玛丽·斯图亚特和伊丽莎白·都铎这两个女王之间的长期斗争。

玛丽女王在苏格兰的统治异常艰辛，尤其是面对着难以驾驭的苏格兰贵族。当时苏格兰与英格兰王位的合并显然是不可能的。玛丽为增强她继承英格兰王位的可能性，于1565年与亨利七世的重外孙，她自己的表弟达恩利伯爵亨利·斯图亚特结婚。这一行动使苏格兰贵族和伊丽莎白女王都对玛丽极为不满。后来，婚姻的失败和达恩利伯爵的死亡使玛丽在1567年被苏格兰贵族废黜，并在1568年兰塞德一役中败北。玛丽天真地逃往伊丽莎白宫中避难，而她和达恩利伯爵的一岁的儿子在苏格兰继位为詹姆士六世（1568～1625年）。伊丽莎白女王乘机把玛丽软禁起来。1569～1572年3年间，在英格兰充满了阴谋和叛乱。伊丽莎白在塞西尔和沃尔辛厄姆等人的辅助下镇压了北方的贵族叛乱，并于1572年6月处死了有可能成为玛丽新婿的诺福克公爵。

软禁玛丽在国际上引起反应，影响着伊丽莎白时代的对外关系。

首先，教皇庇护五世发出训令，宣布革除伊丽莎白的教籍，废黜其王位。这一训令竟被人带入英国，贴在伦敦主教住所的大门上。1571 年，英格兰议会通过法案，禁止将教皇训令带进英国，违者按叛国罪处死。同时，议会确认了《39 条教规》，这标志着宗教改革结束。

玛丽被软禁，西班牙国王菲利普二世于 1567 年派阿尔瓦公爵率 5 万人侵入尼德兰，在英格兰引起极度不安。1572 年，西属尼德兰爆发起义，需要英国给予援助。伊丽莎白和塞西尔都认为，尽管西班牙已取代法国成为英格兰的仇敌，但英国尚无力单独与西班牙进行战争，所以采取了与法国结盟的间接战略。伊丽莎白在 1574～1585 年间力图通过她自己与法王之弟、王位继承人安茹公爵弗兰西斯的恋爱关系，来保持英格兰与法国的友好关系。但英格兰枢密院竭力反对这桩婚姻，安茹公爵弗兰西斯又于 1584 年去世，从而导致法国内乱再起。1585 年 5 月，菲利普二世扣留了伊比利亚半岛各港口的英国船只，这促使伊丽莎白下决心与西班牙公开作对。

1585 年 8 月，英格兰与尼德兰联省共和国结盟并加紧备战，同时派出海盗兼商人德雷克率领船只 29 艘、士兵 2300 人，跨洋远航去袭击西班牙在美洲的殖民地，以打破西班牙对海外殖民地贸易的独占权。12 月伊丽莎白又派莱斯特伯爵率军占领尼德兰的弗拉辛，既想防止尼德兰被西班牙和法国占领，又想保护英荷两国间传统的商业联系。莱斯特渡海征战一败涂地，德雷克的海盗劫掠却大获全胜。

但英国与西班牙的战争是在 1587 年 2 月玛丽·斯图亚特被处决后才全面爆发的。被软禁的玛丽女王涉嫌参与谋杀伊丽莎白的一系列阴谋活动，而议会则一直要求处死玛丽女王。伊丽莎白考虑到与西班牙的关系，一直犹豫不决，但 1586 年玛丽准许其同党刺杀伊丽莎白的亲笔信落到英格兰安全部门首脑沃尔辛厄姆手中之后，一个特殊的审判法庭就宣判玛丽有罪，12 月议会两院一致请求将玛丽处死，而伊丽莎白也做好了与西班牙开战的准备。1587 年 2 月，玛丽·斯图亚特被斩首，时年 44 岁。苏格兰方面对此不了了之，因为玛丽的儿子、21 岁的詹姆士六世考虑到自己对英格兰王位的继承身份问题，并不相信西班牙会与经过了宗教改革的苏格兰站在一起。但西班牙的菲利普二世在伊比利亚半岛西海岸各港口集结了待发的战舰，准备向英国开战。不想德雷克却先下手，率领舰队突袭加的斯港，摧毁了西班牙战舰30艘，并在沿海一带劫夺其供给船达两月之久。英国本土的地方武装也动员了起来，凡可能登陆的地方都在地图上做了标志，其防务也做了相应的安排。

1588年春，由梅迪纳·西多尼亚公爵指挥的西班牙无敌舰队启航。此行的计划是控制英吉利海峡，并与西班牙驻尼德兰总督帕尔马公爵会师，然后一起入侵英格兰。当时，西班牙战舰在数量上超过英国，且船体巨大。但英国船快速灵活，且装备远程大炮。英国人放弃了步兵登上敌舰作战的传统打法，而是进行纯粹的海战，直接击沉敌舰。西班牙仍使用旧战术，高大而笨拙的船舰满载着士兵和短程火炮，用缆绳连成横列队形缓缓前进，宛如庞大的海怪。

最初9天英舰跟在无敌舰队后面航行，伺机进攻。7月27日无敌舰队到达加莱港附近海面时损失2艘船只，帕尔马公爵害怕尼德兰人乘机攻击，不敢接应。而英军派出6艘火攻船，未能靠岸的西班牙船见到这些火攻船，便争相砍断缆绳，乱作一团，连锚都在慌乱中丢失了。接着，英军用远程大炮轰击，西班牙船舰弹洞累累、水兵死伤枕藉。这时，风向忽然改变，无敌舰队因为失去了锚，就只能随风向北逃窜，英军穷追不舍，一直打到福斯湾。此后大西洋的飓风又给逃散的西班牙军舰带来了更大的灾难。

这就是英国历史上著名的1588年海战，此战击败了无敌舰队，沉重地打击了西班牙的海上力量。此后，英西战争断断续续地进行着。伊丽莎白改变了防御政策，积极支持尼德兰人和法国国王那瓦尔的亨利，支持在加勒比海、亚速尔群岛和伊比利亚半岛附近走私的海盗进行反西班牙的活动，并在1589年、1594年、1596年和1597年发动了数次对西班牙的远征。

1603年3月24日她死于萨里的列治文宫。她被安葬在威斯敏斯特。她的继承人是詹姆士一世。

沙皇伊凡雷帝

伊凡四世（1530～1584 年在位）是俄国第一位沙皇。他在亲政加冕时，自称自己叫“沙皇”。“沙”，系古罗马皇帝“凯撒”大帝的俄文音译。第一位沙皇伊凡四世在俄国历史上有“伊凡雷帝”的称呼。“雷”，即俄文“可怕的”音译。

伊凡四世

雷帝的祖父伊凡三世曾两度结婚，二婚所生的儿子瓦西里三世继承了王位。瓦西里三世也两度结婚。第一次结婚时，宫廷将全国的贵族少女登记造册，瓦西里选中一位绝代佳人，婚后 20 年没有生育。瓦西里将妻子幽禁于修道院，另娶了年轻的立陶宛姑娘叶莲娜为妻。瓦西里是如此倾心于这位娇妻，以致为讨她喜欢而违背古训剃了胡须。

但婚后3年仍未生育。在宫廷内外翘首期待的第四年，叶莲娜生下了一个儿子。这个婴儿的来历颇受猜疑，许多人认为他的父亲并非瓦西里，这婴儿的降生更是非同寻常：在他呱呱坠地的那天夜里，整个俄罗斯国雷声滚滚，地动山摇。喀山汗的妻子惊惶地对俄国特使说："贵国降生了一位沙皇，长着两对利齿，一对吃掉我们鞑靼人，一对吃掉你们。"这个诞生在雷声中的孩子被取名伊凡。

伊凡3周岁时，他的父亲瓦西里三世患病，不久即去世了。临终前，老国王把国务委托给了7名遗诏执行人。这几个人都是蒙皇恩而晋升的，由于出身低微，他们均无权取得国家的最高官职。瓦西里三世希望依靠他们来防止实力雄厚的领主贵族阶级篡夺王位，并限制领主杜马的影响。

领主监护人在老国王驾崩后没几天，就为3岁的伊凡举行了加冕登基典礼。他们匆忙地以先发制人的手段，镇压了封邑王公尤里的叛乱。从此，遗诏执行人与领主杜马之间的关系开始紧张。

这时，一个重要的女人出场了。她就是伊凡的母亲——叶莲娜·格林斯卡娅。她在奥夫奇纳的协助下，完成了一次名副其实的政变，夺取了老皇帝授予7名遗诏执行人的大权。

格林斯卡娅当政不到5年即病逝。在位期间，她成功地进行了币制改革。此前市面上充斥赝品银币，叶莲娜断然宣布废止旧币，改铸新币，这才从根本上解决了问题。但她统治俄国不到5年，便染疾而死，于是，7岁半的伊凡成了孤儿。

伊凡3岁丧父，7岁半时成了父母双亡的孤儿。他4岁的弟弟尤里天生聋哑，不能伴他游戏。他是在领主们的专横暴戾中长大成人的。他们的胡作非为，使他由胆怯变为神经质的怯懦。他的多疑和极不信任人的心理随着年龄的增长与日俱增。

在雷帝自己的记述里，他的童年完全是个"苦孩子"，极其孤寂，4岁的弟弟尤里天生聋哑，不能伴他玩耍。没爹没娘，无依无靠，一种被抛弃的感觉深深植入心中。"各方面都没有自由。什么都不能按自己的心愿，全不合少年的时宜"。作为君王，他经常被迫在冗长的典礼中，在宝座上，一连坐上几个钟头，履行各种各样的极其烦琐乏味的礼仪。更不幸的是，宫廷斗争的阴影时时笼罩着他。重新掌权的领主们的专横暴戾刺激着他，使他由胆怯变为神经质的怯懦。一天黎明时分，两位领主冲进寝宫将伊凡唤醒并恫吓他，在逮捕总主教时，领主们闹哄哄地闯进来把伊凡弄醒，强迫他在十字架旁唱赞歌。

监护人相继去世后，伊凡的生活发生了重大变化：由先前的严厉管束变为完全放任。太傅毫无原则地鼓励、夸奖他，使这个发育很快的少年像脱缰的野马，为所欲为。他终日沉浸于童年时被剥夺了的儿童狂欢游戏和各种冒险活动中。

随着年龄渐长，雷帝残暴性情开始显露锋芒。当领主舒伊斯基当着少年伊凡的面，动手打了另一领主的耳光之后，伊凡在他人唆使下，下令将舒伊斯基拖至皇宫门前乱棒打死，并暴尸两小时。这件事使领主们感到沙皇的利齿已经长成，开始吃人了。从此他们都变得驯服了。

老国王期望他指定的监护人能教会这位王位继承人执掌政权。但监护人未及完成他所托付的大任就退出了政治舞台。15 岁的伊凡四世没有足够能力来治理一个幅员辽阔的强大国家，而且他的周围皆属一时得宠的人，于是只好用贬黜和处决来庆祝自己的成年，这是不足为奇的。

领主杜马奏请 15 岁的伊凡亲率大军征讨鞑靼人。伊凡出征后，沉湎于各种玩乐。他身在军营，却闯春耕、种荞麦、踩高跷、身着白殓衣。领主们只得奉陪。过了几天，跟沙皇一块播荞麦的 3 名领主突然人头落地。究竟是什么原因？谁也说不清。很可能是由于“顶撞了伊凡几句”而遭杀身之祸的。

伊凡是在 1547 年 1 月 16 日正式加冕的。是日，克里姆林宫的圣母升天大教堂举行了隆重的祈祷仪式，之后总主教马卡利即将莫诺马赫皇冠戴到了他的头上。16 岁的少年自作主张地首次采用了沙皇的称号。更改称号是伊凡四世开始独立亲政的标志，这个称号使伊凡四世一下就以罗马凯撒的继承人和上帝派到人间的君主身份出现在臣民面前。

伊凡的暴戾很快在臣民中有了反应。喀山战争开始时，俄罗斯第二大城市诺夫哥罗德的一批射击兵为服兵役的事找伊凡评理，遭到伊凡喝斥，贵族们也动手驱赶士兵，双方冲突起来。射击兵奋力投掷泥块，并用火绳枪射击。伊凡仓皇逃走。半年之后，伊凡再赴诺夫哥罗德，当地居民指望他管束一下横征暴敛的领主，他却整日乘驿站马车游玩作乐，根本不理民情。市民们派遣了一个人数众多的上诉团，去觐见伊凡雷帝。伊凡大发雷霆，下令逮捕这些上诉者。若不是有人禀报克里姆林宫大钟突然坠落，这些上诉者都难免一死。

此后不久，普斯科夫地区和莫斯科相继爆发武装起义。莫斯科的武装叛乱分子冲进克里姆林宫，要求惩治贪官。伊凡的舅父格林斯基被拖出大教堂，当场用石头砸死。沙皇伊凡携文武百官逃难到郊外，直到叛乱平息方才返回。

莫斯科起义成为伊凡一生中的重大事件，但并未改变他的残暴禀性。

莫斯科起义向沙皇表明，他对自己潜力的估计与现实情况之间有着惊人的差距。一方面，人们总是使他相信，他的权力是君主专制的、神赋予的；另一方面，他刚亲政就面临着百姓图谋杀害皇室、揭竿而起的境遇。一贯草菅人命，从未受到应有惩罚的伊凡，生平第一次不得不认真考虑自身及近亲的安全了。

1547 年的莫斯科起义暴露了领主政府的虚弱，并为贵族阶级登上政治舞台创造了有利的条件。正是在起义之后，贵族政论家第一次说出了自己的政见。贵族阶级的代表被允许参加等级代表制会议，即后来所谓的缙绅会议。贵族政论家提出了全面改革俄罗斯国体的方案。改革的思潮开始吸引年轻的沙皇。

改革是俄国政治发展的一个重要阶段。一批新人物如成为太傅的总主教马卡利、著名司书伊凡·维斯科凡蒂、门第并不显赫的阿达舍夫进入了克里姆林宫。同这些人物的结识成为伊凡一生中极重要的一个新时期。在伊凡面前展现出一个前所未有的社会活动的广阔天地，成熟的时刻正在到来。蕴藏在沙皇内心的对“大领主”的不满，获得了新的基础，找到了新的目标。改革派分子初露锋芒是在1549年的所谓“调解会议”之后。参加这个会议的除领主杜马和教会领袖外，还有统领和小地主。年方18岁的沙皇向与会者发表了演说，当众宣布必须进行改革。他一开始讲话，便对食邑领主发出威胁，斥责他们迫害小地主，在分封领地方面欺侮军职人员。以阿达舍夫为首的改革派成了政府的核心，当时的文献称这个政府为“重臣会议”。年轻的沙皇伊凡四世似乎成了这一新思潮的传声筒。他于“调解会议”之后，在称之为“批准（百项决议集）的宗教会议”上作了一次讲话，提出了著名的“沙皇质疑”，其内容包括大规模改革的纲领，既有经济方面的，也有社会方面的。

改革首先从司法开始。立法者把注意力集中在完善中央和地方的管理体制问题上。新法典加速了衙门的建立，扩大了衙门官僚的职权，略微限制了食邑督抚的权力。

同时整顿了门第制，允许政府任命门第不太显赫，但必须是骁勇善战的统领担任副统帅。

为了加强武装力量，政府着手组织常备射击军，并组建了一支3000人的射击部队，作为沙皇的私人卫队。射击军在成立后的几年征战中表现得非常出色。

政府曾多次商议重新分配土地给贵族的问题。但是从哪里弄到军役贵族所需的土地呢？沙皇只好向教会开刀，但只部分地实现了自己的计划，没收了一些领地和土地，颁布了一些禁令。教会的固定土地资产仍未被触动。

此外，沙皇还进行了赋税改革。

这次改革巩固了中央集权，在一定程度上满足了贵族阶级的利益。但这些改革，总的说来，带有折中性。

阿达舍夫集团在实施国内改革的同时，拟定了一个庞大的对外政策纲领，其核心就是积极的东方政策。当时，东方的喀山封建主经常进犯俄罗斯，另外，喀山的土地也使一些贵族垂涎三尺。

俄罗斯军队于1548～1550年间曾两度进攻喀山，但均未获成功。

第一次被阻于下诺夫哥罗德，由于河面过早解冻，没能渡过伏尔加河。伊凡四世征战归来时“眼泪汪汪”。第二次，沙皇的军队围攻喀山达 11 天之久。第三次征战前夕，喀山人慑于沙皇的军事部署，准备屈服，但由于喀山人的内讧，喀山边陲战火复燃。1552 年 10 月 2 日，沙皇部队对喀山城堡发起了总攻，在全城大街小巷展开了血战。鞑靼的京城——喀山最终被攻克。

在征服喀山的战争中，沙皇实际上是一个次要的角色，大的决策和具体的战略、战术以及指挥主要还是依靠他的统领们。

为了纪念这次胜利，他建起了一座世界级建筑物——升天瓦西里大教堂。伊凡四世所建这座教堂位于今莫斯科克里姆林宫红场南端，被誉为“用石头描绘的童话”。这座教堂由 8 个大小不等的穹顶托起一座高高的金字塔形的尖顶，尖塔顶端是一个葱头形的镏金圆顶。五彩斑斓的葱头形多棱面圆顶被琢磨得闪闪发光，耸入云霄，好像一篮献给美丽天使的仙果。据未经证实的传说，伊凡在建筑物修好之后，曾下令把这座建筑的设计师的眼睛挖掉，以防他在别国也建起同样非凡的建筑物来。

在东方取得的胜利，对俄罗斯的历史发展具有重大的意义。整条伏尔加商路掌握在手，为俄罗斯开辟了富饶的东方市场，从而促进了对外贸易的繁荣。俄罗斯农民开始积极移往伏尔加河中游沃土地带定居。伏尔加河流域各民族摆脱了鞑靼封建主的压迫，但随之而来的却是沙皇制度的压迫。

阿达舍夫在取得喀山战役的全胜并巩固自己在宫廷的地位之后，便重新着手国家的改革。在改革的第二阶段，完成了中央政权机构的改组，建立了统一的衙门制度。一些最重要的行政部门改组为单独的衙门：对外事务统由外务衙门掌管；军事统归军务衙门掌管；领地事务统归领地衙门掌管。衙门制度虽未完全划一，但它符合当时俄罗斯中央集权的需要。

衙门制度的建立迫使政府取消食邑制和改革兵役制。1555～1556 年间，阿达舍夫颁布的最重大的法令就是有关食邑制和兵役制的。他彻底批判了过时的地方管理制度，在这种制度下，地方当局、督抚和乡长全赖居民供养。据载，沙皇得知食邑贵族的贪赃枉法情况后，下令“清洗”各市和各乡那些卷入诉讼案的督抚和乡长，取缔向食邑贵族缴纳的苛捐杂税，代之以上缴国库的专门租赋——“食邑抵偿租”。但由于享有“食邑”特权的领主和显贵的反抗，食邑制拖了多年才被取消。兵役制改革是和土地问题结合在一起的，改革派主张，不论是军役地主，还是世袭地主，现在都必须服满义务兵役期，并须提供“马匹、壮丁、武器”参加征战。土地占有者按每 150 俄亩耕地派出一名全副武装的士兵。

阿达舍夫的权威，在一定程度上是建立在沙皇个人对他的信任之上的。雷帝本人亲自参加了哪些改革呢？进行改革的年代，对沙皇伊凡来说，是一个学习的时期，但他对改革的影响是显而易见的。在改革方案中，沙皇最赞赏的，是这些改革者允诺消除领主统治的后果。猛烈地抨击领主的贪赃枉法成了整个改革纲领的出发点，这不是偶然的。但改革派对领主实行高压政策的建议，沙皇不能照办，他坚持传统的政治制度。这就是他对改革的主张日趋冷漠的根本原因。

当改革快过去 10 年时，改革派的许多承诺都未兑现。伊凡得出结论，沙皇权力因受谋臣和领主的限制，完全失去了君主专制的性质。另外，沙皇与谋臣们在国内政策上、对外事务上也产生了分歧，他们之间的破裂成为不可避免的。

为了打通俄罗斯同西欧贸易的通道，俄罗斯提出了征服立沃尼亚和在波罗的海沿岸建立统治的雄图。但军事行动并不顺利，先取得了一些胜利，不久便节节失利。在 1560 年整个战争期间，沙皇伊凡表现得非常急躁，派往各统领处的急使一个接一个。沙皇将延误军机的全部责任归咎于阿达舍夫，并完全解除了他的立沃尼亚作战总指挥的职务。不久，政府宣布没收阿达舍夫的全部领地。

在阿达舍夫动身去立沃尼亚后，仍留在莫斯科的西尔维斯特采取了孤注一掷的行动，希望免遭革职，但未获成功。于是他禀报沙皇，打算隐退进修道院。伊凡无意挽留自己的老太傅，在向他祝福以后，将他送进了基利洛夫修道院。

沙皇惩治这两位谋臣后，便想方设法消除他们的影响。他经常邀集一些与自己脾气相投的领主进宫，并强迫他们“豪饮”。在沙皇这伙酒肉朋友中形成了一条规矩：斟满“烈酒”的第一杯由伊凡自己先饮，然后，将同样斟满了酒的杯子递给其他饮酒者，直至大家喝得烂醉如泥。倘若在斟酒时某宾客不听劝酒，拒绝干杯，那就被斥之为“对沙皇心怀不满”，身上的西尔维斯特和阿达舍夫的“阴魂”和习气不散。

雷帝建立了一支专门负责执行搜捕和屠杀任务的特别警察——“特辖区”的特辖军团。利用这支“特辖区”秘密警察，沙皇对异己势力进行恐怖复仇。一次，多疑的雷帝无端怀疑一位叫弗拉基米尔的亲王要毒害自己，就把亲王及亲王的夫人和两个儿子全部抓来。沙皇一见这一家人就大喝：“叛逆们，你们准备给我下毒药。那好，我现在就叫你们先尝尝喝毒药的滋味！”雷帝逼迫这家的男人、女人和孩子轮流喝毒汁，最后亲眼目睹了这四口之家倒在他四周抽搐死亡的全过程。又一次，雷帝突然怀疑他的御医可能会配制毒药，就下令对御医用烘炙刑。还有一次，沙皇请他已长大的儿子伊万一起来欣赏黑熊吃活人的全过程：回到宫里还津津有味地给宫人描绘那熊吃人的详细情节，末了还说：“就像猫吃老鼠一样。”伊凡雷帝就是在这种极度的血腥兴奋中寻求一种近似肉欲的快感，这使伊凡四世的名字列入世界史的著名暴君名单中的榜首！

伊凡不择手段地竭力提高自己的威望。僧侣们在这方面给了他不少帮助。他们举行了隆重的礼拜仪式，以巩固雷帝的权力。

伊凡四世把西尔维斯特和阿达舍夫革职后，企图恢复先父的做法。他谕示，在他逝世后要为7岁的继承人皇太子设立监护会议。摄政会议成员中的5个领主，就有3个是国戚扎哈林家族的人，而且第4个也是他们的同宗。在新“七人”委员会中，实际上的发号施令者是已故皇后安娜斯塔西娅的亲属。这些人在豪门权贵中既无威望，又不受欢迎，于是，纷争开始了。

参与冲突的各方都明白，王公、领主显贵的实力是建立在他们地产之上的。因此，伊凡一开始同领主斗争，便公开宣布，他要沿袭祖父和父亲的先例，限制王公的土地占有。各衙门领导人根据沙皇诏令，着手拟定一项关于王公世袭领地的法典，该法典于1562年1月15日经杜马批准生效。

王公领主阶级对新土地法抱有明显的敌意。王公大贵族阶级的思

想家库尔勃斯基，指责雷帝毁灭了苏兹达尔的豪门权贵，掠夺了他们的资产和不动产。领主们大声疾呼，抱怨雷帝破坏了自古沿袭的杜马特权。最先起来反对的是一些皇亲国戚，即那些具有号召力，行动相当独立的封邑公国的统治者。

重臣会议的解体使格林斯基王公家族产生了一线重新掌权的希望。但他们的算盘落空了。沙皇没有把格林斯基家族列入监护会议。瓦西里·格林斯基王公心生不满，企图逃奔立陶宛而被抓获。这位失宠的国舅经过短期羁押之后提出保证，不再与波兰国王西基兹蒙德私通，并发誓今后决不“出走”立陶宛和斯塔里茨基封地。

虽已丧失权力，但仍未被消灭的封邑——领主反对派越来越注视着立陶宛。一些对雷帝的君主专制意向不愿妥协的人，都去那里寻求生路。一些图谋推翻沙皇伊凡的人，都期望从那里得到援助。当局因反对派和立陶宛勾结而产生的恐惧，随着俄罗斯与立陶宛边境战事的愈演愈烈，而有增无减。最后，沙皇甚至怀疑自己的堂兄弟弗拉基米尔王公有变节行为。怀疑是有根据的，正当沙皇军队和斯塔里茨基封邑部队隐蔽地向波洛茨克推进时，从沙皇大本营逃出的一名显贵向波洛茨克的统领们报告了雷帝的作战意图。逃跑者系弗拉基米尔王公的心腹。据沙皇猜测，他负有王公委托的某种使命，去求见波兰国王。伊凡为防范背叛，对兄弟的家室实行了严密的监视。这场冲突通过纯家庭方式得到和解。沙皇虽蔑视这个愚蠢和意志薄弱的兄弟，但对他宽大为怀，既往不咎，把封邑公国归还了他，同时也派了一些自己的亲信去监视他。

豪门权贵公开谴责沙皇的暴虐。当沙皇下令处死库尔勃斯基的奴仆瓦西里、希巴诺夫并暴尸示众时，领主弗拉基米尔·莫罗佐夫立即命令自己的部下收尸埋葬。雷帝不能宽恕莫罗佐夫这一举动，随后，莫罗佐夫被控私通库尔勃斯基，被捕入狱。

沙皇既已失去绝大部分执政领主和教会领袖的支持，就不能再以通常的方法治理国家了。但他没有贵族阶级的支持，就绝不能制服领主反对派。要达到这个目的，有两个办法可行：其一是扩大贵族阶级的阶层权力和特权，实施贵族提出的改革纲领；其二是放弃整个贵族阶层，成立一个特种贵族警卫队的独立警察部队。雷帝选择了第二个办法。这支警察部队由少数贵族组成。他们是靠损害所有其他军职阶层的利益而享有种种特权的。

自雷帝首次讨伐喀山起，已历时 15 年。这段时期，战火纷飞，连年不断，人民饱尝灾难，国家濒于毁灭。在外交受挫的形势下，沙皇的一些谋臣力谏在国内实行独裁，使用恐怖和暴力手段来消灭反对派。然而，在俄罗斯国，任何一项重大的政治决策，若不经领主杜马批准，都是不可能采取的。同时，杜马与宗教领袖的立场也是一清二楚的，他们决不会允许这类事情取得成功。为此，沙皇不得不选择一种异乎寻常的行动方式。为了将自己的意旨强加于“大封建主会议”，他宣布退位，打算借此逼迫杜马同意国家进入紧急状态。12 月 3 日，伊凡出走，他的“车队”在莫斯科郊外徘徊了数圈，才到达设防的亚历山大罗夫自由村。1 月初，沙皇从那里通知了总主教和杜马，并草拟了退位的诏书。

领主杜马为形势所迫，不仅没有接受雷帝退位，反而还不得不呈上了效忠书。总主教的代表和领主立刻动身去自由村。当沙皇以反阴谋为借口要求领主们授予他特权时，他们都卑恭地连声称诺。2 月中旬，沙皇返回莫斯科，把决议的文本提交杜马和宗教会议审批。伊凡在向会议致词时说，他为了“保护”自己的生命，立意在国内对宫廷、军队与领土实施直辖制。接着他声称，把莫斯科交由领主杜马管辖，他本人则要独揽不经杜马同意即可“贬黜”不服从的领主，处其死刑，褫夺被黜者的财产和积蓄的无限全权。按封邑公国的模式建立起来的直辖区，控制在沙皇本人手里。划入直辖封邑的，有应向直辖宫廷供应必需品的若干直属宫廷的大乡，以及北方的几个大县和一些富有的商业城镇。这些县城是直辖国库的基本财源。同时还建立了直辖军千人团，这是一支享有特权的沙皇私人卫队。

实施直辖制初期，血腥的屠杀在莫斯科随处可见。遵照沙皇谕令，直辖军刽子手斩了戈尔巴蒂王公、他的 15 岁的儿子和他的官任御前侍臣的岳父戈洛文。一些权贵和小地主被放逐。

1566 年，政府在莫斯科紧急召开缙绅会议，出席会议的有领主杜马成员、宗教界人士、贵族代表、衙门官僚及富商。沙皇指望通过缙绅会议把军费开支、立沃尼亚战争的负担转嫁到普通区。与会者迎合

当局的意愿，批准了实施特别税，以便继续进行战争。不过，作为交换条件，他们则要求沙皇作出政治上的让步，取消直辖制。地方贵族的奏疏，打乱了政府的整个如意算盘。直辖军于是再次使用暴力以制止缙绅会议进一步开展活动。

由于沙皇无意废除直辖制，于是沙皇的反对者开始暗中商量，欲取雷帝皇位而代之。当他们把这一图谋告诉了唯一享有皇位合法继承权的安德烈耶维奇王公后，他却到沙皇那儿告了密。直辖军首先拿御马监开刀，逼他缴纳一笔巨额军税，并把他流放到了科洛姆纳。他的许多同谋者也都立刻遭到了处决，随之而来的是一个长达3年的直辖制血腥恐怖时期。地方杜马中不满者的喧嚣声渐渐消失，全国笼罩在一片黑暗中。受到严惩的不仅有阴谋分子，而且有属于支持阴谋的嫌疑分子。

掌玺大臣维斯科瓦蒂出身下层，凭着非凡的智慧和才干一直受到沙皇器重，这次却成了阶下囚，因为他曾苦口婆心地劝沙皇停止杀戮。掌玺大臣被押往广场，绑在圆木桩上，沙皇让他当众认罪，并请求宽恕。掌玺大臣的回答是："刽子手和沙皇都该天诛地灭！"话音刚落，他的身体已被切成几段。另一位高官也拒绝认罪，沙皇让人把他也处死了。

1569年初，一支人数不多的立陶宛部队出奇制胜地夺取了西北部的一个防御重镇——号称坚不可摧的伊兹布尔斯克要塞。要塞的失守主要是由于叛徒的出卖。这种情况引起了沙皇的怀疑：在不利的形势下，普斯科夫和诺夫哥罗德是否会效尤伊兹布尔斯克？为了防患于未然，直辖当局强令所有危险分子迁出诺夫哥罗德——普斯科夫领地。

在强制市民迁徙之前，沙皇收到了瑞典发生政变的情报。沙皇更感到岌岌可危，仿佛身边都是阴谋分子，于是大开杀戒。先杀了他的婶母，然后又把他的堂兄弟弗拉基米尔王公及其全家，甚至一个9岁的女孩也一并毒死。沙皇认为弗拉基米尔伙同他的母亲，企图以诺夫哥罗德为基地毁掉国家。

对诺夫哥罗德的大屠杀从此开始。直辖军先是洗劫了索菲亚教堂，又到全城进行搜捕。被捕者被押到沙皇的营地审讯，审讯时用酷刑。惨遭杀害的不但有叛变的涉嫌者，还有其家眷。捆绑着的妇女和小孩被投入河中，并被人用木棒推到冰下。

屠杀持续了5周，约有3000名诺夫哥罗德人蒙难。沙皇的暴行，使诺夫哥罗德、普斯科夫、特维尔、拉多加的工商民蒙受了巨大的损失。诺夫哥罗德与西欧各国的贸易被中断了多年。

南部边境的战火又在燃烧。1571年莫斯科被焚毁之后，伊凡四世通知克里木汗王说，为了和平，愿意将阿斯特拉罕让给他。然而，在克里木占上风的是一帮军人，在他们的左右下，莫斯科的和平建议遭到了拒绝。

1572年4月底，俄军在南部边境集结了12000名贵族，2035名火枪兵和3800名哥萨克骑兵等待鞑靼人的新的进犯。这支军队加上北部城市的非常后备军，总数达两万余人。可是鞑靼人在兵力上占优势。参加入侵的有由克里木汗国，大、小诺盖帐汗国组成的4至5万名骑兵。此外，汗王还拥有土耳其炮兵。

1572年7月23日，鞑靼人入侵俄罗斯。其机动骑兵队迅速向图拉挺进，并于第三天试图在谢尔普霍夫的上游横渡奥卡河，但多次强渡均为俄军击退。

最激烈的战斗发生在离莫斯科45俄里的莫洛佳村地区，史称“莫洛佳之役”。俄军面对兵力上3倍于己的敌军，开始后撤，但却趁机完成了一次出色的战术转移。敌军被引到了“游垒”跟前。俄军猛烈炮击，给鞑靼骑兵部队以重创，并逼迫它退却。这场血战一直持续到7月30日傍晚。鞑靼人的损失格外惨重。

1572年的莫洛佳之役，被列为16世纪军事史上最大的事件。由于俄军在开阔地击溃了鞑靼军队，因而给克里木的军事实力以毁灭性的打击。精锐的土耳其军队于1569年在阿斯特拉罕附近的覆没，和克里木军队于1572年在莫斯科城下的被歼，使土耳其与鞑靼向东欧的扩张被制止。地方军和直辖军组成的联合部队对鞑靼人取得的辉煌胜利，对国家的内政产生了一定的影响，从而促进了直辖制的废除。

1571年，莫斯科被焚毁之后，政府准备逐步废除直辖制。鞑靼入侵的威胁，加快了直辖宫廷和地方宫廷军事力量的合并。直辖官吏开始得到与地方官吏相同的任命，而且有时还受级别较高的地方统领的节制。不久，当局便开始消除直辖杜马与地方杜马之间在行政管辖方面的许多壁障。1572 年初，沙皇宣布在诺夫哥罗德恢复古老的督抚建制，并任命领主姆斯季斯拉夫斯基为督抚。随后，国家财政管理机关、直辖国库与地方国库实行了合并。

上述军事、行政和财政体制的改革，都是在 1572 年鞑靼人侵前不久完成的。当时沙皇感到，战争出现不利结局的可能已变得相当现实了。恰巧这时，伊凡庆祝了他同安娜·科尔托夫斯卡娅的结婚大典，而且把对新婚妻子的安排写进了遗诏。雷帝在起草遗诏时，就直辖制写了一句简短但意味深长的话："我为何要实施直辖制，那是为了给我的孩子伊凡和费奥多尔作出一个现成的样板，至于他们觉得如何办比较有利，那就由他们自己做主了。"这句话表达了沙皇对直辖制的命运处之漠然。关于直辖制是继续存在抑或废除的问题，他全然留给了继承者们去考虑。

1572 年，沙皇颁布了一道关于禁止使用直辖制这个名称的诏令。这是直辖制应有的最后结局。违令者将严惩不贷："罪犯（谈论直辖制者）将被剥去上衣，当众鞭笞。"这一措施似乎可以证明直辖制已彻底废除，同时也可以看作是雷帝及其"新领导"对直辖制的一种独特评价。然而，另一种解释才是比较确切的。当局由于害怕人们的非难，强令大家沉默，极力防止对令人憎恨的直辖制的批评。

1575 年，雷帝第二次逊位，并把一个名叫西麦昂的任军职的鞑靼汗扶上了宝座，于是，国内又重新弥漫着直辖制的气氛。鞑靼人进入了皇宫，而大君主却移居阿尔巴特。现在他能像领主们一样在莫斯科城里随便蹓跶，他在克里姆林宫里的座次，也排在离金碧辉煌宝座上的"大公"很远的地方，并恭顺地听取大公的谕旨。

沙皇逊位的原因很复杂，但有一点是十分重要的，即朝廷上层发生了分裂。分裂的焦点是要不要恢复直辖制。为此，沙皇把直辖制取消后的首届政府的领导人送上了断头台，但领主大贵族阶层并未被摧毁。伊凡雷帝本应遵循昔日的做法使自己的行动合乎显贵的意见，完全忽视领主杜马是危险的。沙皇和他的近臣一直在为下述事情绞尽脑汁：在沙皇好恶作剧的性格怂恿他作出一个随心所欲的决定之前，如何能不经杜马同意便恢复直辖制，同时又能表面上保持俄罗斯国家的法制。这时，又出现了一个新的人物——西麦昂大公。

雷帝逊位一个月之后，开始了大屠杀，一批不赞成直辖制的王公领主遭到了杀害。

在西麦昂执政的第3个月，沙皇对一位英国使节说，他完全可以再取得皇位，如果他乐意的话；而且他将遵照上帝的吩咐来行事，因为西麦昂并没由于举行加冕礼而得到确认，他的就任并非出自人民的选择，而只是他的恩赐。然而，即使作了这样的声明，雷帝也不急于结束这场假面舞会。鞑靼汗在莫斯科的宝座上坐了将近一年。沙皇认为，将来也还可能需要这个顺从的西麦昂为他效劳。因此他没有消灭这个对手，而是体面地免除了他的职务。西麦昂离开莫斯科后，就到特维尔的“大公国”去了。

沙皇以“封邑公国”的形式在国内复辟了直辖制。但是这次受迫害的人为数不多。“封邑公国”的政策仿佛是直辖制政策的一个后记。

正当波兰立陶宛王国全神贯注于内部事务时，俄国却倾其全力于夺取瑞典人在立沃尼亚的一些要塞。在1575～1576年两次军事行动过程中，俄国人占领了沿海要塞彼尔诺夫和阿昔萨尔，并且控制了列维尔和里加之间的几乎全部滨海地区。同时，俄国人还在波属立沃尼亚发动了进攻。雷帝统率大军亲征，在7个星期的时间里，沙皇军队夺取了季纳堡、科肯豪津、文坚3个要塞和为数众多的小堡。雷帝对立沃尼亚战事作了乐观的估计，但取得的战果却是短暂的。由于里加仍在敌人手里，俄国人在立沃尼亚南部的军事统治不巩固。沙皇一班师回莫斯科，他所夺取的一些大的要塞，如季纳堡和文坚便相继丢失。

沙皇企图结束这场旷日持久的战争，对瑞典人和立陶宛人发动了大规模的进攻。但俄罗斯的敌人在整个立沃尼亚战争期间第一次将自己的军事力量实际上联合了起来。

在战争的最后阶段，波兰武装力量也参战了。由波兰、立陶宛、乌克兰、白俄罗斯和库尔兰组成的波兰立陶宛王国是东欧最大的一个国家。新国王巴托里一掌权就对俄罗斯先后发动了三次进攻。双方互有胜负而且都打得筋疲力尽时，在教皇使节的调停下，双方于1582年1月15日签订了一项《十年休战协定》。俄国将自己在立沃尼亚的全部领地，其中包括尤利耶夫要塞和彼尔诺夫港口让与波兰。作为交换，巴托里也把他夺去的一些要塞，诸如大卢基、霍尔姆、涅维尔、维里

日以及普斯科夫的四郊归还俄国，但波洛茨克仍控制在自己手里。

1583年8月，俄国与瑞典也签订了休战协定。瑞典人仍旧占领着他们所夺取的所有俄国城市：科列拉、伊凡哥罗德、雅姆和科波利耶及其附近各县。俄国只保住了芬兰湾沿岸的一小片地方以及涅瓦河河口。

历时25年之久，席卷波罗的海沿岸几个最大国家的立沃尼亚战争就此结束。俄国企图在波罗的海沿岸地区牢固地站稳脚跟的初次尝试，以失败告终。立沃尼亚战争的失利使俄国陷入非常困难的境地。

伊凡在48岁时患了重病，他的神经受了很大刺激，经常发作，发作起来便神志不清、口吐白沫，性格也越来越暴躁并且多疑。他对自己的康复已不抱什么希望了，于是将年长的领主和僧侣召到面前，宣布死后“将莫斯科公国的统治权授予长子伊凡王公”。

27岁的皇太子伊凡颇有人气，他血气方刚，多次请求父王拨给他一支军队，让他去粉碎普斯科夫城下的波兰人。与体弱多病、枯木朽株般的雷帝相比，伊凡王公显得意气风发，他甚至当着父王的面声称：他宁要英勇精神而不要宝藏；他现有的财富多少都无所谓，因为如果需要的话，他可以用火与剑把父亲的领地洗掠一空，夺走他的半壁江山。雷帝在暴怒之下，用剑锋扎了皇太子。

当雷帝的病情稍有好转时，他对皇太子的恶感便迅速增长。国民慑于沙皇的淫威，都把政治清明的希望寄托在皇太子身上。皇太子的声望开始对沙皇本人的权力构成威胁了。沙皇对皇太子的干涉愈来愈多，两人之间经常爆发激烈的争吵，沙皇暴怒之下会用棍子抽打太子。实际上他对儿子的控制从未放松过，他亲自为儿子挑选了配偶，不久又把她送入修道院。太子的第2个妻子也遭到同样的命运。太子的第3次婚姻是由他自行决定的，他娶了谢列麦捷夫家的公主叶莲娜。叶莲娜的一个叔叔曾被沙皇处死，另一个叔叔被投进修道院，她的父亲被沙皇指为里通外国的罪人。父子之间终于爆发了一次大冲突。

伊凡雷帝在晚年时手里经常拿着一根铁头杖，顶端上包有铁锥尖、柄上刻有花纹的长木杖。一旦发怒，沙皇随手就用手杖的铁尖头朝对方刺去。沙皇一般只是将对方刺伤而不刺死，然后兴致勃勃地看着对方躺在地上淌血，每遇这种情景时沙皇就显得极为平静。克里姆林宫里人人都恐惧雷帝的那根铁头杖，只要沙皇的右手轻轻动弹一下，四下马上鸦雀无声，谁也不敢喘气出声。到16世纪80年代，克里姆林宫里所有敢喘气的人，几乎都已进入墓地了。1581年深秋，太子伊凡的妻子怀孕，公公在宫内遇见儿媳只穿一件裙子（按俄国内宫习惯，孕妇应穿三件以上的裙衣），愤怒的公公举起铁头杖就朝儿媳妇打去，太子妃即刻倒地流产了。太子伊凡见妻子惨不忍睹，下身血流一片，便跑到父皇面前吵闹起来；雷帝勃然大怒，从宝座上跳下来，又举起铁头杖朝儿子乱刺。太子突然“咚”地一声倒在地上，额角上有一个小洞，小洞里淌出鲜血。伊凡四世这次没有平静地看着地上的受伤者慢慢地流血，他把手杖一扔，跪在地上，趴在儿子身上不停地吻着儿子那张渐渐变白的脸，抚摸着那逐渐凝固的双目……当城中所有的大钟都敲响了丧钟时，惊呆了的父亲才像一头野兽呼天抢地喊道：“我杀死了自己的儿子！我杀死了自己的儿子！”不断地用头撞击大理石冰冷的地面。

伊凡四世弑子

太子死后，伊凡四世矢口否认儿子是被自己打死的。他在写给大贵族们的信中编造说，他的儿子伊凡起初感到不适，后来病得难以忍受，可是“上帝饶恕了他，他从我这里永远地走了”。伊凡四世还故作姿态，下令举国上下都要为伊凡太子穿孝。并拨给教堂和修道院大笔款项，用来超度伊凡太子的亡魂。此后，伊凡四世立费多尔为太子。为了稳定统治，巩固费多尔的地位，他决定进一步同大贵族和解。宣布“宽恕”那些根据他的命令以“叛国”等罪名被判死刑或被贬谪的

大贵族；拨出大笔款项，资助教会，于是僧侣们喜出望外，高兴地说，天上下起了“银雨”。

伊凡四世为缓和同大贵族的矛盾，又反过来严惩那些所谓“告密者”。大贵族乘机报复，不少告发过大贵族的人被处死刑。有些中小贵族没经丝毫审讯就被毒打致死，还有一些被毒打后送往西部边疆地区充军，在这场残酷斗争中，不少能征善战的军事将领惨遭杀害。伊凡四世尽管同大贵族采取了和解姿态，然而费多尔并未得到他们的全力支持。其中原因之一是费多尔自己不争气，体弱多病，能力低下，又是跛子，根本无力治理国家。

为了逼迫大贵族表态支持费多尔，伊凡四世将他们召集在一起说：“我的长子伊凡已经死去，次子费多尔能否执掌国家政权，我心中无数。因此请你们认真考虑一下，看看在帝国最优秀的人物中，哪个人更适合继承王位。”大贵族们明白，这是硬逼他们效忠费多尔。他们一想起以前伊凡四世残酷迫害不支持他指定的继承人的贵族便不寒而栗。因此都言不由衷地表示，全俄除费多尔之外，任何人都没有能力继承王位。

大贵族们虽然表了态，但伊凡四世仍不放心。为了使将来政权交接时期政局稳定，伊凡四世仿照其父瓦西里三世的做法，组成了一个摄政会议。摄政会议由 4 人组成，其中有伊凡四世的舅父尤里耶夫、大贵族姆斯季斯拉夫斯基、舒伊斯基以及特辖制的积极拥护者别利斯基。然而费多尔的妻兄大贵族鲍里斯·戈杜诺夫未能参加摄政会议，这使宫廷内外都感到吃惊。

原来费多尔同伊丽娜·戈杜诺夫结婚后，始终没有孩子。伊凡四世认为，要使他的皇位世世代代延续下去，费多尔应该尽快同她离婚。因此伊凡四世首先对鲍里斯·戈杜诺夫给予冷遇，削弱他的权力，降低他的影响，使其无法阻止他这一计划的执行。鲍里斯·戈杜诺夫对伊凡四世极为不满，他们之间的关系迅速恶化。

1584 年 3 月 18 日，俄国历史上的第一位铁腕沙皇伊凡雷帝在下棋的时候猝死，享年 54 岁。其实以他当时的年龄来说，突然去世也应该属于正常范畴，但他的猝死却在当时的俄国引发了种种猜测和议论，以至于官方出面对伊凡雷帝之死做了正式的说明。

在伊凡雷帝猝死两个月后，他的儿子费多尔·伊凡诺维奇即位加冕。在加冕仪式上，费多尔向他的子民们郑重宣告：按照上帝的意旨，我们的父亲，已经仙逝的伟大沙皇，全俄罗斯的大公专制的君王伊凡·瓦西里耶维奇留下了地上的王国，领受了天使的圣像升入天国。

这无疑是向世人宣布，伊凡雷帝是自然死亡。为了比较充分地说明自然死亡的理由，人们对伊凡雷帝的猝死原因进行了分析说明。具体解释认为：伊凡雷帝猝死的原因，是因为心理压力太大造成的。

伊凡雷帝 3 岁登基，过早地目睹了宫廷的黑暗，在尔虞我诈、血雨腥风的环境中学会如何保全自己，防备他人，心智一直处于高度紧张的状态。17 岁正式加冕以后，连年的战争，耗费了大量的财物，使得国库亏空，财政危机，伊凡雷帝的威信也直线下降。沙皇直属军团的成立，虽然在一定程度上巩固了沙俄帝国中央集权的统治，但不间断的恐怖暗杀使得国内怨声载道，政局动荡不安。再加上晚年痛失爱子和疾病的折磨，伊凡雷帝身心皆惫，神志恍惚，身体和心理的承受能力都处于崩溃的边缘，随时可能撒手归西。

但更多的人们似乎并不满足这样的解释，这样的解释对有“雷帝”之称的伊凡之死似乎过于平淡，甚至有些遗憾。于是，对伊凡雷帝死因的探究还在继续着。

1963 年，在修复莫斯科克里姆林宫的阿尔罕格尔斯克大教堂时，人们打开了伊凡雷帝和其他一些贵族的陵墓，并对伊凡雷帝的遗骸部分进行了化学分析。分析结果表明，在伊凡雷帝的遗骸里残存着大量的水银分子。据法医分析论证，“不能完全排除是有人用药物一下子，或缓慢地毒杀伊凡雷帝的可能”。据此，一位研究伊凡雷帝的专家首次提出他杀的看法：伊凡雷帝并非自然死亡，而是被他自己的两个宠臣别伊斯基和戈杜诺夫害死的。但由于这种说法缺乏确凿翔实的史料证明，并未被更多的人接受或进行更详尽的研究。

近几年，有关伊凡雷帝猝死之谜的史料不断地被发现，这些史料提供了伊凡雷帝非自然死亡的依据。如：“伊凡四世比人们预料的要死得更早，他虽身患重疾，身体一天比一天更衰弱，但还看不出濒临死亡的迹象”，“沙皇伊凡死得很快”，“戈杜诺夫收买了给伊凡雷帝治病的英国医生后，谋害了伊凡四世。因为，如果不抢在沙皇之前，他自己就会和其

他显贵一样被处死”等等。据此推断出伊凡四世是被别伊斯基给他的一份由医生配制，可是里面放进了毒药的饮料毒死的。一时间，伊凡雷帝死于宫廷谋杀之说吸引了所有人的注意力。

根据史料分析，戈杜诺夫的嫌疑最大，因为他对沙皇早已怀恨在心。伊凡雷帝在年过半百，身患疾病之时，还正式向英国女王伊丽莎白的侄女求婚，这对身为贵族的戈杜诺夫及其亲属构成严重威胁，一旦伊凡四世和英国王室联姻，将对伊琳娜·戈杜诺夫的丈夫，王储费多尔·伊凡诺维奇极其不利。据说，有一次，暴怒的沙皇不知为什么事情要严惩王储，戈杜诺夫想替王储求情，没承想竟也被雷帝一通痛打，致使戈杜诺夫在家躺了好多天不能到王宫去，还请了医生进行治疗。而雷帝不仅对此事不感懊悔，反而对他有了猜疑。此外，雷帝还对伊琳娜有过非分之举，也使戈杜诺夫对雷帝产生了仇恨心理。

以上种种使得王储周围那些最亲信的大公和贵族们，也就是戈杜诺夫家族对此感到受辱并产生怨恨。他们在寻求一些秘密措施，企图消除伊凡四世的联姻意图，推翻伊凡四世已达成的协议和阴谋。

至于别伊斯基的作案动机，则与沙皇冷酷残暴的性格不无关系。据说，伊凡雷帝在晚年的时候变得非常的脆弱，他非常害怕自己在没有忏悔，没有领受圣餐礼的情况下突然撒手人寰。因此，他从全国各地招募来六十多名巫师和巫医，由卫队严加看管。每天，雷帝都派别伊斯基去巫师和巫医那里了解他们的占卜、预告情况，然后回来向自己汇报。可是女巫们居然告诉别伊斯基，天上最强有力的星宿都反对雷帝，并且她们还预测出了雷帝的死亡日期。别伊斯基哪敢向雷帝汇报这些啊！他隐瞒了事实。可是雷帝还是知道了占卜和预言。伊凡雷帝暴跳如雷地叫嚷，他要在预言他死亡的那一天把巫师和巫医们统统烧死，把隐瞒预言的别伊斯基推出去砍头！别伊斯基被沙皇逼上了绝路。于是别伊斯基和戈杜诺夫联手，把他们自己的死期变成了雷帝的死期。

不难看出，上述说法，多为推理、判断，缺乏详尽、可靠的史料依据。既然没有定论，伊凡雷帝之死也就成为一个未解之谜，有待后人的进一步论证。

伊凡雷帝留有大量著作，从中可以看出他是个天资聪颖的人，他的政治家的气质、政治家的才干和高度的文化修养，都是同时代人难以企及的，但他的多疑与残暴，使他陷于极端孤寂的境地。对敌手极端凶残的另一面，是对宠臣的过分依赖。经他处理的政务，大都渗透着宠臣们的意志。他的酒友瓦西里除了吹牛别无所长，领兵打仗时一见敌人就领头逃跑，他却声称自己单枪匹马同200个敌兵厮打，当跌倒在地时，还“咬死了压在身上的6个敌人，咬伤22人。”对这样的鬼话沙皇也深信不疑。晚年的沙皇实际上已成了这批钻营者手上的一个傀儡。

沙皇的多疑和残暴，使他的统治过分依赖恐怖手段，结果是举国上下人人自危，沙皇本人也笼罩在恐怖气氛中，在他为天使写的一首赞美诗中，充满对死亡的恐惧，对迫害的狂热和个人的孤独感。在数百名禁卫军的随时保护下，他仍然提心吊胆，生怕遭到暗算。这种恐惧感又会刺激他做出更为不近情理的残暴事情。有一次，当火枪手指挥官尼基塔慑于他喜怒无常的性情而躲入修道院时，沙皇却偏偏盯住他，下令把他带来，说：“尽快升天对威武的修道士是有好处的。”尼基塔被安放在一个巨大的火药桶上，沙皇让人点燃了桶内的火药。

沙皇对财富有着不可遏止的欲望，他承认自己贪得无厌，但从不停止掠夺。祖辈留给他一座无价的宝库，他仍不遗余力地充实它。在他的库存中，除了金条、银锭和金银硬币，还有欧洲最名贵的宝石。他在世界每个角落搜集宝石，并经常展览。他是个品位极高的宝石鉴赏家，对各种宝石有自己独特的一套看法。他认为红宝石可以纯洁他那被破坏了的心境；蓝宝石具有保护他的神力；戒指上变得暗淡的绿松石会预告死期；东方宝石中最名贵的金刚石，能制止人发怒和好色。而所有的宝石都是上帝的赠品，是大自然奥秘的结晶。

雷帝以毕生心血聚敛起来的金银珠宝，今天仍会在世界的某个角落熠熠闪光，而雷帝的肉身却早已化成了粪壤。当然，雷帝的悲剧性生涯还会给今人以启示。

1591年5月，伊凡四世的幼子季米特里被害死，据说此事同戈杜诺夫有关。1598年多病无能的费多尔病死，戈杜诺夫正式成为沙皇。他的即位遭到伊凡四世的一些近亲和其他大贵族的反对，俄国历史又进入了一个新的混乱时期。

亨利四世

1572 年，纳瓦拉国王安托万战死沙场后，他 19 岁的儿子亨利继位为国王。此时的纳瓦拉王国虽然实质上是一个独立的王国，但在名义上属于法国。亨利从即位开始，就不可避免地卷入了当时的宗教冲突中、他成为胡格诺教派名义上的领袖，与天主教处于敌对状态，而法国的国王和大部分公爵信仰的正是天主教。

由于新旧教派冲突引发的宗教战争，已经在法国持续了很长时间，整个社会民生凋敝，百姓苦不堪言。为了缓解教派之间的冲突，当时法国国王查理九世（1560－1574 年在位）的母亲卡特琳决定将女儿玛尔戈嫁给纳瓦拉国王亨利，婚礼定于 1572 年 8 月 18 日举行。这一举措对于当时的天主教徒和胡格诺教徒来说都是一个盛大的庆典。当时有大量的胡格诺教徒前往巴黎参加亨利的婚礼，其中包括胡格诺派中最为重要的人物，海军上将克利尼。8 月 22 日，天主教派吉斯公爵亨利雇佣杀手趁着克利尼缺少防范时前去刺杀他，但所幸克利尼只是身负重伤，并未丧命，这件事让胡格诺派教徒群情激奋。

这时，卡特琳害怕胡格诺派在巴黎闹事，会威胁到王室的安全，于是强迫查理九世下令屠杀在巴黎的胡格诺教徒，从 8 月 23 日到 8 月 24 日的夜里，2000 多名胡格诺派教徒在毫无防备的情况下被屠杀，横尸街头，这就是历史上著名的“圣巴托罗缪之夜”。在这场惨烈的屠杀中，刚刚度过新婚之喜的纳瓦拉国王亨利（1574～1589 年在位）因为发誓放弃新教信仰，才免遭屠戳。

1574 年 5 月，查理九世病逝。查理九世的弟弟昂儒公爵亨利即位，是为亨利三世。亨利三世一方面与重新恢复新教信仰的纳瓦拉国王亨利之间有着矛盾，另一方面又与权势日盛的吉斯公爵亨利有着矛盾，在相当长的时间里，这三个亨利之间展开了没有硝烟的战争。

1588 年，吉斯公爵联合巴黎的一些势力，迫使亨利三世逃离首都巴黎。满心愤怒的亨利三世出逃后，派人将吉斯公爵暗杀了。吉斯公爵死后，他的弟弟马延公爵为了替哥哥报仇，在巴黎扶植了一位红衣主教担任国王，他自己则掌控大权，与亨利三世为敌。亨利三世为了夺回王位，与纳瓦拉国王亨利联合。1589 年，两位亨利的联盟军开始围攻巴黎，可就在大功告成之前亨利三世被人刺杀了。亨利三世没有子嗣，按照规定最有资格继承王位的纳瓦拉国王亨利登上了法国国王的宝座，为亨利四世（1553－1610）（1589－1610 年在位），开启了法国波旁王朝。

亨利四世支持新教中的胡格诺派，对广泛信仰天主教的法国人来说，他即位之初没有多少人承认他的权威。亨利四世清醒地认识到了这一点，他不愿让宗教问题成为自己治国的障碍，于是 1593 年 7 月、亨利四世在一座大教堂中正式宣布自己放弃新教，皈依正统的天主教。亨利此举收到了很好的效果，几天之后，亨利和巴黎方面实现了停战，1594 年 3 月，亨利四世在巴黎群众的欢呼声中，开进了首都，住进了王宫，成为了全国承认的新国王。

但是，在亨利四世宣布皈依正统天主教后，另一个问题出现了，信仰新教的民众对亨利四世产生了不满情绪。亨利四世知道，只赢得天主教徒的心还不够，如果不能同时赢得新教徒的心，那么两派之间的战争可能还将持续下去，对于法国的建设将有百弊而无一利。

为了获得新教徒的拥护，亨利四世不顾一些天主教公爵的反对，于 1598 年颁布了著名的“南特敕令”。该敕令一方面规定法国的国教为天主教，另一方面规定法国全境公民有信仰新教的自由，承认公民的平等地位并给予保障。法令颁布后，的确得到了新教徒的拥护，但是当时的巴黎高等法院却拒绝登记该法令，也就是不承认该法令合法。

面对这一状况，亨利四世充分显示了他恩威并施的手段，他先是召集法官并告诫他们：“我是法国的国王，名副其实的法国国王，你们要顺从。你们这些法官就好像我的右臂，但是如果我的右臂生了病，不听使唤，我就会毫不犹豫地用左臂砍掉右臂。”在威胁过后，亨利四世又表现出对天主教的虔诚，宣布要资助天主教会主办的各项慈善事业，并定期前往教堂参加礼拜。

在亨利四世的恩威并施之下，“南特敕令”终于获得了巴黎高等法院的认可并开始在全国实施，这为亨利进一步整饬法国的内政外交提供了很好的基础。

为了更好地治理法国，亨利四世就要树立自己作为国王的权威。亨利四世为了控制巴黎高等法院这个至关重要的权力部门，将自己的心腹阿尔莱任命为巴黎高等法院院长，这样就避免了巴黎高等法院总是与国王的政策唱反调或者是试图限制国王的权力。

为了进一步强化中央权力，亨利四世还大力控制官员的任免，并限制地方王公贵族的权力。但是，地方王公贵族们不甘心自己的权力被一点点剥夺，因此一些人于 1600 年联合起来，准备夺取王权，其中的核心人物是比龙元帅和布永公爵等。这些人趁法国西部各省对盐税不满机会，准备发动一场暴乱。但是他们没有料到亨利四世的反应异常迅速，很快比龙就被逮捕受审，以叛国罪被判处死刑并于 1602 年斩首。紧接着，亨利四世又以强大的军队袭击同样握有一部分兵权的布永公爵。1606 年布永公爵宣布投降，此时已经没有人敢于挑战国王的权威。

在树立威望的同时，亨利四世没有忘记恢复被长期宗教战争毁坏的法国经济。为此，他任用了自己昔日的伙伴，精明能干的苏利公爵担任财政总监。苏利的确没有辜负亨利四世的期望，在担任财政总监后采取了一系列措施来整顿经济和财政。为了更好地征税，苏利先是免除了 1596 年税款，这样才能使民众有积极性去交 1597 年之后的税款，亨利也没有给民众增加太多的苛捐杂税，只是征收亨利四世之前就确定的税目，但是在征这些税的时候要严格执行，不能够有遗漏。

当时的法国是一个农业大国，十之八九的人口都是农业人口，因此只有将农业发展起来，才能使财政、税收得到极大的提升。苏利为了提高农民的积极性，又减免了农民的人头税，并招抚流散农民，将一些士兵遣返回乡务农。为改善农业的生产条件，政府还组织疏通河道、修建堤坝、开垦荒地。为了提高农业生产，亨利四世和苏利专门请来荷兰专家传授排涝技术，大量印发一些使土地丰产的书籍。在苏利的积极努力下、法国的国库迅速充盈起来，社会又恢复了生机。

内政上成功的法国，在外交上也同样取得了不小的成绩，1600 年之后法国相继收回了一些被其他国家的公爵占有的法国土地，并在意大利地区进行不断的斡旋外交，使法国的国际地位得到了很大的提升。

亨利四世曾经满怀豪情地说，如果上帝能够给他足够的时间，他将让欧洲见证一个强大法国的崛起，只是上帝并没有给他足够的时间。1610 年 5 月的一天，亨利四世在马车里被一名狂热的天主教徒刺死。

古斯塔夫二世

古斯塔夫·阿道尔夫二世，号称“北方神狮”和“白雪之王”，是瑞典瓦萨王朝国王，十七世纪欧洲卓越的军事改革家和统帅。

1594 年，古斯塔夫·阿道尔夫出生在斯德哥尔摩。他是瑞典国王查理九世的长子，自幼受到作为王位继承人的良好教育和严格训练。他的私人教师约翰·施罗德勒封，博学多识，曾游历四方。他将各方面的学识传授给古斯塔夫，使其才智超过当时一般的年轻人。古斯塔夫的正式课程以拉丁文和神学为主，但他对修辞学、辩论术、数学、几何学、政治学、史学、语文学都抱有强烈的兴趣，还掌握了法语、意大利语、荷兰语、西班牙语、俄语和波兰语，谙熟欧洲古典作品，特别悉心地钻研过军事学。他心目中最仰慕的英雄是当时享有盛名的将领——纳索的莫里斯。古斯塔夫自幼随父亲游历，参加政治活动和军事活动，13 岁时代父宣读即位誓词，16 岁参加卡耳马战争，表现英勇。他还经常与外交使节会谈，获得了作为统治者的许多实际经验。

1611 年，查理九世去世，古斯塔夫·阿道尔夫登上瑞典国王宝座。然而，这位 17 岁的新国王一即位就面临着内外交困的严重局面。瑞典这时正在同丹麦、波兰和俄国进行战争。俄国为了夺取波罗的海出海口，从东方威胁着瑞典的安全。丹麦为争夺卡耳马，已同瑞典开战多年，日显上风，从西方造成对瑞典的压力。南方的波兰国王西吉斯蒙德正在觊觎瑞典王位。在外部的压力下，国内局势很不稳定。其父查理九世执政晚年刚愎自用、独断专行、任用亲信、穷兵黩武、横征暴敛，造成社会各阶层、特别是贵族的不满，以致众叛亲离。按照瑞典惯例，古斯塔夫要在7年后才算成年，贵族乘机要求参政，加剧了国内的政治危机。

新国王古斯塔夫为了能够掌握政权，被迫作出让步。他任用年轻有为的贵族首领阿克塞尔·奥克森斯蒂埃纳为参政会首席大臣，在即位诏书上立誓，尊重和保证贵族的特权，让上层贵族在参政会和政府中拥有相当大的势力，应允召开等级议会，宣布路德教为国教和教会自治，保证臣民的平等和公正，但条件是贵族必须支持他继承王位，锐意改革国政，增强国力，以抵御外国入侵。

1612年，战争形势对瑞典特别不利，丹麦军已攻克阿尔夫斯堡，切断瑞典与西欧的联系，丹麦舰队已临近斯德哥尔摩城下；瑞典的对俄战争也屡屡失利。为了赢得喘息的时间，古斯塔夫认为上策是向丹麦忍辱求和。经过荷兰的斡旋，瑞典和丹麦于1613年1月签订克纳雷德条约。该条约对瑞典十分苛刻，瑞典宣布放弃对波罗的海和北极地区的领土要求，允诺交付一笔将使国库枯竭的赔款，在赔款未付清之前，交出北海的唯一港口阿尔夫斯堡。

国外的主要威胁一经缓和，古斯塔夫立即着手改革以稳定国内局势。1614年，他颁布司法敕令，创设上诉法庭，废止中世纪繁琐的诉讼手续，制定统一的审判程序；1617年颁布议会组织条例草案，按当时比较先进的政治思想规定议会的权限和立法程序，由贵族院和平民院共同参与立法，讨论国王提出的创议和参与制定对内对外政策。

为了争取有利的国际局势，古斯塔夫外交政策的主要目标是孤立最危险的敌人波兰。1614和1615年，他分别同荷兰和德意志新教同盟结盟，并亲率大军击败俄国，于1617年3月5日签订瑞、俄斯托尔波沃和约，胜利地结束了对俄战争。瑞典宣布承认沙皇米切尔的合法地位，归还诺夫哥罗德，但俄国要交纳大笔现金赔款，割让克斯霍尔姆和安格里亚。瑞典据此把伊斯托尼亚和芬兰省连成一片，切断了俄国通向波罗的海的出路。古斯塔夫兴奋地说："俄国人今后必难跨越雷池半步。"1619年，他甚至同意与宿敌丹麦结盟，以共同对付波兰。

到古斯塔夫23岁那年正式加冕为国王时，这位年轻人已展露出娴熟的外交才能和在国内消除宿怨的非凡能力。他的坚强个性博得社会各阶层对他的拥戴，从而为进一步改革奠定了雄厚的基础。

古斯塔夫首先进行了系统的行政改革。为了提高政府效率，设立了五大部（院），即财政、司法、陆军、海军和采矿部。各部（院）首席官员由国王任命并对国王负责，由他们组成国务院。这种国务院相当于现代的内阁，成为组织严密的政府核心，改变了过去国王事必躬亲、漫无定形的管理机构，加强了中央集权。后来古斯塔夫在1621～1632年间有整整6年作战于国外时，政府也能正常和有效地行使职能。他还给予乌普萨拉大学巨额捐款，要这所大学从贵族中培养大批职业文官，担任行政官员、大使和顾问，并用贵族官僚的统治系统取代中世纪延续下来的“大臣统治”制。古斯塔夫把全国分为若干省，由国王任命总督和重要官员来执行中央政府的各项命令。这一系列改革调整了国王与贵族以及其他社会阶层之间的关系，提高了王权的威望，为经济改革和军事改革奠定了基础。

在经济改革方面，古斯塔夫着重发展采矿和冶金业。他充分利用国外投资、积极引进先进技术，大力更新设备。瑞典政府用近代化的工业组织取代1月式生产方式，聘请荷兰的著名技师路易·德·季尔，用“法国炉”代替木制炉和陶制炉，用德意志式和窝龙式的熔铁高炉提高生铁产量。瑞典政府尽可能地利用荷兰商人的中介作用，通过阿姆斯特丹这个国际中心市场，打开了瑞典丰富的铁矿、铜矿和木材的销路。到1620年时，瑞典不仅是最大的生铁生产国，在铜的生产量上也居欧洲第一，每年产量达3000吨，其中每年平均737吨销往国外，主要是西班牙。工业生产力的提高和外贸的发展，不仅从根本上改善了国家财政状况，而且使瑞典成为第一个具有军备工业的国家。

古斯塔夫明确地认识到，提高瑞典在欧洲的地位，必须改编和整顿军队，实行军事改革。他改变以雇佣军为军队主力的传统，组建起一支庞大的由瑞典国民，尤其是以农民为主体的常备军。15～44岁的男子按十丁抽一的办法参军服役，加以严格的训练。军队按省份建制，以地名为番号，形成了当时欧洲独树一帜的陆军，成为他日后扩张的有力工具。在军队装备上，他利用本国丰富的铁矿和铜矿资源，用先进的生产技术制造大炮，从而成为欧洲第一个使用野炮的君主。他还用一种只有3磅重的新式轻型步枪普遍装备军队，并不断学习和引进先进武器，如荷兰的迫击炮和葡萄弹，实施武器标准化。在部队编制上，

他效法荷兰军队的小型战斗序列和简化的组织原则，强调轻便、灵活和快速，改善骑兵组织。同时建立新型军需制度，减少辎重和行李，使军队行动能够迅速机动。在战术上，瑞典军队采用线型梯次纵深作战序列取代传统的方阵，居于前排的毛瑟枪手射击完毕后，退至一旁装弹，第二排枪手接着发射，保证了连续火力。此外，他还建立了一支舰队和运输船队，确保瑞典在波罗的海的贸易和安全。

这一系列的改革增强了瑞典的经济实力和军事实力，也增强了古斯塔夫的扩张野心。1621 年，他发动了对波兰的战争，统率大军进攻立窝尼亚，开始了围攻首府里加的战役。瑞典军队在里加围城战中第一次展现了严明的作战纪律和新型的军事技术。他们的徐进弹幕射击、设置障碍物和挖掘堑壕的方式使目击这场战斗的一些欧洲著名军事家瞠目结舌。相形之下，缺乏先进武器和装备、按传统方式作战的波兰军队，在瑞典军队猛烈炮火的打击下，毫无招架之功，溃不成军，伤亡惨重。里加城一举而下。这个战略要地的攻占使瑞典解除了自 1581 年以来被波兰扼制的出海口，而这曾经使瑞典的出口贸易额下降三分之一。

古斯塔夫二世一边固守里加，一边开始与德意志新教同盟谈判，企图以支援为名，加以实际控制，以便自立为新教同盟的盟主。但是新教同盟仍然推举丹麦为首领。古斯塔夫二世见图谋不能得逞，干脆拒绝加入。经过两年休整后，古斯塔夫二世于 1625 年 6 月再次发动征服立窝尼亚的战争。1626 年 1 月，瑞典军队在沃尔霍夫战役中破天荒第一次击溃了天下无敌的波兰骑兵，震撼了欧洲。瑞典军队士气大振，迅速占领立窝尼亚全境，控制了波罗的海 800 千米长的海岸线和从芬兰边界上的维堡到杜纳河畔的里加之间的大片土地。

古斯塔夫二世占领立窝尼亚后，决定向这块新领地移民，以满足贵族的欲望。早在 1617 年与俄国签订斯托尔波沃条约时，他就对贵族们说：“你们不是整天在吵吵嚷嚷地要求赏赐土地吗？可是你们干了些什么呢？都在为那些可怜巴巴的小块土地争吵个没完没了。到那片新领土上去吧！想要多少农田，你们就可以得到多少。至少，管得了多少，你们就可以得到多少。我会照顾你们的，给你们帮助，让你们免税，给你们特权。”占领里加后，他下令将农民和囚犯赶到立窝尼亚去居住。1627 年，他下令整顿这块殖民地的行政管理，派出王家专使前往立窝尼亚改革教会，设立学校，调查移民财产。到1650年，立窝尼亚40%以上的土地落到瑞典贵族手中，并由他们担任当地政府的一切要职。1626年5月，古斯塔夫二世又发动对波兰的新战争，企图占领波兰王国的另一块采邑：普鲁士公爵领地（即东普鲁士）。他统率大军在皮拉乌登陆，沿海岸线推进，直插维斯杜拉河。这一次，吸取教训的波兰军队聪明多了。他们避免正面交锋，却灵活机动地不断袭击瑞典军队的据点，使古斯塔夫的军队陷在东普鲁士寸步难行。与此同时，神圣罗马帝国的骁将华仑斯坦派出一支由1.2万名久经战火的老战士组成的军队驰援波兰。1629年6月17日，他们在斯杜赫姆大败瑞典军。在法国调停下，瑞典和波兰于9月25至26日在阿尔特马克签订停战协定。瑞典保有立窝尼亚和1622年以前在普鲁士占领的大部分土地，其余地区归还波兰和勃兰登堡。在规定的6年停战时期，瑞典有权对勃兰登堡的港埠的船只继续征收以现货或白银形式支付的关税，这项税收占瑞典岁入的30%。通过立窝尼亚战争，瑞典掌握了从卡耳马起，通过立窝尼亚和普鲁士，直到但泽的全部波罗的海的港口，由于这些港口在商业上的重要地位，加之丹麦和荷兰陷入三十年战争，力量对比已向有利于瑞典的方向变化，瑞典已成为影响欧洲政局的举足轻重的大国了。

立窝尼亚战争暂时结束了瑞典和波兰之间的争夺，也滋长了古斯塔夫二世的更大野心。他开始把目光转向正在三十年战争蹂躏中的德意志。这场战争从1618年开始，几乎把整个欧洲卷了进去。1622年丹麦和荷兰的参战，使斯堪的纳维亚国家之一的瑞典难以置身事外。1626年，丹麦为华仑斯坦所败，被迫订立律贝克条约，保证不再干涉德意志事务。取得胜利的天主教同盟的首领哈布斯堡王朝皇帝颁布“复原敕令”，规定新教诸侯归还1552年以后侵占的天主教全部教产，并计划在波罗的海建立强大的舰队，从而把势力范围扩大到波罗的海，与波兰连成一气，形成对瑞典的直接威胁。古斯塔夫二世从哈布斯堡王朝对波罗的海的野心中意识到瑞典参战在所难免。如果瑞典决心参战，最明智的做法无疑是把战场开辟在远离瑞典的地方，正如古斯塔夫二世在议会上宣称的：“与其让敌人把战马拴在我们的藩篱上，还不如我们把战马拴在他们的藩篱上。”

古斯塔夫二世为参战做了经济、军事和外交方面的准备。通过谈

判，法国答应每年补助军费100万法郎，为期5年。俄国以优惠的价格向瑞典出售谷物，通过转卖，瑞典获得40万塔勒尔的利润。荷兰也应允提供战费。在这些国家的怂恿和支持下，古斯塔夫制定了周密的战略计划，决定集中优势兵力，进攻奥得河口。1630年6月，他统率大军在波美拉尼亚的乌泽多姆岛登陆。这时正逢天主教同盟内部发生分裂和争吵，战功卓著的统帅华仑斯坦被神圣罗马帝国皇帝解职，军队缩编，帝国军队指挥系统混乱。古斯塔夫二世因此得以稳妥地逐步占领奥得河全线。7月，瑞典军队征服麦克伦堡和波美拉尼亚，控制了从丹麦到芬兰的整个波罗的海地区，把波罗的海变成了瑞典的内湖，实现了他入侵德意志的第一步骤的目标。他的下一个目标是深入德意志腹地。为此，他必须争取得到勃兰登堡和萨克森选侯的支持。1631年4月13日，瑞典与勃兰登堡结盟，会同攻占法兰克福，并计划西进为马格德堡解围，以保证补给线的安全。他越过哈瓦尔一线，向易北河推进，在韦尔贝阻挡了天主教同盟统帅伊一提内的进攻。到这时，古斯塔夫二世占领的地区已超过了他所携带的军用地图包括的范围。9月11日，他与萨克森选侯缔结同盟，协力向莱比锡进军，与天主教同盟主力相遇于莱比锡城下，9月17日，瑞典和萨克森军队共4万人与提内的2万人在莱比锡附近的小镇布莱滕费尔德决战。这次战役是新旧两种军队和战术之间的较量。提内的能征惯战的长枪手和步枪手组成密集方阵，以猛烈的正面冲锋立即冲垮萨克森军队，打得萨军四散而逃，战斗胜负似乎已成定局。但是，瑞典军队由于步兵、骑兵、炮兵相互配合默契，加上操练有素的作战火力和灵活机动的指挥，很快稳定了暴露的翼侧，经过6个小时作战，转小败为大胜，全歼提内的军队，缴获大批军火和物资。布莱滕赞尔德战役的结局使整个欧洲大为震惊。古斯塔夫二世以新型将领和统帅的形象出现在德意志和欧洲，被人们认为，像预言家和占星家所说的，是从遥远的地方前来拯救人类的“北方神狮”的化身。

布莱滕费尔德战役后，整个战场形势向有利于新教联盟的方向好转。瑞典军控制了易北河西岸，并继续南下，穿过屠林根，直指美因河和莱茵河合流处，占领了从曼海姆到布拉格一线以北的德意志。古斯塔夫二世计划建立德意志诸侯同盟，作为瑞典和哈布斯堡王朝之间的屏障。

1631年冬，他在德意志诸侯簇拥下，在美因兹和法兰克福举行觐见礼，被推举为盟主和统帅。此后，他统领新教同盟的6支军队南进，以实现对中德和南德的更大野心。1632年3月，军事行动开始。古斯塔夫二世进入纽伦堡，4月强渡累赫河，再次击败帝国军，73岁的名将提内驰骋疆场50年后于这次战役中阵亡。5月，瑞典军已进入巴伐利亚，通向慕尼黑，直捣哈布斯堡王朝的权力核心——奥地利世袭领地。但是，要指挥这样拼凑起来的大军，古斯塔夫已显得力不从心，而且远离本土，已暴露出了瑞典军队的弱点。瑞典军队的顺利进展也威胁到法国在南德的势力范围，引起法国的忧虑。法国不仅停止了援助，而且采取军事行动占领了莫塞尔河上的桥头堡特里尔和科不伦茨，在腓力斯堡和埃伦布雷兹登渡过莱因河、企图把法国边界推到莱茵河。与此同时，连连受挫和陷入困境的天主教同盟和神圣罗马帝国被迫于1631年12月重新起用常胜将军华仑斯坦为帝国军队统帅，授以便宜行事的大权。华仑斯坦受命后立即率军直驱萨克森，抄瑞典军队的后路，迫其回防。古斯塔夫二世闻讯，果然立即调转方向，前往迎战，与华仑斯坦在纽伦堡摆开战场。但是，华仑斯坦退回阿尔特费斯特军垒，并逗引瑞典军围攻。瑞典军围攻两月不下，由于给养不济，被迫撤退。10月，瑞典军重新向南进军。华仑斯坦再演故伎，攻击萨克森，逼瑞典军回撤。11月1日，华仑斯坦攻占莱比锡。古斯塔夫统率大军压向华伦斯坦的大本营。11月6日，一个浓雾弥漫的日子，这两位欧洲名将在莱比锡西南的吕岑列阵交战。古斯塔夫二世身先士卒，冲向敌方战壕阵地，华仑斯坦下令撤退。瑞典军队虽然取得了又一次胜利，但遭到了无法弥补的重大损失。古斯塔夫二世在骑兵交锋中殒命，结束了这位名噪一时的欧洲著名军事家的一生。

查理一世

查理一世（1600－1649），英格兰、苏格兰与爱尔兰国王，英国历史上唯一一位被公开处死的国王。

查理一世是詹姆士一世与丹麦公主安妮的第二个儿子，小时候瘦弱，跟其父一样是由苏格兰长老派老师教导，精通拉丁文和希腊文。他的哥哥在18岁时去世，他因此成为威尔士亲王。他与父亲的宠臣白金汉公爵乔治·维利尔斯交上朋友，还曾与白金汉公爵微服去马德里打算讨个西班牙的媳妇，以巩固英国在欧洲的势力。他也确实被西班牙公主所迷住，然而当时英国已改信英国国教（新教），并在三十年战争中支持新教一方其中包括查理的妹妹、妹夫PFALZ（普法尔茨腓特烈五世国王及王后），与信仰天主教（旧教）的西班牙应是敌人。所以西班牙公主嫌弃他是异教徒而不愿接近他。1625年继位后他娶了法国国王路易十三的妹妹里埃塔·玛丽亚，亨利埃塔·玛丽亚也是天主教徒。起初他对这位法国夫人感到失望，特别是嫌弃她从法国大陆带来那些教士和女人。

最初几年查理处于法国和西班牙双线作战，由于议会不信任白金汉公爵而拒绝给他战争拨款，他为此不得不采取极端措施：典卖妻子嫁妆；向富有臣民强行借款，并监禁拒不借款的5名爵士；让士兵住进民宅白吃白喝；不经议会批准而征收关税等等。国王为了钱走到这个地步也真是无奈，竟然连老婆的嫁妆都卖了，议会嫌弃国王浪费，而国王也抱怨自己是拿一个人的钱财支撑国家的运转，这就是古代的财政——国王的财政与国家的财政不分，国家财政的现代化成为亟待解决的问题。

1628年查理召集第三次议会时，正是与西班牙战败之后，下院议会领袖严厉批评政府：不同意王室的财政办法；抱怨为了法兰西的新教而与西班牙开战是处置失当；反对国王对英国教会的态度；指责国王提拔所谓相信自由意志而不相信向命运求得拯救的高教会派；指责国王任命那些宁愿在礼拜中保留天主教仪式和习俗而不保留长篇讲道和即席祈祷的牧师。在得到上院的支持后，下院拟就一份权利请愿书，谴责强行借贷、士兵住进民宅、无故囚禁臣民以及其他种种引起不满的行为。查理无奈被迫收下请愿书，但是他并不打算改变什么。当下院议员继续谴责国王宠爱的牧师并打算检举白金汉公爵时，查理终于忍无可忍，宣布休会，当然查理也没有得到想要的拨款。

1628年一名狂热分子刺杀了白金汉公爵，1629年8月议会一致通过了谴责宗教中的“新发明”和非法征收关税等议案时，下院议长被按在了座席上，查理再次宣布休会。此后的 11 年间查理不召集议会，而查理也结束战争以节省费用。

1633 年，查理任命高教徒威廉·劳德为坎特伯雷大主教，并在其协助下开始向苏格兰教会强加伦敦草就的祈祷书，以便把两个公国的宗教活动统一起来，苏格兰低地地区的居民被激怒，他们宣誓拥护体现忠于苏格兰长老教会的国民誓约，公开拒绝新祈祷书。查理勃然大怒，派兵去苏格兰实现自己的意愿。但是在第一次的主教战争中查理被打败了。

为了要钱打第二次主教战争，查理不得不再次召集议会。议员们要求在讨论拨款前讨论被抑制的种种抱怨。几个礼拜后查理再次解散了议会，这就是“短期议会”。查理第二次派兵讨伐苏格兰，这次彻底失败了，誓约派在诺森博兰和达勒姆占据了英格兰的领土，国王被迫缴纳赔款。国王竟被臣民折磨成这个样子，真是可怜。这个时候当这个国家的国王真是痛苦。1640 年国王再次召集议会，这次叫作“长期议会”，此时的国王就任由议会摆布了。

在“长期议会”和“短期议会”之间，国王的政府被迫采取许多非常的方法筹款：将都铎时代沿用的“造船税”的征收从沿海扩大到内陆城市以维持海军需要；征收各种不得人心的中世纪税收，例如对拒不接受爵士封号的乡绅课以罚金等。这样导致国王的政府与由新兴的乡绅、商人、律师组成的下院对立起来，他们认为国王的所作所为违反宪法。有人也越来越担心国王要动用北部的军队和戍守爱尔兰的军队将他的意志强加给议会，但是查理的最能干的斯特拉福德伯爵被下院选做了替罪羊，斯特拉福德伯爵是爱尔兰的总督，他和劳德大主教被议会认定为国王的“狗头军师”，接下来下院向上院检举斯特拉福德有叛逆罪。

此时，查理也清楚下院的目的，他寄希望于斯特拉福德能够被证明为无罪，这样国王的政府的权威也可以保住。但是在这个关键时刻国王被要求签署一项剥夺公民权利法案，根据这项法案可以不经合法判决而处死斯特拉福德。此时上院被暴动的市民所威胁，国王则被自己所爱的天主教徒的王后的危险境地所威胁，无奈之下国王签署了这个法案。接下来国王放弃了“造船税”，并且同意，没有议会本身的同意，这次长期议会不得解散。国王在两个问题上没有向议会领袖屈服：苏格兰教会的改革，他们认定英格兰的教会正在被国王的高教会主教加以天主教化；对国民军的控制，那是国王近卫军以外的唯一常备军。

1642 年 8 月 22 日，查理在诺丁汉祭旗，打响了第一次内战（英国内战）。

查理一世排除万难在忠诚的臣民间建立一支军队与议会作战，查理是这支军队的总司令，查理在战场上证明自己是个优秀的战术家，在几次战斗中取得胜利。但是他却是个蹩脚的战略家，总是举棋不定。1643 年气势正盛的时候，他拒绝进军伦敦；他的军队不完全听他的调遣；战争接近收尾的时候不能决定是在英格兰继续作战还是去苏格兰与支持者汇合；最后在内兹比战役溃不成军的时候，又化装逃离司令部，前往苏格兰与誓约派部队的兵营，而誓约派与英格兰议会军结盟，在查理拒绝承诺在英格兰建立长老派制度的教会的时候誓约派将他交给了英格兰议会。1647 年查理一世落入了托马斯·费尔法克斯和奥利弗·克伦威尔统率的、打了胜仗的圆颅党手中。

费尔法克斯和克伦威尔都急于和国王在书面宪法的基础上言和，他们草拟了一份“建议提纲”，查理的一些顾问也认为这是战败后重新获得权威的途径。但是查理不去想怎么达成协议，而是对敌方挑拨离间。查理从汉普顿宫的软禁中逃到了怀特岛。此时，议会派中有真正的和平派，而苏格兰臣民中也有相当部分的人不愿将自己的国王囚禁起来，准备起兵勤王换取宗教上的让步。苏格兰勤王军 1648 年进入英格兰，同年，很多被清教徒限制和勒索的王党派重新武装起来。克伦威尔打败了苏格兰勤王军，费尔法克斯打败了王党派。王后逃亡法国寻求援助，遭到执政的法国首相马扎然红衣主教的冷落。

由于认定国王对人民发动战争，军事领袖们决定国王必须接受审判。下院这时也清洗了与怀特岛上的查理议和的和平派。1649 年 1 月一个高级法庭建立起来，国王被带到威斯敏斯特大厅受审。由于查理一世从最开始就不承认这个法庭的合法性，因而也不为自己的行为认真辩护。27 日，135 名特别法庭成员中 59 人签署了由克伦威尔下达的处死国王的命令。罪名是背叛他的国家，背叛他的人民。1649 年元月 30 日早晨，在白厅宴会厅前搭起了断头台，查理一世面带微笑，态度从容，为了维持自己王者的尊严，冷静地说：死亡对我并不可怕，感谢上苍，我已准备好了。他先朗诵了自己做的一首诗，然后泰然自若地称为自己是人民的殉道者，自己走到断头台前，结束了49岁的一生。一周后尸体被秘密埋在温莎城堡。

彼得大帝

俄罗斯帝国的缔造者——彼得大帝，是18世纪初期俄罗斯的统治者，俄国历史上称帝的第一人，他缔造了圣彼得堡和俄罗斯第一支海军力量，他被称为俄罗斯帝国之父。

沙皇伊凡四世病逝后，皇太子费多尔继承皇位。费多尔生性懦弱、才智平庸。国家大权逐渐被费多尔的妻兄鲍里斯·费多罗维奇·戈杜诺夫把持。鲍里斯·戈杜诺夫是鞑靼人的后裔，出身显贵，善使计谋。1598年1月7日，沙皇费多尔病逝，由于他没有子女，其弟季米特里也于早年因意外事件丧命，留里克王朝到此终止。戈杜诺夫操纵他所控制的缙绅会议选举自己为新沙皇。

1603年，在欧洲出现了一个自称是“未死”的皇太子季米特里的人，俄国历史上称他为“伪季米特里一世”，在波兰国王的支持下，伪季米特里一世率兵攻打俄国。1605年4月13日，沙皇戈杜诺夫突然死去。1605年7月21日，伪季米特里一世在圣母升天大教堂正式加冕为沙皇，皇太后玛丽娅·纳加娅也当着百官的面承认伪季米特里是自己的亲生儿子。

伪季米特里一世是靠波兰贵族和波兰军队夺取皇位的，因此他在上台后对波兰人大加封赏，引起了俄国贵族和广大俄国人民的强烈不满。1606年5月17日，莫斯科市民以钟声为号，发动了声势浩大的起义，起义者冲进宫廷，伪季米特里一世当场被砍死。

1606年5月19日早晨，在克里姆林宫广场召开紧急会议，由缙绅会议推举最有权势的世袭贵族瓦西里·叔伊斯基继任沙皇。

1607 年 6 月，在俄国南部又出现了一个自称是皇太子季米特里的人，历史称他为伪季米特里二世。波兰国王西吉斯蒙三世安排他与“伪季米特里一世”的“皇后”玛琳娜结婚，又给了他大量的军队和装备。伪季米特里二世率领波兰军队向莫斯科进军，沿途有许多被蒙骗的农民和哥萨克加入他的队伍，一些宫廷贵族和官吏也转而支持伪季米特里二世，试图利用他的力量推翻沙皇叔伊斯基的统治。1608 年 6 月，伪季米特里二世率领的军队兵临莫斯科城下。1610 年 7 月 17 日，沙皇叔伊斯基在宫中贵族的逼迫下退位，政权转归大贵族杜马。在莫斯科城内的叛乱贵族的配合下，波兰军队占领了莫斯科，波兰国王准备自立为沙皇。

波兰军队的入侵激起俄国人民的爱国热情，下诺夫哥罗德的商人库茨马·米宁建立了“全国会议”，并以农民游击队为基础建立了国民义勇军，由德米特里·波扎尔斯基担任国民义勇军总司令。波扎尔斯基将自己的财产捐献了 1/3，并且提议工商业者将自己的财产捐献 1/5，用于武装军队。国民义勇军从下诺夫哥罗德出发，沿途受到人民的热烈拥护。1612 年 10 月 26 日，国民义勇军终于解放了被波兰军队占领两年多的首都莫斯科。

1613 年 1 月，全俄缙绅会议在莫斯科克里姆林宫圣母升天大教堂开幕，50 个城市派出了自己的代表，各等级代表总数为 700 人之多，决定选出新沙皇。会议首先否决了由波兰国王和瑞典国王担任俄国沙皇的提议，最后选举与伊凡四世的儿子费多尔沙皇有姻亲关系的米哈伊尔·费多罗维奇·罗曼诺夫为沙皇候选人。1613 年 2 月 27 日，米哈伊尔·费多罗维奇·罗曼诺夫在克里姆林宫圣母升天大教堂正式加冕为沙皇，从此开始了三百余年的罗曼诺夫王朝的统治。

1645 年，米哈伊尔沙皇病逝，由其子阿列克塞·米哈伊洛维奇·罗曼诺夫继位。阿列克塞沙皇与第一个妻子玛丽娅·伊莉尼奇娜·米洛斯拉夫斯卡娅生有两个儿子，均智力低下，体质羸弱。但长女索菲娅·阿列克塞耶芙娜却是身体健壮，从小就表现了极强的政治野心。1672 年 5 月 30 日，43 岁的沙皇阿列克塞与第二位妻子纳雷什金家族的纳塔利娅·基里洛夫娜·纳雷什金娜的儿子彼得·阿列克塞耶维奇·罗曼诺夫出生。1676 年老沙皇阿列克塞病逝，由彼得同父异母的哥哥费多尔继承皇位，米洛斯拉夫斯基家族立即得势。因为费多尔体弱多病，长年卧床不起，宫中大权实际上落入米洛斯拉夫斯基家族手中，一些政令假借费多尔名义发出。1682年4月27日，长期患有败血症的沙皇费多尔病逝，两个外戚家族——米洛斯拉夫斯基家族和纳雷什金家族展开了争夺皇权的斗争。5月15日，俄国宫廷发生了射击军兵变，射击军冲进克里姆林宫，当着幼小的彼得的面杀死了彼得的两个舅舅和一些朝廷命官。兵变过后，由于两个外戚家族势均力敌，只得将彼得与他同父异母的哥哥伊凡并立为沙皇，这是俄国历史上仅有的“双皇”并列的现象。鉴于两个沙皇年幼，无法理政，而由他们的姐姐索菲娅公主摄政。索菲娅初期处处排挤彼得，后来又担心彼得会从她手中夺走权力，因此密谋除掉彼得。1689年8月7日，彼得听到索菲娅派人杀他的消息后，在一部分禁卫军士兵的支持下，发动政变，软禁索菲娅和同母异父的哥哥伊凡沙皇。同年，17岁的彼得在莫斯科宣布亲政，在俄国历史上称为彼得一世。

17世纪末的俄国是欧洲落后国家，政治上内乱不断，世袭贵族弄权；经济上严重落后于西欧和中欧国家；军事上经常遭到波兰、土耳其等强邻的进攻，射击军缺乏战斗力，经常参与反对沙皇的叛乱；文化教育方面更为落后，全国没有一所世俗学校，居民识字率仅为2%～3%。面对这样内忧外患的严重情况，彼得一世下决心改变俄国的面貌。

1696年，彼得一世下令组织一个庞大的“俄国大使团”，去周游欧洲各国。俄国曾经是一个国门封闭的国家，彼得一世以前的历代统治者中，只有基辅罗斯大公伊兹雅斯拉夫于1075年到普鲁士的莱茵河畔的城市美茵茨与普鲁士国王亨利四世会过面。因此，当1696年12月彼得一世向大贵族杜马宣布，他将亲率“俄国大使团”出访欧洲时，俄国宫廷传来一片反对之声。

面对宫中的反对之声，彼得一世毫不退缩。他任命瑞士驻俄国使馆外交官勒福尔特为“俄国大使团”的第一团长，任命著名的外交家、曾参与中俄《尼布楚条约》谈判的费多尔·阿列克塞耶维奇·戈洛文为第二团长，任命通晓多门外语的杜马书记官普罗科菲·沃兹尼茨为副团长。而在大使团中，彼得一世仅仅是普通的一员，他为自己确立

的官职是陆军下士。他特令工匠制作一个特制的沙皇印章，印章画面是在一个海军服役的木匠，周围是木匠工具，边上写着这样一句话："我是寻师问道的小学生"。彼得一世亲自为大使团制定了出访路线图：阿姆斯特丹、柏林、维也纳、罗马、哥本哈根、威尼斯、伦敦。彼得一世为"俄国大使团"确定了多重使命：第一，游说欧洲宫廷，联合对付俄国南部的主要敌人——奥斯曼土耳其帝国；第二，招贤纳士，广泛地引进各方面人才以为己用，向沿途各国招募水手、船长、水兵以及能工巧匠；第三，为创办新式海军和陆军，购买新式火炮、来复枪以及造船所用的起重设备、淬火所用高炉、导航仪器等；第四，"大使团"成员还包括 35 名"留学生"，彼得一世即是其中一员，任务是学习各国的造船技术、武器制造、军事地形学、战术学、指挥学等。彼得还亲自制定了留学计划：在第一个单元里必须学会军舰的驾驶、指挥和维修等。在第二个单元里所有的"留学生"必须学会造船技术，然后每个人必须选择一个专攻的方向。

1697 年 8 月，荷兰赞丹镇造船厂来了一名俄国留学生——25 岁的陆军下士彼得，他不仅干起活来堪称行家里手，而且特别爱学习和钻研造船技术，总是非常虚心地向荷兰师傅提出问题。一个月过去了，彼得的学徒期限到了，彼得的荷兰师傅以及他的工友都一致推举他为"优秀工匠"，造船厂的厂长亲手给彼得披上大红的绶带，颁发给彼得"优秀工匠"证书，后来当地人才知道这个彼得即是俄国沙皇。

从 1697 年 3 月 10 日到 1698 年 8 月 25 日，彼得率领俄国大使团出访欧洲整整 18 个月，行程所及瑞典的里加、库尔兰公国的米图和里博、普鲁士的哥尼斯堡和德累斯顿、荷兰的海牙、赞丹和阿姆斯特丹、英国的伦敦、神圣罗马帝国（奥地利）的维也纳、波兰的拉瓦鲁斯卡，行程数千公里。

彼得一世先后与瑞典王室、普鲁士的霍亨索伦家族、勃兰登堡选帝侯腓特列三世、汉诺威女选帝侯索菲娅夫人及其女儿勃兰登堡女选帝侯索菲娅·莎洛特、荷兰政府的三级会议代表、英国国王威廉三世、神圣罗马帝国皇帝利奥波德一世、萨克森选帝侯兼波兰国王奥古斯特二世等重要人物进行了会面。在彼得一世的亲自挑选下，俄国政府聘请了海军、陆军、教育、艺术、数学、物理、医疗和建筑等各个方面的专门人才。大使团回国时带来了彼得一世亲自挑选的俄国最需要的和他本人最感兴趣的东西，有各式武器，如弹药、大炮、手枪，有各国男女的服装和帽子、烟斗、指南针、圆规、多脚仪、各国的地图册、阿姆斯特丹的《自鸣钟》报、旧的船锚，牙科的手术器械等，还有各种奇形怪状的花花草草、鲸鱼须、烘干的鳄鱼和鸟的标本，甚至还有装在大玻璃罩中用酒精浸泡着的婴儿和畸形人。有的柜子上面特意标有俄文字母，表明这是彼得本人的私人物品。

通过与欧洲先进国家的比较，彼得一世真正看到了俄国的极端封闭和经济方面的极端落后，西方国家皆以工业和商业立国，尤其是海上交通和贸易是极其重要的，它可以称得上是英国、荷兰的生命线。欧洲国家的政府和朝廷大都采取有力的政策鼓励本国商人开拓海外市场，发展对外贸易事业。

彼得一世的改革可划分为两个时期。公元1700年开始的与瑞典人的战争成为变革的真正“发动机”。开始时，沙皇在许多方面都是下意识地行事，取决于一时之间的需要。对资金、食品、船舰、武器、训练有素的人的需要，都要求进行变革，不仅是在军队里，而且整个管理、财政、工业体系都是如此。最重要的是，无论如何要打赢这场战争。因此首批变革颇为匆忙，缺乏深思熟虑。

彼得大帝青铜骑士像

战争行将结束时，大约在 1716 年左右，又开始了第二阶段的改革。这些改革具有较为系统的性质，已经变得合乎情理。1716～1717 年远赴欧洲期间，彼得悉心研究丹麦、瑞典、法国和其他一些国家的国家结构，企图将这些知识运用于俄国。对于所收集到的有关各国国家机构的描述和章程，他都加以仔细的研究和运用。结果，中央和地方管理、立法、司法、财政、城市和教会管理等方面的改革，所有这些改革全都以欧洲各国的经验为依据。某些情况下，他们照搬西方具体机构和机关的结构及工作原则，另一些情况下，却又走的是仅仅对其中某些部分进行选择和考虑后加以运用的道路。这种选择彼得名之曰“符合俄罗斯国情”。据说，有一次沙皇对模仿与照搬划定界限时称：“英国式自由在我国有如豌豆抛到墙上，是无地容身的。必须了解百姓，懂得如何驾驭他们。”因此，俄罗斯的许多举措都与加强国内严厉的警察秩序、对违反现行法律严加惩处相结合。

彼得建立了一整套新的国家机构。从 1711 年起，设立了以他为首的参政院，重建的中央政府机关均须服从参政院。大体上每个院都统辖一些部门：例如宫廷和国家财务监察院主管财政，矿务和工场院主管工业等等。除县之外，还出现了省和地区。在编的官员增加了一倍，官僚因素在管理体制中居于重要地位。

对遵守法律发挥保障作用的是检察机关、法院、监察官。主管遵守法律的首席监督官员是 1722 年任命的总检察长帕·伊·亚古任斯基，他是一个忠于彼得的、廉正的官员，这在当时是罕见的。值得注意的是，在所仿效的西方规范中彼得一贯排除社会自治和议会制的各种因素和制度。对于在各县实行瑞士的农民自治制度的建议，参政院遵照彼得的指示行事，只简单地回应了一句话：“县里的农民中没有聪明人。”这可是在说平民百姓，而正是他们的地方自治组织和建立在此基础上的民军，曾于 1612 年挽救了君主制和俄罗斯免遭覆灭。在彼得时代的俄国，主要人物是被赋予权力的官员，他们由检察官和监察官进行监督。至于全俄缙绅会议以及作为公民社会基础的整个社会自治原有的重要性，在俄罗斯已被永远置诸脑后了。

在国家历史上发挥了特殊作用的是 1722 年采用的官秩表，它规定将所有的公职人员按三大类官衔划分为 14 个等级：武官、文官和宫廷官员。从此仕途阶梯的升迁不再由官员或军人的出身决定，而是取决于他们在各级官位上的努力和勤恳供职。为国家服役对所有的官员都是终生性的，而且根据早在1714年所发布的“一子继承法”，贵族兼地主的土地所有权只能由儿子中的一人（长子）继承。较小的儿子必须为国家服役。

政治性侦查是最重要的国家制度之一，起初集中于普列奥布拉任斯科耶衙门，后来则归枢密办公厅掌管。这个机关出现于1718年，1726年之前，办公厅的大部分活动都与“犯上作乱言行”相关。这是对公开告密所引起的案件的称呼。一个人只要高喊“犯上作乱言行!”这就是在报告，他知道那些可能被控以言论侮辱君主或图谋戕害其健康和生命的人。大多数情况下，这都是一些偶然所说的话，不小心的议论，对政府政策轻率发表的意见。事情往往开始于心怀恶意的告密，人们以此向仇家清算积怨。人们常常为了一句不分时间地点脱口而出的骂娘话身陷枢密办公厅。遭到侦查的绝大多数人对当局并不构成任何威胁，然而一旦进入刑讯室，他们便休想从那里出来。这自然让侦查机关在社会上臭名远扬。社会关系的整个体系建立在这样的基础之上：臣民中的每一个人都有可能要么成为被告，要么成为证人，要么成为告密者。这种情况下，不在“犯上作乱言行”方面进行揭发，在法律上被视为一种国事罪，不肯告密者会受到残酷的迫害。

彼得时代俄罗斯兴建了二百余个新的企业。基本上都是冶金、武器工厂、纺织工厂、造船厂、火药厂。它们的生产主要用于满足战争需要。自1696年开始，由于加紧开发乌拉尔不可胜数的天然财富，那里有如雨后春笋般出现了许多公私冶金厂。彼得时代首屈一指的工业家当数尼基塔·杰米德奇·安图菲耶夫（杰米多夫），这是一个办事机灵的图拉枪械技师，后来拥有大批制铁厂和炼铜厂。乌拉尔的工业为俄国的铁产品赢得世界声誉，公认其质量极佳，而价格却出奇地低廉。彼得鼓励俄罗斯企业家，向他们提供资金和土地，为工厂配备官农，这些人的劳动费用几乎与农奴毫无区别。

1719年实施《矿产优惠法》，根据该法，任何臣民都可以畅行无阻地在任何地面，包括已归属他人的土地上建立工厂，而不必考虑其所有权。1721年又允许工厂主为工厂收购农奴。国家机关在鼓励企业家

的同时，也对私有工厂里的一切所作所为进行严格的监督。厂主若破坏既定的规章，可以剥夺其所有权。这抑制了企业家的主动精神，阻碍了劳动力和商品的自由市场的发展。尽管存在着后来出现的种种缺点，彼得时期，俄罗斯的经济仍确保了陆军和海军在对瑞典作战中的胜利。

彼得一世

1702 年，鲍·彼·舍利梅捷夫的军队占领位于利夫兰的瑞典要塞马连堡（即现今的立陶宛城市阿卢克斯内）。所俘虏的居民之中，有一个牧师的厨娘兼洗衣女工玛尔塔·斯卡夫龙斯卡娅。她成了舍列梅捷夫的女仆，后来又到了阿·丹·缅希科夫家中。1703 年彼得一世见到玛尔塔，让她做了自己的情妇，她深得彼得的欢心。玛尔塔就是叶卡捷琳娜·阿列克谢耶夫娜。叶卡捷琳娜对彼得的影响逐年增长。他从远征途中给她写回充满柔情的书信，承认她所生的孩子。昔日的洗衣女工以自己的善良和温柔、毫无奢求和举止得体令伟大彼得为之倾心。1711 年，她陪同彼得参与普鲁特河进军，远征归来后，彼得于 1712 年 2 月与她在教堂成婚，婚姻符合教会的要求。

然而 1719 年 4 月彼得·彼得罗维奇王子突然生病并且夭亡，令父母悲痛欲绝。1724 年 5 月，彼得在莫斯科为妻子举行加冕典礼，戴上皇冠。大家都将此举视作意欲将皇位传与她。大约当时也写下了相应的遗嘱。但是当年秋天彼得突然得知，他心爱的妻子背叛了他，与他昔日的情人安娜·蒙斯的弟弟、御前高级侍从维利姆·蒙斯有染。彼得大为震怒。经过渎职罪（逮捕皇后情人的表面原因）的侦查，蒙斯被处以极刑，而皇帝夫妇之间已变得形同陌路。彼得有生之年的最后数载缠绵病榻。皇帝的肌体备受充满艰难困苦的生活、长年累月的行军作战削弱，遭到纵饮无度和毫无节制的寻欢作乐的损害，这些都缩短了他的寿命。

关于彼得逝世一事，流行着不少传说。根据其中的一种说法，沙皇没有来得及指定自己的继承人，据说石板上只写完几个字："可交付全部……"实际上，彼得直至临终都并未对这个问题作出决定。他认为，他的病尚不致命，他还能摆脱困境。在他销毁有利于叶卡捷琳娜的遗嘱之后，1724 年深秋沙皇同意了荷尔什廷公爵卡尔·弗里德里希与长女安娜·彼得罗夫娜的婚事。婚约中指出，一旦两夫妇生育男孩，他们应将其交与俄罗斯的外祖父。彼得的意思正是将来让这个男孩继承皇位……然而这一意图未能实现，死神抢到了沙皇前头。

彼得一世在位期间，为使俄罗斯变成世界强国作出了卓越贡献，他是俄罗斯人心目中伟大的英雄。

克里斯蒂娜

追溯瑞典皇室的过去，我们不难发现这是一个有着悠久辉煌历史的皇室家族。他们当中的许多执政者都智慧过人，有着卓越的治国才能和顽强坚韧的精神，其中令人敬佩的当属克里斯蒂娜的父亲——古斯塔夫二世·阿道夫。他是一个战略家，胆识过人，野心十足，堪称同时代欧洲最杰出的君主之一，被称为北方之狮。

克里斯蒂娜就是在父亲伟大的形象下诞生的，继位的小克里斯蒂娜继

承了其高贵的血统，掌管了父亲开创下的帝国盛世，正所谓“虎父无犬子”，当历史的汹涌波涛把这个女孩儿推到政治权力的巅峰时，她却用她独特、个性鲜明、无所畏惧的女性魅力感染了一个时代。而此时，她的帝国也仍然继续着雄狮般伟大的父亲的梦想，努力延续瑞典帝国的辉煌岁月。古斯塔夫国王的好战之心已经深深地影响了整个宫廷和帝国，整个国家都醉心于对扩张战争的狂热崇拜之中。

但后来继位的克里斯蒂娜明白，这个帝国实际上已经成为被战争伤害最为严重的国家，帝国的人民也是最为无辜的。生活在这个国家里的平民百姓，战争的硝烟早已打乱了他们平静的生活，夺走了他们亲人宝贵的生命，但是，面对这一切，他们却往往无权诉说，只能自己默默承受战争带来的痛苦果实，这种滋味，是那些高高在上、野心勃勃的统治者所无法体会到的。一将功成万骨枯，每一个帝国辉煌光环下所掩盖的，是人民无奈的叹息。

十全十美的人生不可能存在，古斯塔夫二世内政通融，外交斐然，战争也在他的掌控之中，他在处理帝国事务上没有什么遗憾，但瑞典国民都清楚，他的遗憾在宫廷。17 世纪 20 年代，古斯塔夫二世正值盛年，尽管已经结婚多年，但仍然没有子嗣，他的王后曾经为他生下两个孩子，都是公主，但更不幸的是这两个小公主都先后夭折了。在那个时代，对一个蒸蒸日上的强大帝国王室家族来说，继承人问题十分严重，关系到帝国未来的命运。因此，这不能不说是古斯塔夫的一大隐忧。

古斯塔夫国王其实也不仅仅是一个军事天才，他和王后玛丽雅的爱情，也算得上是一段美丽的传奇故事。如同好莱坞电影中描述的情节一样，当时，贵为一国之君的古斯塔夫就像后来的俄罗斯的彼得大帝一样，隐姓埋名，装扮成一名普通的军官，来到了德国的布莱登堡。结果爱情就像童话一样在不经意间发生：尽管当时他是个平凡的“低级军官”，但这个北欧男人有着海盗一般伟岸、桀骜不驯的魅力，习惯了宫廷生活的公主显然被他这种不一般的气质所吸引，这是一种任何身份都无法掩盖的魅力和光芒。这名普通军官和美丽迷人的布莱登堡选帝侯的妹妹、公主玛丽雅·伊莱诺拉互生情愫，双双坠入爱河。当古斯塔夫二世表露了真实身份之后，年轻英俊的国王最终把美丽的公主迎娶回了自己的城堡。

但是婚后的玛丽雅王后却感到生活并不像想象中的那般如意。气候影响着心情，水土不服加上思乡之情则更是苦不堪言，为了爱情理想，玛丽雅公主离开故土，嫁到陌生的异国他乡，尽管贵为王后，锦衣玉食自不在话下，但她却始终摆脱不了内心的忧郁和压抑之感。瑞典地处欧洲北部，气温全年偏低，雪花纷飞的冬季更是漫长而寒冷。这让远道而来的玛丽雅王后感到这个国家是那么地冰冷和空旷，非常不适应。此外，瑞典尽管是欧洲强国，但那是古斯塔夫二世一手塑造的，而在人文思想上，在德国、法国这样的欧洲文化中心看来，瑞典仍然不过是个远离欧洲文明的北方荒蛮地带。瑞典人也的确如此，其实那时候的瑞典人多数仍然是农夫，古斯塔夫所建立的帝国实际上是一个以农民为主体的军事化农业帝国。玛丽雅很快就厌倦了这些，这和德国宫廷相差甚远，尽管她仍然爱着他们的国王，但瑞典像是一个黑白片的世界，这让她感到烦躁，她的脾气与日俱增。

克里斯蒂娜

玛丽雅王后从心里不喜欢这里的人和生活，丈夫的厚爱没能阻止她的心情一天天变差，加上古斯塔夫国王几乎长年征战在外，不能时时陪伴左右，王后的心情更坏了。为了发泄内心的抑郁，玛丽雅王后还醉心于斯德哥尔摩宫廷灯红酒绿的奢侈生活，然而悲哀的是，极尽奢华的日子却并没有使她得到解脱，反而增加了夫妻间的隔膜，因为古斯塔夫国王向来主张节俭朴素的宫廷生活，对于王后的奢侈以及肤浅，他感到不满而又无可奈何。

也许是由于以上种种原因，他们先后失去了好几个孩子。然而这却让瑞典人苦恼不已，他们敬爱的帝王怎么连个儿子也没有？尽管古斯塔夫国王作为君主，表现称职而卓越，对帝国的贡献也无人能比，但如果国王和王后始终没能拥有属于自己的孩子作为继承人，按照当时的皇室继承规则，他们这一家族将不得不让出皇位。总会有人幸灾乐祸，与王位沾亲带故的其他家族已经在翘首企盼，古斯塔夫内心危机感重重，但坚韧刚毅的个性使得他绝不会轻易认输。而且，每一对平凡夫妻都会非常盼望能够早日享受子女绕膝的快乐生活，孩子给父母带来的幸福感和满足感，是其他任何丰功伟绩所无法代替的，即便是贵为皇室，对天伦之乐的期盼，同样也是极为强烈的。古斯塔夫国王确信自己将会是一个称职的好父亲，他比任何人都更加热切地盼望着上帝能恩赐给他一个美丽的婴孩儿。

或许是国王的诚心以及瑞典臣民的祈祷产生了作用，1626 年，瑞典皇宫传来了王后再次怀孕的好消息。平静的湖面再次激起波澜，这次的继承人能否顺利出生，健康成长？人们的内心躁动起来，惴惴不安中又盛满希冀。举国上下都在关注着这位未来王位继承人的降生，古斯塔夫国王更是在兴奋和不安中翘首等待。不用说，按照当时欧洲皇室的继承传统，如果这位继承人是位王子，那真是最好不过了，他将理所当然地继承父亲皇位，将“北方之狮”的精神发扬光大，做一名英明神武的帝国君主。然而如果碰巧是位娇贵的公主，那么关于未来的可能性就多了起来，对此，人们就不敢妄加揣测了。因此，对于这个尚未出世的皇室后裔的性别，整个国家和宫廷都格外关注。

当时的瑞典人非常相信星象占卜，大到国家大事，小到个人问题，都要观星象以问吉凶，而对于重要问题的预测，也大多来自于星象师的占卜。对于继承人的性别这样令人关注的事情，自然少不了占卜师的表演。当时非常有名的宫廷占卜师经过一番煞有介事的研究，郑重地预言王后这次将为瑞典皇室添一位小王子，这一消息令举国上下振奋不已。

期待中的日子终于来临，那是1626年12月8日，瑞典瓦萨王朝的宫廷内外如同即将举行盛大的典礼一样，人们纷纷来到王宫附近，他们在等待王后的分娩，这种场面足以说明继承人问题已经是一件国家大事，关系着这个帝国的命运和希望。

克里斯蒂娜出生时的哭声响亮，而且人们听到了分娩室内人们惊讶于这个婴儿浓重的毛发，于是分娩室外守候的人就认为这果然如占卜师所言，一定是个男孩，这条消息迅速在人群中传开，“王子出生了!”

守候在前宫的古斯塔夫国王自然也听到了这个消息，他的兴奋又立刻助长了人们欢腾的气氛，早已准备好的宫廷宴会随即展开，王公贵族们接二连三地上前恭贺古斯塔夫二世，整个国家沸腾了。王子的顺利诞生，对一个长期实行君主继承制的国家而言，实在是件了不起的大事，这标志着皇权的后继有人和国家未来的希望，更何况小王子的父亲是备受人民爱戴的古斯塔夫二世。

但就在这一片欢腾的气氛中，另一条消息如同欢腾闹剧中的黑暗影子，突然笼罩了整个宫廷，宫廷刹那间变得安静下来，原来分娩室这时才传出真正的消息，刚刚诞生的不是王子，而是一位哭声响亮、浑身长满浓密毛发的公主！这种荒唐可笑的事情竟然降临在这种近似神圣的时刻，真让人受不了。然而这却实实在在地在瑞典皇宫发生了。

人们一时不知如何是好，场面开始混乱，不是占卜师说了谎就是上帝弄错了安排，那些妇女们甚至感到害怕，整个宫廷立刻从热闹非凡的场面冷却成了一潭死水，人们都在等待国王去证实最后的消息。

古斯塔夫国王自己显然也被这一突如其来的消息弄懵了，这是一个尴尬的时刻。国王的姐姐，一向头脑清醒、处事冷静的卡特琳娜公主打定主意后，明白无论是男孩还是女孩，必须当场弄清孩子的性别，否则将为这个孩子将来继承王位留下后患。她立即抱着新生的婴儿，镇定自若地来到古斯塔夫二世面前，把孩子送到国王的手臂中。人们屏住呼吸，静静等待国王的反应。

望着新生儿娇嫩可爱的面庞，国王内心不禁一颤，多年来他内心一直多么渴望着身边能有一儿半女的陪伴，现在上天终于恩赐了这个

天使一样动人的女儿。此刻，除了深深的感激和无尽的疼爱，占据他心灵的只有发自内心的、强大的、初为人父的幸福感。

古斯塔夫国王小心翼翼地从姐姐手中接过孩子，轻轻把她抱在了怀里，无论男孩还是女孩，这都是他的天使。深谙政治的古斯塔夫二世显然不会因为这点小小的误会而暴怒，他立即以一种特殊的方式让大家牢牢记住了这次不同寻常的诞生。

实际上古斯塔夫国王已经被置于一种境地：要么，他不因性别而对这个孩子寄予厚望，并且深信不疑；要么，他因为这是个女儿而失望之极，把希望寄托在漫漫无边的未来上，希望王后还能给他生个儿子。古斯塔夫二世毕竟是一代旷世君王，他稍稍沉寂片刻之后就用异常肯定的声音为这个孩子定下了基调："感谢万能的主，仁慈的上帝！感谢我的姐姐！我相信，我的公主将会和男孩儿一样出色，不，还要更杰出才对！"

这等于给了克里斯蒂娜一个确定无疑的身份，她就是瑞典未来的国王，瑞典未来的希望。古斯塔夫国王已经当众宣布，克里斯蒂娜将会是瑞典未来的皇位继承人和统治者。

克里斯蒂娜的名字是古斯塔夫国王为她取的，这是他尊贵的母亲的名字。作为来之不易的皇室长女，克里斯蒂娜的地位在她出生之初，就已得到确定和认可，这也注定了她的一生将被赋予强大的权力，除非她自己放弃，否则她就是这权力的终身主人。瑞典臣民被国王一锤定音的口气所感染，也欣然接受了克里斯蒂娜，他们由衷地祝福小公主能够健康成长。

接下来为继承人诞生而准备的庆祝宴会得以继续进行，而且依然隆重热烈，古斯塔夫二世看来是有意营造热烈隆重的场面，这无疑是在告诉整个欧洲，瑞典将有一位和他一样出色的女王，他希望欧洲能从此承认这位女王的地位。宴会规模和场面都非常宏大，持续进行了好多天。

克里斯蒂娜公主一天天地长大了。毫无疑问，这个幸运的女孩儿得到了来自父亲古斯塔夫国王最多的爱。一方面，是亲情使然，血脉相连使得父女二人格外投缘，作为唯一的孩子，国王对把她培养成一个合格的继承人倾尽全力；另一方面，克里斯蒂娜自幼就显现出来的突出个性，也博得了父亲的格外赞赏。

和一般娇生惯养的皇室女孩子不同，克里斯蒂娜从小就表现出了顽强倔强的性格和过人的胆识，恐怕这主要得归功于对父亲高贵血统和完美个性的继承。从幼小的女儿身上看到了自己的影子，古斯塔夫自然倍感欣慰。他更加坚信自己当初的判断没有错，这个孩子将比男孩儿更加出色，前途不可限量，选择克里斯蒂娜作为王室继承人，实在是正确无比的选择。他相信，她将是一位出色的君主，古斯塔夫仿佛看到了克里斯蒂娜掌管下帝国的美好未来。

坚定了这样的信念，古斯塔夫对女儿的疼爱中又增加了一份赞赏和希冀，同时，对公主的教育也更加高标准、严要求了。克里斯蒂娜从小受到的教育和训练，一点也不比任何一位王子差，甚至更加严厉和完善。古斯塔夫认为，应当从小就培养起克里斯蒂娜应当具有的王者风范。就这样，克里斯蒂娜从小就适应了各种或重大或危险的场合，变得更加无畏无惧，胆识过人。

古斯塔夫深知要为女儿营造一种威严气氛，这实际上是在培养民众接受心理暗示，即小克里斯蒂娜公主已经是他们的国王。当时的瑞典皇室礼仪规定，若是国王外出，所经之处军事重镇应该鸣放 50 响礼炮作为迎接仪式。古斯塔夫二世后来规定，如果是克里斯蒂娜公主经过，也要鸣放 50 响礼炮，这实际就是要求瑞典国民以忠诚于国王之心忠诚于公主。因此当国王携同年仅 2 岁的克里斯蒂娜来到瑞典著名的卡尔马城堡时，当地总督甚至担心这一连串的鸣炮礼仪会不会惊吓到小公主。

克里斯蒂娜被国王任命为正式的皇位继承人的时候，刚刚年满 4 岁。这时，随着战争的深入，古斯塔夫国王的军事扩张取得了重大成功。俄罗斯、波兰、德国等一个个欧洲军事强国，全都在瑞典军队的胜利号角中败北。

当国王开始了频繁的出征时，留在克里斯蒂娜身边的就是那位深沉冷静的卡特琳娜公主，她实际上主宰了瑞典后宫，克里斯蒂娜的母亲却对这个小女儿不怎么理会。克里斯蒂娜后来在回忆录中写道，她的母亲玛丽雅王后对她甚至感到厌恶，觉得已经“不能容忍，因为觉得她又难看，又是个女孩”。更为令人惊愕的是，这位母亲竟然想杀死

这个唯一的女儿。克里斯蒂娜成年后一直一肩高一肩低，那实际上是被母亲从布莱登堡带来的那个女仆有意摔到地上所致；还有一次，当克里斯蒂娜还在摇篮中的时候，房间正上方的一根梁柱竟然从上面掉了下来，这位瑞典王位的继承人却毫发未损，显然这次蓄意谋杀设计得不够精确。

尽管自幼和母亲关系冷淡，但小克里斯蒂娜和姑妈卡特琳娜公主感情却很好。这位睿智的姑妈不仅沉稳聪慧，而且心地善良，仁慈宽厚，对克里斯蒂娜十分疼惜，正是她给克里斯蒂娜带来了良好的启蒙教育。卡特琳娜姑妈实际上在童年克里斯蒂娜的生活里扮演了母亲的角色，这对她的成长影响非常深远。

克里斯蒂娜看起来似乎幸运地继承了父母双方的优点而不是缺点：母亲玛丽雅的漂亮脸蛋以及父亲古斯塔夫的智慧和顽强，加上卡特琳娜坚持不懈的教育，这一切都为日后克里斯蒂娜成为一名出色的女王打下了良好的基础。

1632 年，克里斯蒂娜 6 岁了。这年冬天，古斯塔夫国王又要再次前往德意志战斗，幸运的是，古斯塔夫在临行前特别为女儿组建了一个教育团队，相当于一个内阁，成员都是古斯塔夫的亲信重臣，他们在名义上是对小公主的教育全权负责，实际上，他们是在按照古斯塔夫的意思在对小公主效忠。这个教育团队的领导者正是忠心耿耿的瑞典王朝重臣阿克萨。他一生为瑞典王室兢兢业业，得到了古斯塔夫的十足信任，事实也证明，正是这位首相在古斯塔夫死后的岁月里全力辅佐克里斯蒂娜，并且将瑞典引向战争的最后胜利。

为女儿做好了周全的安排后，古斯塔夫国王意气风发地登上了新的征程，只是这一次，他没能像以前一样带着胜利的捷报凯旋，而是再也没能回家。

古斯塔夫阵亡的消息传回斯德哥尔摩，这个消息立刻让整个瑞典震惊了，因为古斯塔夫几乎已经成了瑞典的精神象征，而且他还不满 38 岁，似乎事业才刚刚开始，谁也不知道瑞典今后将走向何方。

古斯塔夫二世忠诚的阿克萨首相没有让这种震惊持续多久，他立即就表示克里斯蒂娜已经成为瑞典的新君主。人们的视线于是转向这个小公主。

1633年2月，克里斯蒂娜正式登基成为女王。

老阿克萨用他浑厚而苍凉的声调发表了开场白。他沉重地缅怀了那位瑞典历史上杰出的君主古斯塔夫，最后阿克萨宣布："先王虽死，他的不朽精神却通过他的女儿克里斯蒂娜与我们同在……"

说到这儿，克里斯蒂娜出场了。

在女王登基的仪式上，老首相阿克萨代表王公大臣们向女王发出了誓言："陛下，我曾向先王宣誓，让您戴上这王冠。现在，我以生命起誓，像对先王那样效忠于您。"众王公大臣也伏在地上高呼："陛下，我们忠于您，忠于您!"

尽管克里斯蒂娜在登基仪式上表现出色，但说到底她只有6岁，治理国家、处理当时复杂的内政外交事务，是不可能由小女王亲自完成的。按照惯例，在幼年女王成长的这段时期，需要由朝中大臣代劳，处理大大小小事务，他们就是所谓的"摄政大臣"。直到幼年君主长到成年，有足够能力独立执掌朝中事务之时，就是摄政大臣们归还政权的时候了，即为"亲政"，从此将会进入正常的君主统治阶段。在这一阶段，由于大权不掌握在君主本人手里，往往会出现君臣间权力的争夺，导致皇宫内外勾心斗角，斗争不断，有时甚至弄得满城腥风血雨。因此能否成功度过这一非常阶段，对摄政大臣和幼年君主而言都是一次巨大考验。而克里斯蒂娜的这一阶段又是如何度过的呢?

当时，瑞典宫廷经过议会慎重商议，成立了以首相阿克萨为首的五人组成的摄政院，其他四位大臣分别来自最高法院、海军部、陆军部和财政部。这个五人摄政院基本全权掌握了当时瑞典帝国内政外交的各项事务，尤其是作为首席摄政大臣的首相阿克萨更是大权在握，其他四位大臣中一位是他的亲生兄弟，另一位则是他的堂兄，关键时刻的最终决策基本都由阿克萨说了算，贵族势力得到了前所未有的膨胀。

自1633年克里斯蒂娜继位到1644年亲政，是她一生中最难熬、最黑暗的日子。

年轻的古斯塔夫国王突然离世，给妻子玛丽雅王后身心上都带来了巨大的打击，她拒绝接受这一现实，并采取各种极端的方式来逃避，致使精神有些失常。作为王后，她坚决拒绝瑞典国民和宫廷为古斯塔

夫二世举行葬礼，这个美丽女人逐渐变得令人恐怖——她一个人躲在一座古老的城堡里，极少接见其他人。她的卧室简直就是一座坟墓，厚重的窗帘几乎遮挡了所有的阳光，无论白天黑夜，只有淡淡的烛光照射着她惨白、形同枯槁的脸，曾经的美丽与风韵完全消失了。这种阴森、恐怖的生活环境，连心智成熟的大人们都会觉得难以忍受，而当时年仅六七岁的克里斯蒂娜，就这样被强行带在母亲身旁，陪她度过了整整一年的时间。这段黑暗恐怖的时间里，小女王备受折磨，此时，母亲给女儿带来的，已不再是爱和关心，而是时时降临的万分恐慌和极度无助，虽然城堡外有许多关心她的人焦急万分，希望能把她尽快解救出来，但精神错乱不清的玛丽雅王后拒绝其他人的进入，曾经连和小克里斯蒂娜十分亲近的卡特琳娜姑妈也难以靠近。

最终把小克里斯蒂娜解救出来的还是大权在握的阿克萨，对于这件事，克里斯蒂娜对阿克萨从内心感到感激。阳光终于又一次照进了克里斯蒂娜的生活，她终于和母亲分开了，而且大臣们保证不再让母女二人有过多接触以确保女王的健康成长，而古斯塔夫国王的葬礼也最终顺利完成了。克里斯蒂娜随后又回到了姑妈卡特琳娜那里，开始接受严厉而全面的皇室教育。

古斯塔夫国王生前，就多次强调要像培养男性王位继承人一样来教育克里斯蒂娜公主，千万不要因为她是娇贵的公主而在培养上有所懈怠和宽松。阿克萨不愧是忠心耿耿的大臣，对于女王的教育问题，他一丝不苟地执行着先王的要求，尽职尽责，毫不放松。

当其他同龄孩子还在无忧无虑地享受着童年乐趣的时候，克里斯蒂娜已经在众多位老师的悉心教导下开始了严酷的学习和训练，开始为成为女王而做准备。女王尊贵而荣耀，但身上肩负的压力也是非常人所能体会的。学习从每天的凌晨 4 点开始，刚刚才从睡梦中醒来的小克里斯蒂娜就要开始严格的课程学习了。一天学习足足 12 个钟头，天天如此，年年不变，但是小小的女王居然坚持了下来，这种极度勤勉自克的精神和勤奋自强的习惯跟随了她一生。以阿克萨为首的教育团队给克里斯蒂娜安排了紧密全面的课程，这些课程完全是按照培养一位王子的要求和标准来进行的：首先是语言，欧洲国家语言种类众多，作为君主，将来要频繁地应用外交礼节，若不能熟练掌握多门外语是不行的，因此她从小就开始接受专业语言老师的训练，语言基础非常扎实；其次是军事学，其中一位负责授课的老师非常善于因材施教，不拘泥于照本宣科，而是循循善诱，引导小女王增强独立的思考能力，和老师针对各种军事问题展开讨论，克里斯蒂娜十分喜欢和欣赏这一灵活生动的授课方式，效果非常好；最后是非常重要的政治学，这一重任由阿克萨亲自完成，他对女王倾囊而授，毫不保留，包括各种各样的统治艺术，内政外交问题的处理。很快，他惊喜地发现这位幼年的女王实在是潜力十足的可塑之材。小克里斯蒂娜天生绝顶聪明，天赋极高，而且求知欲非常强，勤奋好学，加上超凡的记忆力，学东西又快又牢，更为可贵的是她灵性十足，理解力强，学习时善于举一反三，触类旁通，有些艰涩的问题只要在旁稍加提点，她很快就可以抓到精髓所在。天资优越，加之后天的勤勉，阿克萨觉得，这个女孩和她的父亲一样，将会是一位天生的君主，她将会把瑞典帝国带到一个更加美好的未来之中。

在众多的老师中，克里斯蒂娜最为敬重的就是瑞典著名学者、神学家约翰内斯·马提阿。他不仅博学多才，见解更是精辟独特，思想自由开放，女王非常欣赏这种个性，或许正是这位老师挖掘出了小女王那隐藏在骨子里独立特行的个性特征。马提阿是女王一生为数不多的令她敬重信任的人之一。女王晚年在回忆录里写道：“我的老师马提阿是我唯一信赖的人，只有对他我才倾吐心中的秘密和烦闷……我视他为父。”另一位她最为敬重的就是首相阿克萨，他是父亲留下来的一笔最大遗产，是瑞典不幸中的万幸。而阿克萨也对这位年幼而又好学的女王感到满意：“尽管是女性，尽管年幼，但实为人杰，极其出众。”“女王陛下并非泛泛之辈，实勇气过人，极其圣明，只有上帝知道我看到这些后何等高兴。女王将来若不被带入歧途，定会成为我们所祈望的完美的君主。”

听到这样由衷的评价和赞美，相信九泉之下的古斯塔夫国王也可以含笑无憾了。

尽管受到了几年严苛的教育和训练，小克里斯蒂娜却并没有被困难压倒，而是出色地完成了每一阶段的学习任务。小女王要想顺利执政，就必须通过层层的考察和检验。为此，与维多利亚女王年幼时一样，每年瑞典摄政院都会专门组织一个考察委员会，对女王的学习和

成长进行严格的考核。

伴随女王的成长，她已经开始渐渐了解了这个世界。12 岁那年，分别多年的克里斯蒂娜母女终于再次见面了，但那场面几乎令人不寒而栗，王后的精神实际上已经完全不是一个正常人，而她周围的人都是各种各样的精神病患者或者是被社会抛弃的各种人。女王与母亲一起生活了一个月，那如同又回到了童年时的噩梦中。

很快，克里斯蒂娜长成一名 15 岁的美丽少女了。此时，她的美貌已经令人惊艳不已。但是，她的出色表现更让瑞典人民感到骄傲：女王语言天分极高，能熟练地使用法语、德语、意大利语和西班牙语等多种语言，最重要的是，她似乎对政治有着天生的秉赋，这对一个女王来说远比其他知识更为重要。这个时候，克里斯蒂娜尽管还没有女王应有的权力，但已经开始参与议会所有的重大会议。

这个时期的瑞典政权，几乎全部集中在内阁五大臣手中，而其中的核心就是阿克萨，他当时任首相一职，尽管他无意篡权，但多年的五大臣摄政也导致女王的权力被架空，以致在相当长的时间里瑞典人民几乎已经忘记了还有一位年幼的女王，整个瑞典和欧洲几乎只知道有首相而不知道还有女王。甚至即使是形式上的女王批准手续都被省略了，那一时期瑞典的官方文件上经常出现这样的字样："首相已批阅，照此办理。"

但权力的缺失没有对女王产生太大的影响，她仍然过着青春浪漫的少女生活，她明白，现在还不是时候，等到亲政，她就会收回应有的一切。

不久，女王的初恋也悄悄来临了，和欧洲许多王室成员一样，她的初恋情人仍然局限在她众多表亲中，这个人就是和克里斯蒂娜青梅竹马一起长大的大表兄查理。16 岁时，在大学就读的大表哥查理在女王的王冠城堡里居住了一段时间。克里斯蒂娜此时已不再是年幼的小女孩儿，而是已经成长为一名风姿绰约的妙龄少女，她这时已经对异性产生了浓厚的兴趣。她不仅漂亮，更为可贵的是她身上不经意间所流露出来的王者风范和卓越智慧，使得克里斯蒂娜显得更加气质出众，光彩夺目，很快就吸引了查理的目光。

年轻的表兄查理风度翩翩，英俊潇洒，情窦初开的女王对他十分倾心。两个少年互生好感，很快就开始了鱼雁传情，满是柔情蜜语的情书让两人尽享爱情的甜蜜。爱情也给女王的生活注入了新鲜的活力，她的性格由此变得更加活泼开朗，整个人更加积极热情，连旁人也能明显感觉到年轻女王身上这一显著变化。这是克里斯蒂娜一生中最为单纯和甜蜜的时光，这段恋情大约在一年之后中止，因为查理表兄必须要离开瑞典了。这段恋情对克里斯蒂娜影响颇大，直至后来，她亲自把王冠戴在了查理头上。

就在女王与查理爱意正浓的时候，瑞典朝廷中已经有人建议女王应该亲政了，显然，有人对五大臣把持朝政已经感到不耐烦。这时克里斯蒂娜已经16岁，但她表现的异常成熟，没有立即迎合这种建议。她完全像是个冷静的政治家，冷静地分析了当时的瑞典政治情况：阿克萨尽管仍然忠于古斯塔夫二世，但毕竟执掌朝政已经长达10年，根基颇为深厚，而且他尽管没有古斯塔夫二世那样的雄心壮志和军事才能，但也的确是一代名相，把瑞典治理得井井有条，克里斯蒂娜明白，这时的瑞典人已经相当认同阿克萨。而如果这时亲政，那无论她怎样容忍阿克萨的行政措施，都不可避免地会产生矛盾：谁说了算？权力与情感向来是矛盾的，他们之间也许会合作得很好，但这不意味着权力因此和谐。

克里斯蒂娜把这件事一直推迟到她年满18岁，这是正式成年的象征。1644年12月8日，是她18周岁的生日，就在那一天，阿克萨亲自把皇冠正式戴在克里斯蒂娜头上，标志着女王亲政的开始。

当时欧洲的政治军事局势虽然复杂多变，但对瑞典而言，总体形势是非常有利的，这主要归功于古斯塔夫国王生前的不懈征战，加上他一直勤于内政外交，使得瑞典这个北欧国家国力大增，在三十年战争后一举跻身欧洲强国之列。在接下来的阿克萨时代，这位睿智的首相凭借对欧洲事务的深刻领悟，把古斯塔夫后时代的瑞典继续推向高峰。当时有个叫鲍拉维西诺的人这样评价刚刚执掌政权的克里斯蒂娜："她的确年轻，但不是孩子；她是女人，但不是妇人。"

当然，没有什么事能一帆风顺的，女王在亲政的最初几年里，她首要的任务就是逐渐从阿克萨等五大臣手中收回权力，执政后她做得第一件事就是解散了摄政院。"开局不错"，阿克萨也评价道。好在阿

克萨基本上没有背叛古斯塔夫，他尽管仍然对这个女孩子感到不放心，但还是忠实地执行了自己的诺言，阿克萨等五大臣没有为女王设置过多障碍，总体来说，女王收回权力的过程还是相当平稳的，瑞典并没有因此受到什么伤害。并且，在女王亲政的前十几年里，以阿克萨为首的摄政院给予了相当程度的政治指导，这让克里斯蒂娜总算没有犯下什么错误。

到克里斯蒂娜亲政时，旷日持久的“三十年战争”还在进行，瑞典的军事优势仍然相当突出，实际上成了反哈布斯堡联盟的中坚。而且，哈布斯堡势力此时败局已定，问题实际上变成了瑞典能够获得多少战后利益。

其实在亲政之前，善于独立思考的克里斯蒂娜对于战争和瑞典帝国的未来已经有了自己的主见。与野心勃勃的父亲不同，她认为战争实在过于残酷，尽管瑞典在三十年战争中受益匪浅，但也因此付出了惨重的代价。对瑞典来说，由于地处北欧，远离欧洲商道，因此人口稀少，资源匮乏，并且人民的文化素质低下，这场战争对瑞典人民来说已经是一个沉重的负担，在古斯塔夫的军队中，由于本国人口限制，约有4/5都是雇佣兵，而这需要支付高昂的费用。另外，对克里斯蒂娜本人来说，这场战争也毁了她自己的家庭，父亲悲惨地战死，母亲因此精神失常，而她自己则拥有了一个灰暗的童年。瑞典支离破碎的家庭更是不计其数，在她看来这场战争必须结束了。

因此，迅速地结束这场绵延不断的战争，重还瑞典国民一个和平的家园，这成了接掌政权之后要完成的一件大事。但是阿克萨等大臣和瑞典贵族们所想的却恰恰相反，因为这场战争对瑞典来说，是一个绝好的机会。在古斯塔夫之前，瑞典从来没有获得过如此辉煌的战果，而这次，不但整个瑞典因此一跃成为欧洲强国，而且对他们个人来说，也都有不小的收获。他们希望这场战争再继续一段时间，这样哈布斯堡势力就会彻底垮掉，这个老大帝国就会被瓜分，瑞典也就能得到更大的一块蛋糕。甚至连大主教也建议女王继续参战并且扩大战果，并把它归为“上帝的旨意”。而女王的意见却没有被几个贵族大臣所理解，对他们来说，女王过于慈善了。

当然，克里斯蒂娜女王绝非出于慈善之心，她是纯粹出于自己的政治理念而决定结束这场战争，她认为，这个时候结束战争也许是最好的时机，也是收益最大的时候。

后来，年轻的女王竟然决定亲自参加威斯特法利亚谈判，由于战争后期瑞典在其中的关键作用，年轻的女王一时成了会议最璀璨、最引人注目、甚至最令人憎恨的女人，因为她在会议中十分贪婪，为了瑞典极力争夺每一分钱，最终取得了一个令瑞典人满意的协约。

三十年战争后的总协定即是著名的《威斯特法利亚和约》，其中规定：日耳曼罗马是神圣不可分割的整体，其外交政策必须保持一致，皇位由哈布斯堡家族世袭；诸侯们必须尊重皇帝，皇帝应该保证各邦的永久存在，不得干涉诸侯内政；帝国国会成为常设机构，分为上院由七大选侯组成，下院由大小诸侯组成，由选举取代法兰克福大主教成为国会的世袭政长；帝国的重要事务如宣战、媾和、课税、征兵、高级官员的任命等必须得到帝国国会的批准。

这份和约还承认了瑞士的独立，作为交换，哈布斯堡家族也承认尼德兰的独立。瑞典得到了巨额赔款，并且克里斯蒂娜成功地与丹麦、挪威、芬兰、立陶宛组成第二次卡尔马联盟，主席由联盟议会选举三国的王族成员终身任职。值得一提的是，这个联盟在克里斯蒂娜女王手中发挥了重要作用，但也因她的退位而黯淡。

女王和大臣们的另一个分歧所在，就是女王的婚事。

年轻女王的美艳和才智远近闻名，不少王孙贵族对她十分倾慕，希望能和她缔结良缘，因此求婚者源源不断地涌向瑞典皇宫。瑞典人也希望早日看到女王成婚，就像当初希望听到玛利雅王后怀孕的消息一样，因为只有女王早日择婿，才有可能为瑞典皇室留下皇位继承人，从而使得瑞典皇室的统治更加巩固。但是女王本人对此也有着自己的想法，她最崇尚的就是女性的独立自主和精神自由，坚决抗拒自己像木偶一样任凭其他人摆布，尤其是在婚姻这样的人生大事上。君臣间的两大矛盾在查理亲王从战场上凯旋归来的时候凸显出来。

这位载誉而归的将军，正是帕拉汀亲王的儿子，克里斯蒂娜的大表兄，她的初恋情人——查理。在众多贵族大臣眼里，查理亲王算得上女王最完美的结婚对象了，他不仅具有正统高贵的瑞典贵族血统，而且在战场上战功赫赫，对国家作出的巨大贡献有目共睹。在三十年

战争中，后来参战的查理表现出色，在战争中颇有当年古斯塔夫二世的风范，因此在战后赢得了瑞典的“民族英雄”称号。更为可贵的是，他和女王青梅竹马，还有一段甜蜜纯洁的初恋，感情笃厚。

人们起初以为这简直就是天赐良缘，女王会欣然接受这个战争英雄，但实际上，克里斯蒂娜女王的心思早已变了。对她来说，这个查理的确仍然魅力十足，但他们之间的“蜜月期”早就过去了，现在克里斯蒂娜像是成年人看待当初幼年的游戏一样，尽管依然敬重查理，但那已经不是爱慕。对于爱情，她有着自己的见解，她并不想仅仅为了满足王公大臣们的愿望，满足瑞典皇室后继有人的要求，就轻率地踏入婚姻。因此，这桩看似顺理成章的亲事，在女王这儿遇到了阻滞。

当查理亲王从战场上再次胜利归来的时候，女王清楚，阿克萨和其他大臣们一定又会来啰嗦一番。阿克萨果然很早就在宫廷外等候，他希望女王能在国会正式接见查理亲王，女王答应了，但对于阿克萨所提的婚姻一事没有任何表态。

对于凯旋归来的战争英雄查理，女王当然并没有忽视这个昔日的情人，而是给了他极高的荣誉。国会大厅里，规格极高的欢迎仪式隆重而热烈地进行着。而这种热情对查理来说反而更像是一盆冷水，因为他得到的是女王热情而拒人千里的荣誉，但如果是对于一个情人和未来的丈夫来说，他更希望得到的是女王的温情和寝宫。

经过一段时间的亲政，尤其是结束“三十年战争”一役上的完全胜利，克里斯蒂娜不仅大大提高了执政能力，增加了政治经验，而且更加巩固了女王的统治权威，瑞典皇室在民众间的口碑和声誉得到了非常大的提高。在大臣摄政的十几年时间里，瑞典贵族势力大增，克里斯蒂娜即位后，用她的智慧和顽强，没花几年时间就解决了这一问题，大大削弱了贵族势力的膨胀，阻止了可能出现的威胁。瑞典王权的全面回归，标志着克里斯蒂娜完全执政时期的到来。在这一时期，克里斯蒂娜为瑞典社会发展作出了不可磨灭的贡献。

瑞典帝国地处较为偏僻的北欧，尽管国富力强，军队战绩不俗，但讲到国家的文明开化程度，就远远不及地处欧洲核心地带的法国等国家了。当时，在欧洲其他国家提到瑞典，人们的基本印象就是“野蛮”、“原始”。对于这一切，克里斯蒂娜观察的非常清楚，她了解，这个国家还需要进一步的引导和带领来加快文明进程，作为女王，她有义务承担起责任。因此，当政权基本巩固下来之后，她就开始着手于对瑞典社会的改革探索。

一方面，她虚心学习其他文明程度较高国家的社会改良经验，同时增加对文化艺术事业的财政投入，创办公益性的组织和机构，普及科学知识，推广文化艺术。于是，瑞典拥有了第一份真正的报纸，并且创办了一所全国性的正规大学。整个国家开始呈现出蓬勃向上、积极进取的良好文化氛围。而出于个人爱好，女王对于文化艺术事业的投资从来毫不吝啬。她从意大利购入一批数目高达600件的艺术珍品，当然，她并非是出于个人敛财或是收藏，而是一腔热情地希望能用这些价值不菲的艺术品为瑞典增添艺术气氛。至今，在瑞典的国家图书馆和国家博物馆里还留有许多克里斯蒂娜时期收集的艺术品。

另一方面，女王本身对艺术也有着痴迷，她喜欢舞蹈，特别是芭蕾舞。瑞典皇宫也就在她的要求下经常举行芭蕾舞演出，而女王竟然像古罗马的皇帝尼禄一样有时自己充当演员。也许，对她自己来说，这就是一种享受。

女王深知，要想提升整个国民素质，仅靠她一个人的财力投入和个人兴趣显然不够，必须还要吸纳欧洲腹地最杰出的人才。为此，她诚恳地邀请欧洲大陆一些久负盛名的人来斯德哥尔摩，在那一时期，瑞典一度聚集了欧洲许多人才。在斯德哥尔摩，法国大使夏纽、西班牙公使比门铁尔、葡萄牙传教士马赛德等都是女王的座上宾，女王的周围一时名人云集，颇有成为欧洲北方的巴黎之感。他们被女王作为最尊贵的客人邀请到皇宫，和女王长谈，探讨各种问题。

在这其中，不能不提的一件有名轶事就是法国著名哲学家笛卡尔了。

这位闻名世界的科学家，不仅在数学等多个学科内贡献良多，而且在哲学研究上也造诣颇深。1650年，笛卡尔应女王之邀，来到了瑞典皇宫，成为女王众多嘉宾中的一员。女王和笛卡尔早在几年之前就已经相识，多年之前，喜欢独立思考的克里斯蒂娜就曾读过笛卡尔的《哲学原理》，立即对他推崇备至。女王登基后就通过法国大使的穿针引线，终于认识了这位天才学者，随后两人保持了长期的通信，笛卡尔显然没有想到这个北欧女人竟然这样热爱哲学。后来克里斯蒂娜一生我行我素、绝少为世俗所困的生活态度，不能说与接受笛卡尔的哲学毫无关系。

对于笛卡尔的到来，女王尽管兴奋不已，但实际上她也一手葬送了这个天才。她竟然要求每天清晨5点让笛卡尔来为她讲学，然而北欧过于寒冷的气候却很快让笛卡尔得了肺炎，仅仅过了几个月，这个天才就因病去世了。

女王在兴高采烈忙于艺术的时候，仍然不得不小心那些大臣，因为他们仍然惦念着她的婚事。显然，女王一天不结婚，瑞典的将来就一天不明朗。而固执的克里斯蒂娜女王却坚持着自己的意见：决不结婚！因此，当阿克萨又一次在她面前申述作为君主应当肩负的责任等问题时，克里斯蒂娜再也不能按捺内心的怒气了，她恼火地说："我日日夜夜都在为国家操劳，我不愿结婚，谁也不能强迫我！"

当查理来到女王面前时，女王温情脉脉、但却坚定地说道："我不得不坦率地告诉你，我不能许诺嫁给你；我只能向你许诺，我决不会另外和他人结婚。"继而又补充道，"我还可以再答应你一个要求。即使我不与你结婚，我依然让你继承王位，你是我的继承人。"查理心里像打翻了五味瓶，不知是什么滋味。

这种僵持直到有一次在瑞典议会上，当王公大臣们再次坚持要求女王成婚的时候，女王口气强硬地说道："与其要我结婚，不如让我死，我决不允许任何人如同农夫利用土地那样来利用我。"

无奈之下，瑞典的王公贵族们也只好让步，他们最后与女王达成协议，女王可以不结婚，但必须指定一位古斯塔夫家族的继承人。最终，在1647年和1649年的议会上决定，取消女王与查理亲王的婚约，但正式指定查理、也就是女王的初恋情人为王位的继承人。

在之后的日子里，克里斯蒂娜果然遵守了她当年对查理的诺言，坚持终身未婚。尽管坚持独身主义，但是她的生活却并不乏味。文化艺术大大滋养了她的心灵，宗教更是给了她无数有益的思考，而广泛的交友又使得她毫不寂寞，不乏知己相伴。而在饮食享乐上，她则坚持简单为主，十分克制。

1654年6月6日，在乌普萨拉城堡的议政大厅，曾在欧洲政坛留下短暂辉煌足迹的瑞典女王克里斯蒂娜，宣布退位。这一消息犹如一声惊雷，撼动了整个瑞典和欧洲大陆。

瑞典贵族潘·步洛赫以优美的笔调记载了这一刻：女王给查理截上王冠以后，“她站在那里，开始流畅而优美地讲话，中间几次让人感到她的热泪就要喷涌而出；女王陛下的讲话，感动了所有真诚的男人和女人，而在场的女人都已泣不成声。人们无不感动、惋惜而且痛苦，女王陛下居然在上帝允许之前，就中止了她君临天下的职责；而她在那个时候，美丽如同天使！”

这一刻，她不再是集万千荣耀于一身的尊贵女王，但是却得到了灵魂的满足，对克里斯蒂娜而言，这比什么都重要。瑞典的臣民再也无法挽留这位可亲可敬的女王，只能用不舍的泪水和诚挚的祝福目送着克里斯蒂娜的飘然离去。

自此，持续统治长达133年，曾在瑞典历史上留下最为浓墨重彩一笔的瓦萨王朝终结了，瑞典王朝掀开了新的一页。但是，人们并没有忘记那位果敢不凡的年轻女王，尽管她在位时间并不算长，但却为瑞典国民成功谋得了一条和平之路，而且在国内政治改革、国民文化素养提升等各个方面，作出了不可磨灭的贡献。就连一向尖锐挑剔的瑞典王公大臣也对她爱戴有加，尤其是阿克萨，他很快也退出了瑞典政坛。虽说他一直没能真正理解女王丰富的内心世界，但是，他对瑞典皇室这份真挚的忠诚之心和鞠躬尽瘁的精神，也是的确值得赞叹的。

主动摘下王冠的退位女王也震撼了当时的整个欧洲。人们瞪大了困惑的眼睛，议论纷纷。美貌、青春、才华、财富、权力，这些世人竭尽全力追求和争夺的东西，她样样兼备，这个堪称完美的女人，却在巅峰时期选择了急流勇退，主动放弃了荣耀无比的帝王生活，实在是令人难以理解。曲高和寡，天才的寂寞和悲哀往往来源于此，泱泱欧洲大陆，又有几个人能真正理解女王的所思所想呢。或许，对克里斯蒂娜来说，抛开束缚和枷锁，得到灵魂的自由和安宁，才是她真正的“完美”吧。

当她身着男装，骑着白马，神气而又泰然地跨过整个欧洲大陆时，人们立刻被这一奇特景象吸引住了，人们止不住地议论、传播着。她的过去，她的现在，甚至她未知的将来，在他们看来，都是那么地传奇而瑰丽，男人们对她既是艳羡，又是佩服，而那些喋喋不休的贵族女人们，对她除了深深的羡慕，也有发自内心的嫉妒。但是，无论男人、女人，他们的描述和评价，对克里斯蒂娜而言，都早已无关紧要，世俗的种种，在这个奇女子眼中，不过是一阵淡淡的云烟。

游历了大半个欧洲，克里斯蒂娜最终来到了罗马，开始了新的异国生活。她在梵蒂冈居住了一段时间，旋即到了法国，但是令她烦恼的是，针对她的流言蜚语开始慢慢散开，并且从来也没有停止过。尤其是当她由于某些原因，在法国枫丹白露宫门前，她当众处决了她的一个仆人之后，流言迅速变成了攻击，矛头直指克里斯蒂娜的野蛮和残忍，这段时间、她的日子非常艰难，对于并不理想的现实，她着实感到失望。

但是，令她欣慰的是，无论顺境逆境，始终有个人陪伴在她的身旁，这个难得的知己就是德乔·阿佐利诺。阿佐利诺是女王初到罗马时，罗马教皇介绍给她的，阿佐利诺当时是罗马教廷负责和欧洲王室交流的书记官，颇具男人魅力，正是女王欣赏的那一类。两人在 1655 年第一次相见，随后迅速成为情人。

根据当初的退位协议，克里斯蒂娜不仅依然拥有为数不少的领地，而且每年都有固定的大笔收入，保证了退位后不仅可以衣食无忧，而且能够维持典雅高贵的生活。退位后，克克斯蒂娜对艺术的追求依然执着坚定。当人们逐渐淡忘了女王当众处决仆人的事后，克里斯蒂娜在罗马的住所又成了罗马附庸风雅的场所，女王似乎也钟情于这种所谓的文化，她竟然动用大笔资金在罗马购买了一个私人剧院，还赞助为数不少的艺术家、音乐家，当然，她还一如既往地收罗大批艺术品——提香、维罗尼塞和拉斐尔的作品等，应有尽有。她的精力如此充沛，以至于还参与修建图书馆。甚至对考古学产生了浓厚的兴致，当然，她还不忘为自己写一本传记，可惜，这本传记直到她去世也没有最后完成。

对于文化艺术事业，克里斯蒂娜的所作所为可以算得上不遗余力。但是，对于自己的爱情，她却始终没能找到一条完美的出路。她和阿佐利诺之间的爱情，从一开始，就注定了是一个不能圆满的悲剧。从最开始的相遇，到二人相继离世，在长达几十多年的交往中，他们用无数的书信作为纽带，维持了最为真挚和伤感的爱情。情到浓处，方知“爱”为何物，即使两人近在咫尺，还是有无数的话想向对方倾诉，鱼雁传情，一天两封，甚至更多。一封封承载着无数情愫和牵挂的书信，见证了这份执着的爱。这场被禁止的恋爱，堪称旷日持久，两人就像一对为情所困的荆棘鸟，用无声的文字，向世人吟唱出了爱情的甜蜜和苦涩。或许正是有了这样完美的精神伴侣支持爱护着她，在后半生无数的风雨之中，克里斯蒂娜才能坚强地度过了漫长的岁月。

1689 年，63 岁的克里斯蒂娜不堪病痛折磨，溘然离世。阿佐利诺作为继承人，在巨大的悲伤中，亲手送别了自己的爱人。尽管克里斯蒂娜生前希望一切从简，但葬礼却依然隆重地举行了，人们都在深深悼念这位不平凡的女性，她传奇的一生为人们留下了太多值得回味的故事。

路易十四

路易十四冲龄登基，虽是九五至尊，童年却充满了颠沛流离。他的一生与那个时代紧密相连，甚至可以说，他代表了一个时代。他是当之无愧的国王，一位国王的优点和缺点在其身上显露无遗。在位 70 余年，他给法国带来了无上的荣光，也耗尽了王国最后一点活力，当他去世时，王朝的丧钟也开始敲响。

1638 年 9 月 5 日，路易十四诞生于是日耳曼的王室城堡。他的出生是一个奇迹，因为路易十三夫妻结婚 20 多年却一直没有生育，人到中年才喜得贵子。1643 年，路易十四登基时才 5 岁，故由安娜王太后摄政。

当时掌握国家大权的是红衣主教马扎然。马扎然是意大利人，深得黎世留的器重。黎世留在临终之前曾向路易十三保荐他，但是直到安娜太后执政之后，他才得到重用，被任命为首相。

精明能干的马扎然，继续推行黎世留的内政和外交政策，致力于王权的加强和欧洲的争霸事业。但是身为一个外国人，竟然大权在握，还与王太后有非同寻常的亲密交往，这让显贵们产生了嫉恨心理。此外，他的敛财挥霍也令巴黎市民非常不满。当“三十年战争”进行到尾声时，为了筹备军费，马扎然下令提高税收。政府的横征暴敛激起了各个阶层对他的仇限，从而造成了“投石党运动”。投石原本是一种儿童的游戏，但是这个以儿童游戏命名的运动却如野火一般迅速在全国蔓延开来，让王室狼狈不已。

1648年，巴黎高等法院强烈反对王室的征税计划，并提出：减轻个人税，非经议会投票表决，不得征收新税；撤销国王派往地方的总督，废除国王不经法院同意进行抓捕的权力等。马扎然一口拒绝，并立即逮捕了数名法官。

巴黎市民群情激奋，在法官们的指挥下走上街头，喊出“国王万岁，处死马扎然”的口号，贵族们也趁机加入反对马扎然的行列。王太后和马扎然携路易十四被迫逃出巴黎。逃亡路上，他们流离失所，不得安眠，甚为狼狈，这次经历也使年幼的路易十四自此对群众毫无好感。

次年，贵族孔代亲王集结军队，围攻被叛乱贵族占领的巴黎。叛乱贵族惶恐之下向西班牙等国求救。眼看着外国军队即将开入，巴黎部分贵族和市民人心涌动，他们痛恨马扎然，但是更不愿看到国外势力的进驻。于是，他们派代表向王太后表示臣服，声称他们拥戴王室，请求国王和王太后还朝。王太后赦免了放下武器的人，回到巴黎结束了这一场骚乱。孔代亲王也因护驾有功成了红人。

然而没过多久，孔代亲王不满马扎然继续主持朝政，便煽动贵族们反抗。从1650年初到1651年底，叛乱贵族与王室的战争不断，贵族之间也相互倾轧。贵族军队一度占领了巴黎。路易十四及王太后被迫再度出逃。多方面的利益冲突之下，马扎然审时度势，最终掌控了局势，结束了动荡的局面。王室重返巴黎，第二次投石党运动至此结束。

路易十四成年后开始亲政，他本可以从马扎然手里夺回大权，但是一方面感激马扎然对他们母子维护甚多，同时也相信他的治国才能，便继续让马扎然掌管朝廷大事。马扎然也不辜负国王的信任，1659年，他联合英国打败西班牙，迫使其签订《比利牛斯和约》。西班牙被迫割让给法国大量土地，次年将公主玛丽亚·特里萨嫁给路易十四。

1661年，当马扎然去世之后，大臣们原以为国王会很快任命新首相，但是国王丝毫没有举动，反而亲自处理政务。疑惑不解的大臣们前去询问国王以后该听谁指挥，路易十四简短而坚定地说："我。"从此，路易十四再未设首相一职，事无巨细他都亲自过问。对他而言，唯有君主才有权考虑和决策，其他人的职责只能是执行君主的命令；国家是国王的，只有君权神授的国王才是国家的象征。

路易十四将法国君主专制统治推向了前所未有的高峰，他最著名的治国名言是"朕即国家"。他把太阳图案设为王室的象征，表示他像太阳神那样伟大，将恩泽的阳光洒向四方。

投石党运动给路易十四留下了很深的阴影，亲政后，他致力于削弱巴黎高等法院和三级会议的力量。1665年，巴黎高等法院对国王颁布的法令进行讨论。当时正在打猎的路易十四闻讯后勃然大怒，提着马鞭赶到会议厅，喝道："你们的集会带来的祸害众所周知，难道你们还不满足？我命令你们马上解散这次会议，禁止你们从此再召开此类会议……"

贵族的叛乱也让路易十四心有余悸。为了控制贵族，他在巴黎郊外营建了金碧辉煌的凡尔赛宫，邀请大批贵族离开他们的领地移居凡尔赛，并许以丰厚的赏赐和俸禄。贵族们长期居住在宫廷里，与领地人民逐渐疏远，国王又几乎不让他们担任有实权的职务，因此，贵族们渐渐蜕变成为游手好闲、只能仰承国王鼻息的寄生虫。路易十四借此削弱了地方权贵的势力。

路易十四将贵族排斥于政治圈子之外，接着便选择任命中产阶级担任政府要职，并亲自主持国务会议、政务会议和财政会议，讨论国家政策走向。路易十四做的第一件大事是惩治贪污腐败的财政大臣富凯，此后便任命出身商贾之家的柯尔伯为财政总监。柯尔伯积极推行财政改革，革除弊端，降低税率，实行开源节流，增收节支，使国家财政状况逐渐好转。他还大力推行重商主义政策，保护和扶植国内手工业，实施保护关税政策，撤销关卡，发展商业和对外贸易。

路易十四对任何可能会威胁王权的事物都深恶痛绝，其中包括新教徒和天主教会。作为一个天主教徒，他认为自己的忠诚只能给予上帝，而他是上帝在人间的代表。所以俗世的教会应当听命于王权。

1673 年，路易十四宣布法国所有主教只能由国王授职。这一行动引起了教皇英诺森十一世的公开反对。路易十四针锋相对，于 1682 年召集一次教士会议，通过了《四条款宣言》，重申王权高于教皇的主张，并先后任命拥护宣言教士为主教。教皇反应激烈，立即宣布这项宣言无效，并拒绝承认新任主教，结果导致 1688 年法国有 35 个教区没有正式主教。直到 1693 年路易十四准许自己提名的主教可以否认《四条款宣言》，新任教皇英诺森十二世才承认国王有权提名主教。

新教徒始终是路易十四的心病。为了统一宗教，他开始清洗胡格诺教徒。1685 年，路易十四颁布《枫丹白露敕令》，同时宣布撤销《南特敕令》，拆毁新教徒的教堂，彻底肃清国内的新教徒。这项敕令导致大量新教徒逃离法国。此外，他还严厉镇压了天主教异端，把法国变成了一个纯粹天主教的国度。

路易十四是个极具扩张欲的国王，法国在他亲政期间里竟有一大半时间处于战争中。1665 年，他的岳父西班牙国王去世，年幼的查理二世继位。西班牙公主玛丽亚·特里萨嫁给路易十四时，两国曾有约定：玛丽亚放弃西班牙的继承权，西班牙给予她一笔巨款作为嫁妆以示补偿。路易十四以没有得到嫁妆为借口提出也来帮忙，但战争仍是以法国的胜利告终。

为了报复荷兰，路易十四于 1672 年发动对荷兰的战争。见法国日益壮大，感觉受到威胁的英国、德意志、西班牙、丹麦、瑞典和荷兰结成反法联盟。路易十四运用外交手段拆散了这个同盟，并陆续打败各国军队。1678 年和 1679 年，法国与多个国家签订的《尼姆维根和约》，使路易十四又获得了一部分肥沃富饶的领土。接踵而至的胜利让路易十四乐昏了头，他甚至成立了“属地收复裁决院”，调查过去历次和约中曾割让给他国的领土，并以“收复”之名派兵占领。一时间法国摆足了威风，路易十四本人也在 1680 年被巴黎高等法院正式宣布为“大帝”。

路易十四的行动咄咄逼人，没多久，一路顺风顺水的他便尝到了苦头。忍无可忍的奥地利、荷兰、西班牙、瑞典于 1686 年缔结了奥格斯堡联盟，英国也在 1688 年加入这一联盟，同年双方正式开战。在这场持续了近10年的战争中，纵使法国强大，到底也是寡不敌众。1697年，方在荷兰里斯维克签订条约，法国被迫退回《尼姆维根和约》之后占领的大部分领土。

路易十四尝到了败果，但仍然不放弃在欧洲称霸的机会。1700年西班牙国王查理二世去世，无嗣。以西班牙王位不得与法国王位合并为条件，路易十四的孙子安茹公爵继承了西班牙王位，即菲利普五世。翌年，路易十四却宣布菲利普五世有继承法国王位的权利。这在欧洲各国掀起了轩然大波，如果法西两国合并，将强烈动摇当时的政治格局。各国君主震惊不安，荷兰、英国、奥地利和部分德意志诸侯结成联盟反对法国，战争旋即爆发。西班牙王位继承战历时13年，到了1713年，法国渐显败势，反法联盟也疲惫不堪，协商之后，双方决定停战。根据1713年及1714年双方签订的条约，菲利普五世放弃对法国王位的继承权，法国将在北美的一部分殖民地割让给英国。这场战争大大削弱了法国的力量，法国在欧洲的霸主地位丧失殆尽。

路易十四时代是法国历史上最辉煌的时期之一，国势强盛、经济发展迅猛，文化高度繁荣，专制君主制度达到了高峰。然而连绵不断的战争耗费了大量的人力财力，国王本人晚年的好大喜功、挥霍奢侈使法国迅速由盛转衰。在他统治的后期，法国人民怨声载道，各地频频起义。1715年，这位统治法国72年之久的国王撒手人寰，将日薄西山的王朝留给了路易十五。

路易十四风流倜傥，平日在处理国事之余，四处渔猎美色，女人和国家、狩猎一样都是他生活不可或缺的部分。在他的生命里，来来往往的女性数不胜数，不过还是有为数不多的几位女性在他的人生轨迹中烙下了重要的印记。

路易十四年轻的时候，曾经疯狂迷恋过马扎然的侄女玛丽·德·芒西妮，甚至想娶她为妻。然而，他的意愿却遭到了王太后和马扎然的反对。马扎然从国家利益出发，立即派使者向西班牙公主国王求亲，并将自己的侄女玛丽远嫁出去。路易十四虽然深爱着玛丽，他也清楚一位国王应当承担的责任，所以没有反对马扎然的做法。

1660年，路易十四与西班牙公主玛丽娅·特里萨举行了盛大的婚礼。路易十四并不反感王后，但是王后的严谨古板和不擅言辞也激不

起他的一丝热情。他与王后玛丽娅·特里萨的婚姻关系只能用“相敬如宾”来形容。婚后没多久，波旁王室惯有的好色毛病便在他身上体现出来了。路易十四虽然身材不高，但是体态强健，相貌英俊，举止潇洒，即使不是国王也会吸引女人的目光，何况他还是位高高在上的国王呢，巴黎有数不清的年轻仕女期盼成为国王的宠姬。

路易十四的弟媳是英国公主亨利埃塔。这位美丽温柔的公主，深得路易十四的敬重和喜爱。正是在亨利埃塔家里，路易十四结识了他的第一位公开的情妇路薏丝·拉瓦利埃。路薏丝是亨利埃塔的女伴，身材修长柔弱，表情羞怯，颇似一只易受惊的小鹿。1661 年，路薏丝成为了国王的情妇。但路薏丝在宫廷中过得并不快活。王后敌视她，她本人的性格也承受不了别人异样的眼光。她曾经为了掩饰自己生了孩子，分娩几个小时后便拖着疲惫的身子参加晚会。然而她付出的代价没有换来国王专一的爱情，一个国王的爱是不可能持久的。1667 年，蒙特斯班夫人成为了路易十四的新宠。伤心欲绝的路薏丝住进了修道院，在那里平静地度过了后半生。

路易十四的第二位情妇蒙特斯班夫人，名为法兰苏丝，1661 年进宫成为宫女。她虽然美艳动人，但当时国王正处于与路薏丝·拉瓦利埃的热恋期，因此并没有注意到身边的这位佳人。两年后，她嫁给了蒙特斯班侯爵。后来在一次晚会上，国王邂逅了蒙特斯班夫人。蒙特斯班夫人拥有一头灿烂的金发，嘴唇性感，眼丝如媚，谈吐机智风趣、有时会使些小性子、娇媚而迷人。路易十四随即疯狂地迷恋上了她，对她百般追求。没过多久，蒙特斯班夫人便投入了国王的怀抱，成为国王的正式情妇。蒙特斯班侯爵闻讯后穿上了鳏夫的服装，以无言的行动表达了自己的不满。国王则亲笔签发了蒙特斯班夫人的离婚书，并送给蒙特斯班侯爵 10 万银币，将这位可怜的丈夫打发出了巴黎。

在此后的 17 年里，蒙特斯班夫人牢牢地巩固住了自己的地位，并为国王生了 6 个子女。国王为她建造了数座宫殿，可谓是恩宠至极。但是，即便国王她的恩宠长盛不衰，也并不代表路易十四始终是专情的。这位风流成性的国王一见到年轻貌美的女子，就像蜜蜂见到鲜花一样。多情的国王让蒙特斯班夫人伤透了脑筋，为了固宠，她向女巫寻求能够永葆青春的药物和春药。事发之后，路易十四大为震怒，蒙特斯班夫人因此失宠。她之所以失宠还有一个原因，那就是曼特农夫人的出现。

曼特农夫人随和自律，是蒙特斯班夫人和国王所生子女的保姆。路易十四曾经嘲笑过她的不懂风情，但是经过长时间的相处后，他逐渐被她对孩子们的爱所感动，也爱上了她亲切体贴的性情。1678 年，路易十四结束了与蒙特斯班夫人的关系，并希望曼特农夫人能够成为他的情妇。曼特农夫人拒绝了，反而要求他回到王后身边去。

路易十四先是暴怒，后在她的说服下，竟于 1681 年了结所有的风流情事回到王后身边。两年后，王后离开。国王原以为如此一来曼特农夫人便会答应成为他的情妇，谁知道曼特农夫人依然是一口拒绝。她不愿意做出不道德的行为，倘若国王想得到她，只有一条路可走：结婚。

路易十四为难了，曼特农夫人出身平民，这样的婚姻是不受到欢迎和允许的。他最终还是向自己的爱情屈服了，1686 年 1 月，国王和曼特农夫人在一家小教堂秘密结婚。当时国王 48 岁，曼特农夫人 52 岁。路易十四已经过了花天酒地的年纪，曼特农夫人虽然不够年轻漂亮，但是她淳朴的心灵让他感到了安详。

路易十五

路易十五（1710 年～1774 年），被称作喜爱者，作为法国国王在 1715 年至 1774 年期间执政。他神奇地延续着整个濒死的家族，他执政的早期受到法国人民的喜爱。但是，他无力改革法国君主制和他在欧洲的绥靖政策，使他失去了人民的支持。并且在他死后成为了法国最不得人心的国王之一。

1710 年 2 月 15 日路易十五出生在凡尔赛宫，当时他的曾祖父路易十四仍然在位。他是勃艮第公爵路易和玛丽—阿德莱德·德萨瓦之子。玛丽—阿德莱德是一位非常活泼的女子，她深受老国王路易十四的喜爱。这对年

轻夫妇相互深爱（这在凡尔赛宫廷里是个相当异常的情况），使老国王的宫廷恢复活力并成为了凡尔赛吸引力的中心。路易十五有一个比他大三岁的哥哥布列塔尼公爵路易。勃艮第公爵是路易十四唯一的儿子伟大的王太子路易的长子。勃艮第公爵有二个弟弟：比利公爵查理和很快成为腓力五世（西班牙）的公爵腓力。因而，在1710年. 路易十四有大量男性后裔：一个儿子，三个孙子和二个长重孙。

但是，戏剧化的事件改变了皇家的结构。在1700年，安茹公爵继承祖母（路易十四的妻子，西班牙公主）的王冠，成为西班牙国王菲利普五世。在随后的西班牙连续战争中，腓力不得不放弃对法国王位的继承权。英国不愿意看到将来西班牙及其殖民地与法国被合并在一位唯一国王之下。腓力权力的放弃并不是什么问题，因为路易十四有许多其他男性后裔。但是，在1711年4月伟大的王太子突然死了，勃艮第公爵成为了王位继承人。一年后，精力充沛和活泼的玛丽—阿德莱德患了天花（或麻疹）并在1712年2月12日去世，这使老国王路易十四非常沮丧。勃艮第公爵极度悲痛于爱妻的死亡，一个星期之内死于同样的疾病。在勃艮第公爵死亡的一个星期之内，显然这对夫妇的二个孩子也被病毒感染。长子布列塔尼公爵，虽然医生一再地对其进行放血治疗，但他还是在1712年3月8日过世。他的弟弟路易十五被他的家庭女教师保护，她坚决地禁止医生对这个年幼孩子的放血治疗并在他的病症期间亲自照看。最后1714年，伟大王太子的第二个儿子也过世了。

因为在三年内路易十四失去了4个男性后裔，王朝的命运现在取决于一个4岁男孩的生命。

1715年8月，路易十四死于坏疽。在8月26日他将5岁的重孙子路易叫到床边，对他说了以下著名的话：“我的孩子，你将成为一位了不起的国王。不要像我一样喜欢建筑和战争。相反，设法与你的邻居和平相处。给上帝你所应该给的。总是遵循好的建议。设法免除人民的痛苦，而这正是我所没能做到的。”6天以后，统治法国超过70年的人死了，路易十五立刻成为了法国的新国王。

路易十四临死前任命他的私生子缅因公爵路易作为年轻的路易十五的摄政者。但是，在9月2日，在国王死亡的一天后，巴黎的“最高法院”公布摄政权，腓力和议会做了一笔交易，授予他们否决皇家法令的权力，这些权力是被路易十四所收回的。腓力当时41岁，由“最高法院”正式地任命为摄政者，圣徒西蒙详细记录了法院的“政变”。摄政者做出象征性决定，调迁政府到巴黎，并且遣散在凡尔赛的法院。

摄政者在巴黎的宫殿大皇宫里处理国事。年轻的路易十五被转移到位于巴黎东边7公里的万森讷森林里的中世纪万森讷城堡，那里的空气被认为比在巴黎的卫生和健康。在以后摄政期间他被转移到巴黎中心靠近巴黎皇宫的图勒利宫。

在1717年，7岁的国王与他的家庭女教师分开，由负责他的教育的缅因公爵照看，年轻的国王在没有穷尽的公开仪式期间必须学会掩藏他的感觉和天生的胆怯。他在公众面前的一生显露了冷淡的态度和权威的气质，同时也喜欢私有的空间和亲密的圈子——简而言之是一种接近私有中产阶级的生活方式。

他的家庭教师弗勒里给了他优秀教育。路易十五有一种极端好奇和虚心的个性。他是一个有折衷口味的热心读者。他的启蒙时期，喜欢科学和新技术。他推动了在法国大学创建物理部门（1769年）和机械部（1773年）。弗勒里是一个雄心勃勃的人，并且像国王一样神秘而又和蔼可亲，路易深深地敬佩他，故而他对国王以后的生活产生了巨大影响。

在摄政期间摄政者向路易十四执政时期被剥夺了权利的第二阶层（贵族）寻求支持。他在1717年结束了与大英帝国的三方联盟。该联盟阻止菲利普五世在路易十五死后继承王位。面对在政府事务中贵族统治的经验不足，摄政者恢复在路易十四统治下政府的国王统治，并且在1718年恢复了国家秘书。

在1721年，路易十五和他的第一代表姐，菲利普五世的女儿订婚，11岁的国王对于他的未婚妻来巴黎没有什么兴趣，比他大3岁的西班牙郡主只使他感到乏味。在1722年6月年轻国王和法院回到了凡尔赛，他们将在那里停留到王朝的终结。同年的10月，路易十五正式在兰斯大教堂加冕。在1723年2月15日，他已经13岁了，巴黎最高法院宣告国王成年，由此结束摄政。国王留下奥尔良公爵负责国事。奥尔良公爵在1723年8月红衣主教迪市瓦死后成为首相，在同年的11月他也离开人世。在弗勒里的建议下，路易十五任命他的表兄弟波旁公爵，孔代王子，取代已故的奥尔良公爵。

在波旁公爵控制之下国王对政府的决定没有任何影响。政府暗地受到投机商和轮车经销商和银行家一组人的影响。

波旁公爵为年轻国王的健康担心，不是出于关心国王或王朝的未来，实际上是出于防止奥尔良家族（最近的摄政者）在国王死后登上王位。波旁公爵把奥尔良家族视为他的敌人。国王是相当虚弱的，而且多种警示告诫他要注意他的生活。西班牙郡主太年轻以至于不能生育出继承人。因而与西班牙敌对的波旁公爵把郡主送回西班牙并着手选择一位年龄足够生育继承人的欧洲公主。最终，机会指向了21岁斯坦尼斯洛斯一世（倒台的波兰国王）的女儿。这位带着她的父亲的不幸的可怜公主，仍然可以说是善良的，相当迷人。并且她的家族从未与法国皇家混血，她会带着新的血液进入法国皇家。她的父亲相对低的地位能确保这个婚姻不会使法国因必须选择另一个皇家法院而陷入外交窘态。1725年9月举行了婚礼。年轻国王立刻爱上了比他大7岁的新妻子。但是，最强有力的国王与这样低等级公主的结合被欧洲大多数人认为是不合适和不庄重的。

波旁公爵内阁在1726年迫害新教教徒，操控货币，增加新税。譬如1725年的五十税和粮食的高昂价格，这些造成了许多问题和经济的萧条。

1726年国王已经16岁了，所有人都注意到自从结婚后，国王得到了健康和权力。他罢免了极端不得人心和正在准备与西班牙和奥地利作战的波旁公爵。取而代之，他提拔以前的家庭教师红衣主教弗勒里担当首相。

红衣主教弗勒里从1726年直到他在1743年死亡，他在国王的授意下统治了法国。这是路易十五统治期间最和平和最兴旺的时期。

在财务官员的帮助下，弗勒里稳定了法国货币（1726年）并最终设法平衡了财政预算。经济发展是政府的一个主要目标：改进交通，完成圣昆廷运河（连接瓦兹河和索姆河），1738年以后又延伸到埃斯考河和荷兰，并且更重要的是建立了一个国家公路网系统。国立桥梁和道路学校由国家设立，修造的现代的平直的高速公路开始由巴黎到达法国遥远疆界，典型的星型样式至今仍然是法国国道网络主要部分。到18世纪的中期，法国有世界上最现代并最广泛的公路网存在，并且大部分高速公路至今仍然使用。商务委员会和商务局刺激了沿海贸易，在1716年到1748年年间，法国对外沿海贸易额从0.8亿增加到3.08亿“里弗”。但是，强硬的科尔贝法律（预示着“统制经济”）妨害了工业发展。

专制君主制的力量体现在镇压詹森教派信徒和高卢主义的反对上。麻烦由巴黎圣梅达墓地开始（一组詹森教派信徒假装奇迹发生在这个坟园）到1732年结束。另一方面，在“流放”139位各省的国会议员后，巴黎的“最高法院”必须记录教皇公牛“唯一圣子”并且被禁止在将来审理宗教案件。

海外，弗勒里以所有的代价寻求和平，反对战争。他的和平政策以与英国联盟和与西班牙和解为基础。在1729年9月，王后的第三次怀孕终于生产了一个男婴——路易，法国王太子，他立即成为王位的继承人。一位等候已久的继承人的诞生，填补了自1712年以来王朝继承人的空缺，带来了法国社会各个层面和欧洲王室的极大欢迎。这对王室夫妇当时非常团结和相爱，并且年轻国王非常受欢迎。一位男性继承人的诞生同时缓解了和西班牙的持续危机和可能的战争风险。

在1733年，尽管弗勒里的政策以和平为主，但国王争取到法国外交部长的支持，干预波兰的连续战争以恢复他的岳父斯坦尼斯洛斯一世在波兰的王位。法国也希望从洛林公爵“神圣罗马帝国”弗朗索瓦三世手中得到一直垂涎的洛林公国，当时弗朗索瓦三世被认为将和神圣罗马皇帝查理六世的女儿玛丽亚·特里萨结婚，这造成奥地利的势力紧挨法国边界的危机。半心半意的法国在东部的干预无法扭转战争的路线，并且斯坦尼斯洛斯一世也不能恢复他的王位。但是在西部法国军队迅速地侵占了洛林，并且在1735年初就控制了局面。在维也纳条约（1738年11月）中，斯坦尼斯洛斯一世得到了洛林公国以补偿他波兰王位的损失，而这个利益在他死后通过他女儿的继承权转移到法国。而朗索瓦三世成为托斯卡纳大公国的继承人。与路易十四时期相比，这次战争花费很少，并且是法国外交方面的成功。洛林的土地（1766年斯坦尼斯洛斯一世死后）将是法国大革命前法国在欧洲大陆最后的领土扩展。

在这个有利结果之后不久，法国开始对奥地利帝国和土耳其帝国

的战争进行斡旋，导致贝尔格莱德条约（1739 年 9 月），战争以对土耳其帝国有利的情况下结束，从 16 世纪早期，土耳其帝国就是法国的一个反对哈普斯堡皇室的传统盟友。以此，在 1740 年土耳其帝国的更新标志了法国在中东的贸易霸权的投降条约。在所有这些成功以后，路易十五作为欧洲的裁决者的声望达到最高点。

在 1740 年，年老的弗勒里没有足够的力量反对战争，并且国王在法院给了反奥地利派强大的压力——他与普鲁士结盟，于 1741 年参与了战争。战争持续七年，法国转变成路易十四统治时期的战争状态。弗勒里没有看到战争结束，死于 1743 年 1 月。国王仿效前辈路易十四，决定从此没有首相的统治，由此开始他的个人王朝。

路易十四给法国遗留了财政的混乱和普遍的衰落。不幸地，路易十五没能克服这些财政问题，这主要由于他的优柔寡断和不守承诺。在凡尔赛，国王和围绕着他的贵族显示了颓废的征兆和君主制的衰落。更糟糕的是，路易似乎意识到反君主政治力量在威胁他的家族的统治，但是仍然没有做什么来阻止它。有一个流传广泛的传说，路易甚至预言道：“在我们之后，洪水将至。”一个严酷和准确的预言，是路易十五唯一的预警措施。

弗里德里希二世

1712 年 1 月 24 日，是普鲁士霍亨索伦家族大喜的日子。已经年迈体衰的老国王弗里德里希一世，终于盼来了孙子的降生。儿孙，对于帝王之家来说，不仅是姓氏和血统的延续，更重要的是权力和统治的延续。没有继承人，王位就会丧失，家业也将落入外人之手。在此之前，老国王曾有过两个孙子，但都夭折在摇篮中。所以，这个孙子一降生，老国王就喜出望外，王室上下皆大欢喜。一周后，普鲁士首都柏林各个教堂钟声齐鸣，老国王身着冠冕和礼服，庄严地正式为孙子命名“弗里德里希”，希望他继承王室业绩。老国王为什么对孙子寄托如此厚望呢？

原来，普鲁士是从易北河东岸一个叫勃兰登堡的军事采邑发展起来的。1417 年，霍亨索伦家族统治了这块采邑，同 1618 年获得的东普鲁士公爵领地合称“勃兰登堡—普鲁士侯国”。十多年前，老国王还只是这个侯国的选帝侯。像这样的侯国，神圣罗马帝国有好几百个。后来由于他的军队竭尽全力为帝国皇帝效劳，在西班牙王位继承战中立下汗马功劳，皇帝便于 1701 年 1 月封他为普鲁士国王，改号弗里德里希一世，其侯国也升格为王国。

然而，当时国小力薄的王国，被人家比作“铁罐堆中的一只陶罐”，随时可能被别国挤垮。他虽然有儿子威廉继承王位，但没有孙子，心里总不踏实，整天愁眉苦脸。如今一声洪亮的男婴啼哭，他看到王位后继有人，怎能不笑逐颜开呢？也许得孙的喜悦使老国王衰弱的身体又支撑了一年，老国王于 1713 年含笑闭目长眠。其子威廉继承王位，他就是普鲁士王国的第二代国王，人称“士兵国王”弗里德里希·威廉一世（1713～1740 年在位）。

这位威廉国王身高两米有余，虎背熊腰，粗鲁暴戾，喜好骂人、打人。只要他看不顺眼，不管碰见谁，便是一顿臭骂甚至拳打脚踢。在他手下为官称臣者，无人不有敬畏之感。因为他对宫廷礼仪和经济文化概无兴趣，唯独热衷于军事活动，所以获得“士兵国王”的绰号。他认为，普鲁士未来的命运将决定于是否拥有一支强大的军队和雄厚的财力，否则就难免沦为大国手中的玩物，就不能把普鲁士提高到欧洲强国的地位。为此目的，他实行重税政策，压榨人民，压缩民用开支；禁止外国商品输入，以防资金外流，千方百计增加财力。为加强中央集权，他取消容克贵族对农民的专有特权，打破他们垄断各省政治、经济的独立性。容克贵族反对，他立即给予打击，决不手软。对于权力支柱之一的军队，他尤为重视。国库收入的 6/7 用于军费，士兵服役期限长达 25 年。军队兵员的 1/3 来自国内，另外 2/3 从国外招募。他的治军热情简直入了魔，竟不惜重金，派人到欧洲各地甚至亚洲去招募身高两米左右的巨人，企图组成一支巨人军，奇怪的是他虽天天训练和检阅巨人军，但却很少用他们去打仗。他对大如经济、文化、外交，小如吃饭穿衣，概无兴趣，而且舍不得多花一文线。由于他的吝啬，人们在背后叫他“乞丐国王”。

威廉把盈余的钱财全都用于军事，他在位期间，普鲁士军队从 4 万人增加到 8 万人，而且装备精良，训练有素，纪律严明。当时普鲁士领土面积在欧洲只占第 10 位，人口居欧洲大陆各国第 13 位，而军队规模却占第 4 位。普鲁士变成了“拥有国家的军队，而不是拥有军队的国家”，从而奠定了军事专制统治的基础。

由于威廉是个军事迷，因此对儿子弗里德里希寄以厚望，执意要把他培养成军人，使其能够成为继承霍亨索伦家族军国主义传统的君主。老国王竭力向他灌输军事和国家管理知识，从小对他进行斯巴达式的训练，经常带他参加阅兵、操练、演习和狩猎。

可是，受母亲熏陶和遗传因素影响，王子自幼机敏、聪慧，养成了对文学艺术的热爱和陶醉。王后索菲·德罗蒂亚是英国国王乔治二世的妹妹。她不仅贤淑，而且喜好读书，对文学、音乐都有兴趣。王子从小在母亲身边，耳濡目染，自然酷爱读书，尤其向往法国文学和启蒙主义思想。随着年龄的增长，他更加贪婪地汲取知识，常常背着父亲读书。为买一批图书，他还欠下一笔债务，又不敢让父亲知道。在父王看来，书籍不过是一堆废纸，连文人学者也是“废物”，因为在他看来，这些人“连站岗都不会”。威廉国王感到王子的行动和他的愿望背道而驰、格格不入，而且屡教不改，便动用棍棒和拳脚，以使儿子“改邪归正”。他认为体罚是矫正错误的唯一可靠的方法。不仅经常撕破儿子的书、揪抓儿子头发，而且当众拷打王子更是家常便饭。谁要是袒护、营救王子，就遭威廉的辱骂或毒打。所以在弗里德里希幼小的心灵里，威廉既是严父，又是凶神，日久天长，父子二人在感情上从疏远到对立，终于爆发了一场严重的冲突。

弗里德里希固执的我行我素的性格，令国王恼怒不已。虽经常从肉体上折磨他，却也未能使其就范。眼下儿子快 18 岁，威廉决定为他娶妻，或许会束缚住他的个性，让他“回心转意”。他为儿子选择的未婚妻是奥地利女皇的侄女伊丽莎白·克丽斯蒂娜。但这遭到与英王室有血缘关系的王后德罗蒂亚的反对，也令王子大为失望。原来王后早就为长女、长子安排好了美满的双重婚约：弗里德里希娶英国公主，把威尔海米娜许配给英国王储。听别人说，克丽斯蒂娜无论德行，还是相貌，都比不上美丽温柔的英国表妹。弗里德里希决心抗命，扬言

“我可不想娶那只笨鹅（指伊丽莎白）为妻”。对此威廉十分恼火，甚至打算剥夺弗里德里希的王位继承权，另立次子为王储。弗里德里希不甘心把自己的生活交由父王摆布，也深知专横、凶暴的父王决不容他自作主张，于是决心逃离普鲁士。

1730 年 8 月，弗里德里希和密友凯特等 3 人，径直向边境飞奔。谁知谋事不密，计划败露，就在他们快抵达边境时，被追捕的人抓获，随即被父王关进库斯特林监狱，并送交军事法庭审判。按当时的惯例，他和参与逃跑的朋友均应被斩首。

这个 18 岁的年轻王储一下子从王宫到牢笼，这种铁窗生活他简直无法接受。由于王后和大臣们的营救，弗里德里希才保全了生命，但他的朋友们却未能幸免，均被处极刑。威廉国王为了“撕碎儿子的心，从而医治他的精神”，故意把帮助他出逃的凯特处死于他的囚窗前，以儆效尤。

弗里德里希虽免于一死，但国王并未答应宽恕他，他仍是一个缓期待决的死囚。从此他变成了沉默寡言、闷闷不乐的人。后经西欧几个国王和皇帝说情，威廉才答应赦免儿子死罪，改为长期监禁。

时隔一年，弗里德里希的心情逐渐平静下来，他开始思考自己的前途和未来，开始考虑如何适应和利用监狱生活。他喜欢读书，是个书迷。囹圄之中，有足够的闲暇时间，他就如饥似渴大量阅读法国文学作品，又不担心挨打挨骂；还可吹笛自娱自乐，狱卒不但不干涉，有时还聚过来欣赏他的演奏。王子个性虽强，思想却甚为敏锐。随着年岁的增长，知识的积累，也慢慢变得理智成熟起来。觉得自己毕竟是普鲁士的王储，也该考虑安邦治国的大事了。

弗里德里希明白，如果和父王对着干，很可能被褫夺长子继承权。他经过深思熟虑，权衡利弊，觉得与其失去王位，还不如暂时向父王低头，否则一切雄心壮志都将成为泡影。于是给父亲写了一封“富于感情”的家信，在信中请求“最最宽厚的国王和最慈爱的父亲恕罪”，还表示对父王安排的婚事完全顺从。

随着光阴一天天流逝，国王的心绪也日渐平和下来。接到儿子的信后，立即到监狱探视，弗里德里希恭顺地跪在地上，捧吻了父王的脚。威廉顿时喜出望外，下令释放儿子出狱，让他回宫居住。

1733年，弗里德里希屈从父王旨意，与伊丽莎白·克丽斯蒂娜结婚。弗里德里希扼杀了自己的感情，几乎终生对妻子冷淡。为了嘉奖和鼓励，父王准许王储和王妃到美丽的波茨坦莱茵斯堡单独居住。

从1736年至1740年，弗里德里希在莱茵斯堡过了4年田园诗人般的生活。他被压抑的对文学艺术的热情又死灰复燃了。这期间，他大量阅读了各种哲学、历史、文学等方面的书籍，特别是启蒙思想，对他后来的人生道路产生了重要的影响。他常常邀请一帮文学艺术界的朋友，谈论文学，吟诗撰文，互相激励，互相启发。他把自己称作是“启蒙运动的朋友”，尤其崇拜法国大文豪伏尔泰，并直接写信赞美伏尔泰的至理名言和非凡文采。弗里德里希后来在回忆录中说：“我在莱茵斯堡度过了一生中最美好的日子。”

同时，这一时期弗里德里希也以同样的热情从事军政活动。他不是出入军营，就是观看操练演习，或外出视察、监督税收。他对臣属要求严格，要他们恪守普鲁士传统，一丝不苟地遵守秩序和纪律，一切听他的。人们预感到这将是一位威严和有作为的君主。

1740年夏，刚过50岁的威廉国王去世，28岁的弗里德里希继位为普鲁士第三代国王，号称腓特烈大帝。

这位新国王看上去似乎谦和、热情，但细细端详，就会发现他的脸上常常流露出冷漠、严峻的表情，特别是那双眼睛时时射出咄咄逼人的目光，像好斗的公鸡。他虽然在兴趣爱好和执政手段上和父亲不同，在感情上两人也不融洽，但他却忠实地继承了威廉崇尚武功的衣钵。

初登王位，弗里德里希二世即着手重建他父亲留下的国家。他不断加强官僚机构；采取各种措施鼓励工业、农业和商业的发展，还改革司法制度，允许法官独自根据法律办案；鼓励移民，使其他邦国受到迫害的居民纷纷迁来定居。在他在位期间，普鲁士人口由220万增加到543万。他特别重视继续发展军事力量，按他的说法，就是要把军队建成一只“不死鸟”。因为普鲁士虽然已是一个拥有8万士兵的欧洲第四军事强国，但是，它西有法国，南有奥地利，东有俄国，而这三国是当时欧洲最强大的三个国家。因此，腓特烈大帝一登上王位，便感到了列强的压力。为了进一步扩张普鲁士的版图，实现他称雄欧洲的

腓特烈大帝

“宏图大业”，他不惜以全部工业收入供养军队。不惜代价地改善军队装备，提高军队的作战能力。他的军费开支为1300万塔勒，占国民收入的4/5。他采用了新式募兵制度，曾对骑兵加以改编，他所创建的骑兵和炮兵战术，后来在拿破仑时代被各国广泛采用。弗里德里希还热衷研究战略战术，他认为战争的目的就是消灭对方有生力量，所以，要尽量选择有利战机，集中优势兵力，分割敌军，各个击破。他把“进攻”提倡为他的“军队所特有的精神”。在他统治时期，普军人数已高达20万，无论从步兵、骑兵或炮兵方面都得到加强，成为一支装备精良、训练有素、纪律森严的部队，使普鲁士成为德意志土地上的一个强盛之邦。正是倚仗这支部队和他父亲遗留下的充实国库，他

“几乎进行过对整个欧洲的战争”。

弗里德里希登上王位后，曾对他的朋友说：“我正处于血气方刚之年，我追求荣誉。真的，我对你是无所不言的！我好奇，一句话，一种潜在的本能折磨得我昼夜不宁。我希望我的名字出现在报纸上，出现在历史书中，这是多么大的满足啊！它引诱我去做一切。”他从前人的传统中找到了自己成名之路——战争。他公开地说：“我喜欢战争，因为它能带来荣誉！”

弗里德里希一上台就迫不及待地要实现自己的野心，奥地利是他下手的第一个目标。奥地利国王兼神圣罗马帝国皇帝查理六世死后无男嗣，按他生前颁布的《国本诏书》，由他女儿玛丽亚·特蕾西亚继位，并陆续得到英、法、西、普、荷、瑞典、波兰等国的同意。但他死后，不怀好意的法国、巴伐利亚等国拒绝承认其长女的合法继承权。弗里德里希二世借机派人前往奥地利，提出把富饶的工业区西里西亚割给普鲁士，以换取承认。遭到拒绝后，弗里德里希二世先发制人，于1740年12月，亲自率领普鲁士军队，向西里西亚发起突然袭击。普军长驱直入，很快便攻占了西里西亚，并得到法国、西班牙和巴伐利亚等盟友的配合支持。后来奥地利得到匈牙利的支持，战斗力有所加强。1741年4月10日，两军在莫尔维茨发生激战，两军刚一交火，旗鼓相当，各有胜负。第一次参加大战的弗里德里希因为缺乏经验和勇气，产生了无法克制的恐惧。完全靠训练有素和勇敢善战的军队，才击溃奥军，由此弗里德里希得出一个教训：在战斗未见最后分晓之前，决不可放弃努力。这句话成了他终生的座右铭，也是这位名将的名言。

莫尔维茨战役的胜利成了进攻的信号。法国、巴伐利亚、萨克森眼红普鲁士的成功，都纷纷效法，企图瓜分奥地利。弗里德里希二世乘胜挥师南下，进犯莫拉维亚。法军和巴伐利亚军侵入波西米亚，与萨克森军会合后，一举攻占布拉格。1742年4月，巴伐利亚选侯卡尔·阿尔伯特被选为神圣罗马帝国皇帝，称查理七世，以与特蕾西亚对抗。

面对法国势力的扩张，弗里德里希二世改变策略，向奥地利提议和谈，遭到特蕾西亚女王的拒绝。因为当年弗里德里希被监禁的时候，查理六世曾亲笔给威廉写信，为王子求情，威廉才宽恕了他。谁料弗里德里希非但不感恩图报，相反，在查理六世去世后，恩将仇报，反对特蕾西亚继承王位。1742 年 5 月，普、奥两军在布拉格以南的乔图西茨战役中，奥军又遭大败，伤亡达 6000 余人，迫使女王特蕾西亚同意和谈。6 月 11 日，双方在布雷斯劳达成协议：奥地利承认普鲁士对西里西亚的占领，普鲁士则退出反奥同盟。经过第一次西里西亚战争，普鲁士国土扩大了 1/3，人口和经济收入也有所增加，一跃成为英、法、俄、奥之后的欧洲第五强国。

布雷斯劳条约签订后，特蕾西亚腾出手来全力对付法国及其盟友，将法军赶出波西米亚，并迫使法军于当年冬季撤回本土。巴伐利亚也在奥军的打击下失去自己的世袭领地。为了加强自己的地位，奥地利先后与英国、萨克森和撒丁缔结了盟约。弗里德里希觉出来势不善，担心西里西亚被夺回，也积极采取对策，拉拢巴伐利亚、黑森、苦法尔茨侯国和法国，与它们缔结了同盟。为进一步削弱奥地利，弗里德里希决定先发制人，攻占奥国管辖的波西米亚。

1744 年秋，弗里德里希撕毁布雷斯劳条约，率领 8 万大军突然攻入当时孱弱的萨克森侯国。萨克森无力抵抗，不得不同意普鲁士军队借道萨克森开往波西米亚。普军长驱直入，几乎未受什么堵截，就拿下布拉格，并率师直捣奥地利首府维也纳。但是，这次弗里德里希遇到了麻烦。不甘受欺凌的波西米亚人民奋起反抗，掩埋粮食，逃入森林，组织游击队，四处伏击和袭扰普军；同时，奥军切断了来自西里西亚的补给线，完好无损的萨克森军也在普军后方伺机而动。在此情况下，普军不得不从波西米亚撤退。

1745 年，查理七世去世，特蕾西亚的丈夫当选和加冕为皇帝。5 月，在西里西亚的霍亨弗里德堡，普军行动果断迅速，奥军很快败退，9 月，在索尔再次击溃奥军。12 月中旬，又在德累斯顿地区击溃萨克森军。这时，弗里德里希意识到，打击和削弱奥地利的目的已达到，要进一步扩大战果，有可能招致更多国家的反对，于是他又重演单独议和故伎，普奥签订德累斯顿和约：奥地利最后确认普鲁士对西里西亚的所有权，普鲁士则承认特蕾西亚女王的丈夫——弗兰茨·施特凡大公爵为神圣罗马帝国皇帝，萨克森向普鲁士赔款 100 万塔勒。

第二次西里西亚战争虽然结束了，但由弗里德里希挑起的战争前后持续了 8 年，直到 1748 年战火才最后熄灭。战后，普鲁士渐渐强盛起来，在神圣罗马帝国疆域内，逐步形成普、奥对峙的局面；在欧洲，普鲁士成为能与法、奥诸强分庭抗礼的强国。当弗里德里希凯旋回国时，人们把他当成了英雄，柏林市民成群结队出来欢迎他，墙上到处写着“弗里德里希大王万岁！”这是普鲁士人首次对他冠以“大王”的称号。

弗里德里希二世不但是一位独揽大权的君主和征战沙场的统帅，而且对文学艺术有浓厚的兴趣，并广交名士。

第二次西里西亚战争结束后，弗里德里希二世在波茨坦城郊一个依山傍水的地方修建了一座夏宫，命名为“逍遥宫”。该宫按音可译为桑苏西宫，法文原意是安逸、怡乐的意思。夏宫是弗里德里希二世先根据自己的设想绘制了一张草图，然后把草图和建宫重任交给了全国闻名的建筑大师克诺伯道夫。新宫于 1747 年 5 月 1 日落成。整个宫殿布局协调，结构精巧，环境优美，建筑华丽，有波茨坦的凡尔赛宫之称。弗里德里希常到这儿来写作、接待客人和举办小型音乐会。在会上吹奏横笛是他的拿手戏，也是他一辈子的特殊嗜好，甚至在战场上也随身带着笛子，闲时便吹上一曲。弗里德里希二世既是国王，也是军事家，但他一生对诗人、作家和哲学家的桂冠总是孜孜以求。那时德国宫廷基本上使用法语，他少年时的教师几乎都是知识渊博的法国人，所以他对法国文化崇拜得五体投地。相反，对本民族的语言鄙视，只有在争吵和骂人时才听得见他说德语。他本民族的文学修养更差，对灿烂的德意志文化及其优秀代表人物，如莱辛、克鲁普斯托克和海德尔等人，他脑海中一片空白，还诋毁他们。所以不少文学家对他进行猛烈抨击，很多人先后愤然出国。

弗里德里希最崇拜法国文化泰斗伏尔泰。他年轻时就同伏尔泰有通信往来，信中直抒倾慕之意。他说：“假如我有朝一日到了法国，我第一个要求就是得知伏尔泰先生住在何处。”信中还写道，“先生，虽然我还未拜识你，可是我早已从你的作品中认识了你。你的大作可说是精神财宝。”他曾虔敬地表示他“相信世上只有一个上帝，只有一个伏尔泰”。第一次西里西亚战争期间，受路易十五的委托，伏尔泰曾前来调停法国和普鲁士的关系。此后，弗里德里希多次邀请伏尔泰到普鲁士做客，并表示愿向这位语言大师求教。1739 年弗里德里希的《反对权术主义》一书出版，这里边有伏尔泰的心血，他曾经为文稿修改和润色。书中用启蒙运动的伦理对马基雅维里的政治策略表示蔑视，抨击了他的“权术主义”，并提出：“国王应是国家第一仆人”的名言。伏尔泰对这一提法非常赞赏，对书中“公道、仁慈、博爱”一类语言予以极高评价，并把推动启蒙事业的希望寄托在他身上，以后又亲切地把他称作自己的“国王朋友”。

伏尔泰之所以以前没有接受弗里德里希的邀请，是因他最真挚的女友夏特莱夫人的劝阻、竭力挽留所致。1749 年，夏特莱夫人去世，伏尔泰心情极为沉痛，普王频繁地向他发出邀请，他在一封信中写道：“我尊敬您……喜欢您……您到这里来，就如同在您的祖国，在一个怀有崇敬之心的朋友家里一样……您在这里还怕什么奴役、不幸和改变吗?”失去女友的悲痛和路易十五的冷眼，促使伏尔泰于1750 年怀着矛盾的心情，充满疑虑地来到了比法国更加残酷的专制主义国家——普鲁士。伏尔泰受到国王的亲自迎接，波茨坦的逍遥宫中为他准备了阔绰、讲究的工作室。一向以省俭甚至吝啬出名的普鲁士国王奉他为上宾，给他 5000 塔勒的年俸，并亲自把宫廷侍从长的金钥匙交到他手中，还在宫中演出他的悲剧。伏尔泰则给国王修改蹩脚的法文诗，整理杂乱无章的哲学论文。然而，哲学家太天真了，他对国王的开明度估计过高，期望值过高，其实国王只把他当点缀，当作实现自己目标的工具，捞取政治声誉。

很快，伏尔泰发现弗里德里希二世并不是自我标榜的那种“国家第一仆人”、“开明君主”，而是个专制君主。他同其父一样穷兵黩武，把国家弄得像个军营。全国上下等级森严，兵营中有简直是折磨人的军纪以及惩处士兵的严酷刑法。“在专制独裁和卑躬屈膝的窒息气氛中受过教育的弗里德里希二世，在登上宝座之后，用从伏尔泰和他的战友那里借来的词句掩饰其暴政，以代替他父亲的公开无耻的暴政”。伏尔泰不禁感到失望，痛苦地承认，除国王寄给他的大量要他修改的拙劣的法文诗和哲学论文外，他指望这位国王推动启蒙运动事业的希望完全落了空。

弗里德里希二世对伏尔泰的印象也非同以往。他觉得伏尔泰除了是欧洲最负盛名的人外，还有着深刻敏锐的社会洞察力，是个有头脑、有主见的人。最使普王畏惧不安的是，他害怕伏尔泰触动普鲁士的弊端。于是对伏尔泰由敬重变为反感、嫌弃，厌恶他的贪婪和讲究排场，最后二人公开冲突。伏尔泰搞股票买卖，有时不免卷入可疑的勾当中去，国王逮住机会，便写信指责羞辱他。普王还匿名发表了《一位柏林科学院院士致一名巴黎科学院院士的公开信》，含沙射影地攻击伏尔泰，称他为"无耻的撒谎者"，"我希望他最多还有一年，橘子挤干了，就把皮扔掉"。愤懑而失望的伏尔泰看完信后，牢骚满腹："这里的宫廷简直太小气了，有时连蜡烛也不给够。"国王派人送诗稿请他修改润色，伏尔泰便大声嚷嚷："给国王改稿子就像洗脏衣衫。"国王听后，自然十分恼火，双方关系更加紧张。后来伏尔泰把攻击矛头指向柏林科学院，他以难以仿效的讽刺技巧嘲讽了受普王偏袒的科学院院长——法国人莫佩图伊的浅薄和愚笨。自然，任命和重用这种蠢才的普王也愚昧无知，成了笑料。国王得知这件事后气得发狂，下令在伏尔泰窗前烧掉抨击他的文章。

伏尔泰的幻想彻底破灭了。1753 年 3 月，他盛怒之下交还了勋章和自己身为宫廷侍从长的钥匙，愤然从逍遥宫出走，匆匆离开普鲁士。他走时带了一本国王请他修改的拙劣的法文手稿，打算到国外直接出版，让全欧洲耻笑国王的低能。弗里德里希大怒，下令追回手稿。接到命令的法兰克福总督拘捕了伏尔泰，对他进行了侮辱性的搜查，并粗暴地把他关押了一个月。伏尔泰怒不可遏，发表声明痛斥弗里德里希是"大独裁者"，一时欧洲舆论大哗，纷纷谴责普鲁士国王狂傲无礼，伏尔泰从痛苦的体验中深信君主的"恩典"是不可靠的！

奥地利王位继承战争，加剧了普鲁士与奥地利的矛盾。弗里德里希二世心中明白，他在西里西亚初试锋芒之后，已成为众矢之的，新的战争在所难免。他充分利用签订《德累斯顿条约》后的 10 年和平时期进行国内改革，增加国库收入，提高国家的战争能力，把军队铸造成普鲁士雄踞欧洲的坚强柱石。奥地利的玛丽亚·特蕾西亚也不是一个头发长见识短的女流之辈，她一天也没忘记收复西里西亚。为了复仇，她积极进行军事改革，又施展聪明才智和高超手段，展开一系列外交攻势，修好各国，尤其是利用英、普同俄、法的矛盾。她一反常态，开始疏远海上盟友英国，而设法接近先前的敌人法国，以便对普鲁士造成两面夹攻之势。而法国由于愤恨弗里德里希的多次叛卖行径，又对西里西亚战争结束后，普鲁士实力增强感到不安，担心自身安全受到威胁，转而支持奥地利。她还争取到俄国女皇伊丽莎白的支持。

时刻警觉地注视着邻国动向的弗里德里希，抢先采取外交行动，于1756年1月16日，与英国签订了互助盟约，规定双方负责在德意志境内维持和平，并以武力“对付侵犯德意志领土完整的任何国家”，矛头直指俄、奥、法三国。鉴于此，俄国于3月25日同奥地利结成攻守同盟。5月1日，法奥签订相互保证的第一次《凡尔赛条约》，双方保证提供军队，援助另一方反击任何敌人。两大同盟形成，战争的乌云又笼罩了欧洲大地。

在欧洲各派力量的分化组合行将完成之际，弗里德里希二世从截获的秘密外交文件中，得悉奥地利和萨克森已制定好进攻和肢解普鲁士的军事计划，而且法国也参与了这项阴谋。同时，他还得悉萨克森要在冬季扩军，打算一开春便配合奥、法从三面进攻普鲁士。他判断战争已不可避免，与其等待敌人进攻，不如趁敌人备战尚未就绪之机，先发制人。1756年8月底，弗里德里希二世亲率9.5万人的军队对奥地利的盟国萨克森发动突然袭击，七年战争由此爆发。他之所以把萨克森定为第一个进攻目标，因为萨克森是进攻奥地利的通道，而且富庶，可以扩充自己的战争财源。

普军攻势凶猛，咄咄逼人，萨克森军力弱小，难以抵挡，首府德累斯顿很快被普军占领，退守皮尔纳。特蕾西亚下令奥军驰援，双方在埃格尔河和易北河汇合处洛波西茨遭遇，普军取得了胜利。接着，普军又攻占了皮尔纳，萨克森军全部被降服。

弗里德里希将缴获的有关法、奥、萨密谋肢解普鲁士的外交文件公布于众，为自己挑起这场战争补足证据。特蕾西亚一面指责这些文件纯属捏造，一面向法、俄求援，联合反普。德意志各诸侯唯恐重蹈萨克森覆辙，也加入反普阵营，只有英国和汉诺威站在普鲁士方面。弗里德里希占领萨克森后，便在这里逼贡敛税，募兵拉夫。在七年战争中，普鲁士从萨克森掠取了它所需军费的1/7。

1757年，重整旗鼓的奥军积极准备反攻，法、俄两国也极力支持。反普同盟各国调集了50万大军，准备从东南西北四个方向分进合击，

围歼普鲁士军队，局势对普军十分不利。普王决定，趁敌军尚未合围之前，集中全力打击奥军，然后回师攻打法军。4月，普军兵分两路，齐向奥地利的波西米亚进军，直逼布拉格城下。5月6日，两军在布拉格城下会战。弗里德里希亲率骑兵发起冲锋，以400名军官和最杰出的将领施威林阵亡的极大代价，转败为胜。接着他率军东进，在易守难攻的科林地区，迎战奥地利名将道恩。由于寡不敌众，普军失利。

这次失利使普军陷于被动，形势对普鲁士十分不利。法军已制服英国在欧洲的领地汉诺威，并攻占普鲁士境内的马格德堡；瑞典军已在波美增尼亚登陆；俄军进入东普鲁士重创普军，与奥军一道形成对弗里德里希的夹击。反普同盟和神圣罗马帝国的40万大军已从四面八方向柏林方向迅速逼进。此时，普鲁士的总兵力只及敌军的一半，且要分兵四处把守，局势相当严重。特蕾西亚眼看柏林指日可下，扬言要分割普鲁士，包括弗里德里希在内的所有人都认为普鲁士即将失败。

但是，弗里德里希审时度势，冷静分析战局后，决定在运动中集中优势兵力打击最危险同时也是最薄弱的一股敌军，以打破被围困的局面。被他选中的目标是苏比兹亲王率领的3万法军。于是，他一面分兵牵制各路大军，另以10万金币收买黎希留公爵，使其统率的10万法军按兵不动，一面率军北上，向法军北侧的部队发动进攻。由于苏比兹忌惮弗里德里希的威名，一再避其锋芒，引军退避，弗里德里希却突然作出了退却的姿态。

11月4日，普军大队人马撤退到波恩以东40公里的罗斯巴赫村。联军将领们对避其锋芒的战术不理解，纷纷要求停止撤退。这时又见普军主动退却，给他们造成了一种错觉，认为普军内心空虚，不敢与联军作战而逃走了，争相请战。苏比兹也对普军意图作了错误判断，于是决定第二天即开始进攻。弗里德里希佯退诱敌出击的计谋成功了。

11月5日，罗斯巴赫战役打响了。双方交战的地方是一片地势开阔的平原，普军的阵地是一处小丘陵，从这里可以观察到平原上法奥联军的动向。上午11时，联军以三路纵队从罗斯巴赫南面向东开进。由于认为普军只有防守的能力，不可能对自己形成威胁，部队竟然在军乐伴奏下悠然地绕着普军左翼行进。弗里德里希在观察了联军行进的全过程后，便顺应敌情变化，只让少数兵力作掩护，由炮兵作正面主阵地，骑、步兵作左右翼的半合围阵势。等法奥联军的前军进入普军的最佳出击位置时，弗里德里希一声令下，向敌人发起全线进攻。普军充分发挥了炮、骑兵的协同作战优势，与步兵一起，打得联军乱成一片，全线崩溃。

这一战，普军仅以500余人的伤亡，重创十倍于己的联军，打死打伤7000余人，以少胜多，获得重大胜利。由几个强国对普鲁士的包围圈被击破，法军已不再对普鲁士构成威胁。由于这一战役，使柏林失陷四处告急的普鲁士绝处逢生。

罗斯巴赫战役的胜利，使普鲁士西线的压力减轻了，但未能改变不利于普鲁士的整个形势，奥地利军队已进驻西里西亚。弗里德里希急忙挥师东进赶往洛依滕，决定同奥军决一雌雄以收复西里西亚，并洗雪科林失败的耻辱。不过他也深知此战难度很大。为此，他精心制定了一个全歼奥军的计划：首先占据制高点安置火炮，在步兵发起进攻同时轰击对方阵地。战斗打响后，先用少量部队佯攻奥军右翼阵地，迫使奥军左翼兵力向右翼增援。当左翼防线一削弱，向其发动猛烈攻击，突破防线，接着立即压向右翼。这时，隐蔽在山后的骑兵也向右翼发动总攻，这次于12月间进行的洛依滕会战以普军大胜而告终，奥军死伤和被俘达数万人，缴获大炮116门，普军只伤亡6000人。这次的胜利粉碎了联军对普鲁士的战略包围，使普鲁士免除了被肢解的命运。洛依滕会战充分显示了弗里德里希的军事才能和无畏的勇气，是他军事生涯辉煌的顶点，也是世界军事史上的杰作之一。恩格斯称他建立了“历史上无与伦比的骑兵”，拿破仑后来评论说：“洛依滕会战，在运动、机动和决断三方面都是一个杰作。仅这一会战，即足以使弗里德里希永垂不朽，而被列于世界上最伟大的名将之林。”由于战场上普军捷报频传，普鲁士的人们争相传颂弗里德里希为“军事天才”，“普军天下无敌”的说法更是在欧洲名噪一时。

洛依滕会战使联军速战速决的梦想破灭了，战争进入了相持阶段。1758年，俄国女皇派遣大军攻占东普鲁士，直捣普鲁士腹地柏林。面对敌方多线的进攻，普王在军事部署上力不从心，出现紊乱。8月25日，普俄两军在库斯特林附近的措恩多夫村展开血战，双方都损失惨重，打成平手。普军在休整期间，于10月间遭到奥军突然袭击，伤亡

惨重，实力明显比战争初期下降。弗里德里希的处境越来越恶化，心力交瘁的他，年龄还不到半百，看上去已像个老人了。由于长年累月在军帐中风餐露宿，使他得了风湿病，弯腰驼背，体力不支，行动迟缓，情绪极为低落。

1759年，普鲁士面临的形势更为严峻了。这一年普军连遭败绩，先是俄奥联军在库纳尔斯道夫给普军以毁灭性打击。战争中弗里德里希的两匹战马都倒下了，他差点丧命。随后俄奥联军再次攻占柏林，市民和高官显贵纷纷出逃。除对法军一线外，各路普军连连失利。整个普鲁士陷入即将家破国亡的恐怖之中，弗里德里希本人对战争前途产生了悲观情绪。他暗自准备下烈性毒药，贴身藏着，万一全军覆没即服毒自尽。只是由于冬天的来临，俄奥联军才未对普军采取进一步行动。

弗里德里希虽然顽强坚持战斗，但到1760年春，普鲁士的处境仍继续恶化。由于俄奥两国军事领导意见不统一以及他们追求的战争目的有分歧，才使得普鲁士国家免于覆灭。到了1761年，普鲁士陷入绝望境地，普鲁士财力和兵员枯竭，全国一片荒凉景象：法军威胁汉诺威，俄军伺机攻取柏林的门户科尔贝格，而奥军则占领了西里西亚，西班牙加入反普同盟，而普鲁士的唯一盟友英国也因在海外打败法国，夺取了大部分殖民地，无需普鲁士牵制法国，背信弃义地断绝了对普鲁士支援。弗里德里希已陷于彻底孤立，可谓弹尽粮绝，四面楚歌。他在给其兄弟亨利亲王的信中说："如果谁也不来帮助我们……我看不出有任何拖延或者防止我们灭亡的可能性。"他在绝望中甚至已准备退位。在这千钧一发之际，奇迹出现了。这时发生了一个偶然的，但对战争全局产生重大影响的事件，这就是俄国女皇伊丽莎白病逝，彼得三世继位。事态发生了戏剧性变化，俄国外交政策发生了突然转变，才使普鲁士摆脱厄运。

彼得三世与德国有血缘关系，其母安娜是彼得一世的女儿。彼得一世为将自己的势力渗入德国，把安娜嫁给了德意志北部的一位名叫卡尔·弗里德里希的亲王，他们生有一子卡尔·彼得。后来安娜病故，她的胞妹伊丽莎白于1741年当上俄国女皇。由于没有儿子，女皇便把外甥彼得从德意志接到彼得堡，准备让他继承王位，改名彼得·费奥多罗维奇。可惜彼得智力低下，不学无术，嗜酒如命，来俄国18年仍讲不好俄语。而对他的出生地及父亲原籍普鲁士却一往情深，对弗里德里希二世崇拜得五体投地。他继位之后，立即派出使者给占领东普鲁士一些地区的俄军送去敕令：俄军立即停止和普军的敌对行动，撤出占领区。1762 年 4 月，彼得三世同弗里德里希二世签订了和平条约，不仅许诺要归还俄军占领的全部土地，并转向同普鲁士结盟，把 15900 名俄军交给弗里德里希调遣，合兵攻打奥军。德国史书上把这神奇的转折称为“勃兰登堡王室的奇迹”。

绝处逢生的弗里德里希，精神大振，由于得到俄国的支持，接连打败奥军，又乘机将法军赶过莱茵河。1763 年 2 月 15 日，奥地利同普鲁士在萨克森的胡贝尔茨堡签订和约，普鲁士巩固了它对西里西亚的占有权，退出萨克森，并保证支持特蕾西亚的儿子约瑟夫为皇位继承人。七年战争终于结束。

经过艰难的七年苦战，弗里德里希的军队终于顽强地抵挡了奥法俄三大强国的联合力量，确立了普鲁士在中欧的霸权地位，为雄踞德意志，争霸欧洲迈出了第一步。弗里德里希二世被部分德国史学家颂扬为“大王”、“唯一王”。

长达七年的战乱，使普鲁士人民受尽了苦难，全国损失约 40 万人口，大部分是成年男子。农田大批荒芜，城市萧条，食品短缺，物价飞涨，1763 年日用品售价达近百年来的最高额，饥民们常常因抢购还未烤好的黑面包发生殴斗。

面对满目疮痍的国土，弗里德里希二世重振精神，决心通过整顿和改革来恢复和发展经济，增强国力。七年战争后，他又马不停蹄地开始了所谓的“重建”工作，致力于普鲁士的经济复兴。刚从战场归来不久，他就乘上马车，带上随从，到全国各地巡视，调查了解急需解决的问题。弗里德里希二世所到之处，一律不准大小官员迎来送往。他认为，讲排场的接见和空洞的长谈、汇报毫无价值。在各地视察时，他喜欢对地方官用“口试”的办法。每到一处，就把地方官召来，提出一连串问题，什么土地、住房、财政、赈济等一一盘问。如果所答非所问、一问三不知或回答使他不满意，就要遭到他的严厉责问或训斥。所以地方官里有不少人惧怕甚至诅咒他的巡视，暗中把他叫作“旅行国王”。他以过人的精力躬身朝政，每天只睡 4 小时左右，事无巨

细，都亲自过问。他号召国民勤俭节约，禁止讲排场，比阔气，并作出表率。他自己平时只穿士兵服，毕生只有一件礼服。

在调查了解情况的基础上，他采取了一系列措施。首先最迫切的是解决农业问题。1763 年，他颁布法令，取消彼美拉尼亚农奴的依附关系，并禁止把农民逐出份地。1777 年，宣布保证农民的财产权和继承权，给农民减税、预付金和提供谷物。准许西里西亚农民免税 6 个月，三年内在西里西亚建房 7000 所，以优惠的条件向农民贷款。他还从军队中抽调 6 万多士兵，派到人口最稀疏的地方，帮助当地农民修建房屋，恢复农业生产。5 年后，当地面貌基本改观，才让他们返回军队服役。他还下令，凡战争中住房被毁的农户，每户发 50 塔勒安置费和部分木料，要求农民迅速修复住房，尽快重建家园。鼓励向国内落后地区移民，1740～1786 年间，有约 30 万人在马络德堡和东普鲁士定居。国家改良了奥德河和纳莰河沼泽地，从军队中抽出 8 万匹战马分配给农民，免费发放新种子，使 5 万农民定居下来。这些措施都是在保护容克的根本利益的条件下实施的，有利于促进农业生产。普鲁士经济得到迅速恢复，人口从 100 万人增加到 500 万人。

当然，弗里德里希二世对发展经济的重视并非始于战后。他深知，经济繁荣既可安定民心、稳定政局，又是对外战争胜利的保证。所以他继位后就大兴水利建设，整修了奥德河河床，并在河两岸修起纵横渠道，使三百多万平方公里的农田得到灌溉。此外，普鲁士还先后开凿了连接易北河与哈韦尔河的普劳施运河（1745 年竣工）和连接哈韦尔河与奥德河的芬诺运河，1772 年开凿了沟通墨德河与雅斯瓦河的布罗姆贝格运河。这三条运河，把国内几条大河沟通起来，农田和内河航运都从中受益。

在发展工业方面，弗里德里希注意吸收别国的经验。他曾说，法国虽在手工工场和对外贸易上较英国、荷兰等国落后，但法国的情况更接近普鲁士，它的经验才更适合普鲁士借鉴。但也并不排除向英国学习，他认为“英国划分公有土地的方式（指圈地运动），是一切有志于提高生产的农场主必须朝觐的麦加”。为此他特地把国有土地承租人的子弟送到英国学习，以便回来后推进普鲁士的改革。在弗里德里希统治期间，普鲁士的采矿、纺织、造纸和玻璃工业有所发展，国家实行保护性关税政策有利于国内工场手工业的发展。

在商业方面，弗里德里希一方面积极推行重商主义政策，鼓励农产品和纺织品出口，扩大对外贸易；另一方面又加强关税壁垒，搞关税保护，取消国内关卡，建立合理的税收制度。当时普鲁士手工工场的不少产品和外国商品相比，质次价高，数量又少。为了与英国、荷兰、萨克森、奥地利、汉堡等国家和地区的商品进行竞争，他宁肯使国内市场上暂时存在某些商品短缺的现象，也要提高某些外来商品的关税，扶植国内生产发展。他明令禁止输入盐、瓷器和铁器，以刺激本国生产这些商品。在国内市场上，创办有特许权的贸易公司，实行烟草、食盐和咖啡专卖，提高消费税。对粮食、啤酒和肉类等生活必需品尽量减少税额，而对奢侈品则提高税率。

在财政方面，弗里德里希二世根据不同时期的需要及时调整国家财政支出的比例。战争年代军费开支大，和平时期就适当缩减军费开支，增加建设资金，并从中抽出部分款项，向私人提供贷款，为发展经济创造条件。为此当时还分别建立了柏林国家银行和军队银行，协助管理国家财政。一切工业税纳入军队银行，该银行负责支付全部军用开支。其他款项均由国家控制。

弗里德里希二世的经济政策是为他的军事扩张政策服务的。他的所谓“保护农民”政策，实际上是企图为国家保持一定数量的自由农民，以保证国家的税源和兵源。他的各项经济政策促成普鲁士经济繁荣，加强了容克在国家政治生活中的地位，加强了他实行专制主义统治和对外扩张的经济实力。

弗里德里希二世还曾对普鲁士的法律进行过改革。废除了中世纪遗留下来的多种酷刑，减轻了对盗窃、谋杀等罪的刑罚。当时普鲁士没有一部全国通行的大法，直到他当政时，有些地方仍然存在着中世纪的领主裁判所。国家无法可依，各自为政的现象普遍存在。司法官员大多没受过专业教育，法律手续极不完备，诉讼程序繁琐，错案屡见不鲜。这种法律状况，不但不能取信于民，而且还直接影响弗里德里希二世的威望。所以他下决心整顿司法，打击胡作非为的司法官吏，提拔了一批受过良好教育、不贪赃受贿的法官。先后任命萨·科西奇和约·卡尔迈尔为司法大臣，改革了司法审讯规则，提高了法官和律

师的地位。弗里德里希二世决定制定一部国家宪法，他把这一任务交给司法大臣。1784 年，这部宪法草案公布了。国王要求臣民逐条对草案进行公开讨论，广泛征求意见。这种做法在社会上引起很好的反响，受到普遍欢迎，甚至某些资产阶级学者也称赞国王“开明的思想方法”。新宪法《普鲁士通用邦法》1794 年正式生效。新宪法提高了法官任命资格的要求，简化诉讼程序，允许上诉，只有国王有权批准死刑。新宪法取消新闻检查制度，实行宗教宽容政策，允许各教派共存，各宗教信仰一律平等。新宪法提倡科学和艺术，重视教育，规定适龄儿童都应接受学校教育，学校教科书应不断更新内容，尽量吸收先进科学技术知识等。

七年战争给弗里德里希一个最重要的教训，就是还要进一步扩充增强军队。国家的一切都要服从军事需要，在他看来，“没有武力后盾而进行谈判，如同没有乐器而演奏音乐一样”。他的最重要的计划是把军队建设成“像灰烬中升起的不死鸟”。战争结束后，他立即实行募兵制，把军队人数增加到 20 万人，32 个居民中就有一个士兵（奥地利 64 个居民中有一个士兵，俄国 91 个居民中有一个士兵，法国 140 个居民中有一个士兵），普鲁士成了“和平时期的兵营”。1763 年他颁布《学校法规》，强制 5 至 14 岁的儿童上学，任命老兵为校长，进行准军事训练。他治军严格，训练有素，纪律森严，强调士兵绝对服从，因而具有较强的战斗力。对于当时的封建王朝政府来说，普鲁士的军事组织“是当时最好的，其余所有欧洲政府都热衷于仿效它”。在战略战术上，他提倡主动进攻，灵活机动，集中优势兵力速战速决。他创建了骑兵炮兵战术，在当时和以后都产生了巨大影响。

弗里德里希二世在继续发展军事力量的同时，还进行行政改革，不断加强官僚机构，权力变得更加集中，最后集中到国王一个人手里。他改组“财政、军事与王室领地最高管理处”，并在它之下陆续设立五个执行部门，并由他控制，使实权不至于落到大臣手里。他恢复内阁的作用，而自己亲自在内阁工作，每天阅读并批示从各部及省呈交来的各种报告，内阁成员只不过是他的工具。他要求官员办事讲效率，却不准他们有丝毫的主动性。他对官员说：“你们绝没有任何主动性，一切事必须直接通报我。”这一切都巩固了容克地主集团的统治。通过改革，弗里德里希二世建立起严格的管理体制，其特点是集中统一，讲究实效。普鲁士宫廷在倡导节约廉洁、讲究办事效率方面，成为当时欧洲各宫廷的典范。

在国王和全体臣民的努力下，普鲁士经济很快恢复起来，人口也有较大增长。从 18 世纪 40 年代到 80 年代，普鲁士人口从 200 多万增加到 550 多万。税收从每年 300 万塔勒增加到 1100 多万塔勒。土地总产量折价从 300 万增加到 600 多万塔勒。国库储备达 700 万塔勒。国力明显加强，普鲁士王朝的统治更加巩固。

玛丽娅·特蕾莎

玛丽娅·特蕾莎（1717～1780 年），奥地利女大公，匈牙利女王，波希米亚女王（1740～1780 年在位）。

玛丽娅·特蕾莎出自无与伦比的哈布斯堡家族，凭借尊贵的血统得到了奥地利、匈牙利、波希米亚三顶王冠，而她也在战争与和平时期都取得了流芳后世的成就，使她的名字同 18 世纪的中欧紧密地联系在一起。

作为德意志民族中唯一一位女君主，她的继位充满了艰险。她的父亲查理六世膝下无子，只有两个女儿。为了使荣耀的哈布斯堡家族的统治延续下去，他费尽了心机，在 1713 年颁布了《国本诏书》，规定当国王无男嗣时，女儿也可继承王位。他在位的后半段将促使《国本诏书》为欧洲各国接受作为他外交上压倒一切的重点，甚至不惜为此牺牲了若干领土。

幸运的是，玛丽娅·特蕾莎继位之后的表现没有辜负她父亲的一番苦心。当她在 1740 年即位后，便引起了德意志邦联内外的干涉，维特尔斯巴赫家族的巴伐利亚选侯阿尔伯特宣布，他才是神圣罗马帝国皇位的继承者。因为当初查理六世继承他哥哥约瑟夫一世的帝位的时候，承诺如果他没有男性继承人，就把帝位传给约瑟夫一世的女儿，

而他阿尔伯特就是约瑟夫一世的大女婿。他才是最正统的帝位继承人。巴伐利亚选侯得到了法国、萨克森的支持，各路大军向奥地利的边境猛扑过来。奥地利王位继承战争爆发。

战争初期形势险恶，法军和巴伐利亚联军攻入波希米亚，阿尔伯特在法国支持下即位称查理七世兼波希米亚国王（这是最后一个非哈布斯堡王朝的帝国皇帝），尤其是他父亲的教子，普鲁士国王弗里德里希二世趁火打劫，信奉“你看上那块土地，把它拿过来就是了，辩护律师总是找得到的”原则，悍然出兵抢夺号称“奥地利王冠上的明珠”西里西亚、而年轻的女王除了她父亲留给她的五个加起来岁数超过四百岁的老爷爷大臣外，手中只有粮饷不足的十万军队。奥地利王室领地有被分割的危险。但这也给初出茅庐的23岁女王一个证明自己能力的机遇。她首先东巡匈牙利，和身为匈牙利副王的夫君一唱一和，赢得了匈牙利贵族的拥护，答应出兵10万效忠女王。赢得了内部的一致支持后，与英国结盟，获得了经济援助。她甚至以暂时承认普鲁士对西里西亚的占有为代价，瓦解了普鲁士与法国、巴伐利亚的同盟，局面终于逐渐扭转，1742年从匈牙利开来的军队开始在西线转入反攻，法国、巴伐利亚军队不但被赶出奥地利境内。奥军甚至攻陷巴伐利亚本土，隔断在波希米亚的法军最终仓皇逃离，失去国土的查理七世在一个又一个城市流浪，1745年，在四面楚歌声中去世。特蕾莎迫使他的儿子马克西米连三世放弃了继承要求，并巧妙地使自己的丈夫洛林的斯蒂芬继承了神圣罗马帝国的皇位，称号弗朗茨一世，帝位终于又回到哈布斯堡家族掌握中。在1748年签订的和约中，收复了除西里西亚外的王室全部领地。

为了夺回西里西亚，惩罚骗子、强盗、普鲁士国王弗里德里希二世，女王在外交大臣尼茨·里特贝格的帮助下，进行了大量卓有成效的外交活动，居然和哈布斯堡王朝的死敌，法国波旁王室达成和解，欧洲外交格局发生了翻天覆地的大逆转，奥地利、法国、俄罗斯三个庞然大物历史性地站在同一条战壕上，而普鲁士则除了远在海外的英国，在大陆上没有一个盟友。眼见形势不妙，弗里德里希二世再次先下手为强，1756年突袭中立的萨克森，拉开了七年战争的战幕。弗里德里希二世声称，为了对付玛丽娅·特蕾莎、俄国伊丽莎白·彼得罗英娜女皇，法国路易十五的情妇德·蓬帕杜尔夫人这三条裙子的阴谋，他不能坐以待毙。这一次，有了两个陆上大国的帮助，奥地利战略优势明显，将那个时代最卓越的军事将领弗里德里希二世逼上绝路，尽管与全欧为敌死战不屈的弗里德里希二世创造了一系列奇迹般的经典战例，一次又一次地击败她的军队却永远也撕不破她编织的战略罗网，女王也在战争中不断修正自己的错误，撤掉了无能的小叔子加妹夫洛林亲王军队总指挥的职务，提拔名将利奥波德·约瑟夫·道恩元帅担任总指挥。眼看奥俄两军将直捣柏林，却因为俄国女皇伊丽莎白一世突然病逝，继位的彼得三世倒向普鲁士一边，使得弗里德里希二世死里逃生。玛丽娅·特蕾莎的胜利打了折扣，加之长期的战争使国家财政恶化，女王最后不得不解散部队来挽救经济。最终于1763年签订了《胡贝图斯堡条约》，保持战前状况。由于没有能够收回西里西亚，普鲁士终于取代巴伐利亚成为帝国境内能对奥地利造成威胁的第二大国，给奥地利王室在德国的地位留下了隐患。

这两场战争给了玛丽娅·特蕾莎很大的名气，但她对历史的影响还不止于此。在18世纪，“开明专制”成为欧洲流行的政治时尚用语。玛丽娅也不甘落伍，以“开明专制”为旗号进行了一系列改革，在中央成立了“公共及宫廷事务督导部”以统一管理所有领地的行政和财务，成立“国务会议”作为最高咨询指导机关，各职能部门都置于其下。这是加强中央集权的措施。社会经济方面，取消地主担任国家收税人的权利和领主裁判权等特权，同时减少农民的劳役地租和代役租的数量等。这些措施，缓和了地主和农奴的矛盾，也增加了国家财政收入。在此期间，奥地利的政府收入20年间增加了近3倍。农奴制一直是束缚中东欧国家社会经济发展的一大痼疾，女皇虽然没有宣布废除，但已经为此做好了铺垫。玛丽娅·特蕾莎还开始了教会改革，主要是迫使主教们向皇帝效忠，而不是向罗马教皇效忠。

探讨玛丽娅·特蕾莎和她丈夫弗朗茨·约瑟夫的关系是十分有意思的。玛丽娅将奥地利、匈牙利、波希米亚三顶王冠戴在自己头上，而仅仅给丈夫留下了“神圣罗马帝国皇帝”这个名号。欧洲历史上的女王，有不少在婚后自愿将大权让与丈夫，但玛丽娅则一直牢牢地将丈夫和朝政大权都掌控在自己手里，弗朗茨皇帝除了寻花问柳表示对

妻子的不满，满腔才智只能用于治理自己小小的托斯纳公国，为家族、为自己积攒了一笔庞大的财产，大到足可以付清全部国债而有余。玛丽娅还建立“贞洁委员会”，打击偷情的大臣和平民百姓。这个以维护道德风纪为目的的风纪警察组织深入全国各地，很不得人心，以致维也纳咖啡馆传出最有名的笑话就是“弗兰茨太太，请你管好自己的丈夫”。

1765 年，弗朗茨去世，玛丽娅与长子约瑟夫（后来的约瑟夫二世）共同治国，两人在很多问题上意见相左，这使女王十分苦恼。玛丽娅主张有节制的改革，而约瑟夫的改革愿望更加强烈，他主张立即宣布帝国境内的农奴为自由人，而不是仅仅改善他们的处境，还主张实行全面的宗教宽容政策。这些目标在约瑟夫继位之后都得以实现。年轻的约瑟夫积极参与巴伐利亚王位继承战争和俄国、普鲁士瓜分波兰的阴谋，玛丽娅曾明确表示反对，并说出她一生中另一段名言：“最辉煌的胜利也比不上平庸的和平。”但这并不妨碍她在 1772 年分得了分量不小的一份，就像腓特烈大帝说的，她哭是哭，但还是要了。

从 13 世纪鲁道夫一世时代起延续到第一次世界大战前，奥地利一直是中欧举足轻重的大国。玛丽娅·特蕾莎通过两场艰苦的战争维持了这个国家的强势，也维持了中欧政治军事力量的平衡，并通过一系列的改革，使奥地利赶上先进国家的潮流，尤其是在终结落后的农奴制方面有功绩。

叶卡特琳娜二世

1729 年 4 月 20 日的深夜，奥得河畔的什切青市还在酣睡之中。唯有驻军团长克里斯蒂安·奥古斯特亲王的宫邸灯火通明，这里充满了压抑和兴奋。仆人们屏息静气地倾听着，从卧室内不时传出亲王夫人临产前的痛苦叫声。叫声传入亲王耳朵里，他焦虑地跪在地上虔诚祈祷。他已经年近四十，几十年的戎马生涯使他渴望有一个温暖的家：

火光熊熊的壁炉，嗞嗞作响的茶炊，美丽的妻子时而向他投来充满柔情的一瞥。然而新婚不久他就明白，他得不到这种幸福。比他小 22 岁的约安娜出身于望族，在她的家族中不少成员因与各国皇室联姻而享尽荣华富贵，而她却嫁给了这么一个既不风流也毫无情趣的半大老头子。在 18 世纪分崩离析的德国，像克里斯蒂安这样的亲王早已名不副实，穷困潦倒。约安娜总抱怨这场婚姻。

得不到爱情的亲王期盼着儿子的出生能给他一丝慰藉，以享天伦之乐。终于在痛苦的煎熬中捱到 4 月 22 日凌晨，一声响亮的婴儿啼哭声使人们长出了一口气。但是生下来的却不是个儿子是个丑丫头。母亲极为懊恼，因为她还得再次为丈夫尽传宗接代的义务，她对这个取名为索菲娅的长女激不起丝毫的母爱。索菲娅只能在父亲那宽厚的怀抱中得到补偿，吸吮着亲王的阳刚之气。但是好景不长，第二年她有了一个弟弟，于是她只能生活在仆人和家庭教师中间。

失去母爱的童年使得索菲娅过早成熟。她变成了一个敏感而倔强的小人精儿。在她 4 岁的时候，母亲带她去参加一次宫廷聚会。当所有的贵妇小姐都卑躬屈膝去吻普鲁士国王腓特烈——威廉一世的王袍下摆时，她却当众拒绝。当母亲恶狠狠地斥责她时，她却振振有词地诡辩："他的衣服那么短，我怎么够得着呀？"约安娜恼怒女儿在这样的场合使她出丑丢脸，决定用更加严厉的态度来扭转女儿那倔犟傲慢的性格。常常为了一点小事就大动肝火，煽她耳光。正如叶卡特琳娜二世后来在自己的回忆录中写的："我只不过是个受气包……我不常见面的父亲把我当作天使，而我母亲则很少关心我。"

如果换一个孩子，在这种没有温暖的家庭中生活，灵魂即使不被压扁挤碎，也极可能被扭曲，至于自暴自弃、胸无大志，那是不足为怪的。但索菲娅则完全相反，面对冷漠的家庭，不仅没有消沉沦落，反而激起了她与自己的家庭、与这个世界对着干的决心。她发现自己容貌虽然算不上姣妍，但思维敏捷，目光炯炯，这是许多条件比她优越的孩子所不具备的。

虽然父亲的官阶算不了什么，但由于祖上是亲王，所以，家庭教师、音乐教师和仆人、侍从等也应有尽有。在众多的教师中，家庭女教师卡荅莉对索菲娅的影响具有决定意义。学识渊博、心地善良的卡

苔莉很同情这个不幸的学生，尽量给予她爱抚和温暖。幼小的索菲娅自怨自怜，感动地投入这位法国小姐的怀抱之中，依恋和崇拜她。当她日后成为显赫的叶卡特琳娜大帝时，她还为此感到幸运。

卡苔莉让索菲娅阅读了许多读物，并让她对法语产生了极大的兴趣。当时，法语是任何一个有身份的人不能不学的语言。为了博得老师的好感，索菲娅总以她的意志为转移，努力达到卡苔莉对她的一切要求。善良的卡苔莉曾经常提醒学生收缩下巴“她发现我的下巴太尖，如果向前伸出，就会碰上我所会见的人”。纠正已成习惯的形体姿势，对于大人来说也是很困难的。然而幼小的索菲娅却以极大的毅力做到了。

叶卡特琳娜二世

早熟的索菲娅在同伴们中也是一位不折不扣的首领，在游戏中，小伙伴们总是乐意听从她的指挥。但与幼稚的游戏相比，她更喜欢外出旅行。旅行开拓了她的视野，使她见多识广。应该说这是她的父母无意中为她提供了接触社会的机会。对于追求虚荣和快乐的约安娜和她那走遍半个欧洲的丈夫来说，什切青的生活没有任何引人入胜之处。所以一家人经常寻找各种借口四处旅行，到处会见他们的亲友。走到哪儿他们都受到亲切地接待，都能看到一派喧腾的宫廷气氛。他们也到过柏林。1739 年，索菲娅公主随双亲去基尔参加了一个由她母亲的表兄，荷尔斯泰因—哥道普的阿多发·腓特烈举行的宴会。在这里，年仅 10 岁的索菲娅第一次遇见了 11 岁的表兄彼得·费奥多罗维奇。尽管她知道这位表兄是彼得大帝的外孙，然而他却丝毫没有博得索菲娅的好感。在她的印象中，这是个其貌不扬、体格羸弱、性情粗野的男孩子。

她深信自己会是一个幸运的灰姑娘，期待着那个能让自己实现梦想的机遇的到来。果然，这一切很快就降临了。

在普鲁士德国，索菲娅的父亲虽然只是个不起眼的人物，但安哈尔特—采尔布斯特家族与荷尔斯泰因—哥道普家族一样，都是数一数二的旺族。家族内部和外戚不时寄来宴会、舞会的请柬。稍大些，索菲娅便有幸应邀周游汉堡、布伦瑞克、基尔、奥廷甚至柏林。在四面八方的亲戚家中，她无意中对欧洲各国的皇亲国戚错综复杂的关系网有了详细的了解，这一意外收获对她日后执政帮助甚大。她发现自己仿佛置身于一个庞大的社团中，在周围，人们的血缘关系超越了国界。作为一位普鲁士的小公主，自己的血缘关系不是更接近一个陌生的瑞典亲王吗？她的外公就是荷尔斯泰因—哥道普家族的一员，而这个家族的长子支系是有权承袭瑞典王位的。她的几个舅舅中的一个——已经死去的查理·奥古斯特，居然就是俄国沙皇彼得大帝的次女伊丽莎白的未婚夫。如果查理不短命，自己一家该是多么荣耀显赫！当她了解到这些情况后，便产生了一个奇特的念头：自己的血统生来就是高贵的，自己应该向统治人的方向发展。她的这种靠野心支撑起来的欲望，远远产生于机遇到来之前。在她看来，只要有志气，总有一天会如愿以偿。

1741 年年底，在俄国的一场宫廷政变中，彼得大帝之女伊丽莎白推翻了小沙皇伊凡六世，自己当上了女沙皇。约安娜突然意识到这对于自己来说是个难得的好机会。因为她的兄弟曾是这位伊丽莎白女皇的未婚夫，只是没来得及与她结为伉俪就不幸死于天花。据说这位女

沙皇还一直钟情缅怀这位英年早逝的未婚夫。约安娜匆匆向伊丽莎白女皇发去了一封贺信。

就在他们焦急地等待着伊丽莎白女皇的回应时，却传来了另一个让人大吃一惊的消息，伊丽莎白女皇立自己的外甥彼得·费奥多罗维奇为皇位继承人。而对约安娜的回报仅仅赐予了一幅女皇的画像，并索要索菲娅的一幅画像。这到底意味着什么？是一般的亲戚间应酬，还是暗示着一种殊荣的降临，索菲娅将成为皇储的婚姻候选人？母女俩都为此而激动和忐忑不安。作为母亲，悲观的成分更多一些，她认为女儿的平庸相貌是得不到女皇和皇储的青睐的。她恨不得自己能与女儿换个位置。于是她请了一位对手相术颇有研究的人为索菲娅看相，那人惊讶地在索菲娅手上发现了三顶王冠。而配戴上王冠的只有大公、皇后和皇帝呀！但是约安娜依然不敢相信。

1743 年的圣诞节，索菲娅终于收到了一份特殊的礼物：伊丽莎白女皇邀请她们母女二人赴俄国拜访皇宫。这预示着索菲娅已经入选了。在全家激动之余，她的父亲却清醒地知道，这一切不过是一桩政治婚姻而已。因此，他表现反常，觉得很难说这是福是祸。俄国政事多变，宫廷喋血一再发生，在这么一个遥远神秘的国家里，女儿将如何生存呢？更何况传闻皇储彼得是个粗野乖僻的人，女儿又怎么能受得了呢？但是，索菲娅根本听不进父亲的劝告。在她眼中当年相逢的那个 11 岁男孩已不再丑陋了。他头上那顶金光闪闪的王冠使他变成了英俊的白马王子。

1744 年 1 月 10 日，索菲娅离开了故乡，在母亲的陪同下，秘密启程前往俄国。当时她才 14 岁，对未来充满着憧憬。经过长途跋涉的母女首先受到了彼得·费奥多罗维奇大公的热烈欢迎。但他那瘦长的面孔、突出的眼珠和松弛的嘴巴，使未来的大公夫人心里不禁一阵抽搐，王子怎么能这样丑陋和虚弱？但在女皇的接见中，索菲娅在伊丽莎白高傲的脸上看到的满意神情，又使她忐忑的心情稍有平静。因为她知道，光明的前景与取悦女皇有着直接的联系。

来到了一个崭新的环境后，索菲娅很快就悲伤地发现自己的母亲约安娜卷入了当时的宫廷权势之争，在朝臣中拉帮结伙，玩弄阴谋。索菲娅运用自己的聪明才智，没多久就打听到了站在母亲对立面的是极有权势的国务大臣别斯杜捷夫和主教阿姆夫罗西·尤什凯维奇。这两个人极受女皇的宠信。一旦伊丽莎白女皇听信了他们，索菲娅就会被母亲所害，像被废黜的小沙皇伊凡一样被打入地牢，永不见天日了。索菲娅赶紧疏远她的母亲，拒绝跟她参加一切社交活动，并开始集中精力加速学习俄语和礼仪。为提高自己的语言水平，她深更半夜起床，穿着内衣，光着双脚，坐在笔记本前背诵词汇表，结果着凉得了急性肺炎。这件事很快就在宫廷上下传开了，连女皇也知道了，她就这样赢得了女皇的欢心和人们的爱戴。这场大病拖了一个多月还未愈，已经绝望了的约安娜想把牧师请到女儿的床头做临终忏悔。但是，索菲娅虽然被高烧、禁食和放血治疗折磨得气息奄奄，但仍小声而坚决地说："何必呢？与其如此，还不如把西蒙·肖多斯基请来，我宁愿同他说话。"此人是索菲娅的老师，他精明、博学、思想开阔。女皇得悉此事后感动得热泪盈眶。未来大公夫人的这句话传遍了全城的每一个角落。索菲娅以她天生的政治手腕赢得了关键的一分，从此备受女皇的宠幸。1745 年 8 月 21 日，索菲娅改名为叶卡特琳娜，与皇储彼得结婚。从此，叶卡特琳娜总算在俄国皇宫站住了脚。但是，她知道自己的地位并不稳固，而且说得上举步维艰。首先是那位挫败她母亲的国务大臣别斯杜捷夫，他对叶卡特琳娜虎视眈眈，将他自己的心腹安置在未来的大公夫人的身边当仆人，时时监视着她，时刻准备一有机会就扑上去将她撕个粉碎。

按理说，作为未婚夫的彼得应当是叶卡特琳娜最好的保护伞。但这个脾气乖僻而愚蠢的俄罗斯大公却狂热地崇拜普鲁士国王。他瞧不起俄国，很反感叶卡特琳娜拼命学习俄语的做法。他恨叶卡特琳娜，以折磨她为乐事。

新婚之夜，新郎不入洞房，刚开始时，新娘忘掉了彼得前不久对她的粗暴和冷落，想到的只是他与她两小无猜，亲密无间的情景。虽然她已被一整天的忙碌喧嚣弄得昏头涨脑，精疲力尽，但青春的活力、对异性的渴求，还是本能地使她热切地盼望那神秘的时刻快来。她望着彼得即将进来的小门，等待着。一小时过去了，他没来；又一小时过去了，他还是没来。这是怎么啦？正在她疑惑的时候，德裔侍从女官克鲁泽夫人进来禀报说："彼得大公正在喝酒，吃夜宵，有几个侍从陪着他。”又等了好久，彼得终于进来了。叶卡特琳娜见他醉态毕露，身上散发着酒气，正要帮助他上床时，他一头栽在床上，嘴里还嘟囔了一句：“要是侍从们看见我俩睡在一张床上，那才有意思呢！”说完就呼呼睡熟了。叶卡特琳娜本来困乏已极，这时反而全无睡意。她坐在床边，听着彼得的呼噜声，望着窗外渐渐泛出白色，心里充满失望和受侮的感觉。新婚第一夜就这样过去了。

叶卡特琳娜的丈夫——彼得

令人更受不了的是，以后几个月彼得都这样。新婚夫妻同床异梦，各不相扰。最初，叶卡特琳娜还期待着彼得会突然上来拥抱她，她也随时准备同他亲昵。但是这个时刻始终没有来到。她察觉到他总是回避接触她的身体。她自己也没有主动向彼得献媚纠缠的心情，渐渐地处之泰然了。

彼得这时虽已 17 岁，但因自幼多病，发育缓慢，还缺乏男性青年强烈的情欲。他对妻子没有热情，她的漂亮更对他形成了压力。一个年长的侍从看出了这对年轻夫妇床笫间的不协调，劝他大胆上前。他也一度想在妻子身上试验一下自己的能力，但是始终缺乏勇气。他一接近叶卡特琳娜就气馁。于是，他对她怨恨了，宁可亲近别的女人而不愿亲近她。这更刺伤了叶卡特琳娜的自尊心，她也就更疏远和鄙夷他了。

但是夫妻还是常在一起。彼得大公还是热衷于军事游戏。他把手下的人编成一个连队，妻子被任命为副官。人人都须穿上军服，手拿一支火枪，走廊变成操场，进行操练和演习。彼得的淘气有增无已，时常在进餐时把酒倒在侍仆头上，在人们面前做各种怪相。叶卡特琳娜越来越讨厌他，而常来的切尔内舍夫三兄弟越来越引起她的感情动荡。叶卡特琳娜常常情不自禁地愿意同安德烈·切尔内舍夫多接近，眼神中对他流露出一种特殊的柔情。有一天，叶卡特琳娜忠实的近侍基莫菲·叶夫雷诺夫劝告她说："宫廷里已经有人在说您同安德烈·切尔内舍夫的闲话了。您不要再与他接近。"这位近侍也同样劝告了安德烈·切尔内舍夫，他果然不来了。可是，两个月以后，叶卡特琳娜忽然看见他站在她房间的不远处，就招手让他过来，但没让他进屋，只站在门口交谈了几句。这时，她突然发现宫廷侍卫官杰维尔伯爵躲在走廊暗处偷听他们谈话，而杰维尔见自己被发现，就随机应变地走上前来对她说："夫人，我来禀告您，大公请您去一趟。"

第二天，切尔内舍夫三兄弟被解除了宫廷职务，受到讯问。他们不久后被派往遥远的奥伦堡附近的部队任职。叶卡特琳娜意识到，有人在暗中监视她。

其实，彼得大公也被监视了。原因是俄国在奥地利王位战争中已公开成为普鲁士的敌人，双方军队已在鏖战。别斯杜捷夫对德意志血统的彼得大公夫妇，特别是对大公很不放心，害怕他们暗中给普鲁士帮忙。女皇还怀疑叶卡特琳娜另有所爱，不愿与彼得合欢，以致至今无孕。

女皇又等待了几个月，终于发怒了。她下令把叶卡特琳娜召进她的寝宫，责问她为什么没有怀孕。叶卡特琳娜有口难辩。女皇越说越生气还不住挥动手臂，眼看要把手打到叶卡特琳娜脸上来了。叶卡特琳娜本能地缩起脖子，准备挨打。

正在紧急关头，彼得大公不知为了什么事突然闯进房间来。女皇一愣，蓦地住了口，收回了手。稍后，她挥挥手让叶卡特琳娜走开。

叶卡特琳娜快步跑到自己的寝室里，倒在床上痛哭起来，心里想：明明是彼得大公的错，却全怪我。昨天还对我那么亲热，今天就翻脸绝情。俄罗斯皇储夫人不好当啊！她哭了好久好久，不知不觉和衣睡

着了。

女皇在盛怒之后冷静下来，仔细一想，自己对叶卡特琳娜的责骂不尽合理，情况还不十分清楚，自己的外甥身体本来就有病，也不能全怪叶卡特琳娜。

1746 年 5 月 10 日和 11 日，彼得大公和叶卡特琳娜结婚后 9 个月，颁布了别斯杜捷夫起草、女皇签署的专门针对彼得大公夫妇的两个诏谕，决定给他们每个人派一名监护人。对大公的诏书比较简短，规定监护人务须“纠正大公殿下的不良习气，如进餐时把酒泼在侍者头上，说话粗俗下流，在公众面前做各种怪相和奇怪动作。”对叶卡特琳娜规定的规则则严格得多，其监护人务须“督促她恪守教规，不许她插手俄罗斯帝国和荷尔斯泰因公爵领地的政务，禁止她同年轻的官员、侍从、军官和仆人表示亲昵，要求她在夫妇生活上表现得更加主动热情。大公夫人乃是朕亲自选来做朕的爱甥兼帝国皇储名副其实的配偶的，所受的教育应符合朕的旨意。大公夫人须采取适当的行动，表现非凡的仪态和完美的品德，以激发大公真挚的爱情，赢得大公的欢心，从而得以生养帝国久已期待的继承人和皇室后代。”诏谕还规定叶卡特琳娜同包括父母在内的任何人通信，必须经过枢密院批准检查，写给父母的信必须照抄枢密院拟定的信稿。

女皇和别斯杜捷夫向大臣们解释说，之所以颁布这两个特别诏谕，是因为大公夫妇虽拥有崇高的头衔，但实际上还是孩子，年幼无知，还需严加教育和管束。

给彼得大公派来的监护人是巴西尔·列宾亲王，他在宫中有人品出众的好名声。给叶卡特琳娜派来的是女皇的表妹玛莉亚·谢苗诺夫娜·乔戈洛科娃，是个美貌但却生硬的年轻贵妇，才 24 岁却有了 6 个小孩。

女皇还命令彼得大公夫妇去做忏悔。接受忏悔的恰巧是叶卡特琳娜过去的老师西蒙·肖多斯基，他已升为普斯科夫大主教。他受命在忏悔中盘问这对年轻夫妻同切尔内舍夫兄弟的关系。两人都没有讲出什么令人不安的东西。大主教听后，随口说：“女皇是从哪儿知道那些事的呢？跟你们讲的完全不同。”与此同时，宫廷里开始清除法国人和德意志人。彼得大公的首席家庭教师兼宫廷总管布鲁默尔，他的侄子、彼得大公的侍卫官乔列辛凯尔，大公自幼年起的近侍克拉姆斯、大公来俄后聘请的家庭教师什捷林，御医兼宫廷总管法国朋斯托克，他的亲戚、禁卫军上尉夏皮罗都先后被撵出宫去，有的还遭到逮捕、拷问。

彼得大公夫妇各自宫中的官员、侍从、侍卫、宫女等等也都陆续调换，有些人也遭到逮捕、拷问和放逐。新调来的人都兼有监督告密的责任。克鲁泽夫人被调走了，叶卡特琳娜与这位德国女人相处甚好，对她的调离感到惋惜，对新派来代替她的俄罗斯中年女人弗拉奇斯拉娃心怀戒备。但是不久后她发现这位新来的宫廷女官、侍女领班也是一个十分善良温顺的人，而且有克鲁泽夫人所没有的长处。她广闻博记，讲起俄国历史和风俗时如数家珍；对历代皇室、显臣、贵族的情况知道得极多；各人来历、性格、财产、爱好、亲属关系、与何人近何人疏何人为敌，等等细节，不一而足，都装在她心里。她是个虔诚的东正教徒，经常跪在圣像面前祈祷。彼得大公对此加以嘲笑，叶卡特琳娜却为她辩解。弗拉奇斯拉娃不久就成为叶卡特琳娜的亲信，同时也成为她的俄国历史教师。

叶卡特琳娜背负着两方面沉重的压力：作为出嫁的女人却不怀孕；作为俄国皇储夫人却是敌对国普鲁士人。许多人回避她唯恐不及。她过去宾客盈门，现在却门可罗雀。她同彼得大公晚上还常住在一起，但彼得对军事玩具比对妻子有兴趣得多。险恶的处境使这个早熟的姑娘更加成熟。她知道自己无可依靠，无路可退，只有咬紧牙关挺身向前，不能被孤独感、屈辱感和危险感所压倒。她回想她初来俄国时给自己确定的取悦女皇、彼得大公和周围的人们三方的目标，觉得她已成为彼得的合法妻子，既然双方感情淡薄，彼得又不得人心，她没有再取悦于他的必要。但是对喜怒无常的女皇她还必须小心翼翼，取得欢心；对大臣、贵族、禁卫军军官，她也不能怠慢。

1747 年，叶卡特琳娜的父亲克里斯蒂安·奥古斯特亲王病逝。噩耗传来，她悲恸欲绝。她的监护人乔戈洛科娃板着脸教训她说："你是皇储夫人，你父亲不过是个亲王，你不能为他这么哭。"她要写信给母亲，监护人也不允许，只同意在枢密院起草的几行公文式的唁文上签上她的名字。叶卡特琳娜直接请求女皇，女皇也只允许她戴六个星期的孝。但是一个意外的机会稍稍慰藉了她痛苦的心灵。在一次宫廷舞

会上，一位刚到彼得堡的意大利贵族、马耳他勋章获得者萨克洛佐莫上前请她跳舞，趁旁人没注意的时候悄悄往她手上塞了一张小条，低声说："这是你母亲写的。你若回信，可以交给宫廷乐队意大利大提琴手。"叶卡特琳娜跳完舞后借故离开舞会，飞快跑进自己的房间，流着泪读了母亲显然是匆匆写成的潦草的几句话：

"亲爱的，我的心肝！上帝把你父亲召唤走了，愿他安息。只剩你弟弟与我相依为命。我们都还好。想念你极了。来信。吻你千遍。妈妈。"

叶卡特琳娜一遍又一遍读着这个小条，吻着这个小条，泪水把纸条润湿了，字迹模糊了。她趁房间里没有别人的时候写了一封回信，也说自己一切安好，望母亲释念。过了一天她又去参加舞会，趁没有人注意时把回信投进大提琴手故意为她撑开的长袍口袋里。她内心十分慌乱，表面上装得若无其事。后来她连续用这个办法给母亲写去几封信，但没有收到回信。

叶卡特琳娜明白，只要她一天不怀孕，她的地位就一天不牢固。她现在非常想有个孩子。她甚至勉强自己夜里对丈夫做些诱惑，但是彼得总是知难而退。

外国使馆对彼得大公夫妇一直进行跟踪调查，他们也探知这对年轻夫妇生活的不幸了。

到了 1750 年，大公夫妇已结婚五年，彼得 23 岁，叶卡特琳娜 22 岁，却还没有生育。乔戈洛科娃对他们说，女皇准备派医生和助产婆来给他们做身体检查，看到底是谁的过错。但是后来并没有行动。

直到 1753 年，彼得大公才与叶卡特琳娜成了真正的夫妻，这离他们结婚的日子已有八年。过了几个月，叶卡特琳娜怀孕了。女皇十分高兴。可是不久以后她又沮丧了，因为叶卡特琳娜在寒冷的 12 月里到莫斯科的途中流产了。

叶卡特琳娜对小产并没有感到十分难过。由于女皇已经认为她与彼得大公有过孩子（虽然是流产了），叶卡特琳娜现在理直气壮了，胆量也大了。此后，出于她的勃勃野心，她把情场和官场巧妙地结合在了一起。首先，她生了儿子保罗，有了这个皇位继承人，不管未来的日子多么凶险，她走向御座的道路就比较平坦了。其次，她勾引了英俊的格里戈利·奥尔洛夫。奥尔洛夫五兄弟都是近卫军团的军官，他们慓悍好斗，团结一心赢得了士兵们的崇拜。大公夫人屈尊委身于一个近卫军的中尉，使奥尔洛夫兄弟们受宠若惊。他们誓死为她赴汤蹈火。更何况叶卡特琳娜因为忠于俄国，总是受到她那投靠普鲁士的丈夫的欺凌，这更激起了他们的侠骨柔情。于是他们在军官中为她大造舆论，称叶卡特琳娜为俄国的小母亲。叶卡特琳娜还运用自己的魅力，网罗了一批同盟者。

1761 年 12 月 25 日，伊丽莎白女皇逝世。彼得大公于 1762 年 1 月 5 日登基，成为彼得三世。

1762 年 6 月 9 日，彼得三世举行盛大宴会，庆祝俄普和约的签订。宴会开始时，沙皇提议大家为皇室健康干杯。大家都举杯站起身来，只有坐在长桌另一端的叶卡特琳娜坐着不动。沙皇见到后十分不悦，派人前去质问她为什么不站起来祝酒。叶卡特琳娜回答说："我是皇室的一个成员，不能自己给自己祝酒。"沙皇听到后勃然大怒，远远地朝着叶卡特琳娜高声骂道："这里只有我和我的两个从荷尔斯泰因来的叔叔是皇室成员，任何别的人都不是!"这句话使满座震惊。叶卡特琳娜气得脸煞白，流下几滴眼泪，但她马上镇静下来，装作不在意的样子，请求身旁的斯特罗加诺夫伯爵向她讲一点有趣的事。斯特罗加诺夫伯爵装着快活的样子对她讲起笑话来，还有几位老臣凑到她身边表示亲近。彼得三世见后恼羞成怒，宴会不欢而散。宴会后沙皇立即把斯特罗加诺夫放逐到他自己的领地，并打算立即把叶卡特琳娜投入地堡。他的叔叔、荷尔斯泰因来的乔治亲王担心引起一些大臣不满，极力谏止，才没有立即实行。

叶卡特琳娜在这次受辱后，下了尽快发动政变的决心。拥护她的人比她更焦急。达什科娃在廷臣和高级将领中紧张地活动。哥萨克首领兼科学院院长西利里·拉祖莫夫斯基表示全力支持叶卡特琳娜。叶卡特琳娜不久前设法让格里戈利·奥尔洛夫当上了炮兵司库，掌管大宗钱财，奥尔洛夫兄弟动用这些钱财收买中下级军官和士兵。但叶卡特琳娜感到手上的钱太少，不足以收买更多的人，而靠现有的人力来对抗彼得三世手下的庞大军队是太不够了，她起了向外国借钱的念头。首先想到的是向新来的法国大使布雷德依借钱。这位大使是位才貌双

全、风度翩翩的绅士，法国政府派他来俄的目的之一就是指望他吸引叶卡特琳娜。叶卡特琳娜敏锐地发现他对自己有意，也曾顺水推舟，向他频送秋波。她以为他是会帮助她的，于是派人向他借6万卢布，不料因法国首相事先有指示，没有借来。一位英国商人却痛痛快快地借给她10万卢布。她钱到手后，立即给法国大使写了一封短信：“我要买的东西已经买到了，而且价格便宜，不需要向别人借钱了。”

1762年6月12日，彼得三世带着沃伦佐娃来到奥拉宁堡，准备在这里小住几天，再去跟丹麦人打仗。一些大臣规劝他不能登基伊始就远去，劝他警惕皇后在背后捣鬼，他就下令让叶卡特琳娜从彼得堡市内搬到芬兰湾上的彼得霍夫宫去。叶卡特琳娜乐于到那里去住，因为在那里活动更方便。她把儿子托付给潘宁的夫人照顾，自己一人住在彼得霍夫宫主宫旁边一个偏僻的小楼里。她用各种手段暗暗地笼络队伍。格里戈利·奥尔洛夫告诉她，禁卫军警卫队士兵斯特沃洛夫同意支持皇后，但又说如果皇后能允许他吻一吻她的手，他才能确信皇后真是想夺取皇位的。不久，这个士兵在御花园小径上碰到皇后，皇后让他吻了手。斯特沃洛夫激动得热泪盈眶，成为皇后的狂热崇拜者，后来积极参加了政变。

彼得三世正要离开奥拉宁堡时，收到了俄国海军中发生传染病、无法作战的奏章。他只好滞留在原地，天天检阅部队，举行宴会和舞会，以此消磨光阴。他给海军下了一道敕令：“朕命令患病之军人于最短期间一律痊愈。”可是病菌不听命令，照样猖獗。7月初，彼得三世谕示叶卡特琳娜，说他打算7月9日从奥拉宁堡移驾彼得霍夫宫，7月10日是他的命名日，叶卡特琳娜应该为他举行庆祝宴会，他将出席。叶卡特琳娜得到诏谕后心情紧张，她感到彼得三世来者不善，一定又会当众侮辱她，甚至对她下毒手。她思索着应当怎么办。

1762年7月8日，支持叶卡特琳娜的禁卫军上尉帕塞克酒后当众发表反对彼得三世的言论，遭到逮捕。奥尔洛夫兄弟和达什科娃担心他在重刑拷打下泄密，当晚立即行动起来，发动政变。费多尔·奥尔洛夫深夜去找哥萨克首领兼科学院院长西利里·拉祖莫夫斯基，格里戈利·奥尔洛夫马上去召集禁卫军，而阿列克塞·奥尔洛夫则驱车去接叶卡特琳娜。

彼得霍夫宫离彼得堡市区29公里。阿列克塞于7月9日凌晨赶到目的地时，天色已微露晨曦，浓重的海雾弥漫着这座庞大的离宫，也掩护了他。他让马车夫和随来的比比科夫中尉留在车上，自己悄悄地下了车，绕过几名打盹的荷尔斯泰因哨兵，潜入叶卡特琳娜住的小楼，喊醒一个在前厅沙发上睡着了的侍女，要她立即请皇后接见他。正在酣睡的叶卡特琳娜被叫醒后匆匆忙忙穿上衣服见了他。阿列克塞斩钉截铁地说："您必须马上跟我一起离开这里。帕塞克已被捕，形势危急。我们准备好了，立即宣布您为女皇。"

叶卡特琳娜没料到事情发展得这么快。但她心头这些天来的忐忑不安忽然消失了。她只说了一个字："走！"

她带了一男仆一侍女，同阿列克塞偷偷地跑出小楼，坐上马车，在蒙蒙雾气掩护下，向彼得堡进发。马车上一共6个人。哨兵还在打盹，没有发现他们。阿列克塞一路上不住地回头张望，看有无追兵。马车急驰了十几里路以后，大家不禁舒了一口气。这时叶卡特琳娜发现自己头上还戴着睡帽，侍女脚上只有一只鞋，忍不住哈哈大笑，大家也都笑了起来。忽然，对面来了一辆马车，大家又都噤若寒蝉，紧张万分；当马车驶近时一看，原来是来给叶卡特琳娜梳妆的法国梳妆师，大家又为刚才的一场虚惊笑了起来。梳妆师跳上皇后的马车为她简单地打扮了一番。马车又走了几里路，一匹马忽然跌倒在地不肯站起来，车夫怎么鞭打也无济于事。这马跑了一夜，又累又饿又渴，实在跑不动了。大家万分焦急，束手无策，这时迎面又来了一辆马车，又把他们吓了一跳。这是一辆农民大车。阿列克塞灵机一动，请求农民与他们换马，给农民钱。农民同意。叶卡特琳娜的马车总算又急驰了起来。彼得堡已在眼前。只见一群人等在路旁，叶卡特琳娜一行人又不免惊恐了一番，定睛一看，是格里戈利·奥尔洛夫带着十几名禁卫军军官和士兵在此等候，叶卡特琳娜大喜。她在众人的簇拥下来到禁卫军伊兹梅诺夫团驻地。官兵们列队在门前广场上等候，哥萨克首领西利里·拉祖莫夫斯基伯爵站在队伍前面。他举臂高呼："我们的小母亲叶卡特琳娜万岁！"大家跟着喊了起来。拉祖莫夫斯基又率先向叶卡特琳娜跪了下来，大家也跟着跪下来。拉祖莫夫斯基高呼："叶卡特琳娜皇后陛下从现在起是全俄罗斯唯一的沙皇。我们全体官兵宣誓永远忠于您！"大家也跟着这样高呼。接着，伊兹梅诺夫官兵有的骑马，

有的步行，簇拥着坐在敞篷马车里的叶卡特琳娜，向禁卫军谢苗诺夫团驻地进发。走在前面的是举着十字架的神父。官兵们一边走一边喊："乌拉！我们誓死捍卫我们的小母亲叶卡特琳娜！"谢苗诺夫团的官兵热烈欢迎了他们，立即宣誓效忠叶卡特琳娜。两团人马汇合在一起来到禁卫骑兵团，情形也一样。只是来到普列奥布拉仁斯基团驻地时，熙熙攘攘兴高采烈的节日似的气氛一下子冷却下来。西蒙·沃伦佐夫是这个团的上尉，他得知叶卡特琳娜发动政变的消息后，立即同几个军官一起把士兵召集起来训话，要他们忠于彼得三世，严守军纪。他命令全团做好战斗准备，等候叛军到来。这个团的态度出乎奥尔洛夫兄弟意料。格里戈利上前劝说西蒙归顺，但被拒绝。双方端起枪来，眼看就要开火。叛军人多势众，但来的时候没有做好战斗准备，其中不少人是为了有钱拿有酒喝而来的，现在见到要交火，就有些慌张了。普列奥布拉任斯基团人数虽少，但有充分的战斗准备，一旦打起来，他们很可能取胜。在这千钧一发之际，普列奥布拉任斯基团的队伍里不知是谁高喊了一声："皇后万岁！"接着全团人也跟着喊了起来，一边喊一边跑向对面的队伍，与别的团的官兵拥抱，然后跪倒在叶卡特琳娜面前，请求宽恕并宣誓效忠于她。西蒙·沃伦佐夫及其几个同伙见大势已去，就折断了剑承认失败，他们立即被拘留起来，

这时已近中午，叶卡特琳娜在4个禁卫团官兵保护下进入市区繁华处。这是个晴朗的夏日，炎热的天气和人们热烈的情绪使城市像鼎沸的开水一样。首都居民已经得知叶卡特琳娜正在夺取丈夫皇位的消息，他们一来出于好奇，二来听说皇后比沙皇好，于是倾城而出，来看热闹，结果都成了拥戴新女皇的人。彼得堡街上人山人海，欢呼叶卡特琳娜女皇的喊声响彻云霄。叶卡特琳娜坐在敞篷马车里微笑着频频向街道两旁拥挤的人群挥手。她前后的禁卫军官兵高喊着："誓死保卫我们的小母亲叶卡特琳娜女皇！"队伍来到喀山教堂，大主教在门口迎接，叶卡特琳娜带着几个人进入教堂向圣像鞠躬祈祷，大主教也发表了祷词，他祝福叶卡特琳娜女皇和皇室合法继承人、皇太子保罗。这句话引起了她的警觉。从教堂出来后她就直接回到冬宫，立即派人从潘宁家把保罗带来。她把8岁的儿子抱着走向窗口，打开窗户，给拥挤在冬宫前的成千上万的人看：保罗是她的儿子，离不开她。人们看见一个面露惧色的瘦弱男孩紧紧依偎着母亲，母亲在亲吻他，于是又爆

发出海啸似的欢呼。然后她换上戎装，骑着骏马，在冬宫前的广场上检阅官兵。她威严美丽，宛如希腊神话中的女战神雅典娜下凡。官兵们被她迷住了，又狂热地高呼："叶卡特琳娜女皇万岁!"他们跪在地上接受神父发给的十字架后，就分头去执行防务。

下午，达什科娃气喘吁吁地赶到冬宫。她和潘宁从昨天晚上起就分头在大臣、教会领袖、参议员、军队首脑、警察头目等各方面上层人物中活动。这些人在今天听到禁卫军拥护叶卡特琳娜以后，也都站过来了。叶卡特琳娜紧紧地拥抱了女友，然后就同她商量马上要做的事。达什科娃说，必须马上发一份登基诏书。叶卡特琳娜认为很对，于是两人商议起诏书的内容。叶卡特琳娜很快就拟定腹稿，把宫廷办公厅一位官员杰普洛夫叫来执笔，写好后她又过了目，交拉祖莫夫斯基拿到科学院印刷厂火速印刷。叶卡特琳娜没有叫擅长文笔的潘宁执笔，是怕他写进由保罗继位的词句。叶卡特琳娜在这份诏书中写道：

"朕叶卡特琳娜二世兹布告俄罗斯帝国全体臣民曰：我忠顺之臣民近日可见，我帝国已濒临危境。腓特烈二世乃我帝国之仇敌，我军多次与之浴血奋战，扬国威于天下，今有人却与之屈膝求和，事之若主。我帝国大政方略遭到严重破坏。国人难以再忍。朕上承天意，下体民心，兹登基为俄罗斯帝国唯一之沙皇，一统天下。仰全体臣民一体周知，宣誓效忠，遵守朕之法令诏谕，有功者受奖，违抗者严惩不贷。"

几名军官骑马在城里各处散发这份诏书并高声宣布："今天冬宫敞开大门，任何人都可进宫觐见女皇。"除了表示归顺之外，许多人听说她很美，也想看看她的模样，同时也看看宏伟壮丽的新冬宫，纷纷前来，有王公贵族、大臣高官、贵妇淑女、教会领袖、参议员、地主、手工业企业主、商人、军官、自由民，他们进宫来向女皇跪拜、祝贺、宣誓效忠、吻她的手。各国大使也前来祝贺并表示友好。叶卡特琳娜亲切和蔼地接见每一个人，不摆一点架子。接见过程中，她不时下达一些命令。禁卫军一些士兵骚扰了几家商店，抢走几桶葡萄酒，她得知后下令赔偿商人损失，同时还给禁卫军送一些酒。一些居民出于爱国热情冲进乔治亲王府，把亲王夫妇痛打一顿，还抢走了亲王夫人手上的戒指，她得知后下令派人保护亲王府和其他一些重要官邸，并下令赔偿亲王夫人的损失。

忙忙碌碌地到了晚上，叶卡特琳娜及其亲信们好不容易才坐到一

起，交换一天来的情况。他们既疲倦又兴奋，闹哄哄地杂乱地谈个不停。这时潘宁站起身来对大家说：“诸位！请安静。我劝大家现在还不要太高兴。我们仅仅获得最初的成功，离最后胜利还远。彼得三世至少在名义上还拥有俄军主力，这些部队虽然大部分远在东普鲁士，但他们历来对禁卫军有对立情绪，而且彼得三世御驾亲征丹麦的计划对其中一些军官很有吸引力，因为他们指望通过对外战争获得擢升和财富。彼得三世身边还有一支约1500人的荷尔斯泰因人的精锐部队。他们忠于彼得三世，装备精良，训练有素。米尼赫元帅最近被从流放地召回，正在彼得三世身边，会全力辅佐他，而这位元帅是俄国乃至全欧洲最优秀的统帅之一。我们必须谨慎行事，不可粗心大意。”一席话说得大家冷静下来，开始商量下一步的措施。叶卡特琳娜这时也觉得，由于政变发动得太突然，她是被大家推着干的，过于被动。她必须主动想出办法，指挥大家。

彼得堡已经是天翻地覆，然而彼得三世却依然是过着优哉乐哉的生活，跟自己的情妇、大臣、侍从、宫女吃喝玩乐。他那简单的头脑从未想到他合理合法得来的皇冠会有丢掉的危险，也想不到他就要休掉的妻子有那么多拥护者。

7月9日上午，彼得三世带着一大群人离开奥拉宁堡，快快活活慢慢悠悠地向彼得霍夫宫转移，下午2时许才抵达目的地。他以为叶卡特琳娜一定会在门外恭迎圣驾。他准备这一次把她狠狠奚落一番，然后休掉，立沃伦佐娃为皇后。但是，怎么一回事？宏伟的彼得霍夫宫怎么冷冷清清，无声无息？不但不见叶卡特琳娜，而且连这里的官兵、守卫队和服侍人员都不知到哪里去了。彼得三世派人查遍各个房间，只找来几个吓得发抖的仆人。彼得三世问他们：“皇后在哪里？”他们答道：“走了。”“到哪儿去了？”“不知道。”彼得三世勃然大怒，喊道：“我非得狠狠惩罚这个女人不可！”他们只好先进彼得霍夫宫休息。过了一个多钟头，一个农民捎来一个条子，是法国人勃列桑写的，他过去当过彼得三世的近侍，现在在彼得堡毛毯厂当厂长。他在条子上向皇上报告说，皇后已在城里宣布自己是唯一的沙皇。彼得三世读完这个条子大吃一惊，但仍不肯相信。他突然站起身来，一边大声喊叫：“叶卡特琳娜！叶卡特琳娜！”一边发疯似地从一个房间跑到另一个房间，从宫里跑到宫外，从花园跑到小楼，从玻璃花房跑到中国式凉亭。

一大群人跟着他跑，一个个气喘吁吁，精疲力尽。彼得三世没有找到一个人，又回到大厅里，突然萎靡不振了。他呆呆望着前面，一言不发。跟随他的几位大臣，包括特鲁别茨科依公爵、米尼赫元帅、枢密大臣沃伦佐夫伯爵，还有普鲁士驻俄大使戈尔茨男爵，一个个面面相觑，一起商量了一阵。沃伦佐夫对彼得三世说："陛下，您要勇敢些！只要您一开金口，老百姓都会跪在你面前的。您还有忠实的荷尔斯泰因士兵，还有十几万大军。让我们召集人马，向彼得堡进军。"但彼得三世犹豫不决，只是一个劲地大口大口喝葡萄酒，不发一言。又过了一个多小时，一名荷尔斯泰因士兵从城里休假回来，又说到政变，而且把城里热闹的情景描绘了一番。彼得三世听后痛哭起来，完全没有主意。稍后，他命令起草讨伐叶卡特琳娜的檄文，开列应予逮捕法办的人员名单。大臣们花了很多时间争论檄文的内容和文字。由于情况不明，应捕的人的名单难以开列。彼得三世又想下令把驻在奥拉宁堡的荷尔斯泰因部队调到彼得霍夫宫设防，但米尼赫元帅说此处不利于抵抗围攻，彼得三世也就放弃了这个主意。接着他要沃伦佐夫到彼得堡去命令禁卫军不要叛变，但见到沃伦佐夫面有难色，就放弃了这个主意。直到暮色苍茫时，他什么事也没做成。米尼赫元帅建议他立即控制喀琅施塔得军港，他决定派侍从武官台维拉伯爵前去。台维拉正要出发时，彼得三世忽然说："我自己是军人，为什么我不能自己去呢?"于是，他换上检阅时穿的军服，带着几十个人，多数是女人和老头子，来到芬兰湾码头，分乘两只船，驶往喀琅施塔得军港。船只在月色中快速行驶，微风吹着船帆。彼得三世已经喝得有七分醉，在船上睡着了；女人们却叽叽喳喳，说个不停，惊惶不安；大臣们在思考着事态会怎样发展，自己何去何从。天将破晓时，两只船驶进了喀琅施塔得军港，

岸上的人发出严厉警告：舰队和驻军都向女皇宣誓效忠，如果你们不趁早离开，我们的炮火就不客气了。

彼得三世和他的贵妇、宫女们听到这个回答，早已两脚筛糠，站不稳当，乱成一团，纷纷要求把船开走。米尼赫安慰他们说："岸上是不敢真开炮的。皇帝只要一上岸，走近士兵，他们就会马上扑倒在地，请求皇上宽恕的。"但彼得三世怎么也不肯上岸，只是躲在船舱里一个劲地哭泣。米尼赫等人无可奈何，只好下令返航。一行人来到

奥拉宁堡。米尼赫又建议："请陛下立即前往东普鲁士我军主力部队那里去，然后统率他们回来镇压叛军。我敢拿生命担保，再过六个星期，圣彼得堡和整个俄罗斯又都是您的。"但是彼得三世不想跋涉千里，他请求大家让他安静，都离开他的房间，只留下沃伦佐娃服侍他睡觉。他太困了，倒在床上就睡着了。

在彼得三世毫无结果地胡乱折腾一天一夜的过程中，叶卡特琳娜却在紧张地有效地工作着。她发布了一道又一道命令。她派了一批原来的大臣和高级将领前往各主力部队、各州去散发并宣读她的诏书，劝说归顺。海军上将塔利西前往喀琅施塔得军港去做工作，他不辱使命，炮台驻军和波罗的海舰队司令表示归顺女皇。叶卡特琳娜下令军人一律脱掉不久前彼得三世强迫他们穿上的普鲁士军服，恢复彼得大帝时期以来的传统军服，俄军官兵对此热烈欢迎。她发酒给士兵们喝，但强调不许喝得太多，指出现在还不是开怀畅饮欢庆大功告成之时。她决定亲自率兵前往奥拉宁堡讨伐彼得三世，并为此调兵遣将，封锁通往奥拉宁堡的道路，成立参谋部。7 月 10 日下午，她给杜马写了一封信，信中说："朕兴正义之师，讨逆国之辈；不获全胜，誓不回头。离京期间，皇帝之权柄、太子之生命和百姓之安全，朕全都托付给诸位参议员。"参议员们觉得女皇对他们非常重视，愈加对她拥戴。傍晚时分，叶卡特琳娜穿上戎装，骑上雪白的战马，拔出长剑，出现在冬宫前面的广场上，开始检阅军队。这时，她突然发现长剑把上没有穗子，不禁犹豫了一下。一个站在不远处的英俊年轻的禁卫军下级军官眼疾手快，马上解下自己剑柄上的穗子跑过来给她呈上，叶卡特琳娜接了过来，心里对这个青年军官的机灵麻利留下深刻印象，对他十分感激。这个青年军官就是后来大名鼎鼎的波将金。叶卡特琳娜为他的举动所鼓舞，更加显得神采奕奕，英姿勃发，在场的人无不为之倾倒。达什科娃也一身戎装，骑马在一旁陪伴。检阅后，叶卡特琳娜一马当先，向奥拉宁堡方向进军。这是一个晴朗的夏夜，皓月当空，清风徐来，两千多人部队行进在辽阔空寂的旷野上，响亮的马蹄声脚步声伴随着士兵们低沉的歌声，不时还有呼喊声："乌拉！我们的小母亲叶卡特琳娜！"凌晨，部队在一个村庄里休息。阿列克塞·奥尔洛夫派人到前方去侦察。叶卡特琳娜同达什科娃并排躺在小旅店的草垫子上，忧心忡忡，辗转反侧，种种问题在头脑中翻腾。彼得会不会带兵前来应战？如果在阵前与彼得相遇，对他说什么？如果真的打起来，她能不能打赢？正在思索时，卫兵禀报："枢密大臣沃伦佐夫伯爵前来谈判。"叶卡特琳娜当即在旅店里找到一间稍大的房间，让潘宁、达什科娃、奥尔洛夫兄弟、西里利·拉祖莫夫斯基伯爵坐在自己两侧，一队士兵站在两旁，自己坐在中间一端，接见了沃伦佐夫。沃伦佐夫进来后，叶卡特琳娜客气地请他坐下谈话。沃伦佐夫说："陛下令我前来向皇后建议，以后两人共掌朝政。"叶卡特琳娜听后轻蔑一笑，根本不予回答。这时达什科娃走到沃伦佐夫面前，劝他弃暗投明。沃伦佐夫经侄女这么一番劝说，又眼见叶卡特琳娜威严从容，指挥若定，对自己彬彬有礼，回想起彼得三世半傻半疯的模样，知道胜利必属叶卡特琳娜，于是表示愿意归顺。他立刻宣誓效忠。叶卡特琳娜马上就同他与潘宁等人一同商议起如何进一步行事。彼得三世在奥拉宁堡等了很长时间，没见沃伦佐夫回来，陆续又派亚历山大·戈里津公爵、特鲁别获柯伊公爵、亚历山大·乌瓦洛夫等人前去谈判，他们见沃伦佐夫已经归顺，也都效仿，都向叶卡特琳娜宣誓效忠。叶卡特琳娜见彼得手下大部分大臣已经站到自己方面，就命令部队前进，逼近奥拉宁堡，但是并不见对方设防，感到奇怪。原来彼得三世觉得自己大势已去，不愿得罪叶卡特琳娜，已下令荷尔斯泰因士兵撤走。叶卡特琳娜派出潘宁等十几个人，带着她口授的逊位书，前去会见彼得。这时彼得身边只有米尼赫元帅和一些贵妇、宫女了。彼得三世看到，逊位书上写着："我彼得自知无能身负皇帝之重任，兹自愿宣布退位，永远放弃皇位和统治俄罗斯帝国之权力。"他没有看第二遍，更没有思索，马上就签了字。他现在需要的是安静、休息，别的什么都不想管了。

彼得三世 1762 年 1 月 5 日登基，同年 7 月 10 日退位，总共当了六个月零五天沙皇。他以为交出了皇位就没事了，他可以带着沃伦佐娃去享清福了，出乎他意料，潘宁对他说："女皇有令，您今后只是一名国事犯，要把您暂时迁移到别处去住。"几名军官上来摘掉彼得三世身上的勋章，让他脱去军服，换上便装。彼得三世这才想到他可能就要被投进地堡，于是痛哭起来，然后又跪到地上哀求潘宁放走他。这时几名士兵在强迫沃伦佐娃离开这里，彼得又哀求潘宁把她留下。潘宁对他说："女皇决不会同意沃伦佐娃再同你在一起的。"彼得拽着沃伦佐娃不放，两人哭作一团。潘宁对他们起了恻隐之心，只是好言相劝。

沃伦佐娃被送走了，彼得不久也被一辆遮住窗户的马车送往洛普沙村的一座别墅软禁起来，同时运去的有他的黑人侍仆纳西斯、一条爱犬和他爱拉的小提琴。

叶卡特琳娜二世

叶卡特琳娜的政变兵不血刃获得成功，容易得出乎她自己意料之外。政变在俄国宫廷中发生过许多次。叶卡特琳娜与伊丽莎白女皇一样，都是靠自己在禁卫军中的情人拉拢禁卫军得逞的，而且两人在政变之前并无多大的预见性和具体计划。但叶卡特琳娜与伊丽莎白也有不同，前者早有登基的野心，后者没有；前者在俄国本来毫无根基，全靠自己奋斗，后者名正言顺，自然而然得到拥戴。叶卡特琳娜的对手彼得三世资质的低劣是罕见的，也给她夺位造成有利条件。

叶卡特琳娜登基以后，欧洲各国宫廷普遍认为，这个 33 岁德国女人对俄国的统治也是短暂的，不过是新一轮政变的开始。英国大使向本国政府报告说：“叶卡特琳娜虽然聪明能干，为人随和，但经验太少，威望不高，难以统治国家。”普鲁士驻俄外交官写道：“只要有一个敢说敢干的人带头起事，反对女皇，就会又发生一场政变。叶卡特琳娜的统治同她的丈夫的一样，也不过是昙花一现。”法国大使布德雷依男爵向本国政府报告说：“叶卡特琳娜不过是一位年轻的冒险家，她的统治维持不了多久。”法王路易十五向布德雷依发去指示：“叶卡特琳娜女皇是个外国人，对俄罗斯民族毫无感情，她既不是靠臣民的爱戴，也不是靠臣民对她父亲的爱戴上的台。朕的对俄政策是尽可能地把她排斥在欧洲事务之外。只有让俄国宫廷四分五裂，俄国才无力反对欧洲各国宫廷对它的计划。”法国首相舒瓦瑟尔公爵对这位大使发的指示更是露骨：“我们知道俄罗斯宫廷对法国怀有敌意。国王认为，与其得到叶卡特琳娜二世的友谊，不如得到她的仇恨。”

叶卡特琳娜二世登基后做的第一件事就是奖赏政变中的有功之臣。她在头四个月里支出的赏金多达80万卢布。对支持过她的禁卫军士兵，每人发了一点赏钱，还发了价值4.1万卢布的酒。士兵们左盼右盼，再也没有得到什么。但她对军官和贵族却极为大度。她给格里戈利·奥尔洛夫5万卢布，给达什科娃2.5万卢布。校级军官得到半年薪俸。由于国库空虚，这些钱是逐步付清的。格里戈利最初只领到300卢布。女皇还把大量土地连同1.8万名农奴赐给亲信们。为了感谢教会的支持，她撤销了彼得三世颁布的没收其土地的敕令，她对一大批政变中的骨干封官加爵。潘宁得到外交大臣这一最吸引人的职位。对归顺的旧臣，她也加以任用，让沃伦佐夫伯爵仍任枢密大臣，以奖励他在所有大臣中带头公开归顺之功。她召回别斯杜捷夫，热情地欢迎他，但却只封他为副枢密大臣。米尼赫元帅在政变后前来请求她宽恕并表示愿意为她效劳，她没有责备他在政变中支持彼得三世，但也没有给他什么职位。她觉得她应该多任用新人。

许多人抱怨她奖赏不公平。贝茨基在政变中负责向支持叶卡特琳娜的士兵发钱。他得到的奖赏只是一条绶带和几千卢布。有一天，他到宫里来求见女皇。叶卡特琳娜以为他是来谢恩的。他却长跪在地不肯起来，请求女皇当众告诉他，她取得皇冠应归功于谁。

叶卡特琳娜对这个老实人的举动有些惊讶，但还是微笑地答道：“应该归功于上帝的旨意和臣民的选择。”

贝茨基听后失望地望着她，把绶带从肩上取下。叶卡特琳娜更惊讶了，问道：“您怎么啦？”

“我不配戴着这条绶带，因为陛下并未承认它。我认为是我建立了陛下的皇朝。发动禁卫军的，难道不是我吗？向周围的人发钱的，难道不是我吗？陛下把这些都否认了。我是个最最不幸的人。”

叶卡特琳娜诚恳地对他说：“既然您说皇冠是您给我的，那我就同

意。我只能从您手上取得皇冠。我现在委托您来装饰皇冠。我把宫里的珠宝交给您，请您想办法把皇冠装饰得漂漂亮亮的。”

贝茨基很满意这项任命。他工作非常认真，监督匠人把皇冠弄得非常精美。贝茨基后来一直是叶卡特琳娜的忠实助手。

叶卡特琳娜二世在其他方面也十分注意树立自己的形象，必要时她愿意为赢得面子或保全面子而付出高昂代价。一次，她从驻法国大使戈里津亲王那里获悉，狄德罗由于生活拮据，想以15000银币的价格变卖他的私人藏书。她提出愿出16000银币买下他的藏书，并附加一个条件：只要这位著名作家还健在，他的这批善本书就不离开他的屋子。她假惺惺地说：“让一位学者与他的藏书分开，那是残忍的。”狄德罗足不出户便成了女沙皇的图书馆管理员，每年还另外领到10000银币的薪俸。为了避免在支付中拖欠，叶卡特琳娜提前50年付完这笔钱。狄德罗大为惊讶，他给恩人写了一封信：

“我匍伏在您面前；我向您伸出双手；我有满腹话语要向您倾诉，但我心情紧张，心思紊乱，千头万绪，简直像孩子一样动了感情，多少情怀郁积心头无法表达……啊，叶卡特琳娜！您的统治在巴黎简直比在圣彼得堡还强有力！”

伏尔泰在致叶卡特琳娜的信中写道：“狄德罗、达兰贝尔和我，我们三人都向您谨掬一瓣心香。”他还写道，“50年前难道有人想象得到，斯基泰人有朝一日在巴黎会以如此高贵的方式奖励被我们大家轻视的德行、科学和哲学吗？”

而格林则这样写道：“30年来的辛勤未曾给狄德罗带来丝毫报酬。但俄罗斯女皇在这个时候却还清了法国的债。”一封封写给叶卡特琳娜的信证明，她的钱花得很是地方。有些人过去视俄国为一个只有冰封雪飘、豺狼成群的落后国家，而现在，这些人已开始在想，也许在那个遥远的地方有一种宽宏和睿智的光芒在闪烁。狄德罗的寓所成了职业介绍所。一批批的文学家、艺术家、学者、工匠、建筑师和工程师纷纷登门了解情况，并要求在圣彼得堡谋到一个工作。他把他们介绍给戈里津和别茨基。叶卡特琳娜品尝到了胜利的成果。由于这个惠而不费的姿态，她俨然成了“欧洲的恩人”。她登基刚满三载，就不仅统治着千百万俄罗斯臣民，而且统治着国外那些以沉思冥想为职业的人。她成了文学和艺术的保护人，一个乐于行善的人间圣母，圣彼得堡的

"国母"。人们称赞她眼中只有赏识才华，而不知国界。

她上台后，亟待处理的问题堆积如山，而大臣们的昏庸无能，贪得无厌，使她励精图治的设想无法现实。她不得不亲自主持御前会议和杜马会议。在这些会上，她不留情面地向高级官员提出问题，向那些素来懒散和习惯于按常规办事的朝臣们提出，早晨起得再早些，把会议延续到下午。她本人每天工作 12 至 14 小时。

有一天，在杜马会议上有人说，今后帝国的每一座城市都应有一名军事长官。她问道："俄国有多少个城市?"举座愕然，无人能够回答上来。她说没有关系，查查地图就清楚了。但是，杜马档案馆里没有俄国地图。叶卡特琳娜笑了一下，她掏出 5 卢布交给一位年轻职员，让他去科学院买一张基里洛夫地图。那些议员不知国情，当众出丑，只好耸肩谄笑。她有很多机会让他们俯首听命。早在青年时代，她已在孟德斯鸠和伏尔泰的著作中吸取了丰富的精神食粮，因此可以轻而易举地控制这帮不学无术的权贵。她推动他们，驱赶着他们工作。

从未有人像她那样，独处深宫时与大庭广众之下能拿出如此迥然不同的两副面孔。在俄罗斯是专制君主，在法国却是共和党人；一方面是捍卫农奴制的贵族，另一方面又是热爱自由的哲学家。她有时让感情说话，有时让理智说话；忽而大谈如何热爱西方秩序，忽而强调治理俄国离不开皮鞭刀斧。

当叶卡特琳娜召集第一次杜马会议时，被展现在她面前的财政和社会状况吓坏了：主力部队全在国外，军队已经 8 个月未发饷银，舰队被丢弃，陆军处于混乱状态。预算出现 1700 万卢布的负债，另有 1 亿卢布的钞票流通在市面上。约 20 万农民揭竿造反。在很多地方，刑狱司法可以买卖，行贿受贿盛行，举国上下对贪污、舞弊和执法不公怨声载道。叶卡特琳娜意识到，必须采取断然措施，尽快扭转这种局面，否则，俄罗斯帝国的前途不堪设想。在政治上，她明智地把伊丽莎白和彼得三世执政时期的大部分朝臣保留下来，包括一些曾经反对过她的人。在军事上，她取消了前任对丹麦宣战的打算，结束对普鲁士持续七年的敌对行动，但也不同普鲁士结盟。对法国、奥利地和英国采取微笑政策。在财政上，她毅然作出重大决定，取消某些人的"垄断权"，宣布放弃占整个国家预算 1/13 的"议会基金"，即沙皇的个人预算。此举赢得了大多数朝臣和百姓的欢迎。不久又采取了一系列其他措施：建立税制，发行公债券，提高某些税率，最重要的是成立一个按照帝国国库需要印刷证券的证券发行银行。

叶卡特琳娜遵循几条准则，作为她的治国之道，这是她在阅读名家著作时受到启发，以简练的文字记录下来的：

“我所孜孜以求的是，但愿上帝托付给我的这个国家兴旺昌盛……国荣我亦荣。”

“先沟通里海和黑海的联系，再打通里海、黑海同北方各海的联系；让鞑靼人经营中国和东印度诸岛的贸易，这就会使这个帝国（俄罗斯）强大超过欧、亚任何一个国家。在这样一个统治着善战民族的独裁君主的无限权力面前，谁能是敌手？”

叶卡特琳娜二世

虽然她大力宣扬皇帝的“无限权力”和俄罗斯对别国的统治，但是她懂得首先要造福于民才能保持统治。春天，一场天花传染病在整个国家肆虐，她深为忧虑不安。当她听说英国有位医生发明了接种牛痘预防天花的技术时，立即下令引进牛痘疫苗。但疫苗接种在当时还是件新鲜事，没有被广大民众所认识和接受。叶卡特琳娜决定自己先承担对于别人来说过于冒险的考验，她对这种危险早有了解。从青年时起，她最害怕的疾病莫过于天花。既然天赐良机让她来战胜天花，那么，她首先应该为众人作出榜样。无论从事何种事业，她总是想开风气之先，一鸣惊人。她主意既定，决不后退。她乐于为此献身。有人说，她是出于对人民的热爱；也有人认为，她是沽名钓誉。但不管怎么说，在俄国最先倡导接种疫苗预防天花病的是叶卡特琳娜二世。

天花问题解决后，她又抓住其他事情，大胆进行革新。她简直成了一个革新迷。她以极大的热情揉着俄罗斯这块厚实的面团。在伊凡·别茨基的协助下，她根据古罗马统帅洛克和卢梭的思想，制定了一个“男女儿童教育总则”，办起了多所示范性的新型学校，请来法国、英国等教师任教，这是为给帝国培养出类拔萃的科技文化人才而采取的重要措施。

叶卡特琳娜深深知道，夺取政权离不开贵族，巩固政权也必须依靠贵族。为了加强贵族地主的权力，镇压农民的反抗，叶卡特琳娜通过改革中央和地方的政权机关，建立了高度集中的沙皇专制制度和贵族官僚的国家机器。

在对外政策上，她大肆扩张，为后世俄国国土的广大奠定了基础。虽然即位伊始，叶卡特琳娜一再声称她是“爱好和平的”。但刚过6年，她就发动了对外战争。

波兰是叶卡特琳娜对外扩张的第一个目标。1763年8月，波兰国王病危，叶卡特琳娜欲趁此机会立波尼亚托夫斯基为新王。不久，波兰国王病故，叶卡特琳娜以武力威胁，并用50万卢布收买部分贵族，迫使波兰国会选举波尼亚托夫斯基为波兰国王。叶卡特琳娜的意图不言而喻，是要立一个由她操纵的傀儡国王，以便任意摆布波兰的命运。

此后，由于波兰国内改革运动不断发展，波兰国会在改革派推动下通过了一系列维护国家独立的改革方案，引起了叶卡特琳娜的仇视。叶卡特琳娜别出心裁地提出并要求波兰国会通过一项教徒间的平等权利法案，这个要求遭到了拒绝。叶卡特琳娜大怒，遂于1767年派大军入侵波兰。1767年10月，在俄国侵略军刺刀威逼下，波兰国会被迫通过教徒平等权利法案，并废除改革措施。1772年，叶卡特琳娜为了摆脱当时俄国在外交上的被动局面，放弃了先前制定的维持一个弱小的波兰并使其依附于俄国的政策，接受了普鲁士提出的瓜分波兰的建议。8月5日，俄普奥三国在俄国首都彼得堡签订了第一次瓜分波兰的条约。这次瓜分，使波兰失去了大约30%的国土，但也进一步激发了波兰改革者和民众的爱国热情和捍卫国家独立的决心。

1791年5月3日，波兰国会通过了进步议员起草的加强中央集权维护国家独立的《五·三宪法》，叶卡特琳娜闻讯大怒。她积极策划一小撮波兰反动贵族发动叛乱。1792 年 5 月 18 日，叶卡特琳娜政府应波兰叛乱者的“请求”，派遣 10 万俄军攻入波兰。波兰军队和爱国者奋起抵抗，终因双方力量悬殊而遭败北。1793 年 1 月 23 日，俄国与普鲁士签订了第二次瓜分波兰的条约，俄国攫取 25 万平方公里土地，普鲁士得到 5.8 万平方公里。经过两次瓜分，波兰仅剩 20 万平方公里的国土，亡国的厄运已近在咫尺。

1794 年 3 月，波兰民族英雄科希秋什科发动民族起义，为保卫国土驱逐侵略者展开了殊死斗争。这次起义如同烈火燎原，迅速燃遍整个波兰。普鲁士军队和叶卡特琳娜派遣的俄国军队联手镇压，波兰爱国军民的鲜血染红了大地。在镇压了波兰起义之后，叶卡特琳娜决心彻底灭亡波兰。1795 年 10 月 24 日，俄普奥三国签订了第三次瓜分波兰的条约，波兰全部领土被瓜分完毕，一个主权国家就这样从欧洲版图上消失了。波兰人民含恨忍辱达一个多世纪，直至 1918 年才恢复主权和独立。在三次瓜分波兰中，俄国攫得的土地最多，占波兰国土的 62%。

1768 年 10 月，俄国对土耳其发动战争。俄军从西南的多瑙河战场、南部的克里木战场和东部的南高加索战场发动进攻。明明是侵略扩张，但虚伪的叶卡特琳娜却打起“解放”的旗号，把自己装扮成“解放者”，宣称要把当地人民从土耳其人的统治下拯救出来。俄土战争最后以俄胜土败而告终。1774 年 7 月 21 日，俄土两国代表在保加利亚签订和约，规定克里木汗国脱离土耳其而“独立”。俄国兼并了黑海以北和以东的大片土地，打通了黑海出海口，取得了俄国梦寐以求的通向西欧的南方门户，并为其向巴尔干的扩张创造了条件。

在叶卡特琳娜登基 25 周年之际，由波将金组织了一次所谓的“和平远征”。邀请外国的国王、驻俄国的外交使节以及俄国的大臣、贵妇，随女皇巡幸克里米亚，出游人数达三千人之多。意在宣扬女皇的英明、德政。在巡幸的过程中，各国的代表相继赶来向女皇致敬。她甚至接待了来自中国、波斯、印度和鞑靼的带着觐见礼品的王公贵族。为了给人以好感，女皇竟毫不迟疑地当着他们的面接见农民。这些农民同她谈话，从镇子上毁坏了的炉灶、地里歉收的庄稼说到裂了缝的教堂，而她居然能侧耳细听，仿佛他们是某位国王的特使。最使外交官们惊诧的是，笼罩在一位君主和她的百姓之间那种既恭谨、又亲热的气氛。

女皇巡幸的船队沿第聂伯河缓缓驶去，沿途有许多壮丽场面。在张灯结彩的桅船上，乐队演奏着动听的乐曲。船队经常靠岸停泊，让女皇及其贵宾能就近观看穿着五颜六色服装、高呼万岁的人群。沿岸的房屋都用花环和挂毯装饰了起来。到处喜气洋洋，殷勤好客，一片升平景象。使人感到，在俄罗斯人人都生活得幸福愉快。既没有破烂不堪的屋舍，又没有衣衫褴褛的乞丐。原来，那些脸色不佳的人都被撵到了远离河岸的地方，摇摇欲坠的房屋则用彩木搭成轻型建筑遮蔽起来。这是些“波将金式的村庄”。

波将金显示了逢场作戏的魔术师和搞障眼法的两面王的本色。他在为女皇效力的同时，也抬高了自己的声望。虽然那些随行的大使们并未完全被一些人造场面所蒙蔽，但也不得不承认俄罗斯辽阔强盛，并把这些情况报告给他们各自揣揣不安的政府。

1787 年 8 月，第二次俄土战争爆发，双方都投入了 20 多万兵力。经过激战，苏沃洛夫率领的俄国陆军和乌沙科夫率领的俄国海军重创土军，获得胜利。俄国的胜利，引起英国和普鲁士的严重不安。俄国担心在外交上陷于孤立境地，只好放弃攻打君士坦丁堡的原定计划，决定与土耳其谈判。1792 年 1 月俄土两国代表签订《雅西和约》，俄国兼并了黑海北岸更多的土地，扩大了南方的出海口，巩固了俄国在黑海地区的势力。

1788 年 6 月，俄国与瑞典之间爆发了战争，双方在海战和陆战中投入不少兵力，势均力敌，互有胜负。1790 年 8 月，俄瑞两国代表在芬兰签订和约，维持双方战前的原状。

1789 年，法国资产阶级革命爆发的时候，叶卡特琳娜已经年迈。这次，她由所谓欧洲自由主义旗手和共和政体的拥护者一下变成了全欧洲君主的身份，唆使普奥两国君主出兵镇压，拼凑反法联盟，扬言要与“法兰西瘟疫”决一死战。1795 年，她决定派 6 万军队去法国镇压革命，只是由于她突然死亡，才避免了第七次对外战争。

叶卡特琳娜统治时期，对外侵略向南，她两次发动对土耳其的战争。俄国杰出的军事家苏沃洛夫在战争中崭露头角，得到了通过博菁鲁斯海峡和达达尼尔海峡的权利，打通了南下的海路，夺取了大片土

地，包括著名的克里米亚。

向西，把波尼亚托夫斯基扶植为波兰的傀儡君主。后又三次瓜分波兰，夺取了波兰的大部分土地。

向东，女皇对中国的北方和东北地区不断武装骚扰，征服了西伯利亚的北部，并越过白令海峡占领了北美的阿拉斯加和太平洋上的阿留申群岛。这两块土地在 19 世纪 60 年代被沙皇政府以 720 万美元的价格卖给了美国。

叶卡特琳娜晚年还念念不忘俄国的世界霸权。她妄图建立一个包括 6 个都城（彼得堡、莫斯科、柏林、维也纳、君士坦丁堡、阿斯特拉罕）的俄罗斯帝国，而且要入侵波斯、中国和印度。她哀叹说："要是我能够活上 200 岁，整个欧洲必将置于俄国统治之下。"她感到骄傲的是，她这个德意志小公主，两手空空来到俄国，却为俄国赢得了克里木和波兰，打通了黑海出海口，使俄国的版图增加了 63 万平方公里。

拿破仑 · 波拿巴

1769 年 8 月 15 日，拿破仑 · 波拿巴出生于法国科西嘉岛上的阿雅克修城。他排行老二，还有一个哥哥和六个弟妹。

波拿巴家族的祖先原是意大利的贵族，16 世纪初才移居科西嘉。父亲夏尔 · 波拿巴曾获法学博士学位，在阿雅克修城担任法庭顾问。拿破仑出生时家道已经中落，加上人口又多，所以日子过得并不宽裕。

拿破仑小时候十分淘气、任性，虽然长得瘦小，打起架来却是又抓又咬的。比他大一岁的约瑟夫倒比较老实，拿破仑常常先揍了他，然后一溜烟地跑到母亲那儿去哭鼻子告状。于是，挨骂的反而总是倒霉的约瑟夫。有一次，小学老师把孩子们分成两个组，玩罗马人打败迦太基人的游戏。起先，拿破仑被分在迦太基人组，可他说什么也不愿扮演吃败仗的窝囊角色，又哭又叫，闹得死去活来。最后，还是被分在罗马人组的约瑟夫答应同弟弟调换位置，一场风波才算平息。

拿破仑·波拿巴

拿破仑经常要求他的哥哥约瑟夫替他做作业，自己却到处乱跑，下雨天，兄弟俩一起在楼上的一间大房子里玩。约瑟夫在墙上画动作十分滑稽可笑的小人儿，而拿破仑却在玩他父亲给他买的小鼓和木刀，一刀一刀地刺杀列成战阵的“战士”。快 8 岁的时候，他对算术发生了兴趣。在家里的平台上，家人给他搭了一个木板棚子，在哥哥约瑟夫和弟弟吕西安的掩护下，他躲在里面乱画数字。

他喜欢吃点心和果酱。他的波拿巴奶奶和费什姥姥，他的姨妈拉·齐亚·热特吕德·巴拉维西尼，他的教母洛朗·鸠贝加，经常让他吃个痛快。尽管如此，他仍经常到街上去用精粉做的涂黄油的面包跟士兵换军用面包吃。他妈妈为此骂过他，可他回答说：“反正总有一天要当兵，要适应吃这种面包才行。”他一心想当兵，除此之外没别的念头。在阿雅克修街头看到法国军官穿着蓝白制服、扎着腰带那神气样子，他简直羡慕死了。

他常嘲弄费什姥姥，尽管他爱戴她。费什姥姥弯腰曲背，老态龙钟，拄着一根拐杖，走起路来摇摇晃晃，像要散架的样子。拿破仑跟在她身后，故意笨拙地模仿她走路时屈腿扭腰的样子。他母亲看见了，追出来要打他，他却逃之夭夭。

有一次过节，他们在博科尼亚诺的农场磨坊主来波拿巴家，带来了几只小马驹。拿破仑等他出门要走时，冷不防翻身上马，飞也似地朝农场跑去，身后的家人看着他舍命奔马，吓得都哆嗦起来。他到农场后，里里外外把磨坊仔细观察了一遍，并计算出一星期可以加工多

少麦子。农场主把拿破仑带回阿雅克修，对莱蒂齐亚·拉莫利诺说：“愿上帝保佑少爷长命百岁，他不会错过时机成为世界上第一号人物的。”

这段闪耀着青春光辉的金色轶闻，是老太太临终前不久讲给自己的朗读女佣罗莎·梅莉尼听的。回忆起她那顽皮不羁的、也是她打心眼里最疼爱最喜欢的孩子时，她衰老枯瘦的双手颤抖着，失明的双眼止不住难过的泪水……

夏尔·波拿巴从法国回来后，就为拿破仑申请奖学金以便让他进入一所军事学校学习。夏尔·波拿巴东拼西凑起出身名门贵族的必要证据，于1778年12月15日带着他的两个大儿子和年轻的表兄弟费什，取道托斯卡纳和皮埃蒙特抵达埃克斯，把费什表兄弟送进那里的神学院，而后抵达奥顿，把两个儿子送进教会中学。在总督的兄弟、马比夫主教大人的保护下，约瑟夫学人文学科，拿破仑则在那里先学几个月法语，以便转到布里埃纳军校。

两个小兄弟投入了崭新的生活，倒不感到怎么难受。拿破仑和新见面的同学们合不来：他们笑话他意大利语发音的名字，叫他“草鼻子”。教他法文的夏尔东教士长期珍藏着的一封信表明，拿破仑当时就表现出强烈的独立思考的倾向性。信中说：“拿破仑在教室里同其他寄宿生一起争论关于攻占科西嘉的问题，他们的观点都是针对他的，指责科西嘉岛民怯懦苟且，拿破仑冷静地听着他们你一言我一语地发表意见，不动声色，他的性格正在形成；但等他们把话说完后，他便气呼呼地猛然把小手臂一伸，回答说：‘如果当时他们是四个人对付一个，他们就休想打下科西嘉，可惜他们是十比一。’我站在拿破仑一边，于是我对他说：‘不过保利那里得有个好将军。’他痛苦地回答我说：‘是的，先生，我很想跟他一起干。’”

“他很有才能，理解快，掌握东西不费劲。我给他上课，他张着嘴巴，眼睛直瞅着我。我总设法把我刚才说的再扼要地重复一遍，他就听不下去了，这时我要是责备他，他就会冷言冷语地回答我，甚至气呼呼地说：‘先生，我懂了。’”

拿破仑在那里度过了3个月零20天。

1785年10月，拿破仑被派往瓦朗斯任炮兵团少尉。16岁的拿破仑成为法国国王的军官！后来，他当了欧洲的霸主，回忆起当年与马齐斯乘坐大黄马车和马拉驳船向瓦朗斯进发的情景，仍不免眉飞色舞。

1798年5月19日，拿破仑率队远征埃及。这支大船队从土伦启航，它由300余艘运输船组成，装载了2.5万名步兵、3000名骑兵、3000名炮兵和工兵。布律埃斯（1753～1798年）中将指挥的13艘大型战舰和六艘快炮帆船负责护航。

7月2日，拿破仑来到亚历山大，迅速登陆，占领了亚历山大。当纳尔逊得知确切消息赶往亚历山大时，拿破仑已经完成对亚历山大的占领，率军向开罗挺进了。这样，法军钻了英国舰队的空子，踏上了非洲的土地。这样的奇迹，几乎超越了当年古罗马统帅凯撒在埃及的壮举。

7月25日，法军开进开罗，征服埃及的战斗取得胜利。

由于法国对埃及的征服，奥斯曼土耳其帝国对法国宣战。土耳其人的两支大军从叙利亚出发，前来收复埃及。英国舰队利用雅法和阿克两座沿海港口充当自己的供应基地，对法军实行海上封锁，对拿破仑构成了重大的威胁。在这种情况下主动进攻，无异于冒险。但在拿破仑富于想象力和巨大的组织能力之下，变成了现实。

1799年2月，拿破仑留下德赛将军留守埃及，自己亲率1.2万人向叙利亚进军。战事进展十分顺利。

3月17日，拿破仑在卡梅尔山设立了司令部，准备围攻阿克要塞。但是部队里染上鼠疫的人越来越多，每周死于鼠疫者高达140余人，这样导致围攻积极性不高。

5月10日，拿破仑组织的最后一次进攻也被击退而且伤亡惨重。拿破仑终于决定放弃围城。

7月14日，有消息传到开罗说，一支土耳其舰队已抵达亚历山大港外并准备登陆。拿破仑立即率领一个纵队长驱100英里沿尼罗河而下至拉曼尼亚。在那里，他才获悉一支土耳其运兵船队在西德尼·史密斯的海军中队护送下，已在阿布基尔湾登陆了8000人并俘虏了据守该要塞的法军。不过这支土军没有前进而是在该堡以南的滩头掘壕据守。拿破仑在集结了1万人之后，于7月25日拂晓向土军防线发起进攻。缪拉准将率一个骑兵旅冲击，结果突破了土军的防线，他还亲手砍伤并俘虏了土军司令。

在阿布基尔之战结束后，双方交换俘虏时拿破仑从西德尼·史密

斯送给他的报纸中得知：法国国内局势正急转直下，在莱茵和意大利的法军被奥军和俄军击败；举国上下惊惶不安，一片混乱。“祖国处于危险之中!”拿破仑决定返回法国。8 月 11 日，他去开罗待了一周。8 月 18 日，他带了一批精心挑选的人才，乘夜幕悄悄离开了开罗，他声称要去埃及视察，却登船沿尼罗河而下。22 日，他抵达亚历山大港，黄昏之后，他在冈托姆将军的陪同下登上了一艘快速炮帆船。翌晨，他在拂晓的微风中起航，仅留给克莱贝尔一封信，命令他代理东方军团司令。经过 47 天的顺利航行并成功地避开了纳尔逊的舰队之后，拿破仑于 10 月 9 日在圣拉菲尔登岸。

10 月 16 日，众望所归的拿破仑抵达巴黎，受到万人空巷的欢迎。资产阶级对他尤为热情，银行家科洛一次就给了他 50 万法郎。拿破仑凭其敏锐的政治嗅觉意识到：果子已经成熟了。他对心腹说：“当眼看一所房子就要倒塌的时候，你难道还能一心一意地忙着拾掇花园吗?这里非变不可了!”

整整 3 个星期，拿破仑在公众场合装出一副单纯、朴实的样子，同各界人士虚与委蛇；而在家里，却同政客、豪富、亲友们紧密地磋商着发动政变的每一个细节。

雾月 18 日（公历 11 月 9 日，法国本月为雾月）7 时到 8 时之间，元老院在土伊勒里宫开会。无名议员科尔涅泛泛地讲共和国的安全面临威胁后，雷尼埃议员引证宪法第 102 条，提出了把立法会议转移到圣克鲁开会，并任命拿破仑为首都及近郊武装部队总司令两项提案。提案在没有争议的情况下迅速通过。8 时半，元老院代表乘专车来到凯旋街拿破仑府邸，将对他的任命授予他。拿破仑立即向在座的法军将领宣读了议会对他的任命书，以取得军队指挥权。然后，拿破仑在这批威风凛凛的将军的陪同下乘马车来到元老院，向元老院发表了简短的演说，表示了对共和国的忠诚。

拿破仑马上行使职责，下令部队在卡鲁塞尔广场集合。

直到此时，督政官巴拉斯方才着急起来。因为他知道拿破仑正在策划政变，但不见进展情况报告，因而特派他的秘书鲍托来找拿破仑，企图坐享其成。在拿破仑的棋盘上此时早已没有巴拉斯的位置，因而拿破仑再次显露了他不怕得罪人的政治家本色。他当众斥责巴拉斯和这位使者，打出了独立行使权力的旗号：

“我交给你们的法国是什么样，我回来看到的法国又是什么样。我交给你们的是和平，再看到的却是战争！我交给你们的是得胜的法国，而现在敌人却已经侵入我们国境！我留给你们的是装得满满的军火库，而现在我却找不到一件武器。我从意大利给你们运来了百万黄金，我回来见到的却是强盗式的法律和贫困！你们把同我朝夕相处的10万名光荣的法国兄弟们弄成什么样子了？他们都牺牲了！不能让这种情况继续下去了……该是信任那些有权获得信任的国家保卫者的时候了。”

这是号召推翻督政府的宣言书。在士兵和民众的强烈要求下，参与政变的西哀耶斯和罗歇·迪克正式宣告结束自己的督政官身份。拿破仑派塔列朗去说服其他三个督政官自己退位。巴拉斯眼见大势已去，如意算盘落空，除了照办，别无选择，于是很痛快地在辞职书上签了字。他自我解嘲说：“很高兴回到普通公民的行列。”戈伊埃和穆兰在一度拒绝之后，眼见一群群士兵虎视眈眈，也无可奈何地宣布辞职。这样，风云一时，执政6年的督政府就这样不复存在了。

如果说，拿破仑推翻督政府进展顺利的话，那么，在自己当上执政官的道路上却发生了一场风波。

1799年11月10日（法国雾月19日）转移到圣克鲁开会的两院议员却迟迟不肯建立新政府。特别是五百人院中间的雅各宾党人，对于雾月18日的决议表示怀疑，大讲了一通督政府的好话，并提议每个议员都要对共和国宪法宣誓效忠，有的甚至提议罢免对拿破仑的任命。他们争取了性格冲动、缺乏政治头脑的奥热罗将军，叫他带头反对拿破仑，并叫他提议请拿破仑辞职。政变出现了反复，拿破仑精心策划的这场不流血的政变面临着夭折的危险。唯一可以使拿破仑欣慰的是，议会被迁到了圣克鲁，离开了巴黎，即使有什么风波和逆转，其执行渠道也完全在拿破仑的控制之下。因此，把议会首先迁到圣克鲁这一招棋实在高明至极。

拿破仑善于对士兵进行鼓动，但对这帮大多数为律师和官僚出身的议员讲话则是一个大外行。他向议会发表了并不成功的演说，为自己辩解并敦促议会尽快成立新政府，把已经进行了一半的政变进行到底，但是遭到了抵制。拿破仑的演说多次被打断，甚至讲不下去了。情况紧急中拿破仑在护兵保护下来到五百人院，那里的情况更糟。台下响起了“打倒暴君!”“打倒独裁者!”的喊声。有人甚至想上台来扼

拿破仑的咽喉。还有的议员拿着匕首向拿破仑刺去，幸亏一个护兵挡住，但这个护兵的袖子被刺破了。在战场上生龙活虎的拿破仑此时竟呆若木鸡，不知如何是好。幸亏危急时刻，勒费弗尔将军喊道："救我们的将军!"他率领一些掷弹兵推开议员，保护拿破仑出了议会大厅。

一走出议会厅，拿破仑马上克服了惊慌失措的心态，恢复了他固有的坚毅和果断。他认识到，完全靠议会自发支持政变这条路看来难以走通，不使用武力恐怕不行。于是，第一步，他采取了武力威慑手段，拉来他的弟弟吕西安这个五百人院院长共同检阅军队。并对军队说：五百人院里有一大群阴谋家，他们用手枪和匕首威胁我，实际上是威胁共和国。你们能允许他们这样做吗？士兵高呼："不能!"拿破仑说："我能把希望寄托在你们身上吗?"士兵们回答："能!"于是，他下令把五百人院里的阴谋家抓起来。士兵们排成大队，在缪拉和勒费弗尔的率领下，敲着军鼓，冲进五百人院。当时已是下午5时，夜幕降临，鼓声隆隆，其势汹汹。五百人院的议员们哪里见过这种场面，纷纷四散逃命，其情景犹如在演一台滑稽戏。塔列朗则不露表情地说："是到吃饭的时候了。"

此时，拿破仑的弟弟吕西安又利用院长的职权，命令士兵将一部分代表抓回来，在刺刀下通过了自己解散自己的决议。于是，五百人院的使命终结。元老院则驯服地继续开会。会议决定：建立取代督政府的执政府；共和国的权力交给三人执政：拿破仑、西哀耶斯和罗欧·迪科。这样，等于把权力授予了第一执政拿破仑。因为其他两人都是原政府的督政官，但二人在行政上没有什么实权。至此，拿破仑的雾月18日政变终于结出了正果。

1799年11月13日，（法国雾月22日），拿破仑发布公告宣布自己就任共和国执政，也宣告了雾月政变的成功。它实际上也宣告了旧时代的终结和拿破仑时代的开始。

就这样，在拿破仑精心策划、周密行动下，他如愿地成立了执政府，担任第一执政，把法兰西紧紧地攥在了自己的手中。

1800年5月，拿破仑率领2万人马，出其不意地穿越险峻的大圣伯纳德山口，冒着随时会发生雪崩的危险，沿着脚下就是万丈深渊的羊肠小道，只花了7天时间，就翻越了阿尔卑斯山，进入意大利境内。奥军司令梅拉斯大惊失色，仓促迎战。6月14日拂晓，双方主力在马伦哥相遇，经过一天激战，法军大获全胜。意大利北部又重新被拿破仑占领，反法同盟军一年来所取得的成功迅即化为乌有。

马伦哥战役后，拿破仑又利用俄国对印度的垂涎，向沙皇保罗一世大献殷勤，并对俄国特使表示："您的君王和我，有责任改变地球的面貌。"1800 年 12 月，法、俄握手言欢，订立军事同盟。欧洲政治棋盘上这一惊人的重新布局，加上与此同时法国莫罗将军在莱茵战场上再次大败奥军，使得哈布斯堡王朝惊恐万状，不得不在 1801 年 2 月 9 日同法国签订《吕内维尔和约》，再次确认法国对比利时和莱茵河左岸的占领，承认法国的"女儿共和国"——巴达维亚（即荷兰）、赫里维特（即瑞士）以及西沙尔平、利古里亚。

俄国的退出和奥地利的失败，使英国陷入孤立。而英国此时也因连年战争，国库濒于枯竭，不得不大举国债和增加捐税。1799 年的灾荒，又使粮价飞涨，民怨沸腾，工人区多次出现"要和平和富裕！"甚至"面包或血！"这种威胁性的标语。为了暂时平息危机，主和的阿丁顿政府上台后，即于 1802 年 3 月 25 日同法国签订了《亚眠和约》：法国同意从埃及和罗马撤军；英国则承认法国在欧洲占领的领土，同意撤出马耳他岛和地中海上的其他岛屿，并把在战争期间夺取的大部分殖民地归还法国及其盟邦西班牙和荷兰。

《亚眠和约》的签订，意味着第二次反法同盟的彻底垮台，意味着法国最富裕、最顽强、最危险的敌人也不得不承认波拿巴的一切胜利了。这一辉煌成就使得法国举国欢腾，拿破仑成了空前的民族英雄。元老院乘机提议拿破仑为终身执政以示"感谢"。这当然正中拿破仑下怀，可是他还假惺惺地装出一副勉为其难的样子，声称如果人民的愿望命令他这样做，那么，他将再次为人民作出牺牲。于是，自 5 月起开始举行公民投票，结果 356.9 万票赞成，8374 票反对。8 月 2 日，元老院宣布拿破仑·波拿巴为法兰西共和国的终身执政。巴黎证券交易所的股票价格一下子提高了 6 倍，仅从行情看涨这一点，便可说明了大资产阶级对自己的"佩剑人"是何等地满意和信任了。

波拿巴担任终身执政，是他扼杀共和、走向帝制的重要信号。从此，在法国的官方文件中，开始出现了"拿破仑"这一鼎鼎大名。

1802 年 8 月 15 日，是拿破仑 33 岁生日，又是圣母升天节和批准《教务专约》的周年纪念日。在这个喜庆的日子里，巴黎圣母院的塔楼上高高地闪耀着一颗巨星，巨星中心刻有标志拿破仑出生时刻的天体形象。成千上万的巴黎市民仰望着被火树银花般的焰火映照得五彩缤纷的塔楼，为这颗给法国带来光荣与和平的巨星雀跃欢呼。

拿破仑一世加冕

但是，善良的人们太天真了，他们不知道自己渴望的和平是多么的短暂。

《亚眠和约》并没有解决英、法两国由于争夺欧洲和各殖民地霸权而产生的尖锐矛盾。英国本来希望这个和约能为英国货的销售打开法国的市场，可是拿破仑为了本国利益，却加强了保护关税政策。拿破仑本来以为这个和约会使英国默认他对毗邻小国的鲸吞蚕食，可是乔治三世却针锋相对地声称“绝不放弃英国过问欧洲大陆的权利”，而且为了不让法国称霸地中海和染指印度，英国拒不履行撤出战略要地马耳他岛的义务。支持王党流亡分子的英国报纸，也以社论、通讯、漫画等各种形式对拿破仑极尽丑化诋毁之能事。拿破仑为此怒气冲天地提出抗议，英国政府却回答说不能干涉新闻自由，拿破仑即令法国新闻界以牙还牙。就这样，两强互不相让、敌对气氛愈益炽烈，欧洲上空再次布满阴霾。

说实话，拿破仑此时并不想马上同英国重新开战，因为他不仅需要进一步安定国内，而且还有一个向海外扩张的庞大的殖民计划。1803 年 2 月，他在接见英国大使惠特渥思时作了最后的努力，他一面恫吓说：“如果英国敢于发动战争，我就要召集 50 万大军，那将是一场‘歼灭战’”；一面又抛出瓜分世界的诱饵：“海上的霸王和陆上的主宰为什么不能达成协议、统治世界呢？”可是，在国内大资产阶级的强大压力下，英国政府软硬不吃，开始组织民兵，扩充海军，加紧备战。决裂势不可免。3月13日，拿破仑在一次接见各国大使的招待会上，冲着惠特渥思暴跳如雷：“如果你们想扩军，那我也会扩军！如果你们想打仗，那我也打仗！要么归还马耳他岛，要么就是战争！”

两个月后，即1803年5月17日，英国不宣而战，没收了停泊在英国港口的1200艘法国和荷兰船只，使法国损失2亿法郎。作为报复，拿破仑立即下令在一切附属地区没收英国货物，并逮捕居住在法国的英国公民，同时，出兵占领了英属汉诺威选侯国（在德意志境内）。英、法两国只经过一年的喘息，终于再度兵戎相见。

这一次，拿破仑决心横渡英吉利海峡，彻底打垮他的劲敌。在他的严厉督责下，全国所有的造船厂都响起了为入侵英国制造平底船队而挥锤舞斧的叮当声；在布伦，则夜以继日地建造着大型军营。拿破仑本人多次巡视沿海的各大港口和船坞，扬言：“只要三天大雾，我就可以成为伦敦、英国议会和英格兰银行的主人！”甚至连纪念“袭击英国成功”的纪念章都铸造出来了。

这一切，理所当然地激起了英国人民同仇敌忾的民族情绪，也使得英国政府大为恐慌。它一方面加紧备战，甚至已为王室拟定了疏散计划；另一方面又再次乞灵于策动王党叛乱和卑劣的暗杀阴谋。

1803年8月一个月黑风高的夜晚，臭名昭著的王党分子卡杜达尔及另外7名亡命之徒，带着刺杀波拿巴的使命，乘着一艘英国快速舰偷偷地在诺曼底登陆，并潜入巴黎，同反对拿破仑的皮什格鲁和莫罗将军秘密勾结，伺机下手。三个月后，英国政府又资助几十名王党军官分批窜回法国，准备发动叛乱，以策应卡杜达尔。可是这一切都被拿破仑的反间谍网所洞悉，拿破仑的警长富歇发现了蛛丝马迹，拿破仑不动声色。待到时机成熟，于1804年2月15日逮捕了莫罗将军和皮什格鲁将军，并为了报复英国和波旁王朝的王党分子，拿破仑下令从巴登抓回了王室的重要成员当甘公爵，交付军事法庭审判，并予以枪毙，这就是震惊欧洲的“当甘公爵事件”。紧接着，又抓获了卡杜达尔。拿破仑在这一系列审判和逮捕中赢得了王党分子不共戴天的敌人、新的制度的保护者的美名。资产阶级与农民意识到，要想维护自己的既得利益必须维护拿破仑的地位，否则，流亡王朝的复辟是随时可能的。正是在这种情况下，1804年4月18日，法兰西议会通过了一项决定，

授予终身执政拿破仑以“法兰西世袭皇帝”的称号。在随后进行的全民公决中，这一决议以557．23万票对2569票的压倒多数被通过。

为了给自己的登基称帝增添隆重、神圣的光彩，拿破仑特邀罗马教皇庇护七世前来巴黎参加他的加冕典礼。1804年12月2日，空前豪华的盛典在巴黎圣母院的大教堂举行了。拿破仑身着带貂皮的紫色天鹅绒长袍，皇后约瑟芬身披镶嵌金银丝边的白缎长袍——光是这两身皇袍就耗资112.3万法郎！庇护七世郑重其事地在他们的额上涂上“圣油”，并表示祝福，然后颤颤巍巍地拿起皇冠准备给皇帝加冕。不料，拿破仑突然劈手夺过皇冠，自己戴上了。接着，他又拿起另一顶较小的皇冠戴在约瑟芬的头上。拿破仑这一使全场愕然的戏剧性举动，无非是为了向天下告白：尽管有教皇的在场和祝福，证明他这个皇帝已得到上帝的认可，但这顶象征无限权力的皇冠却不是出于任何人的恩赐，而是他自己凭双手赢得的。

从此，法兰西共和国变成了法兰西帝国，当年那个瘦小的科西嘉少年如今成了备极尊荣的拿破仑一世。就在加冕的那一天，他悄悄地对大选帝侯约瑟夫说道：“要是父亲能看到咱们，该多好啊！”

拿破仑在战场上是一头猛狮，但这头猛狮也有跟斗紧随其身，更有似狐狸一般狡猾的敌人，使他的一切辉煌转眼成了过眼云烟。

1812年6月，拿破仑御驾亲征，61万大军越过涅曼河，侵入俄国，并于8月17日晚攻占通往莫斯科的重镇斯摩棱斯克。俄军在撤退前炸毁了军火库，只见烈焰腾腾，火光冲天，街道上尸积如山，几千名伤员的哀号声响彻全城。拿破仑一边巡视，一边问他的亲随科兰古：“你认为这景色怎么样？”科兰古回答：“可怕！”拿破仑露出得意的微笑：“不！记得罗马皇帝曾说过：‘一具敌人的尸体总是好闻的。’”他回到驻地，就把佩刀扔在桌上，说道：“1812年的战争结束了！”他满有把握地认为，用不了多久，就能打断亚历山大的脊梁骨。

可是，拿破仑高兴得太早了。俄军统帅库图佐夫为了保存有生力量，尽量避免决战，主动撤退，坚壁清野。所以当9月14日法军抵达莫斯科时，发现它竟是一座死寂的空城！第二天半夜又忽然狂风肆虐，四处火起。风助火威，火仗风势，直烧得莫斯科红光满地，烈焰弥天。大火烧了三天三夜，城内3/4的建筑被焚毁。拿破仑待在克里姆林宫，凝望着窗外的一片火海，脸色变得煞白，沉默了好久才喃喃自语道：“多么可怕的景象！”他再也笑不出来了。

为了摆脱困境，拿破仑曾下令从莫斯科的档案中寻找俄国农民起义领袖普加乔夫的材料，打算起草告俄国农民书，发布解放农奴的法令。但是，他左右思量，始终下不了这个决心。这时的拿破仑已不再是当年那个意气风发的共和国将军了，他早已丧失了1796年在意大利摧毁封建制度的那种勇气和魄力。他所能做的，只是三次派遣使者向亚历山大建议谈判，但均遭拒绝。就这样，拿破仑在莫斯科白白待了5个星期，在政治上、军事上都毫无作为，而无情的时光却送来了俄罗斯严寒的冬季。

几十万大军被困在空城，断粮缺薪，四出抢掠，军纪荡然无存；而俄国各地的农民游击队却异常活跃，严重威胁着法军漫长的交通线。面临这孤军深入、求和不成、欲战不能的险恶处境，拿破仑不得不于10月19日下令撤出莫斯科。

一路上天寒地冻，风雪迷漫，再加上俄国正规军、哥萨克骑兵和农民游击队的追击和骚扰，使得法军饥寒交迫，弃甲曳兵，尸横遍野，溃不成军。在撤退途中，拿破仑又获悉巴黎发生了一起未遂政变，更是心急火燎，决定只身先行返国。12月6日，他同元帅们匆匆告别，由科兰古陪同，乘坐雪橇疾驰而去，消失在茫茫的雪雾之中。

就在途经华沙时，拿破仑向部属表示："从伟大到荒谬只差一步，让后代去论证吧！"看来，他并不死心，还准备大干一场呢。然而，血淋淋的现实毕竟是：一个星期后，只有2.7万名残兵败卒逃离俄国边境。历史也已证明：拿破仑在俄国的全军覆没，成了欧洲各国普遍起义反抗法国统治的信号，成了庞大帝国盛极而衰的转折点。

拿破仑连年征战，穷兵黩武，不仅蹂躏了各国人民，而且也把国内折腾得鸡犬不宁。物价飞涨，货物奇缺，捐税猛增，土地荒芜，民不聊生，人们纷纷逃避兵役。1813年夏，拿破仑下令征兵28万，可是费了九牛二虎之力才征来十几万，其中既有年近古稀的老翁，也有尚未成年的儿童。1813年冬，他又下令征兵30万，而入伍的仅6.3万，真是每况愈下！这时，相当一部分资产阶级也因为国内外市场的缩小而感到失望、焦虑和愤怒。拿破仑口含天宪，一意孤行，往往要资产阶级牺牲自己的经济利益，无条件地服从皇帝的意志，为迫切的政治目的服务。他内心深处瞧不起这些"暴发户"，称他们是"一切贵族中最蹩脚的"；对于他们的抱怨，他甚至公然声称："巴黎银行家们的废话，对我无足轻重！"我们知道，在一般情况下，军事独裁同自由资产阶级要求自由竞争、自由发展的本性是不相容的，所以当拿破仑“这支‘宝剑’恢复了秩序、保证了资产阶级获得统治以后，资产阶级很快就会厌恶这支‘宝剑’所表现的那种军营习惯和专制行为。”许多长期追随拿破仑东征西讨的元帅、将军，也开始厌倦无休止的枪林弹雨，渴望经营自己的安乐窝。至于那些旧贵族，更是只要一有风吹草动，就将毫不迟疑地投向波旁王朝——血毕竟浓于水啊！总之，皇帝在国内的社会基础日益缩小，帝国的崩溃已指日可待。

对于这一切，拿破仑并非毫无觉察，但他固执地认为：“我的权势建立在我的光荣上，而我的光荣建立在战功上……征战使我得有今日，也只有征战才能维持我今日的地位。”他自命不凡，幻想再以新的“战功”来维系波拿巴的天下。

1813 年春，俄、英、普、奥、瑞典等国结成第六次反法同盟。拿破仑则征集了 30 万新军东渡莱茵河去迎击联军。3 岁的罗马王也学着他爸爸的腔调，在宫里直嚷嚷：“我们去打外公弗兰西斯呀!”在半年多的时间里，双方几度交手，拿破仑曾屡占上风，但这已是强弩之末了。在 10 月 16～19 日的莱比锡会战（史称“民族之战”）中，联军人数比法军多出一倍，特别是在大战方酣之际，拿破仑的盟军萨克森于阵前倒戈，法军终遭败绩，拿破仑被迫率残部退回莱茵河左岸。

莱比锡战役后，帝国大厦开始倒塌。德意志各邦和荷兰等地相继摆脱拿破仑的统治，西班牙也被英军所占领。兵败如山倒，局势一发不可收拾。1814 年初，85 万联军兵分四路，从东、北、西南几个方向同时向前推进，深入法国境内。这时，拿破仑已陷入重围，但他还是拒绝考虑接受任何只使法国保留原有疆界的谈判条件，他说：“我不能以一个被侮辱者的姿态出现在我的人民面前。我必须仍然是伟大的、光荣的!”

1814 年 1 月 23 日，拿破仑把朝臣和国民自卫军军官召集到一起，宣布皇后为帝国摄政，并很动情地说道：“诸位，我就要出发到军中去了。现在，我把世界上的一切、我最心爱的——我的妻子和我的儿子，托付给你们。”25 日拂晓前，他同路易丝皇后话别，然后悄悄地走进罗马王的卧室。此时此刻，拿破仑虽然不一定会预料到这一去竟成永诀，但还是站在小床边，目不转睛地、眷恋地注视着早已进入梦乡的儿子。不过，这只有几分钟的时间，他很快便克制住起伏的心潮，掉头不顾，跳上马车，奔赴前线了。

应该说，1814年战争一开头，拿破仑还是打得很漂亮的。他同10年前一样地精力充沛，身先士卒。当部下提醒他要注意安全时，他满不在乎地回答："啊！别担心。打死我的炮弹还没有铸造出来呢！"他以少而集中的兵力，各个打击多而分散的敌人，取得节节胜利。然而，在这国难当头的关键时刻，他只把希望寄托在自己和正规军身上。有人问他："陛下为什么不考虑发动全民族?"他说："幻想！在革命消灭了贵族和僧侣而我自己又消灭了革命的国家里，怎能发动全民族!"他不相信民众，不想也不敢像当年的雅各宾派那样发动全民抗战，力挽狂澜。

1814年3月，拿破仑率兵绕远道包抄联军后方，企图切断敌人同莱茵河的交通线，以解巴黎之危。可是这孤注一掷的后果恰恰适得其反。联军正好利用拿破仑远离首都的机会，凭借绝对优势兵力，长驱直入，于3月31日攻占了巴黎。

3月27日，拿破仑才闻悉联军主力的动向，惊呼："这真是很妙的一招!"他带领近卫军，日夜兼程，匆忙赶回。但是，一切都晚了。

4月1日，在英、俄、奥、普四大国的策划下，法国成立了以前外交大臣、大资产阶级的政治代表塔列朗为首的临时政府。第二天，元老院和立法院宣布拿破仑的统治告终。然而，拿破仑并不想屈服，他还准备依靠忠诚的近卫部队作困兽之斗。可是使他大为气恼的是：以内伊为首的元帅们却来逼他退位了。拿破仑大叫："没有你们也不要紧！军队将服从我!""不!"内伊回答道："军队将服从它的将领。"别人也告诉他：贵族、保王党人正在街头庆祝游行；商人们也在大声抱怨他们被战争折磨够了、破产了。众叛亲离，大势已去。4月6日，拿破仑违心地签署了退位诏书。5天后，他在绝望中吞服鸦片试图自尽，但经抢救脱险。说也奇怪，打这以后，他的心情反倒平静多了。他说："我退让，但丝毫不屈让!"

4月20日，拿破仑获准在枫丹白露宫与近卫军告别。"士兵们，你们是我的老战友……我多么想心贴心地拥抱你们所有的人，但还是让我吻这代表你们全体的军旗吧……"他有些哽咽地说完上面这段话，便亲吻了军旗，拥抱了旗手。这时，许多老兵像孩子一样地哭了。

就在同一天，拿破仑在几名将军和几百名士兵的陪同下，启程离开巴黎，被流放到地中海北部的厄尔巴岛。

尽管拿破仑早已开始走向他的反面，然而在欧洲列强以及法国的封建贵族、反动僧侣、王党分子看来，对拿破仑的胜利仍然是对法国革命的胜利。他们弹冠相庆，得意忘形。1814 年 5 月 3 日，普罗旺斯伯爵在联军刺刀的保护下登上王位，这就是法国历史上的路易十八。波旁王朝复辟了。

这一切，不能不引起广大农民、士兵甚至一部分资产阶级的恐惧和愤怒。他们固然不满于拿破仑的专横统治，但对波旁王朝的倒行逆施却更为深恶痛绝。人们又开始重新怀念拿破仑，甚至在 8 月 15 日为他祝寿，盼望昔日的勇士再来带领他们摆脱封建制度全面复辟这一恶梦靥般的可怕前景。

拿破仑被流放前同自己的近卫军告别

拿破仑果然没有让他的崇拜者失望。

经过周密的准备后，1815 年 2 月 26 日晚，拿破仑带领 1050 名官兵，登上“无常”号等七艘小舰悄然出航，开始谱写他一生冒险生涯中的最后一章。他们巧妙地躲过了英国和法国的巡逻舰，一直向北驶去。就在即将驶抵法国南海岸的时候，拿破仑向他的部下保证：“我不放一枪就能到达巴黎！”

3 月 1 日，这支小部队在儒安港登陆，拿破仑立即发布告士兵书，宣布：“有着我们民族颜色蓝、白、红的雄鹰，将从一座钟楼飞往另一座钟楼，一直飞到（巴黎）圣母院大教堂！”接着，部队便沿着人烟稀少、冰雪未融的山路向西北挺进，直奔巴黎。开始倒还一路顺风，可是当行进到第一个重镇格勒诺布尔城郊时，真正严峻的考验出现了——两个半步兵团和一个骑兵团已奉命赶来阻截、消灭这股“匪徒”。双方实力相差过于悬殊，要想同这些配有重炮的团队交锋，无异于以卵击石。拿破仑沉吟了片刻，便命令自己的士兵左手持枪、枪口朝下，然后领头向前走去。他依然穿着人们熟悉的灰大衣，迈着坚定的步子一直走到列队端枪的敌军跟前。“第五团的士兵！你们还认识我吗?”他一边说，一边掀开大衣：“你们当中谁想打死自己的皇帝，那就开枪吧！”刹那间，队形突然大乱，士兵们流着眼泪，如痴似狂地争相扑向拿破仑，“皇帝万岁！”的欢呼声震天动地。

整团整团的波旁军队归附了拿破仑，他们同农民、工匠一起，把皇帝簇拥进城。第三天，拿破仑又带领队伍继续向北进军。现在，他已经有7000名士兵和30门大炮了。

沿途的农民盼望这支反复辟的队伍，如同大旱之望云霓。他们自发地从一个村庄到另一个村庄，从一个城市到另一个城市，轮流护送自己心目中的偶像。3月10日，拿破仑抵达里昂。在这里，他向人民许诺，要给法国以自由与和平，宣布废除封建头衔，解散波旁的贵族院和众议院，解散和废弃人所痛恨的王室卫队和百合花旗，“让那些想奴役法国人的僧侣和贵族躲起来吧，我要把他们吊死在路灯柱上！”

法国再一次沸腾了。一城接着一城，一省接着一省，毫不抵抗地向拿破仑开放绿灯。就连被波旁王朝寄予厚望的内伊元帅——他曾向路易十八夸下海口要生擒拿破仑——也于3月14日重新投入皇帝的怀抱。他无可奈何地承认：无法“用自己的双手制止住大海的怒涛”。

从新闻界所发布的一连串消息中，人们也可以看出在短短的20天里形势是如何地急转直下：“科西嘉怪物在儒安港登陆”——“吃人魔王向格腊斯前进”——“篡位者进入格勒诺布尔”——“波拿巴占领里昂”——“拿破仑接近枫丹白露”——“陛下将于今日抵达自己的忠实的巴黎”。

3月19日晚，路易十八仓皇逃往比利时。20日晚9点，拿破仑带领1.5万名战士凯旋巴黎，受到几十万民众的狂热欢迎，人们在叫喊、哭泣，直接向马车扑去，把皇帝抬进了杜伊勒里宫。

就这样，拿破仑真的实现了他在“无常”号上的保证：不费一枪一弹，重新返回巴黎。当然，显而易见的事实是：创造这一奇迹的真正力量是人民，是无比痛恨封建复辟的千百万农民和士兵。如果没有这股汹涌澎湃、势不可当的大海怒涛，那么，任何英雄豪杰也是回天无术的。

拿破仑重新登上了皇位，但是他能否实现自己的第二个诺言——给人民带来自由与和平呢？根据以往的事实来看，热衷于独裁和战争的拿破仑要改也难；而且，欧洲的反动势力也不会再给他时间和机会了。

“科西嘉恶魔”卷土重来的消息，好似五雷轰顶，极大地震动了正在维也纳开会的各国君主和首脑。他们匆忙宣布拿破仑为“人类之敌”，迅速组成第七次反法同盟，拼凑了总数超过100万的干涉大军。而当时的法国已被兵连祸结弄得民穷财尽，全国兵力不足20万，而且其中半数没有军装，1/3没有武器。拿破仑却妄想只凭这样一支军队去同整个欧洲的人力和财力抗衡，这就决定了他那奇迹般的复位，只能是自己政治生命最终结束前的回光返照。

1815年6月，拿破仑决定乘盟军主力尚未抵达法国之时，先下手击溃英国和普鲁士驻在比利时的军队。6月18日，英、法两军在滑铁卢以南的蒙·圣让山下相遇。英军在山上修筑了工事，而拿破仑则要抢夺这个制高点。那天清晨，他还信心十足地说道：“用不了吃一顿早餐的时间，就可以干掉他们！”可是前一天晚上的一场瓢泼大雨，此时还淅沥不止，道路泥泞不堪，所以直至上午11时半，拿破仑才下令发动第一次攻击。

历史上著名的滑铁卢大战打响了。鼓号齐鸣，人喊马嘶，炮火连天，双方杀得难分难解，惨烈空前。英军在威灵顿的指挥下，顶住了法军4次排山倒海般的冲锋，但已逐渐不支，司令部里许多人甚至认为恐怕一切都要完了。然而，就在这千钧一发之际，布吕歇尔率领3万普军于黄昏时分赶到了战场。英军如虎添翼，士气大振，开始转入反攻。这时，拿破仑腹背受敌，被迫把最后的王牌——近卫军投入战斗。然而，这已是杯水车薪，无法扭转整个战局了。在敌人的猛烈炮火下，法军死伤惨重，拿破仑不得不率残部向法国败退。

双方损失虽然相差无几，然而对拿破仑来说，滑铁卢之败已是最后的致命一击。

第二天，他放弃了皇位。这一次，他毫无反抗地表示，完全听天由命。奥尔唐斯劝他要考虑自己的安全。他迟迟不表态，仿佛还在等待发生某件扭转乾坤的大事。接着，他在富歇的压力下屈服了，去了马尔梅松宫。

他在法兰西国土上的最后一站正是他年轻时取得胜利的地方。奥尔唐斯为迎接他的到来，特意整理了母亲生前住的房子。第一天，许多忠心耿耿的亲友簇拥在他身旁，里面有皇太后、约瑟夫、吕西安、热罗姆。晚上，奥尔唐斯的沙龙里挤满了贵妇人。瓦莱夫斯卡伯爵夫人和埃米莉·佩拉普拉先后受到了皇帝的接见。

皇帝本打算从罗什福尔去美国游历一段时间，兴许还可以作为移民在那儿居住，等待欧洲风云突变，伺机回国。但英国巡洋舰早得到了富歇的通知，堵截了他的去路。在冒险随他碰运气的人的催促下，他决定请求英国内阁宽宏大度，给他放行，没想到得到的竟是报复。8月8日，“诺森伯兰”号把他载向圣赫勒拿岛。

1820年10月至1821年3月间，拿破仑的身体状况迅速恶化，他沮丧地说：“我怎么啦？我这个脑子从来不知道休息的人，现在竟坠入茫然昏睡，必须用力才能睁开眼皮。”1821年3月底，他腹部疼痛加剧，从此卧床不起。5月5日下午5时49分，拿破仑的心脏停止了跳动，终年52岁。临终前，他已昏迷了好几个小时，人听到他断断续续吐出的最后几个词是：“法兰西……军队……先锋……”

拿破仑死后，遵照死者生前的遗嘱，他的私人医生安托马先生亲自为他解剖了尸体。在整个解剖过程中，共有6名医生和十几个来自英国、法国的官员在场。虽然在医生们最终提交的4份解剖报告上的陈述并不完全一致，但有一点是相同的：拿破仑“胃部靠幽门的地方有溃疡”。因此对于拿破仑死因的最终诊断是：死于胃癌。

为了进一步证实这一诊断，有关人员还对拿破仑的家族病史进行了查找、验证。证明显示，拿破仑的家族有癌症病史：他的父亲夏尔·拿破仑就是被癌症夺去的生命。而拿破仑在生前也曾认为自己很有可能会患癌症，并且对自己的身体不时地取笑说：“癌症是内部出现的滑铁卢。”可是，当时许多的人并不相信英国公布的这一尸检报告，尤其是法国人。他们固执地认为拿破仑不会是死于胃癌，一定是其他的原因。许多年以后，人们发现英国人确实在当时做过手脚。在当时，有一个医生发现拿破仑的肝脏异常肿大，认为他也许是死于肝病。因为当时岛上的气候很不好，肝病非常流行。而英国人担心如果将此病因公布于众，会导致人们指责英国对拿破仑“蓄意迫害”，因此在验尸报告中隐瞒了这一事实。

维多利亚女王

维多利亚女王，原名亚历山德拉·维多利亚，1837 年继位成为女王。维多利亚女王是英国历史上统治时间最长的女王。女王统治时期，特别是 1851 年以后，在英国历史上被称为维多利亚时代。她在位的六十余年正值英国自由资本主义由方兴未艾到鼎盛、进而过渡到垄断资本主义的转变时期，经济空前繁荣，君主立宪制得到充分发展，使维多利亚女王成了英国和平与繁荣的象征。也由于这一时期英国迅速地向外扩张，建立了庞大的殖民地，因此，被称为“日不落帝国”。

维多利亚女王，1819 年 5 月 24 日生于伦敦肯辛顿宫，父亲是肯特公爵爱德华。为了让孩子在伦敦出生，她的父母专程从巴伐利亚长途跋涉回国。爱德华对这个结实健康的头生女的降生欣喜若狂，而对母亲来说，这个女婴是个特别的孩子。爱德华的妻子维多利亚出身于历史悠久的德国名门萨克森·科堡皇族。第一次婚姻给她留下两个孩子，但只有这个小女婴才有可能登上大英帝国的王位。父母为她取名费尽了心机，最后定名亚历山德拉·维多利亚，一是表示对孩子的俄国教父亚历山大一世的尊敬，二是为了纪念她的母亲。

在维多利亚只有 8 个月大时，她的父亲突患肺炎去世。临终前，爱德华匆忙宣布自己的孩子为王室的合法继承人。

维多利亚女王是在其舅父利奥波德（后为比利时国王）的监护下成长起来的，长期受到自由主义思想的熏陶。在维多利亚女王 12 岁时，开始学习冗长烦琐的宫廷礼仪和许许多多的行为禁忌：不许和陌生人交谈，不能在外人面前流露情感，不得破坏规矩，不许按照自己的好恶选读书籍，不许吃定量外的甜品，等等。

1837 年，威廉四世（她的叔父）去世，维多利亚成为女王，时年 18 岁。1838 年 6 月 28 日在威斯敏斯特大教堂加冕。即位初年，积极参与朝政，同首相墨尔本配合默契，倾向于辉格党人，与托利党人格格不入。

1837年女王即位不久，议会举行大选。选举结果，辉格党在议会里只得到348票对310票的微弱多数。墨尔本政府显然好景不长了，但女王当时尚未意识到局势的严重性。1837年11月新议会开会前夕，女王还特地率领车队从白金汉宫前往市政厅，在伦敦市内举行了一次车队巡礼游行，之后在市政厅举行了盛大宴会，以示对新议会的祝贺。11月20日，新议会由女王主持开幕，女王亲自发表演说，给议会以支持。但是内阁危机仍不可避免。墨尔本政府困难重重，他本人也于1839年5月向女王递交辞呈，迫于形势，女王不得不授命托利党人罗伯特·比尔组阁。

维多利亚女王

1839年，年轻的俄国皇太子、未来的亚历山大二世，来到伦敦庆祝维多利亚20岁生日。21岁的皇太子英气勃勃、彬彬有礼、风流倜傥，尤其是他身着军装时的潇洒风度，在伦敦上流社会的名媛淑女中引起了不小的骚动，女王也并非心如止水，在宫廷舞会上，她把第一支和最后一支舞曲都留给了这位皇太子。激动不安的女王私下向首相的妻子承认，亚历山大对她产生了巨大的吸引力，他们已经成为亲密的朋友。

但是这段感情很快就结束了，女王对俄国王位继承人所表现出来的特殊兴趣引起了英国政界的不安。首相劝说女王要与俄罗斯保持距离，女王的顾问们也一致赞同首相的观点。他们认为，俄罗斯的实力在不断增长，对大英帝国构成了巨大的潜在威胁。游说有了结果。

女王于1840年2月结婚，丈夫是她大舅父的儿子阿尔伯特亲王，德国人。亲王最初不视政事，1840年议会授予阿尔伯特在女王发生不测时以摄政权，其政治地位随之上升。1841年，阿尔伯特出面同首相比尔进行了几次秘密谈判，彼此达成了谅解，缓和了维多利亚同首相比尔之间的紧张关系。

1840年，维多利亚女王的第一个孩子诞生了，是个小公主。一年后，爱德华七世出生。维多利亚女王一生共有9个孩子。长女后来成为德国皇后和德皇威廉二世的母亲，有一个孙女当上俄国的末代女皇。

到19世纪末，维多利亚女王由于拥有许多欧洲皇室的皇亲国戚，被人称为“欧洲的祖母”。

1846年以后，维多利亚女王和丈夫阿尔伯特亲王坚决反对外交大臣帕默斯顿勋爵的对外政策，虽逼使帕默斯顿辞职，但同内阁的争斗一再受挫使女王体会到，立宪君主的权势不在于同大臣争权，而在于安做虚君。在位后期，女王的政治态度及同内阁的关系有很大变化，她转向保守党并积极支持殖民侵略政策。维多利亚女王的态度深受资产阶级赞许。

1851年，由于阿尔伯特亲王的提议，在伦敦举办了第一届世界博览会。为了迎接这次博览会，在伦敦海德公园建起了用玻璃装饰的巨大钢结构建筑　　著名的“水晶宫”。

1856年，女王向首相提出，希望在宪法中承认和巩固阿尔伯特亲王的地位和权利。议会在拖了一年以后，阿尔伯特亲王才获得了“王夫”的称呼——即在位女王的丈夫。

维多利亚女王力图提高阿尔伯特亲王地位和威望的举动，是因为她是一个深爱和忠于自己丈夫的女人。最初，女王曾不无自我解嘲地说：“我阅读和签署各种文件，阿尔伯特亲王则用吸墨纸将我的签名吸干。”但随着时间的推移，亲王对维多利亚以及国事的影响力不断提高，正是亲王对科学技术的热爱改变了女王对各种新发明的偏见。例如，当时在英国北部铺设了火车轨道，但女王害怕坐火车，是亲王的鼓励使她认识到铁路运输无可限量的前途，使她成为在国内推行工业化的坚定倡导者。

虽然王宫里不喜欢阿尔伯特亲王的人不少，但从未有人怀疑过他们婚姻的牢固程度。因此不难想象，当阿尔伯特亲王42岁英年早逝时，对女王是何等沉重的打击。失去他，女王几乎失去了一切。作为女人，她失去了爱情和深爱的丈夫，作为女王，她失去了挚友、谋臣和助手。在女王厚厚的书信集和日记中，你找不到哪怕一件他们观点有分歧的事情。

许多人认为，女王经过这样的打击后，她将只是一个受人操纵的木偶。但是他们错了。维多利亚是一个悲伤的寡妇，但同时也是大权在握的君王，这双重身份彼此毫不影响。由于她的调停，俾斯麦在法国和普鲁士战争中放弃了轰炸巴黎的计划。维多利亚女王是对爱尔兰实行铁血政治的坚定支持者。她一生共遭遇过6次谋杀，全都是爱尔兰人策划的。他们见刺杀女王无望，就炸毁了阿尔伯特亲王的雕像。女王悲痛万分，就好像炸掉的是活生生的阿尔伯特亲王本人。

维多利亚时期，是大英帝国对外领土扩张最辉煌的时期，为了扩张领土，女王不惜使用一切手段。

1857年，英法两国争夺苏伊士运河的统治权达到白热化的程度，但是一场设计巧妙的阴谋使英国获得了苏伊士运河的控股权，法国只能乖乖地退让。第二年，在大英帝国沿海殖民地的版图中又增加了印度——帝国王冠上的一颗明珠。英国还让俄国在1877～1878年与土耳其的战争中的胜利果实几乎化为乌有。当时，俄国军队离伊斯坦布尔只有一步之遥，俄土双方签订协议，将巴尔干半岛的一部分土地归属俄罗斯。而维多利亚不希望看到俄国势力深入到巴尔干半岛，她以武力和外交双重施压，迫使俄罗斯作出退让。女王当时已经是60岁了，但她是这场较量的真正赢家。

在19世纪六七十年代以后的首相中，维多利亚女王特别推崇保守党人迪斯累里。在位后期同迪斯累里结为至交。迪斯累里尊称维多利亚为“仙女王”，维多利亚深深赞许迪斯累里通过购买苏伊士运河一半股票而一举控制这条东西海上交通命脉的“高超”手腕。女王支持奴役印度，并通过迪斯累里的努力，实现了她的皇帝梦想。1876年5月英国议会通过加封维多利亚为印度女皇的议案，1877年1月1日，在印度德里正式宣布女皇即位。英国早年从印度拉合尔掠夺来的闻名宝石“科伊努”（重109克拉）成了女皇皇冠上最大的一颗明珠。作为酬谢，女王加封迪斯累里为贝肯斯菲尔德伯爵。

晚年维多利亚对英国人和布尔人为争夺南非殖民地而进行的英布战争（1899～1902年）十分关心。为了鼓励士兵在这场帝国主义战争中勇敢战斗，1900年4月，81岁高龄的女王渡海到爱尔兰都柏林住了3个星期，表示对爱尔兰支援战争的鼓励。

1901年1月22日，维多利亚女王去世，人们悲痛欲绝。即使是国内最恶意的批评家也无法否认她一生的功绩。

维克托·伊曼纽尔二世

维克托·伊曼纽尔二世（1820 年～1878 年），萨丁尼亚—皮埃蒙特国王（1849 年～1861 年在位），即撒丁国王；意大利统一后的第一个国王（1861 年～1878 年在位），绰号“祖国之父”。

维克托·伊曼纽尔二世 1820 年出生在撒丁岛的埃马努埃莱。早年受常规的君主教育，强调宗教和军事训练。1849 年其父退位后成为国王，任命加富尔为首相。为了统一巩固王国和支持复兴运动，对奥地利作战（1859 年～1861 年），取得马坚塔战役和索尔费里诺战役的胜利。

一提起意大利独立运动，人们就会想起意大利开国三杰马志尼、加富尔、加里波第的丰功伟绩。当然，作为他们的后盾，开国君主维克托·伊曼纽尔二世的作用也不容忽视。与几乎同时代的德国独立运动相比，意大利独立运动所面临的形势更为复杂，难度也更大。意大利各地尽管有着共同的语言、文化和民族认同，但是自罗马帝国时代以来，从未统一在同一个政权之下。9 世纪曾出现过一个由查理曼子孙统治的意大利王国，其统治范围也同近代意大利民族的边界有异。因为四分五裂，意大利在历史上饱受周边大国的争夺和摧残，法国、德国、西班牙、奥地利乃至阿拉伯帝国、奥斯曼帝国等，都曾在这里点燃过战火。

随着 19 世纪欧洲民族主义思潮的兴起，意大利的热血青年也将民族统一确定为奋斗目标，但是，从 19 世纪 40 年代的形势来看，意大利统一似乎是一个遥不可及的梦。当时，意大利北方的伦巴第和威尼斯两地被奥地利所占据，意大利中部有着众多的小公国如托斯坎纳、帕尔马等，与奥地利也有着千丝万缕的关系，或由奥地利驻军，或其君主本身就来自奥地利。意大利罗马周围地区存在着教皇国，有法国的驻军保护。意大利南方是西西里王国，国王来自西班牙的波旁家族。此外，还有一个撒丁王国，也称为皮埃蒙特，统治着皮埃蒙特和撒丁岛两个部分，其国王来自意大利本土。

维克托·伊曼纽尔在1849年成为撒丁国王，他的家族是萨伏伊家族，是意大利一个古老的显赫世家，从11世纪起就有自己的领地。经过一代代的扩展，到18世纪终于成了撒丁王国。

维克托·伊曼纽尔二世

维克托·伊曼纽尔的父亲查理·阿尔伯特因为其开明的思想和旗帜鲜明的反奥立场，而使撒丁王国成为意大利有志青年瞩目的中心，他在1848年革命高潮中对奥地利宣战，支援米兰的反奥起义。尽管因实力不足而失败，查理·阿尔伯特也因此心灰意冷而退位，但撒丁王国已成为意大利人心目中的希望所在。

在父亲退位之后，29岁的维克托·伊曼纽尔二世便接过了寻求民族统一的接力棒。他年轻时曾受过严格的专制主义教育，也倾向于强化君主的独裁统治，但19世纪40年代革命浪潮的考验使他增加了政治上的灵活性，容忍了自由派的思想，保留了1848年颁布的宪法，成为意大利诸侯中唯一保留立宪制形式的国家。这一点至关重要，只有自由派的支持，才可能有意大利的统一大业。

维克托·伊曼纽尔二世即位第二年，内阁中一位思想敏锐、足智多谋的人物脱颖而出。他就是时任财政大臣的加富尔，出身贵族，是一个十分成功的实业家，以1847年创办《复兴报》为起点，走到了时代的前台。1852年，国王授命加富尔组阁，开始了两人近10年的合作历程。他们之间的合作，就如同时代的威廉一世和俾斯麦一样，外人看来十分成功，但其中的坑坑洼洼，只有当事人才能体会。加富尔曾因为打击教会势力引起了虔诚的国王及太后的不满，也因为力劝国王与法国联姻而引起国王的反感，甚至在《维拉弗朗加和约》签订后还一度离职，但两个基于理性的政治家，还是促使这段合作成为世界政治史上成功的典范之一。

加富尔任首相之后，首先在国内进行了一番以富国强兵为目的的改革，包括奖励实业、促进贸易、削弱教会权力等。他允许一定程度的言论自由，尤其是允许报刊登载激烈的反奥文章。同时扩充军备，增加兵额，明显在为一场战争做准备。但仅仅凭撒丁国政府的力量是不可能实现统一的，这对君臣对此十分清楚。为此，撒丁国参加了克里米亚战争，投入到英法一方作战，拉近了与英法的距离。1858 年，加富尔与法国皇帝拿破仑三世达成协议，拿破仑在即将到来的撒奥战争中出兵 20 万相助，夺回伦巴第和威尼斯之后，撒丁国将割让萨伏伊和尼斯两地作为报酬。

当都灵的宫廷踌躇满志地做好准备之时，民间的马志尼也在以另一种方式努力着，他不断地策动起义和刺杀，但面对坚如磐石的旧势力只能一次次洒下英雄泪。这时，另一位民间豪杰正在发挥越来越重要的作用，他就是加里波第。意大利的民主派不愿和国王合作，不愿加入政府军，于是，加里波第便打起了“志愿军”的旗号，吸收他们，使他们报国有门，撒丁政府也以建立志愿军基金等方式支持加里波第。

1859 年，一场盼望已久的战争终于打响。在引诱奥军越过界河之后，撒丁—法国联军稳扎稳打，获得了马金塔战役的胜利。与此同时，民主派在意大利中部的托斯坎纳、帕尔马等小邦发动起义，亲奥地利的政权被逐走，这些小邦都宣布和撒丁王国合并。关键时刻，拿破仑三世被意大利的革命形势吓倒，独自和奥地利媾和，和约规定伦巴第由法国转交给撒丁王国，威尼斯仍归奥地利，中意各邦仍恢复君主统治。这对撒丁王国来说是一个沉重的打击，但自身实力不足的苦楚使维克托·伊曼纽尔咽下了这口气，而加富尔则以辞职来抗议，当然，几个月后他还是回到了自己的位置上。萨伏伊和尼斯仍作为酬劳送给了中途的背叛者，但中意各邦与撒丁国的合并是谁也没能改变的。

1860 年，西西里岛的大起义给统一带来了新机，加里波第的“千人志愿军”在马尔萨拉登陆，迅速发展到 2 万多人，仅用一个多月便占领了西西里岛。接着，加里波第不顾加富尔的反对，渡过海峡进攻那不勒斯，腐败落后的那不勒斯王国不堪一击，化成了硝烟。随后加里波第将南意大利拱手交给了维克托·伊曼纽尔，与其说他忠于国王，倒不如说他忠于意大利统一的理想。

1861 年 2 月 18 日，在撒丁王国的议会大厅里，维克托·艾曼努尔迎来了一生中最辉煌的时刻，议会庄严地宣布“国王维克托·伊曼纽尔二世为他自己，为其后裔领取意大利国王的头衔。”不过，出人意料的是，维克托·伊曼纽尔并没有以首任意大利国王的身份改称一世，而是按萨伏伊王朝的家系排列继续称“维克托·伊曼纽尔二世”。

然而这年 6 月，加富尔逝世，连续近 10 年的高强度的忘我工作使这位仅 51 岁的巨星提前耗尽了革命最大的本钱——身体。在此之后，国王再也未能找到像加富尔这样合适的搭档。但幸运的是，国际形势瞬息万变，德国统一的同时也给了意大利两份厚礼。

1866 年，普奥战争爆发，意大利同普鲁士结盟，进攻奥地利统治下的威尼斯。尽管屡战不利，但奥地利战败的结局仍使威尼斯回归年轻的意大利王国。四年后，拿破仑三世的帝国被普鲁士战车辗碎，教皇国失去了监护人，在意大利的进攻下毫无还手之力，历时 1100 年之久的罗马神权国家就此终结，庇护九世不情愿地放弃了一切世俗权利，退居梵蒂冈。1871 年，意大利王国的首都迁到罗马。

统一大业基本完成了，但维克托·伊曼纽尔并没能舒舒服服地享受做国王的乐趣。左派和右派在议会中争斗不休，马志尼及其继承者坚决拒绝同君主政体合作，地方自治派积极活动，教皇煽动天主教世界孤立意大利，这些都使国王焦头烂额。但一切都在 1878 年结束了，这一年维克托·伊曼纽尔走完了人生旅程，以一个成功帝王的形象定格在历史上。萨伏伊王朝继续统治意大利，直至二战期间与墨索里尼独裁政权同归于尽。